Baedeker

Allianz Reiseführer

Belgien

www.baedeker.com

Verlag Karl Baedeker

TOP-REISEZIELE ★★

Belgien ist ein kleines Land, das es in sich hat: wunderbare Städte, herrliche Kunstschätze, eine gelassene Lebensart und sogar schöne Natur! Wir haben für Sie zusammengestellt. was Sie nicht versäumen dürfen.

1 ★★ Brugge
Belgiens schönste Stadt, die Perle Flanderns
► **Seite 189**

2 ★★ Ieper
In der alten Tuchmacherstadt wird das Andenken an die Schlachten des Ersten Weltkriegs bewahrt. ► **Seite 293**

3 ★★ Kortrijk
Hübsches Städtchen mit dem schönsten Beginenhof des Landes ► **Seite 307**

4 ★★ Tournai
Die erste Hauptstadt des Frankenreichs
► **Seite 407**

5 ★★ Gent
Eine der stolzesten Städte Flanderns
► **Seite 255**

6 ★★ Schiffshebewerke am Canal du Centre
Daran kommen Technikfans nicht vorbei.
► **Seite 182**

Antwerpen
Hafenstadt, Rubensstadt, Hauptstadt Flanderns – eine stolze Stadt, wie das Rathaus beweist.

DIE BESTEN BAEDEKER-TIPPS

Von allen Baedeker-Tipps in diesem Buch haben wir hier die interessantesten für Sie zusammengestellt! Erleben und genießen Sie Belgien von seiner schönsten Seite.

! Del Rey
Pralinen und Schokolade, diesmal nicht aus Brüssel, sondern von Del Rey in Antwerpen ► **Seite 166**

! Maitrank
Schon die Mönche aus Prüm in der Eifel schätzten diese Spezialität, die man trotz des Namens das ganze Jahr über in Arlon bekommt. ► **Seite 170**

! Mahymobiles
Ghislain Mahy kaufte 1944 sein erstes Auto. Im Lauf seines Lebens kamen noch knapp 700 dazu, ca. 200 davon kann man heute bewundern. ► **Seite 174**

! 't Brugs Beertje
Kaum ein besserer Ort, um in die Geheimnisse der belgischen Braukunst eingeführt zu werden. ► **Seite 199**

! Auf Flanderns Kanälen
Von Brügge nach Damme mit der »Lamme Goedzak«? Oder doch lieber mit der »Old Piper« nach Gent? ► **Seite 204**

! Für den kleinen Hunger
... in Brüssel: im Geist der Belle Époque im »Cirio« oder bodenständig im »La Bécasse«. ► **Seite 218**

Auf Flanderns Kanälen geht es gemächlich zu.

Die Krabbenfischer von Oostduinkerke und ihre Pferde arbeiten nach dem Gang von Ebbe und Flut.

Patriotische Karotten
Zumindest ein Top-Tipp für alle, die Skurriles mögen. ► **Seite 254**

Het Labyrint
Kneipe, Restaurant, Museum, Spielplatz – das Labyrint in Kemmel sollte man sich nicht entgehen lassen. ► **Seite 300**

Nicht verpassen
Wann genau ziehen die Krabbenfischer von Oostduinkerke mit ihren Kaltblutpferden los? ► **Seite 306**

Auf den Spuren von Georges Simenon
Ein selbstgeführter Rundgang folgt den Lütticher Lebensstationen des Erfinders von »Kommissar Maigret«. ► **Seite 329**

Auf den Spuren von Georges Simenon kommt man auch an seinem Denkmal vorbei.

PASS
Hinter diesem Kürzel verbirgt sich die intelligent gemachte Neunutzung einer stillgelegten Kohlenzeche. ► **Seite 359**

Europas Termitenhügel
... beeindruckte schon Napoléon Bonaparte. ► **Seite 359**

Waterloo live
Alle fünf Jahre wird die Schlacht in großem Stil nachgestellt. Dazwischen geht es etwas bescheidener zu. ► **Seite 423**

Einmal im Jahr sind in Binche die »Gilles« los.
▸ Seite 74

HINTERGRUND

PRAKTISCHE INFORMATIONEN VON A bis Z

Preiskategorien

▸ **Hotels (Doppelzimmer)**
Luxus: über 150 €
Komfortabel: 100 – 150 €
Günstig: 60 – 100€

▸ **Restaurants (Dreigangmenü)**
Fein & teuer: über 50 €
Erschwinglich: 30 – 50 €
Preiswert: unter 30 €

TOUREN

REISEZIELE VON A bis Z

Damme, die Heimat des flämischen Thyl Ulenspiegel
► **Seite 234**

Aus dieser Quelle trank schon ein Zar – als Spa einer der mondänsten Kurorte Europas war.
▸ **Seite 395**

Ein belgischer Weltbürger

Hintergrund

VIER SPRACHGEBIETE, DREI KULTURGEMEINSCHAFTEN, DREI REGIONEN UND EIN KÖNIG – BELGIEN IST EIN KOMPLIZIERTES GEBILDE. DER FEIERLAUNE TUT DAS KEINEN ABBRUCH, BESONDERS NICHT, WENN KARNEVAL IST.

ZWISCHEN NORDSEE UND ARDENNEN

leben die Flamen und Wallonen, die sich vor etwas mehr als 170 Jahren zum Königreich Belgien zusammengefunden haben – und allen separatistischen Unkenrufen zum Trotz will die Mehrzahl der Belgier daran wohl auch nichts ändern.

Denn sie haben es doch ganz schön in ihrer Heimat. Trotzdem gehört das kleine Königreich – zu Unrecht – zu den weniger begehrten Reisezielen in Europa. Zum Thema Belgien fallen den meisten Zeitgenossen allenfalls Eddy Merckx, Ardenner Schinken, Brüsseler Spitzen, die nächtens beleuchteten Autobahnen und Pommes frites ein. Viele kennen es oft nur von der Durchfahrt nach den Niederlanden, nach Frankreich oder zur Fähre nach Großbritannien.

Nordsee und Ardennen *arbeiten Hand in Hand: In Oostduinkerke werden Krabben mit Ardenner Kaltblutpferden gefischt.*

Unterschätzte Vielfalt

Dabei ist gerade das Gebiet des heutigen Belgiens wegen seiner Vergangenheit als eine der wichtigsten Kulturlandschaften Europas überaus reich an einzigartigen Sehenswürdigkeiten, denn hier haben sich mit dem keltisch-germanischen und dem römisch-mediterranen zwei der bedeutendsten Kulturkreise des Kontinents berührt und überschnitten und eine Vielzahl von fruchtbaren Spuren hinterlassen. So besteht kein Mangel an Attraktionen für Kunstbeflissene. Sie finden in den Museen, Kirchen und Sammlungen Belgiens einen reich gedeckten Tisch: Gemälde alter Meister wie von Brueghel, van Eyck und Rubens, die klassische Moderne etwa von Magritte und Delvaux, die ganz Jungen in einem der besten Museen für zeitgenössische Kunst weltweit, dem S.M.A.K. in Gent. Romantiker sind hingerissen von den historischen, oft von stillen Grachten durchzogenen oder davon umgebenen alten Stadtkernen mit herrlichen Profan- und Sakralbauten wie in Brügge, Kortrijk oder Gent. Strichmännchenfreunde können ganze Tage im Comicmuseum von Brüssel oder in einem der bestens sortierten Comicläden im ganzen Land zubringen. Wer sich für Technik interessiert, hat sein Auskommen mit den Anlagen des viertgrößten Seehafens der Welt, Antwerpen, kann sich be-

Reiche Städte
Heute noch spürt man, auch auf Brüssels Grand'Place, wie Flanderns Städte ihren Wohlstand erarbeitet haben.

Kleinkunst
Van Eyck, Brueghel und Rubens stacheln nach wie vor den Ehrgeiz an.

Jung
Mode und Design aus Antwerpen

Ein wenig unbekannt
ist der »grüne« Teil Belgiens: die Ardennen und das Hohe Venn.

Monumental und vergänglich
Nicht aus Sandstein, nur aus Sand werden jedes Jahr in Blankenberge und Zeebrugge unglaubliche Skulpturen gebaut.

Idyllisch
Ein Blick in Belgiens stille Ecke: Stavelot

geistern für das größte Schiffshebewerk weltweit am Canal du Centre und dort gleichzeitg studieren, wie man vor hundert Jahren die Kähne von einem Kanal in den anderen hievte. Die Badeorte an der belgischen Nordseeküste bieten ausgedehnte Sandstrände, eine perfekte Infrastruktur – ideal für Urlaub mit Kindern –, hier und da unberührte Dünenlandschaften und ein attraktives Hinterland. Und wo kann man schon mit einer Straßenbahn vom einen Ende der Küste an die andere rattern? Da lässt sich verschmerzen, dass die Städte an der Küste nicht gerade als städtebauliche Highlights daherkommen. Schließlich die Ardennen, der größte Teil des »grünen« Belgiens: ein Paradies für Wanderer, Outdoorfreaks, Kajakfahrer und Mountainbiker, garniert mit der größten Tropfsteinhöhle Europas (die dort nicht die einzige ist).

Hier weiß man zu leben

Lecker
In Belgien versteht man etwas von guter Küche.

Eines wird man in Belgien ziemlich rasch feststellen: Seine Menschen verstehen zu leben. Die weit gerühmte Gastronomie – schließlich treffen sich hier die Rafinesse der französischen mit der Bodenständigkeit der flämisch-niederländischen Küche – übt eine nicht zu verkennende Anziehungskraft aus. Kein anderes Volk Europas kann, gemessen an der Bevölkerungszahl, unter so vielen besternten, bemützten oder bekochlöffelten Restaurants wählen. Und die Belgier tun es gerne! Lassen Sie sich anstecken von ihrer Lieblingsbeschäftigung: Sie essen mit Vergnügen und Hingabe, gar nicht steif, sondern gut gelaunt: Muscheln und Fritten im ganzen Land, herrlichen Fisch und Meeresfrüchte ganz frisch an der Küste, Waterzooi und Chicorée in Brüssel, Wild und Schinken in den Ardennen. Man trifft sie nicht nur in Spitzenrestaurants, sondern auch an der »Friture« bzw. »Frituur«, denn schließlich bekennt man sich zur urbelgischen Erfindung. Sie trinken gerne ein Glas Wein und noch lieber Bier – schließlich haben sie die Qual der Wahl zwischen bald 500 nach althergebrachten Rezepten gebrauten Bieren, von denen keines schmeckt wie das andere und teils recht abenteuerliche Namen tragen wie »Verboden Vrucht«, »Duvel«, »Straffer Hendrik« oder gar »Delirium Tremens« und »Mort Subite«? Keine Angst – ausprobieren! Man muss sich ja nicht gleich die ganze Palette des Angebots in den Kneipen vornehmen. Die heißen in Belgien übrigens »Cafés«.

Fakten

Belgien ist eines der am dichtesten besiedelten Länder Europas. Doch Flamen und Wallonen kommen nicht so gut miteinander aus. Weshalb? Und wie wirkt sich das auf die Politik im Lande aus?

Naturraum

Geografische Gliederung

Im Norden des Landes bilden die Nordseeküste sowie Marsch und Geest als **Niederbelgien** die natürliche Fortsetzung der Niederlande. **Mittelbelgien** ist ein Hügelland, dessen Lössböden reichen Ackerbau ermöglichen. Mit dem Längstal von Maas und Sambre beginnt **Hochbelgien**, das Gebiet der Ardennen, das im Süden bis in das lothringische Stufenland reicht.

Niederbelgien

◄ Küstengebiet

In Niederbelgien besteht die **feinsandige, nur 67 km lange Strandküste** aus einem geschlossenen Dünenstreifen mit wenigen Öffnungen zum Meer wie der Ysermündung bei Nieuwpoort. Dahinter und längs der Westerschelde, deren Südufer bereits zu den Niederlanden gehört, dehnen sich eingepolderte **Marschen** aus, weit gehend ungefährdetes, wohl angebautes Land. Die alten, früher weit ins Landesinnere reichenden Meeresarme sind heute verlandet, wie z. B. Het Zwin, der von der Scheldemündung nach Brügge führte. Brügge, obwohl von Kanälen durchzogen, lehnt sich schon an die flache sandige Geest an, nicht anders als Gent oder Antwerpen: Flanderns berühmte Seehäfen sind also keine Marschenstädte wie die der Niederlande.

◄ Kempenländische Geest

»Geest« (= sandige Flussaufschüttung) ist im engen Sinne das östlich von Schelde und Dijle und nördlich der Demer gelegene **Kempenland** (Campine). Es ist das am dünnsten besiedelte Gebiet Belgiens, mit Heiden und Flugsandflächen, dürftig mit Kiefern aufgeforstet, mit zerstreuten Dörfern auf kargen Böden und wenigen kleinen Städten. Im Mittelalter wurden in dieser Einsamkeit Klöster errichtet (Westmalle, Tongerlo), später haben Umwelt gefährdende Industrien oder nukleartechnische Anlagen wie das Kernforschungszentrum von Mol dort ihren Standort gefunden

◄ Flandrische Geest

In **Flandern** ist die Geest teils ebene Aufschüttung, teils Hügelland geringer Höhe zwischen Schelde, Leie und dem Marschensaum. Während sich das Kempenland längs der Demer gegen die mittelbelgischen Börden scharf landschaftlich absetzt, vollzieht sich westlich, in Brabant und Flandern auf der Linie Leuven – Brüssel – Kortrijk, ein allmählicher Übergang zu den fruchtbareren Landschaften Mittelbelgiens. Von Natur Waldland, mancherorts noch von Heiden bedeckt, ist Geest-Flandern dennoch seit dem Mittelalter dicht besiedelt und trotz der kargen Böden äußerst intensiv angebaut. Schon immer wurde neben der Landwirtschaft Heimarbeit betrieben, und zwar Tuchwirkerei und die berühmte Spitzenklöppelei, deren Verleger in Städten wie Lokeren oder Tielt saßen. Heute sind die größeren Städte, besonders Gent, Standorte einer modernen Textilindustrie.

←Belgischer Mikrokosmos in Geraardsbergen: ein stolzes Rathaus, ein Bierchen im Freien und radelnde Volkshelden

Fast schon ein bisschen karibisch mutet der Nordseestrand bei Zeebrugge an.

Mittelbelgien
Belgiens Kernland ►

Das landschaftlich vielgestaltige Mittelbelgien steigt von kaum 100 m Höhe im Norden südwärts allmählich auf 200 m an. Dabei ist der nördliche Teil stark hügelig und durch Dijle, Senne, Dender und Schelde kräftig zerteilt. Einzelne Höhen ragen heraus: der Pellenberg bei Leuven am Rande des Hagelandes, der im Ersten Weltkrieg umkämpfte Kemmelberg südwestlich von Ieper und der Mont St-Aubert, der das Land von Tournai überragt. Den Charakter des zentralen **Brabant** machen große, in welligen, stark bebauten und baumreichen Acker- und Grünlandfluren verstreut liegende Einzelgehöfte aus. Dazwischen sind Relikte der einst großen Wälder erhalten wie der Forst von Soignes südlich von Brüssel. Südwärts gelangt man in langsamem Anstieg auf weite, offene Tafeln: der **Haspengau** (Hesbaye, Haspengouw) im Osten und der **Hennegau** (Hainaut) im Süden. Hier liegen große geschlossene Dörfer in den Talmulden, Weizen- und Zuckerrübenfelder überspannen die Hochflächen.

Maas-Sambre-Tal

An der Scheide zu Hochbelgien erstreckt sich das schon zu den Ardennen gehörende Maas-Sambre-Tal. An deren Saum verbindet es einzelne **Kohlenbecken** (von Ost nach West: die Becken von Liège, Charleroi, das Bassin du Centre und der Borinage bei Mons); dazwi-

Am anderen Ende Belgiens ist es etwas kälter: bei Burg Reuland im Hohen Venn

schen bildet es felsige, enge Talstrecken wie unterhalb von Namur. Von Charleroi nach Westen schwenkt die Kohlenzone in die Hennegaubörden ein. Das Tal war vor der Industrialisierung eine anmutige Landschaft mit Schlössern, Wein-, Hopfen- und Obstgärten an den Flanken und Burgen auf den Bergspornen. Zwar wurde schon früh Steinkohle gebrochen, doch hatte man für sie wenig Verwendung, denn das Eisengewerbe mied das Haupttal. Es entwickelte sich vielmehr an den kleinen Seitenbächen, die aus den Ardennen kommen.
Die Industrialisierung setzte in der ersten Hälfte des 19. Jh.s ein, als hier erstmals auf dem europäischen Festland die Verbindung von Zechen, Eisenhütten und Walzwerken entwickelt wurde (Cockerill in Seraing). Die daraus entstandene Industrielandschaft Walloniens war in Bezug auf Werkstechnik und Siedlungswesen für die Entwicklung eines ganzen Jahrhunderts mit tonangebend, doch die weltweite Stahlkrise erfasste auch das wallonische (und das benachbarte lothringische) Revier und brachte Verödung und Arbeitslosigkeit. Das Industrieprogramm ist zwar durch Glashütten, Buntmetallwerke, große chemische Fabriken und eine hoch spezialisierte Fertigindustrie ergänzt, was aber nicht verhindern konnte, dass Wallonien von Flandern wirtschaftlich überflügelt wurde.

Belgien Naturräume

Hochbelgien
Ardennen ►

Hochbelgien wird von den Ardennen gebildet. Sie gehören zum Westflügel des Rheinischen Schiefergebirges und bilden die Fortsetzung der Eifel. Hier findet sich **der höchste Punkt Belgiens, der Signal de Botrange** (694 m ü.d.M.). Früher abgelegen und von wenigen Verkehrslinien gequert, sind die Ardennen heute ein bevorzugtes Erholungsgebiet. Die **Niederardennen** mit einer Höhe von 200 bis 500 m ü.d.M. dehnen sich südlich der Maas aus und sind gekennzeichnet durch waldbestandene, von Weideflächen unterbrochene Plateaus. Zu den Niederardennen werden die Landschaften Condroz, Entre-Sambre-et-Meuse, Fagne und Famenne gezählt. Die Maas-Nebenflüsse Ourthe und Lesse haben hier riesige **Höhlen mit großartigen Tropfsteinbildungen** in die Kalkformationen gegraben (Han-sur-Lesse, Rochefort). In den über 500 m ü.d.M. hinausgehenden **Hochardennen** findet man eine in Mitteleuropa einzigartige Landschaft: das **Hochmoorgebiet** des Hohen Venn (Hautes Fagnes).

Pflanzen und Tiere

Flora

Die natürliche Vegetation Belgiens ist heute nur noch bruchstückhaft erhalten, denn der größte Teil der Landschaft ist zum **Kulturland** geworden. Auf den Sandböden der Geest wuchsen ursprünglich ausgedehnte Birken-Eichen-Mischwälder, die im Laufe der Zeit durch Kultivierungsmaßnahmen zu großflächigen Heiden degradiert und in

den letzten Jahrzehnten mit Kiefern aufgeforstet wurden. Der natürliche Laubwald wurde weit gehend durch Nadelwald (Kiefern und Fichten) ersetzt, der höhere Erträge in der Forstwirtschaft ermöglicht. Der südöstliche Teil der Ardennen besitzt als natürliche Vegetation noch Eichen- und Rotbuchenwälder. Eichen-Hainbuchen-Bestände sind für den südlichsten Zipfel Belgiens (Pays Gaumais) charakteristisch; hier wird auch Wein angebaut. Auf den kargen Böden zu Luxemburg hin sind ebenso wie auf den Sandböden der Geestplatten Birken-Eichen-Wälder heimisch.
Besonders bemerkenswerte Pflanzengemeinschaften besitzen die **Dünen- und Poldergebiete** entlang der Nordseeküste sowie die wenigen noch erhaltenen Moorgebiete. Typische Strandpflanzen sind die so genannten Halophyten, die Salz zum Leben benötigen. Bekannteste Vertreter dieser Gattung sind die Salzaster und der Quelle. In den Dünen, die zum Schutz gegen Erosion mit Strandhafer, Strandweizen und Legföhren bepflanzt sind, kommt neben Halophyten als Charakterpflanze das Sandveilchen vor.
Eine äußerst charakteristische Formation stellen die **Hochmoore** in Teilen der Peel dar. Hier gedeihen Wollgras, Sauergräser, Krähenbeere und Sumpfporst. In fortgeschrittenem Stadium kommen auch Heidekräuter und schließlich Baumarten, insbesondere Erlen, Kiefern und Birken hinzu.

Ein Kraftpaket auf vier Beinen ist das Ardenner Kaltblutpferd. In der Forstwirtschaft wird es ab und zu noch eingesetzt.

Fauna Natürliche Lebensräume für größere Tierarten gibt es außer in den Ardennen kaum noch. In den Wäldern südlich der Sambre-Maas-Furche sind Rehe anzutreffen. Hirsche kommen nur in den Ardennen vor, wo auch ein großer Schwarzwildbestand lebt. In den südlichen Ardennen trifft man noch auf die sehr seltene Wildkatze; etwas häufiger ist der Baummarder. Sehr interessante Landvögel sind der Wiedehopf und der Waldbaumläufer, die nur im Weide- und Ackerland nördlich bzw. im geschlossenen Waldgebiet südlich der Sambre-Maas-Furche vorkommen. Sollte es überhaupt ein typisch belgisches Tier geben, so ist es – abgesehen von der Kaninchenrasse »Belgischer Riese« (die immerhin bis zu 7 kg auf die Waage bringt) – **das Belgische (Ardenner) Kaltblut**. Diese kräftigen Pferde fanden als Zugtiere in der Land- und Forstwirtschaft Verwendung und werden noch heute aus Tradition in den Ardennen gezüchtet, wo alljährlich auf Leistungsschauen die besten Tiere prämiiert werden. Im Musée de la vie rurale en Wallonie bei Saint-Hubert (►S. 387) ist ihnen eine Ausstellung gewidmet.

Klima

Feucht, aber mild Durch den nahen Atlantik und die wärmende Wirkung des Golfstroms hat Belgien ein feuchtes und relativ mildes ozeanisches Klima. Reichliche Niederschläge rund ums Jahr, geringe jahres- und tageszeitliche Temperaturschwankungen und der fast ständig wehende Wind prägen die weithin offene Landschaft. Verantwortlich für das sehr wechselhafte Wetter sind das Islandtief und das Azorenhoch, die über dem Nordostatlantik fast ständig um die Vorherrschaft ringen. Mit kräftigen Westwinden steuern sie jede Menge Regengebiete Richtung Europa. Im Winter gewinnt meistens das Islandtief mit stürmischen Winden und heftigen Niederschlägen, im Frühjahr und Sommer auch mal das Azorenhoch. So sind die Wochen von Anfang April bis Mitte Juni die niederschlagsärmsten und sonnigsten des ganzen Jahres. Danach ist viel durchwachsenes Wetter angesagt, bevor vom letzten Julidrittel bis Mitte August der Sommer noch mal zu großer Form aufläuft. Für Ende September steht als Highlight zum Saisonausklang noch der »Altweibersommer« mit einigen sonnig-milden Tagen auf dem Programm.

► Klima: Brüssel

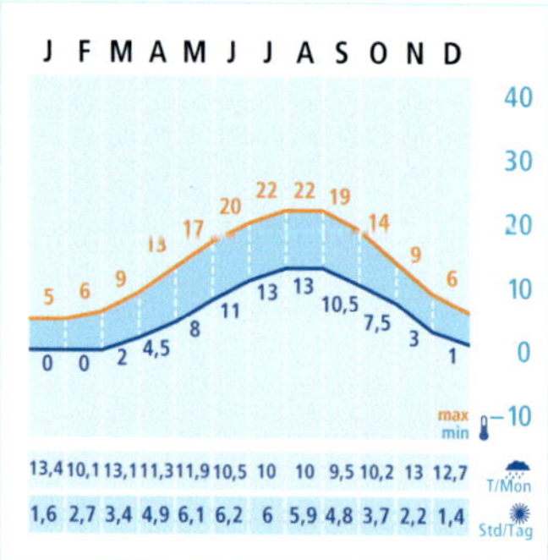

Temperaturen, Niederschläge, Sonnenschein Im Sommer erreichen die Tagestemperaturen im Binnenland durchschnittlich 21 °C bis 23 °C, in Küstennähe um 20 °C. Aber auch 25 °C sind am Meer keine Seltenheit, bei entsprechenden Wetterlagen sogar über 30 °C (abs. Max. Oostende 35 °C; Brüssel 39 °C). Im Herbst sorgt der Golfstrom noch lange für milde Temperaturen – was im Prinzip auch für den Winter gilt, der sich überwiegend von seiner stürmischen und regnerischen Seite zeigt. Mit mittleren Jahresniederschlägen um 820 l / m² ist Belgien **eines der niederschlagsreichsten Länder Europas**. Längere Regenperioden sind trotzdem die Ausnahme, denn kräftige Winde treiben die Wolken meist rasch vorbei. Das durchschnittlich beste Wetter haben Mai und Juni zu bieten mit jeweils 200 Sonnenstunden im Binnenland und bis zu 230 Stunden an der Küste (Oostende).

Bevölkerung · Politik · Wirtschaft

Bevölkerung

Eines der dichtbesiedeltsten Länder Europas

Statistisch gesehen leben 339 Belgier auf einem Quadratkilometer ihres Königreichs – ein Wert, der in Europa nur von Monaco und den Niederlanden übertroffen wird. Allerdings unterliegt die regionale Bevölkerungsverteilung großen Schwankungen. Das eine Extrem bilden die **sechs Verdichtungsräume** Brüssel, Antwerpen, Liège, Gent, Charleroi und Mons. Hier wohnt mehr als ein Drittel der Gesamtbevölkerung mit stellenweise über 1000 Einwohnern pro km². Ebenfalls überdurchschnittlich dicht besiedelt sind mit im Mittel 500 Einwohnern pro km² große Teile der Provinzen Antwerpen sowie Oost- und Westvlaanderen. Demgegenüber beträgt die Bevölkerungsdichte im Mittelgebirgsraum der Ardennen lediglich 50 Einwohner pro km², stellenweise sogar weniger. Die hohe Bevölkerungsdichte ist Ausdruck der starken **Verstädterung**. Fast die Hälfte der Menschen wohnt in Städten und weitere 38 % verteilen sich auf verstädterte Gemeinden. Auf die ländlichen Gemeinden entfallen nur etwa 13 % der Gesamtbevölkerung.

? WUSSTEN SIE SCHON ...?

- Mit knapp 20 000 Mitgliedern ist die jüdische Gemeinde von Antwerpen die größte einer europäischen Stadt.

◄ Religion

Annähernd 80 % der Belgier bekennen sich zu Rom, nur 1,1 % zum Protestantismus – die lange Zugehörigkeit zum habsburgischen Reich wirkt sich bis heute aus. Der Anteil der Moslems hat sich in den vergangenen Jahren auf knapp 3,5 % erhöht.

◄ Ausländer

Von den ca. 860 000 Ausländern stammen fast zwei Drittel aus Ländern der Europäischen Gemeinschaft. Der Rest sind überwiegend Zuwanderer aus Nordafrika und der Türkei.

Flamen, Wallonen und Deutsche

Belgien liegt im Kontaktbereich zwischen germanischen und romanischen Volks- und Sprachgruppen. Die Wallonen leben im südlichen Teil des Königreichs und sprechen Französisch; das Wallonische, ein französischer Dialekt, lebt fast nur noch in Redewendungen weiter. Die einen niederländischen Dialekt sprechenden Flamen bewohnen die nördlichen Landesteile (genau genommen drei Dialekte: das Seeländische an der Scheldemündung und in Westflandern, das Brabantische und das Limburgische; Die seit dem Mittelalter kaum veränderte Trennungslinie zwischen beiden Volksgruppen ist die **flämisch-wallonische Sprachgrenze**. Sie verläuft etwa von Visé an der Maas in ost-westlicher Richtung über Waremme, Halle und Ronse nach Menen an der französischen Grenze. Neben Flamen und Wallonen bilden Deutsche um Eupen, St.-Vith und Arlon eine dritte Volks- und Sprachgruppe. Brüssel, im Grenzbereich der beiden Sprachgebiete gelegen, ist offiziell zweisprachig.

Staat und Gesellschaft

Föderale parlamentarische Monarchie

Gemäß der Verfassung von 1831 ist das Königreich Belgien eine konstitutionelle Monarchie und nach der 1993 beschlossenen Verfassungsreform ein »föderaler Staat, der sich aus den Gemeinschaften und Regionen zusammensetzt«. Nach dem überraschenden Tod des seit 1951 regierenden, kinderlos gebliebenen Baudouin I. 1993 trat dessen Bruder als **Albert II.** die Thronfolge an. Der König besitzt laut Verfassung zwar Exekutivgewalt; in der Praxis ist er heute jedoch auf Repräsentationsaufgaben beschränkt.

Belgiens Königspaar Albert II. und Paola

Das belgische **Parlament** besteht aus zwei Häusern. Die 150 Mitglieder der **Abgeordnetenkammer** (Chambre des Représentants, Kamer van Volksvertegenwoordigers) werden direkt gewählt (**Wahlpflicht**!). Die Abgeordneten sind neben ihrer parteipolitischen Zugehörigkeit auch in Sprachgruppen eingeteilt, was durchaus zu Abstimmungskoalitionen jenseits aller parteipolitischen Grenzen führen kann.

Der **Senat** (Sénat, Senaat) hat 71 Mitglieder, von denen 40 gewählt, jeweils 10 vom Flämischen Rat bzw. von der Französischen Gemeinschaft und einer von der Deutschsprachigen Gemeinschaft entsandt sowie 10 weitere »kooptiert« werden. Der Senat hat geringere Befugnisse als die Kammer, bei der die letzte Entscheidungsbefugnis liegt.

Regierung

Die Regierung wird vom König ernannt, muss aber von beiden Häusern bestätigt werden. In der Regierung muss dem Sprachenproporz entsprechend die gleiche Anzahl von französisch bzw. niederländisch sprechenden Ministern sitzen; die Volksgruppenzugehörigkeit des Premierministers ist nicht festgelegt.

Zahlen und Fakten Belgien

Geografische Daten

- Nordwestliches Mitteleuropa
- 49° 30' – 51° 30' nördlicher Breite
- 2° 33' – 6° 24' östlicher Länge
- Fläche: 31 220 km²
  - Flandern: 13 522 km²
  - Wallonien: 16 844 km²
  - Deutschsprachige Gemeinschaft: 854 km²

Bevölkerung

- 10,39 Mio. Einwohner (Deutschland: 85,2 Mio.)
  - Flamen: 5,76 Mio.
  - Wallonen: 3,25 Mio.
  - Deutschsprachige: 112 400
  - Ausländer: 0,9 Mio.
- Bevölkerungsdichte: 339 / km²
- Größte Städte:
  - Brüssel-Hauptstadt: 999 900 Einw.
  - Antwerpen: 457 700
  - Gent: 230 900
  - Charleroi: 201 300

Sprachen

- Niederländisch (Flämisch), Französisch, Deutsch
- Vier Sprachgebiete: Flämisch, Französisch, Deutsch und Brüssel (zweisprachiges Gebiet)

Religion

- 80 % Katholiken
- 1,1 % Protestanten
- 3,5 % Muslime

Staat

- Föderale parlamentarische Monarchie
- Parlament: Abgeordnetenhaus (150 Mitglieder) und Senat (71 Mitglieder)
- Staatsoberhaupt: König Albert II.
- Drei Regionen: Flandern, Wallonien und Brüssel-Hauptstadt
- Drei Gemeinschaften: Flämisch, Französisch und Deutschsprachig

Wirtschaft

- Bruttoinlandsprodukt (2004): 288,1 Mrd. €
- Beschäftigtenstruktur:
  - 74,9 % Dienstleistung/Handel/Finanzen
  - 24,3 % Industrie und Bau
  - 0,8 % Landwirtschaft
- Arbeitslosenquote (2005): 8,5 %

Tourismus

- 6,7 Mio Besucher (2004), davon 1,7 Mio. Niederländer; 1,1 Mio. Briten, 0,9 Mio. Franzosen und 0,75 Mio. Deutsche

Die Flagge zeigt die brabantischen Farben, die in dieser Form erstmals 1787 auftauchten. Im Wappen erscheinen der brabantische Löwe und der Spruch »L'Union fait la Force« (»Einigkeit macht stark«).

Regionalismus und Föderalismus

Einigermaßen verwirrend ist die regionale und föderale Struktur Belgiens: Das Land ist unterteilt in vier Sprachgebiete, drei Kulturgemeinschaften und drei Regionen. Hinzu kommt die historische Unterteilung in Provinzen. Diese Struktur ist im Wesentlichen Ergebnis der Auseinandersetzungen zwischen Wallonen und Flamen und den daraus entsprungenen Zugeständnissen an die Volksgruppen. Die Verfassungreform von 1993 wird als Endpunkt dieser Entwicklung angesehen, die dem gewachsenen Selbstbewusstsein der Regionen Rechnung trägt und letztlich doch den inneren Zusammenhalt Belgiens stärken soll.

Noch einfach zu überblicken ist die Einteilung Belgiens in zehn **Provinzen**. Ihre Verwaltung besorgt der direkt gewählte Provinzialrat mit einem Gouverneur an der Spitze. Die vier **Sprachgebiete** sind das französischsprachige, das flämischsprachige, das deutschsprachige und das zweisprachige Brüssel. Die **Gemeinschaften** sind die flämischsprachige, die französischsprachige und die deutschsprachige. In allen drei wird ein Rat der Gemeinschaft (jeweils mit Exekutive) gewählt, der für kulturelle Fragen und u. a. für Gesundheits- und Sozialpolitik zuständig ist. Die drei **Regionen** sind die flämische, die wallonische und die Brüsseler Region. Sie besitzen einen Regionalrat (mit einer Exekutive), der u. a. zuständig ist für Umwelt und regionale Wirtschafts-, Finanz- und Sozialpolitik. Im flämischen Rat sind allerdings sowohl der Rat der Gemeinschaft als auch der Regionalrat zusammengefasst; bei flämisch-regionalen Angelegenheiten dürfen die Brüsseler Abgeordneten jedoch nicht mitstimmen (wohl aber bei Gemeinschaftsangelegenheiten!).

Belgien Provinzen

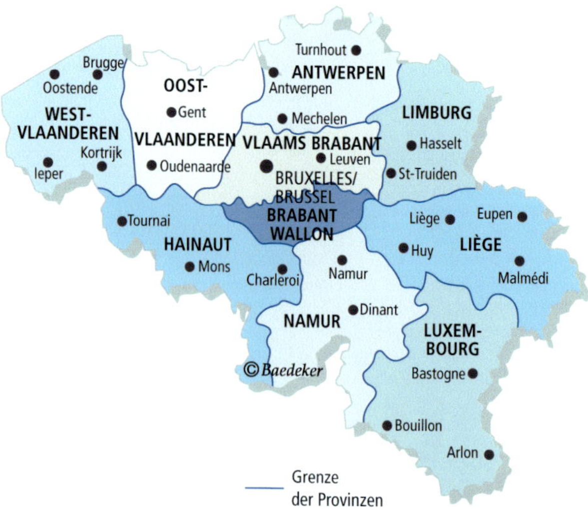

Parteien

Nicht minder unübersichtlich ist die belgische Parteienlandschaft. Zwar ähnelt sie in den Grundausrichtungen deutschen Verhältnissen – Christdemokraten, Sozialdemokraten, Liberale und Ökologen –, doch auch sie wird von der kulturellen Verschiedenheit bestimmt. Am rechtsradikalen Rand gräbt der Vlaams Blok, dessen wallonisches Pendant Front National allerdings weitaus weniger erfolgreich ist. Nur in Ostbelgien ist die Partei der Deutschsprachigen Belgier (PJU-PDB) von Bedeutung.

Außenpolitik

Belgien ist sowohl Mitglied der EU (Gründungsmitglied der EWG) als auch der NATO und beiden Organisationen in besonderer Weise verbunden: Brüssel ist Sitz von EU-Ministerrat, EU-Kommission und neben Straßburg auch Tagungsort des Europäischen Parlaments und somit die heimliche Hauptstadt Europas; auch die NATO hat mit dem NATO-Rat in Brüssel sowie dem militärischen Hauptquartier in Casteau bei Mons ihre wichtigsten Organe in Belgien.

Wirtschaft

Allgemeine Wirtschaftsdaten

Die belgische Wirtschaft ist wegen der Rohstoffarmut des Landes und des kleinen inländischen Marktes **stark exportorientiert**: Über 70 % der Erzeugnisse gehen ins Ausland. 2003 wurden Waren im Wert von 211,5 Mrd. € importiert, hauptsächlich chemische Produkte, Maschinen und Transportgüter; ausgeführt wurden Waren im

Hier spricht man deutsch: Schützenfest in den Ostkantonen

NUR EIN SPRACHENSTREIT?

Zwischen Flamen und Wallonen ist es immer wieder zu Konflikten gekommen, die mit dem Begriff »Sprachenstreit« nur unzulänglich umschrieben sind. Die Auseinandersetzungen um die jeweilige Sprache sind letztendlich Ausdruck kultureller wie auch ökonomischer Gegensätze.

Das Französische ist mit den Burgundern ins ursprünglich rein flämische Brüssel eingezogen. Seitdem war es die Sprache des Adels und der Herrschenden und nachdem viele flämische Kaufleute und Gelehrte vor den Spaniern ins freie Holland geflohen waren, sank das Flämische mehr und mehr zur Sprache der unteren Bevölkerungsschichten herab. Lediglich nach 1815, als das heutige Belgien an Holland fiel und Niederländisch zur Staatssprache erhoben wurde, spielte die Sprache für einige Zeit keine Rolle, denn Flamen und Wallonen waren sich in der Ablehnung der holländischen Herrschaft einig und verjagten sie schließlich. In gewisser Weise ein Geburtsfehler des belgischen Staats war aber die seinerzeitige Orientierung an Frankreich. Französisch war die offizielle Sprache, französisch ausgerichtet war die Oberschicht. Hinzu kam, dass die Industrialisierung und der daraus erwachsene Wohlstand in den wallonischen Kohleregionen stattfanden, während Flandern weitgehend agrarisch blieb.

Das Erwachen der Flamen

Dies war der Nährboden für die **Flämische Bewegung**. Sie erreichte 1898, dass französische und flämische offizielle Texte einander gleichgestellt wurden. Die Wirklichkeit sah aber anders aus: Bis 1936 wurde im Parlament nur Französisch akzeptiert und immer noch ist für manchen Flamen nicht vergessen, dass im Ersten Weltkrieg das Offizierskorps der Armee größtenteils aus Wallonen bestand, während die meisten einfachen Soldaten, die in den Schützengräben verbluteten, Flamen waren. Die 1930er-Jahre waren geprägt von den Auseinandersetzungen um die Sprachgesetze und der Flamisierung der Uni-

versität Gent, die die flämische Sache ein großes Stück nach vorne brachte. Die Zeit nach dem Zweiten Weltkrieg war gekennzeichnet von schärfer werdenden Auseinandersetzungen. Der in den 1970er-Jahren einsetzende Rückgang der wallonischen Stahlindustrie und der parallele Aufstieg neuer Industrien in Flandern erschütterten die Wallonen in ihrem Selbstbewusstsein; gleichzeitig wehrten sich die Flamen gegen die Nichtbeachtung der Sprachgesetze. Erst 1962 lag eine niederländische Übersetzung des belgischen Strafgesetzbuches vor; mit der Festlegung der Sprachgrenze im selben Jahr hoffte man, dass wieder Ruhe einkehrte, doch immer wieder kam es zu auch handgreiflichen Streitigkeiten zwischen den Volksgruppen. Die 1993 abgeschlossene Umwandlung des Königreichs in einen Bundesstaat hat zumindest dieses weitgehend beendet; geblieben ist die wirtschaftliche Teilung in das »arme« Wallonien und das »reiche« Flandern, gekommen ist das Erstarken rechtsradikaler flämischer Gruppierungen wie des »Vlaams Blok« in Antwerpen.

Brüssel ist ein Sonderfall

Brüssel liegt am südlichen Rand des flämisch-niederländischen Sprachgebietes, doch überwiegt heute der Anteil der Französischsprachigen mit ca. 80% bei weitem. Offiziell allerdings ist **Brüssel zweisprachig**. Die meisten Brüsseler können mehr oder weniger gelungen von der einen auf die andere Sprache umschalten. Den Besucher bringt die Zweisprachigkeit in den Genuss doppelt beschrifteter Straßenschilder, Speisekarten und aller nur denkbaren offiziösen Druckwerke und Verlautbarungen einschließlich der Telefonansagedienste, können ihm aber auch Begegnungen mit überzeugten Brüsseler Flamen oder Wallonen eintragen, die sich berharrlich weigern, die Sprache der jeweils anderen Seite zu sprechen – obwohl sie sie zweifellos gut beherrschen.

Wert von 219,7 Mrd. €, vor allem chemische Erzeugnisse, Transportausrüstungen, Maschinen und Kunststoffe. Wichtigste Handelspartner sind Deutschland, die Niederlande und Frankreich.
Das **Bruttoinlandsprodukt** belief sich 2004 auf 288,1 Mrd. €. War die Staatsverschuldung lange Zeit die höchste aller EU-Länder, haben die Stabilisierungsbemühungen der Regierung mittlerweile Erfolge gezeitigt und u. .a. für eine niedrige Inflationsrate gesorgt..

Strukturwandel und Standortverlagerung

Belgiens Wirtschaft hat in den letzten Jahrzehnten einen tief greifenden Strukturwandel erlebt. Das Bild vom Stahl produzierenden Wallonien und Textilien herstellenden Flandern stimmt schon lange nicht mehr. Die Entwicklung ging weg von der Schwerindustrie hin zur pharmazeutischen und chemischen Industrie. Unter den sieben größten belgischen Unternehmen finden sich mit Solvay, Umicore, Agfa-Gevaert und UCB vier aus dieser Sparte, hinzu kommen Delhaize (Lebensmittelhandel), Inbev (Brauereien) und die Belgacom.
Mit dem Strukturwandel ging eine Standortverlagerung einher. Wallonien war die Kernregion der Industrialisierung des europäischen Festlands. Sie setzte bereits zu Beginn des 19. Jh.s auf der Grundlage von Steinkohlen- und Eisenerzlagerstätten ein und breitete sich von hier aus. Doch Überalterung der Anlagen und die weltweite Stahlkrise in den 1970ern führten dazu, dass die wallonische Schwerindustrie sich bis heute kaum erholt hat und die Steinkohleförderung gänzlich eingestellt worden ist. In dem Maße, wie Wallonien verlor, gewann der flämische Norden dank seiner Standortvorteile, wo sich die neuen, Erfolg versprechenden Industrien wie Chemie, Metallverarbeitung und Hightech, aber auch der Dienstleistungssektor (Softwareentwicklung) ansiedelten: 60 % des belgischen Bruttoinlandprodukts werden dort erwirtschaftet.

Industrie

Der wichtigste Industriezweig Belgiens ist mittlerweile die **chemische und petrochemische Industrie**, die ihren Schwerpunkt um Antwerpen hat und Lacke, Farben, Düngemittel, Medikamente und fotochemische Stoffe produziert. Nach wie vor von großer Bedeutung ist die **Metall verarbeitende Industrie**, vor allem in Namur, Liège und Antwerpen. Mit über 1 Mio. produzierter Pkw, die zu 90 % exportiert werden (Ford, VW, Volvo, Opel), ist Belgien einer der wichtigsten Automobilproduzenten Europas. Einer der stabilsten Zweige ist die Rüstungsproduktion, hauptsächlich Schusswaffen und Munition aus den Fabriques nationales (FN) in Herstal. Die traditionellen Standorte der **Textilindustrie** sind Flandern und Brabant, doch steht die einst bedeutende Leinenindustrie heute fast vollkommen im Schatten von Baumwoll- und Kunstfaserindustrie. Ebenso wichtig ist die **Glasindustrie** in Flandern, im Hennegau, in Liège und in Namur: ca. 25 % des Weltbedarfs werden dort hergestellt. Die **Nahrungsmittelindustrie** bringt Milch- und Fleischprodukte, Frischgemüse und Konserven hervor. Mit InBev in Leuven ist der weltgrößte Brauereikonzern in Belgien zu Hause.

Landwirtschaft

Die Landwirtschaft produziert überwiegend für den inländischen Markt. Zentren der Vieh- und Milchwirtschaft sind die Ardennen, die Famenne, das Kempenland und die Poldergebiete. Im Dreieck Mechelen – Leuven – Brüssel wird in großen Gewächshauskulturen Gemüse gezogen; Obstbau ist rund um Antwerpen sowie bei Sint-Truiden, Namur, Liège, Mons und Charleroi weit verbreitet. Im Hennegau und im Haspengau werden Weizen- und Zuckerrüben angebaut; die Böden Geestflanderns und des Kempenlandes eignen sich für Kartoffeln, Weizen und Gerste.

Dienstleistungssektor

Die Zahl der im Dienstleistungsbereich Beschäftigten ist weit höher als die der Industriebeschäftigten. Mittelpunkte dieses Wirtschaftssektors sind die städtischen Zentren, allen voran die Hauptstadt Brüssel als Sitz der EU sowie der NATO, was viele internationale Firmen bewogen hat, hier ihre europäische Zentrale anzusiedeln (z. B. Microsoft). Große Bedeutung hat, bedingt durch Belgiens verkehrsgünstige Lage, das Handels- und Transportwesen; so ist Antwerpen gemessen am Warenumschlag der viertgrößte Hafen der Welt und der zweitgrößte Europas.

Tourismus

Zum Bedauern der belgischen Fremdenverkehrsbehörden spielt der Tourismus eine nur geringe Rolle im Wirtschaftsaufkommen. Belgien ist in erster Linie ein Durchreiseland, in dem allenfalls am Wege liegende Sehenswürdigkeiten »mitgenommen« werden. Das größte Besucherkontingent ausländischer Gäste stellen die Niederländer, gefolgt von Briten, Franzosen und Deutschen. Der Großteil des Urlauberstroms (vorwiegend Einheimische) konzentriert sich auf die Seebäder des Küstenstreifens. Mit weitem Abstand dahinter folgen die Ardennen (die jedoch besonders bei den Niederländern beliebt sind). Die kunsthistorisch bedeutsamen Städte wie Brüssel, Gent und Brügge sind beliebte Kurzreiseziele.

Verkehr

Belgien ist ein Land der kurzen Wege – zur geringen räumlichen Ausdehnung kommt eine hervorragende Verkehrsinfrastruktur. Das 4000 km lange Schienennetz ist das dichteste Europas; berühmt sind die beleuchteten, gebührenfreien Autobahnen. Die wichtigsten natürlichen Wasserstraßen sind die Maas und die Schelde; von den Kanälen sind der Albertkanaal von Maastricht nach Antwerpen, der Gent – Brügge – Oostende-Kanaal, der Canal du Centre sowie der von Charleroi nach Brüssel von großer Bedeutung. Zeebrugge ist Europas bedeutendster Roll-on-Roll-off-Hafen. Der Inlandsflugverkehr spielt keine Rolle.

? WUSSTEN SIE SCHON ...?

- Der erste Eisenbahnzug auf dem europäischen Festland verkehrte 1835 zwischen Mechelen und Brüssel. **Karl Baedeker** fuhr 1838 mit ihm und war so begeistert, dass er nach Hause schrieb: »Eine Glocke gibt das Zeichen zur Abfahrt, die Remorqueure fangen an zu stöhnen, die Stöße werden immer schneller, und dahin fliegt der Zug. ... Welche Lust gewährt das Reisen!«

Geschichte

Zwar ist Belgien das jüngste Königreich Europas, dennoch hat es eine lange Geschichte. In dieser Kernregion des Kontinents haben sich die Herrscher beinahe im Jahrhundertrhythmus abgewechselt.

Belgien ist jung

Von der Geschichte Belgiens kann man im Grunde erst ab 1830, dem Jahr der Staatsgründung, sprechen. Allerdings lebt im Namen des Königreichs der Volksstamm der »Belgae« weiter, den Caesar in seinem »Gallischen Krieg« nennt, wo er sie als **»die Mutigsten aller gallischen Völker«** bezeichnet. Bis zur Staatswerdung wird die Geschichte dieses Landstrichs meist unter die Geschichte der Niederlande subsumiert, so dass im Anschluss oft die Rede von den Niederlanden ist, wenn das gesamte Gebiet (Belgien, die heutigen Niederlande und auch Luxemburg) gemeint ist. Von entscheidender Bedeutung ist das Jahr 1568, als in den heutigen Niederlanden der Unabhängigkeitskrieg gegen Spanien begann, die Provinzen des heutigen Belgiens sich aber prospanisch zeigten.

Römer, Merowinger, Karolinger

4000 v.Chr.	Keltische Besiedlung
58–51 v.Chr.	Gallischer Krieg
um 315	Gründung des Bistums Tongeren
um 440	Tournai wird Hauptstadt des saalfränkischen Kleinreichs.
482–511	Chlodwig herrscht im Merowingerreich.
814	Teilung des Karolingerreichs nach dem Tod Karls des Großen

Fünf Jahrhunderte unter Rom

In der Jungsteinzeit bewohnen Kelten das heutige Belgien und die niederländische Geest. Aus ihnen gehen u. a. die Belgenstämme der Aduatuker, Menapier, Eburonen, Treverer, Nervier und Moriner hervor, auf die Julius Caesar bei der Eroberung Galliens trifft. Besonders der Eburonenfürst **Ambiorix** leistet 54 bis 53 v. Chr. heftigen Widerstand, wird aber vernichtend geschlagen. Bis zum Beginn des 5. Jh.s gehört das Gebiet des heutigen Belgiens dann als »Provincia Gallia Belgica« zum Römischen Reich. Vom 1. bis zum 3. Jh. ist **Tongeren** als »Aduatuca Tungrorum« die wichtigste Metropole der Provinz.

Herrschaft der Franken

Nach dem Zerfall des Römischen Reichs besetzen zu Beginn des 4. Jh.s die salischen Franken das Gebiet zwischen Maas, Schelde und Niederrhein. **Chlodio**, der Ahnherr der **Merowinger**, macht Tournai zur Hauptstadt eines kleinen Reichs, das **Childerich**, Sohn des Merowech, des Namensgebers des Geschlechts, über das gesamte Gebiet zwischen Schelde und Somme ausdehnt. Childerichs Sohn **Chlodwig**

←Eine nicht unumstrittene Figur ist Eburonenhäuptling Ambiorix. Dennoch hat ihm Tongeren ein Denkmal gesetzt.

der Große schließlich erobert ganz Gallien und gründet das Frankenreich. Nach dem Tod Chlodwigs wird das Reich geteilt; Belgien gehört zum germanischen Austrasien.
Die Macht im Merowingerreich üben zunehmend die »Hausmeier« aus. Der letzte von ihnen ist Pippin der Jüngere (714 – 768), der sich 751 zum König erheben lässt und das Geschlecht der **Karolinger** begründet. Sein Sohn **Karl der Große**, um 742 möglicherweise in der Nähe von Lüttich geboren, wird nach dem Tod seines Bruders Karlmann 771 Alleinherrscher und im Jahr 800 in Rom zum Kaiser gekrönt. Er stirbt 814; im Vertrag von Verdun wird das Reich geteilt. Das Gebiet westlich der Schelde kommt zu Frankreich unter die Herrschaft Karls des Kahlen, das östlich der Schelde zum Reich Lothars I. (»Lotharingien« = Lothringen). Das Gebiet des heutigen Belgiens ist damit zweigeteilt.

Christianisierung Parallel zur politischen Konsolidierung erfolgt die Christianisierung. Sie beginnt durch irische und schottische Missionare mit der Gründung des Bistums Tongeren durch Servatius um 315; in einer zweiten Christianisierungswelle entstehen im 7. Jh. große Klöster. Herausragende Persönlichkeit ist der **hl. Hubert**, der 721 sein Bistum von Maastricht nach Lüttich verlegt.

Die »Niederlande«

Grafschaften und Herzogtümer

864	Entstehung der Grafschaft Flandern
884	Gründung des Herzogtums Burgund
1006	Gründung des Herzogtums Brabant
18. Mai 1302	Brügger Messe
11. Juli 1302	Sporenschlacht bei Kortrijk
1337	Erhebung Gents gegen die Franzosen

Nach dem Zerfall des Karolingerreichs festigen sich vom 10. bis zum 14. Jh. zahlreiche Einzelherrschaften. Für die Gesamtheit dieser Territorien kommt im 11. Jh. erstmals der Name **»Niederlande«** auf; bis Ende des 18. Jh.s umfasst er auch das heutige Belgien.

Brabant 1006 erhebt **Graf Lambrecht von Leuven** sein Gebiet zum Herzogtum und nennt es anfangs Niederlotharingien. Als erster europäischer Staat schafft Brabant 1248 die Leibeigenschaft ab. 1288 wird Brabant mit Limburg, 1355 mit Luxemburg, 1430 mit Burgund vereinigt. Im 15. Jh. ist Brabant Schwerpunkt von Gewerbe, Handel und Kultur. 1648 wird es in Nord- und Südbrabant geteilt.

Burgund

Das 884 entstandene Herzogtum wird im 14. und 15. Jh. **zum mächtigsten Staat zwischen Frankreich und Deutschland**. Von 1384 bis 1473 erwerben die Herzöge fast alle weltlichen Herrschaften in den Niederlanden – Flandern, Namur, Brabant, Limburg, Hainaut, Luxemburg, Holland, Seeland und die Picardie – und machen Brüssel zum glanzvollen Mittelpunkt des Herzogtums. Nach dem Tod Karls des Kühnen, der 1477 erschlagen wird, kommen die burgundischen Niederlande an die Habsburger.

Hainaut (Hennegau)

Im Kampf gegen die Normannen entstand Mitte des 9. Jh.s diese Grafschaft, die im 11. bis 13. Jh. mehrfach mit Flandern vereint ist, 1299 an Holland, 1345 an die Wittelsbacher und 1433 an Burgund kommt.

Limburg

Die um 1060 entstandene Grafschaft wird Anfang des 12. Jh.s als Teil von Niederlotharingien Herzogtum, ist 1221 bis 1226 mit Luxemburg und seit 1288 mit Brabant vereinigt.

Lüttich

Die Stadt wird 721 Bischofssitz, dessen Landbesitz seit dem 4. Jh. als geistliches Fürstentum zu Deutschland gehört. Seit der Erstürmung durch Karl den Kühnen 1477 teilt Lüttich die Geschicke Burgunds.

Luxemburg

Die im 10. Jh. entstandene Grafschaft hat bis zum 13. Jh. Verbindungen mit Namur, Limburg und Brabant. 1354 wird es Herzogtum, 1443 kommt es an Burgund, 1477 an Habsburg.

Namur

Die im 10. Jh. entstandene Grafschaft kommt um 1200 an den Hennegau, 1262 an Flandern, 1420 an Burgund.

Vlaanderen (Flandern)

864 entsteht unter dem Eindruck anhaltender Normanneneinfälle die Grafschaft Flandern, deren erster Graf **Balduin mit dem eisernen Arm** ist. Seine Nachfolger dehnen ihre Herrschaft nach Süden und Osten aus. Da nach dem Vertrag von Verdun die Schelde die Reiche teilt, sind die flandrischen Grafen sowohl Lehnsträger des französischen Königs (»Kronflandern« westlich der Schelde) als auch des deutschen Kaisers (»Reichsflandern« östlich der Schelde). Unter Dietrich und Philipp von Elsass erlebt ihre Herrschaft den Höhepunkt. In den Kreuzzügen sind Grafen von Flandern von 1204 bis 1261 »lateinische« Kaiser von Konstantinopel.

Den Grafen erwächst mit dem Aufstieg der Städte eine ernstzunehmende Gegenmacht, denn das Bürgertum, besonders in Gent, Ieper, Kortrijk und Brügge, erlangt durch Handel und Tuchmacherei wirtschaftliche und politische Macht; Mitte des 14. Jh.s sind Brügge und Gent neben Paris die größten Städte nördlich der Alpen. Die Städte werfen den Zugriff des französischen Königs Philipp des Schönen (und mit ihm des Grafen von Flandern) zurück, der Flandern Frankreich einverleibt hatte: Am 18. Mai 1302 machen aus der Stadt gewiesene und heimlich zurückgekehrte aufständische Brügger Bürger

Eine schmachvolle Niederlage mussten die Franzosen 1302 in der Sporenschlacht einstecken: Miniatur aus den »Chroniques de France« (1388–1399)

unter Führung von Pieter de Coninck und Jan Breydel alle von ihnen für Franzosen gehaltene nieder (**»Brügger Messe«**); am 11. Juli des-

Sporenschlacht ▸

selben Jahres besiegt das Heer der Zünfte in der »Sporenslacht« bei Kortrijk das französische Ritterheer. Diese Schlacht ist **von welthistorischer Bedeutung**, denn durch die Niederlage Frankreichs erhält England Landungsplätze auf dem Kontinent, die im Hundertjährigen Krieg genutzt werden. Unter **Jacob van Artevelde** erhebt sich 1337 Gent mit Unterstützung Englands gegen die Franzosen. Nach der Ermordung Arteveldes verlieren die flandrischen Städte jedoch an Einfluss; auch sein Sohn Philipp unterliegt 45 Jahre später in der Schlacht von Roosebeke. 1384 kommt Flandern an Burgund.

Zusammenschluss der Niederlande

1384	Flandern fällt an Burgund.
1430	Brabant wird mit Burgund vereint.
1477	Maria von Burgund heiratet Maximilian von Habsburg.
1482	Burgund wird habsburgisch.
1519–1556	Karl V. regiert das Heilige Römische Reich.
1556	Die Niederlande werden spanisch.

Burgund wird zur bestimmenden Macht

Nach dem Tod von Ludwig von Flandern erbt der Burgunderherzog **Philipp der Kühne**, seit 1369 mit Ludwigs Tochter Margarete verheiratet, Flandern. Sein Enkel **Philipp der Gute** (reg. 1419–1467) vergrößert den Besitzu weiter, vor allem 1430 durch die Vereinigung mit Brabant. Brüssel und Leuven sind die Zentren des burgundischen Herzogtums. Unter Philipps Regentschaft gelangen die Niederlande zu Reichtum und Luxus. Malerei, Literatur, Architektur und Gobelinkunst blühen: Die Niederlande gelten als die »Schatzkammer Europas« und Karl der Kühne (reg. 1467 – 1477) als der reichste und ehrgeizigste Fürst seiner Zeit.

Von Habsburg zu Spanien

Seine Erbtochter Maria heiratet Maximilian von Österreich, den späteren Kaiser Maximilian I. Nach ihrem Tod bei einem Reitunfall 1482 fallen die Niederlande an die Habsburger. Damit können sich u. a. die Brügger schlecht abfinden. Sie wagen es sogar 1488, Maximilian elf Wochen lang gefangen zu halten, um Zugeständnisse zu erpressen. **Philipp der Schöne**, Sohn Maximilians und Marias, heiratet 1496 in Lier die spanische Königstochter Johanna. Aus dieser Verbindung geht der spätere Karl V hervor, der 1500 in Gent geboren wird. Philipps Schwester **Margarete von Österreich** ehelicht 1497 den spanischen Thronfolger Juan (der im gleichen Jahr stirbt). Sie wird nach Philipps Tod von 1507 bis 1517 Regentin der Niederlande. Karl, seit 1516 spanischer König, wird nach dem Tod Maximilians 1519 in Brüssel als **Karl V.** zum Kaiser des Heiligen Römischen Reiches erhoben. Sein Ziel ist es, das ganze Territorium zusammenzuschließen und die alten Freiheiten, die die Kronrechte einschränken, zu vermindern. Gefahr erwächst nach 1520 durch Luthers Lehren, doch wird nach 1550 der Calvinismus zum herrschenden Bekenntnis in den Nordprovinzen. Karl V. bekämpft die neue Glaubensrichtung ab 1522 mit Inquisitionsgerichten. Nach seiner Abdankung 1556 kommen die Niederlande an Spanien. Neuer Herrscher ist Philipp II.

Die Abtrennung der südlichen Niederlande und das Ende der spanischen Herrschaft

1566	Bund der Geusen, Bildersturm.
1568	Beginn des Freiheitskampfs der nördlichen Niederlande. Egmont und Hoorn werden in Brüssel enthauptet.
1579	Union von Utrecht und Union von Arras
1604	Die Eroberung Oostendes durch die Spanier besiegelt die endgültige Spaltung der Niederlande.
1648	Westfälischer Frieden
1695	Beschießung Brüssels durch die Franzosen.
1713	Frieden von Utrecht: Die spanischen Niederlande fallen an Österreich.

Der Freiheitskampf der Niederlande

Philipp II. von Spanien (reg. 1556 – 1598), Sohn Karls V., die beherrschende Gestalt der Gegenreformation, will in den Niederlanden jeglichen Abfall vom Katholizismus und Unabhängigkeitsbestrebungen verhindern. Er schickt spanische Truppen, setzt sich über die Rechte der Stände und des Adels hinweg und sucht mit fanatischer Unduldsamkeit den Protestantismus auszurotten. Als Folge der jahrzehntelangen Kämpfe sind die Niederlande wirtschaftlich ruiniert; über 100 000 Menschen flüchten in die nördlichen Provinzen.

Unter der Generalstatthalterin **Margarethe von Parma** (reg. 1559 bis 1567), Tochter Karls V., wachsen Unruhe und Widerstand. Der niederländische Adel schließt in Breda ein Bündnis gegen die spanische Unterdrückung. Sie nennen sich **»Geusen«** (Bettler), da einige von ihnen bei der Überreichung einer Bittschrift den Spott der Berater der Statthalterin ertragen mussten: »Comment, Madame, peur de ces gueux?« – »Wie, Madame, Angst vor diesen Bettlern?« Die Führung haben **Willem van Oranje, Egmont und Hoorn**.

Bildersturm ►

Als die Protestanten beim »Bildersturm« im selben Jahr katholische Kirchen verwüsten, schickt Philipp II. 1567 den **Herzog von Alba** zur Unterdrückung des Aufruhrs. Daraufhin erheben sich 1568 die sieben protestantischen Provinzen der nördlichen Niederlande zum offenen Freiheitskampf. Albas Truppen wüten rücksichtslos; Zehntausende werden getötet. Wilhelm flüchtet nach Deutschland, die Grafen Egmont und Hoorn werden verhaftet und in Brüssel enthauptet. 1579 zerfällt die Einheit der Niederlande, als in der Utrechter Union die protestantischen Nordprovinzen ein Schutzbündnis gegen Spanien schließen (aus dem die Republik der Vereinigten Niederlande hervorgeht) und sich in der Union von Arras die prospanischen, katholischen Südprovinzen vereinen, das spätere Belgien.

In den darauf folgenden Kämpfen nehmen die Spanier eine südniederländische Stadt um die andere ein. 1604 erobern sie nach dreijähriger Belagerung die Festung Oostende, den letzten Stützpunkt der Holländer in den Südprovinzen. Damit ist die Teilung der Niederlande in einen Nord- und einen Südteil bis auf eine kurze Unterbrechung (1792–1830) besiegelt.

Das Ende der spanischen Herrschaft

Nun wird es ruhiger. Unter der Regentschaft des Erzherzogs Albrecht von Österreich (1598–1621), vermählt mit Isabella, Tochter Philipps II., tritt eine wirtschaftliche Erholung ein. Die Barockkunst, für die Namen wie Rubens, van Dyck, Jordaens oder Brouwer stehen, erlebt ihre Blüte. Im **Westfälischen Frieden** von 1648 wird nicht nur der Dreißigjährige Krieg in Deutschland, sondern auch der bereits 80 Jahre andauernde Krieg in den Niederlanden beendet: Die Südprovinzen bleiben bei Spanien; s'Hertogenbosch, Maastricht, Venlo, Roermond, Breda und Seeländisch-Flandern kommen zu Holland, während Frankreich Artois, Französisch-Flandern, die Franche-Comté und Französisch-Hainaut erhält.

Ludwig XIV. führt Krieg ►

Damit ist Ludwig XIV. nicht zufrieden. Während seiner Eroberungskriege (1667–1697) marschieren seine Armeen mehrfach in die spanischen Niederlande ein. Trauriger Höhepunkt ist die Beschießung Brüssels 1695, bei der über 4000 Gebäude zerstört werden.

Spanischer Erbfolgekrieg ►

Im Spanischen Erbfolgekrieg (1701–1714) verlieren die Franzosen auf »belgischem« Boden die Schlachten bei Ramillies (1706), Oudenaarde (1708) und Malplaquet (1709). Im **Frieden von Utrecht** 1713 werden die südlichen Niederlande Österreich zugesprochen.

Der Weg zur Unabhängigkeit

1789	Deklaration der »Vereinigten Belgischen Staaten«
1795–1813	Belgien und Holland sind unter französischer Herrschaft vereint.
1815	Schlacht bei Waterloo
1814–1830	Belgien gehört zum Vereinigten Königreich der Niederlande
1830	25. August: Revolution in Brüssel 4. Oktober: Proklamation des Königreichs Belgien
21. Juli 1831	Krönung Leopolds von Sachsen-Coburg-Gotha

Unter den Österreichern

Der Frieden hält nicht lange. Im Österreichischen Erbfolgekrieg (1745–1748) erobern die Franzosen fast die gesamten Österreichischen Niederlande, die sie aber im Friedensschluss wieder zurückgegeben müssen. Die Reformpolitik des aufklärerisch gesinnten Kaisers Joseph II. (1780–17890) kann nicht verhindern, dass sich 1789 unter dem Eindruck der Französischen Revolution die Österreichischen Niederlande als »Vereinigte Belgische Staaten« (**erste Verwendung des Namens »Belgien« in der Neuzeit**) zur unabhängigen Republik erklären. Die Revolutionäre führen die Farben Brabants: Schwarz-Gelb-Rot. Bis Ende 1790 können österreichische Truppen die Herrschaft Kaiser Leopolds II. aber wieder herstellen.

Die Franzosen übernehmen die Herrschaft

Doch im Ersten Koalitionskrieg besiegt eine französische Revolutionsarmee die Österreicher bei Jemappes (1792) und Fleurus (1794). Nach der Eroberung der Niederlande durch die Franzosen (1795) werden beide Länder als **Batavische Republik** vereinigt. Während der französischen Besatzung steigen die belgischen Gebiete zur industriereichsten Region Europas auf, da durch Napoléons Wirtschaftskrieg gegen England und die englische Seeblockade die Konkurrenz von der Insel ausgeschaltet ist. Mit der Niederlage in der Schlacht bei Waterloo (südlich von Brüssel) gegen die vereinigten britischen, preußischen und niederländischen Truppen endet die französische Herrschaft endgültig (►3D S. 420).

◄ Schlacht bei Waterloo

Vereinigte Niederlande

Schon zuvor hatte der Wiener Kongress von 1814/1815 die Errichtung des Königreichs der Vereinigten Niederlande unter Wilhelm I. von Oranien beschlossen. Es umschließt die nördlichen Niederlande,

Belgien und das ehemalige Bistum Lüttich. Eupen und Malmedy kommen zu Preußen, Luxemburg wird Großherzogtum und deutscher Bundesstaat.

Revolution Die wirtschaftlichen, religiösen und sprachlichen Gegensätze der nördlichen und südlichen Teile der Vereinigten Niederlande führen in Belgien zu einer Volkserhebung. Unter dem Eindruck der Pariser Juli-Revolution beginnt am **25. August 1830 in Brüssel** die Revolution. Am 4. Oktober erklärt die provisorische Regierung die Unabhängigkeit von den Vereinigten Niederlanden und proklamiert das Königreich Belgien. Die Krone wird **Leopold von Sachsen-Coburg-Gotha** angetragen. Zwar schlägt ein niederländisches Heer 1831 die Belgier bei Leuven, doch weicht es vor den anrückenden Franzosen zurück. Am 21. Juli 1831 trifft Leopold in Brüssel ein und wird zum König Léopold I. gekrönt.

? WUSSTEN SIE SCHON ...?

- ... was der unmittelbare Anlass für den Aufstand am 25. August 1830 in Brüssel war? Am Abend wurde im Théâtre Royal **»Die Stumme von Portici«** von Daniel François Esprit Auber gegeben, eine pathetische Oper über eine Revolte neapolitanischer Fischer. Als der Tenor Lafeuillade zum Duo »Amour sacré de la patrie« (»Heilige Liebe zum Vaterland«) anhob, gab es kein Halten mehr: Die Menge stürzte, patriotische Parolen ausrufend, nach draußen, stürmte die Amtsstuben des Justizministers und des Polizeichefs und danach zum Parc de Bruxelles, wo alsbald die Kämpfe mit den Holländern begannen.

Königreich Belgien

Die Zeit bis zum Zweiten Weltkrieg

1835	Die erste Eisenbahnlinie auf dem europäischen Festland führt von Mechelen nach Brüssel.
1839	Garantie der Neutralität durch die europäischen Großmächte
1914–1918	Im Ersten Weltkrieg ist Belgien weit gehend besetzt. Flandern wird zum Schlachtfeld.
1932–1938	Sprachgesetzgebung
1940–1944	Erneute deutsche Besetzung im Zweiten Weltkrieg

Léopold I. (1831–1865) Unter Léopold I. beginnt, gestützt auf die wallonische Kohle, Belgiens Aufstieg zu einer der führenden Industrienationen Europas. Symbol dafür ist die **Eröffnung der ersten Eisenbahnlinie auf dem europäischen Festland** im Jahr 1835, die von Mechelen nach Brüssel führt. Als Anerkennung des Aufstiegs kann auch die Garantie der Neutralität Belgiens durch die Großmächte 1839 gesehen werden.

Doch bald zeigen sich erste Konflikte. Ab 1840 findet die »Flämische Bewegung«, die die Gleichstellung der Flamen mit den Wallonen in politischer und kultureller Hinsicht fordert, zunehmend Anhänger.

Léopold II. (1865 – 1909)

Belgien setzt den Ausbau seiner Industrie fort. Die innere Entwicklung ist beherrscht durch die Gegensätze liberaler und klerikaler Strömungen sowie durch die immer drängender werdende soziale Frage. Seit dem Arbeiterkongress in Brüssel (1886) gewinnt der Sozialismus an Bedeutung. Ende des 19. Jh.s werden nach blutigen Streiks und Arbeiteraufständen Zugeständnisse auf sozialem und arbeitsrechtlichem Gebiet gemacht.

Eines der schwärzesten Kapitel der belgischen Geschichte beginnt 1878, als Léopold II. das ihm von dem Briten Henry Morton Stanley angebotene **Kongo**-Gebiet annektiert. Bis 1908 sind die riesigen Ländereien Privatbesitz des König, der sie gnadenlos ausbeuten lässt, was Tausende von Opfern fordert. Erst nach Einschreiten einer internationalen Kommission erklärt sich Léopold bereit, seinen Besitz als Kolonie »Congo Belge« unter staatliche Aufsicht zu stellen.

> **!** *Baedeker* TIPP
>
> **Herz der Finsternis**
>
> ... nannte **Joseph Conrad** seinen Roman, in dem er seine Reise in das Innere des Kongo im Jahr 1891 verarbeitet hat – ein grausam-realistisches Bild der Zustände in Belgisch-Kongo.

Erster Weltkrieg

Nach Ablehnung eines Ultimatums, das Durchmarschrecht für die deutsche Armee forderte, marschieren am 3. August 1914 deutsche Truppen in Belgien ein. Die Regierung flieht nach Le Havre in Frankreich. Durch die **Sprengung der Schleusen** bei Nieuwpoort und die Überflutung des Landes wird der Vormarsch erst am IJzerkanal in Flandern aufgehalten. Die belgische Armee unter dem Kommando von **König Albert I.** führt mit ihren französischen und britischen Verbündeten einen vierjährigen erbitterten Stellungskrieg gegen Deutsche und Österreicher. Flandern erleidet in dieser Zeit schreckliche Schäden. Im April 1915 wird bei Ieper von deutscher Seite aus **erstmals in der Geschichte Giftgas** eingesetzt.
Im Versailler Vertrag erhält Belgien Eupen-Malmedy, St. Vith und Moresnet sowie das Recht auf Kriegsentschädigung.

Zwischen den Kriegen

Die Zwischenkriegszeit ist geprägt von einer schärfer werdenden Auseinandersetzung zwischen Flamen und Wallonen. 1930 wird die Universität Gent »flamisiert«; mehrere Gesetzeswerke zwischen 1932 und 1938 versuchen, den »Sprachenstreit« zu regeln: Alle zentralen Verwaltungsstellen werden zweisprachig; in Verwaltung, Unterricht, Rechtsprechung und Armee gilt Einsprachigkeit für die jeweiligen Landesteile, Brüssel ist zweisprachig. Am 17. Februar 1934 verunglückt König Albert I. tödlich. Sein Nachfolger wird Léopold III., dessen Gemahlin Astrid 1935 bei einem Verkehrsunfall in der Schweiz ums Leben kommt.

Flandern im November 1917: Die Einnahme von Paschendaele bei Ypern durch englische Truppen (nach sechswöchigem Beschuss) wurde als Erfolg gewertet.

Zweiter Weltkrieg

Im Zweiten Weltkrieg besetzen deutsche Truppen im Mai 1940 abermals das neutrale Belgien. Die Regierung flieht nach England, während Léopold III. im Land bleibt; er unterzeichnet die Kapitulationsurkunde und wird interniert. Flämische Nationalisten und die faschistischen Rexisten des Léon Degrelle kollaborieren mit den Deutschen; dem Widerstand gelingt es, der Hälfte der belgischen Juden zur Flucht zu verhelfen. Nach der Landung der Alliierten in der Normandie wird Belgien bis zum September 1944 weit gehend befreit. Ein letzter Versuch der Deutschen, noch einmal militärisch die Oberhand zu gewinnen, scheitert in der **Ardennenoffensive** um die Jahreswende 1944 / 1945. Ihr Misslingen bedeutet das endgültige Ende der deutschen Besatzung. In den Jahren nach der Befreiung werden in über 55 000 Prozessen Kriegsverbrecher und Kollaborateure abgeurteilt.

Belgien nach 1945

1949	Belgien ist Gründungsmitglied der NATO.
1950	König Léopold III. tritt zurück; sein Nachfolger wird Baudouin.
1957	Belgien ist Gründungsmitglied der EWG.
1993	Verfassungsänderung: Belgien wird ein föderaler Bundesstaat
1996	Affäre Dutroux und »Weißer Marsch«
2005	Belgien feiert sein 175-jähriges Bestehen.

Kernland der Europäischen Einigung

Nach dem Zweiten Weltkrieg gibt Belgien seine Neutralitätspolitik auf. Es wird 1949 Gründungsmitglied der NATO und 1967, nachdem Frankreich aus der militärischen Integration ausgetreten ist, Sitz der NATO-Gremien: die politische Zentrale wird Brüssel, das militärische Hauptquartier kommt nach Casteau bei Mons.
Noch 1944 wird die Benelux-Zollunion zwischen Belgien, den Niederlanden und Luxemburg gegründet und bis 1948 stufenweise verwirklicht. 1957 ist Belgien Gründungsmitglied der Europäischen Wirtschaftsgemeinschaft (EWG). Brüssel wird Hauptsitz der EWG-Institutionen und festigt mit der mehrfachen Erweiterung der Gemeinschaft seine Position als »Hauptstadt Europas«.

»Sprachenstreit« und Regionalisierung

Seit 1960 bis in die 1980er-Jahre hinein kommt es zu heftigen, teils gewalttätigen Konflikten zwischen Flamen und Wallonen, die zwar als »Sprachenstreit« gelten, vor allem aber soziale und kulturelle Ursachen haben.
Als Lösung wird die Regionalisierung und damit die Stärkung der Rechte der einzelnen Volksgruppen angesehen. Zunächst legt man 1963 die Sprachgrenze fest. 1970 werden offiziell vier Sprachgebiete geschaffen: ein flämisches, ein französisches und ein deutsches sowie ein zweisprachig flämisch-französisches in Brüssel. Die Universitäten von Leuven und Brüssel werden in je eine flämische und eine französische Hochschule geteilt. 1975 konstituieren sich drei Regionalparlamente in Brüssel, Mechelen (für Flandern) und Namur (für Wallonien und das deutschsprachige Gebiet). 1978 einigt man sich über eine grundsätzliche Staatsreform (»Egmont-Verfassungsreform«) zur Regionalisierung des Landes, die 1980 in die Schaffung der mit weit gehender Autonomie ausgestatteten Regionen Flandern und Wallonien mündet; Brüssel bekommt einen Sonderstatus. Die deutschsprachige Minderheit in Ostbelgien erhält 1984 ein eigenes Parlament und eine eigene Regierung in Eupen. 1988 verabschiedet das Parlament ein Gesetz, das Belgien zum Bundesstaat mit Flandern und Wallonien als autonomen Regionen sowie Brüssel als Region mit Sonderstatus macht. Mit der Verfassungsänderung von 1993 schließlich wird die Umwandlung zum Bundesstaat vollzogen und bis 1996

auch praktisch umgesetzt. Der Preis: ein schier undurchschaubares Geflecht von Zugeständnissen und Regelungen nach dem Sprachen- und Parteienproporz, in dem man mit guten Beziehungen vieles erreichen kann.

Staatskrise Wohl auch deswegen wird Belgien Mitte der 1990er-Jahre von einer existenziellen Krise erschüttert. Auslöser sind mehrere Skandale, die die Bevölkerung ihren angeblich korrupten Politikern, einer unfähigen Polizei und einer ebenso unfähigen Justiz anrechnet. So klären sich die Hintergründe um die Ermordung des wallonischen Sozialistenchefs André Cools 1991 nie auf; 1995 führt die Bestechungsaffäre um die italienische Hubschrauberfirma »Agusta« zum Rücktritt von Außenminister Vandenbroucke und NATO-Generalsekretär Willy Claes, zuvor selbst belgischer Außenminister. Bis ins Mark erschüttert das Land die **Affäre Dutroux**. Viele Belgier glauben, dass der Kindermörder und -schänder Marc Dutroux als Kopf einer Kinderhändlerbande Verbindungen bis in höchste politische Kreise hatte und von dort gedeckt wird. Im Oktober 1996 demonstrieren in Brüssel 300 000 Belgier gegen die Zustände in ihrem Land – der »Weiße Marsch« ist die größte Demonstration in der Geschichte Belgiens. Dutroux wird im Juni 2004 zu lebenslanger Haft verurteilt. Die Krise macht sich auch in Wahlen bemerkbar. So kann der rechtsradikale und ausländerfeindliche »Vlaams Blok« insbesondere in der Region Antwerpen bis heute hohe Stimmenanteile einfahren. Nach einem weiteren Skandal um dioxinverseuchtes Hühnerfutter, der europaweit Kreise zieht, wird 1999 gar die amtierende Regierung abgewählt.

i Kongo-Krise

- Die Kolonie Belgisch-Kongo erhielt am 29. Juni 1960 ihre Unabhängigkeit. Kurz darauf erklärt sich die reiche Erzprovinz Katanga unter **Moïse Tschombé**, unterstützt von Belgien, vom neuen Staat für unabhängig, was durch das Eingreifen von UN-Truppen rückgängig gemacht werden soll. Nach der Ermordung des Premierministers **Patrice Lumumba** bricht der offene Krieg zwischen kongolesischen und UN-Truppen auf der einen und Katangatruppen auf der anderen Seite aus, die von der belgischen Union Minière mit Waffen und (hauptsächlich belgischen) Söldnern versorgt werden. Erst 1964 ziehen die letzten UN-Soldaten ab. Noch einmal –1978 – intervenieren französische und belgische Fallschirmjäger in Zaïre zugunsten des korrupten Regimes von General Mobutu.

Das Königshaus In all den Jahren bewährt sich das Königshaus als institutionelle Klammer – allerdings erst, nachdem Léopold III. 1950 nach heftigem innenpolitischem Streit um seine Rolle im Zweiten Weltkrieg auf den Thron verzichtet. Nachfolger wird 1951 sein Sohn Baudouin (Boudewijn, Balduin). Er heiratet 1960 die spanische Aristokratin Fabiola de Mora y Aragón. Baudouin tritt nur einmal politisch in den Vordergrund: Am 4. und 5. April 1990 erklärt er sich für nicht in der Lage, seine Regierungsgeschäfte wahrzunehmen. Er tut dies, um nicht ein

Der »Weiße Marsch« durch die Straßen Brüssels im Oktober 1996 war die größte Demonstration in der Geschichte Belgiens.

von ihm abgelehntes Gesetz über Schwangerschaftsunterbrechung unterschreiben zu müssen, aber der Regierung zu ermöglichen, das Gesetz doch in Kraft zu setzen, da die Verfassung für diesen Fall vorsieht, dass die Regierung die Befugnisse des Königs übernimmt. Am 31. Juli 1993 stirbt er überraschend; Nachfolger wird sein Bruder Albert. Er kann 2005 die Feiern zum 175-jährigen Bestehen des Königreichs Belgien anführen.

Kunst und Kultur

Auf dem Gebiet des heutigen Belgien sind wichtigste Kapitel der europäischen Kunstgeschichte geschrieben worden: die maasländische Metallkunst, die altflämische Malerei, die niederländische Malerei ... Auch das Königreich Belgien hat seinen Beitrag geleistet, man denke nur an die belgischen Surrealisten und den Jugendstil.

Kunstgeschichte

Frühgeschichte und Römerzeit

Vor den Römern

Seit etwa 4000 v.Chr., dem Beginn der Jungsteinzeit, entwickeln sich im belgischen Raum Bauernkulturen als Teil der Glockenbecher-, Bandkeramik- und Schnurkeramik-Kulturstufen. Die Verwendung von Kupfer und Bronze führt seit etwa 1700 v.Chr. zur Herstellung verzierter Waffen und Schmucksachen. Der Totenkult findet seinen Ausdruck in einer Vielzahl von Hügelgräbern und seit etwa 1300 v.Chr. in der Urnenfelderkultur. Während der Eisenzeit, von ca. 800 v.Chr. an, wird das Maas-Schelde-Gebiet von der Hallstattkultur beeinflusst: Langschwerter und kunstvolle Fibeln werden eingetauscht oder selbst hergestellt, ebenso wie die formschönen Edelmetall- und Tongefäße mit Gravuren und Stempeldruck sowie filigraner Goldschmuck und aufwändig gestaltete Beschläge. In den Jahrhunderten bis zur römischen Eroberung 51 v.Chr. wird das Gebiet von keltischen und germanischen Kultureinflüssen geprägt.

> ! *Baedeker* TIPP
>
> **Nationale Archäologie**
>
> Einen sehr guten Überblick über die frühen Kulturen im heutigen Belgien bietet die Abteilung für Nationale Archäologie in den Musées Royaux d'Art et d'Histoire in Brüssel.

Römische Provinz Gallia Belgica

Die römische Herrschaft bringt neue Kulturimpulse. In Arlon, dem römischen **Orolaunum**, ist eine Reihe von Steinreliefs gefunden worden, die vorzüglich die römische Alltagskultur der Provinz veranschaulichen. In Tongeren, dem **Aduatuca Tungrorum** im römischen Gallien, haben sich Reste der römischen Stadtbefestigung erhalten; dort bietet vor allem das gallo-römische Museum einen hervorragenden Einblick in die Römerzeit.

Frühmittelalter

Christianisierung

Von Beginn des 4. Jh.s n.Chr. an lassen sich zwischen Maas und Schelde die Franken nieder. Um 500 beherrscht der Merowingerkönig Chlodwig von Tournai aus dieses Gebiet. Die christliche Bekehrung beginnt mit der Missionstätigkeit des hl. Servatius, der bereits im 4. Jh. das Bistum Tongeren gründet. Weitere christliche Zentren sind Tournai und Arlon, wo frühchristliche Basiliken errichtet werden. Vor allem im 7. Jh. gewinnt das Mönchtum weit reichende Wirkungsmöglichkeiten als Träger und Vermittler einer christlich-reli-

← Eine Schatzkammer der sakralen Kunst: Die Kirche von Zoutleeuw blieb als eine der wenigen in Flandern vom Bildersturm verschont.

giös geprägten Kultur. Der **hl. Amandus** (594–684), »Apostel der Belgier«, und sein Schüler, der **hl. Bavo** (gest. 654; fläm. Baaf), Stadtpatron von Gent, sind beide adeliger Herkunft und beispielhafte Repräsentanten dieser Epoche. Als Zentren von Bildung und Erziehung treten die Benediktinerabteien Sint-Baafs in Gent (gegr. 647), Saint-Hubert (gegr. 687), Stavelot-Malmédy und Nivelles (beide gegr. um 650) hervor.

Auch unter den Karolingern bleibt die Geistlichkeit wichtige Stütze des Reichs. Mit ihrer Hilfe verwirklicht Karl der Große um 800 eine allgemeine kulturelle Erneuerung, die karolingische Renaissance. Die karolingische Minuskel setzt sich als Verkehrsschrift durch; Buchmalerei, Elfenbein- und Goldschmiedekunst erleben eine Blütezeit. Der auf den römischen Basilikatyp zurückgehende T-förmige Grundriss mit Langhaus und durchgehendem Querhaus setzt sich in der Sakralarchitektur durch. Mit der achteckigen Pfalzkapelle in Aachen, Vorbild für die Pfalzkapellen im Maasgebiet (Nijmegen und Sint-Donatus in Brügge), werden antike Zentralraumideen wieder belebt.

Zeugnisse frühchristlicher Kunstfertigkeit

Leider sind aus dieser Zeit nur wenige Kunstwerke und Bauten überliefert. Die ersten Kirchen und Klosterzellen aus Stein sind nur noch bruchstückhaft nachweisbar, z. B. die Vorgängerbauten aus dem 4. Jh. der heutigen Kirchen in Tongeren, Tournai oder Arlon und der Abteien aus dem 7. Jahrhundert. Die Kirchenschätze der Liebfrauenkirche in Tongeren und der Kathedrale von Tournai besitzen noch eindrucksvolle frühmittelalterliche Kunstwerke: u. a. eine Elfenbeinplatte mit dem Apostel Paulus aus dem 6. Jh. und eine merowingische Goldfibel (Tongeren), ein kostbares edelsteingeschmücktes byzantinisches Reliquienkreuz (6./7. Jh.) und eine elfenbeinerne Nikolausfigur des 9. Jh.s (Tournai). Das berühmte **Elfenbeindiptychon aus Genoels-Elderen** (7. Jh.) mit Christus und zwei Engeln, der das Böse in Gestalt von Tieren mit Füßen tritt und besiegt, befindet sich heute im Brüsseler Kunst- und Geschichtsmuseum.

Romanik

Wand- und Buchmalerei

Von romanischen Wandmalereien hat sich bis auf einige Freskenreste des 12. Jh.s mit der Legende der hl. Margarete im Querschiff der Kathedrale von Tournai nichts erhalten. Kostbar ausgemalte Bibeln und Evangeliare stammen aus der Benediktinerabtei Stavelot und aus den Prämonstratenserabteien Floreffe und Park bei Leuven.

Plastik

In der Plastik steht im 10. und 11. Jh. nach wie vor die byzantinisch geprägte Elfenbeinschnitzerei im Vordergrund. Ein hervorragendes Beispiel dafür ist der **Buchdeckel des Notker-Evangeliars** (um 980 bis 1000) in Liège im Maison Curtius.

Von der Steinplastik blieb wenig erhalten; welche Bandbreite vorhanden war, zeigen nur noch ein archaisch-abstraktes Tympanon mit der Taufe des hl. Basilius (12. Jh.) in der Unterkirche der Heiligblut-

Basilika in Brügge und ein lebhaft-bewegtes Madonnenrelief (um 1149–1158) in Liège im Maison Curtius.
Die Holzskulptur weist zwei herausragende Beispiele aus dem 11. Jh. auf: den großen Kruzifixus in der Kapelle von Tancrémont mit einer ungewöhnlichen Darstellung des Gekreuzigten in faltenreichem Gewand und mit hoheitsvollem Antlitz sowie den würdevollen Christuskopf im Liebfrauenschatz von Tongeren.

Maasländische Metallkunst

Europäische Bedeutung erreicht die Kunst der Metallverarbeitung im 12. Jh., zu der neben Bronzeguss und getriebenem Relief auch Gravierung, Emaille- und Goldschmiedekunst gehören.
In Auseinandersetzung mit antiker Plastik erreicht die Metallkunst mit dem **Renier de Huy zugeschriebenen Taufbecken** (1107–1118) für Notre-Dame-aux-Fonts (heute in Saint-Barthélemy) in Liège ihren ersten Höhepunkt. Das Messingbecken wird von 12 Rindern (heute nur noch 10 Originale) getragen – Symbol der Apostel und der Stämme Israels – entsprechend der biblischen Beschreibung von Salomos Kessel im Jerusalemer Tempelvorhof. Fünf im Hochrelief dargestellte Taufszenen illustrieren das erste Sakrament: die Taufe Christi im Jordan, die Predigt Johannes des Täufers, die Taufe der Neubekehrten, die Taufe des römischen Centurio Cornelius und des

Ein Meisterwerk der maasländischen Metallkunst: das Taufbecken von Renier de Huy in Saint-Barthélemy in Lüttich

griechischen Philosophen Craton, sodass in den Taufakten die Christianisierung und Heilsvorstellung von der jüdischen über die griechisch-römische Welt in die Gegenwart weitergetragen wird. Fein modellierte Körper mit verhaltener Gestik und die effektvolle Gruppenregie der Figuren zeugen von genauer Kenntnis römisch-antiker Skulptur, hervorragendem Formgefühl und ausgereiftem Kompositionsverständnis.

Reliquiare, Kleinaltäre und Schreine ►

Weitere wichtige Werke aus den maasländischen Goldschmiede- und Gelbgusswerkstätten sind die Reliquiare, Kleinaltäre und Schreine: das aus der Anschauung römischer Büsten gestaltete Kopfreliquiar Papst Alexanders (vor 1145, Kunst- und Geschichtsmuseum Brüssel) vermutlich von Godefroy de Huy, das goldglänzende Kreuzpartikelreliquiar (um 1160) in Saint-Croix in Liège, der **Tragaltar von Stavelot** (um 1150 – 1160, Kunst- und Geschichtsmuseum Brüssel) aus Emailplatten, die vierpassförmig mit Darstellungen der Ecclesia und Synagoge sowie Jonas und Samson um eine Bergkristallplatte angeordnet sind und das Prozessionskreuz (um 1160 – 1175) im Kunst- und Geschichtsmuseum in Brüssel mit Edelsteinbesatz und Grubenschmelzplatten. Zu den ältesten im Maasraum erhaltenen Reliquienschreinen zählt der hausförmige **Hadelinusschrein** (Saint-Martin, Visé), dessen Stirnseiten mit einer Christusfigur und der Krönung der hll. Hadelinus und Remaklus aus dem 11. Jh. stammen, während die acht Relieffelder der Langseiten unter dem Einfluss Reniers de Huy wohl um 1140 entstanden sind. Ein Jahrhundert später zeigen der Schrein der hll. Oda und Georg (1230 – 1240, Pfarrkirche von Amay) sowie der Remaklusschrein (um 1240 – 1268, Saint-Sebastian, Stavelot) eine differenzierte figürliche Ausgestaltung von bestechendem Realismus.

Nicolaus von Verdun ►

Der alles überragende Meister der Gold- und Silberschmiedekunst des frühen 13. Jh.s ist allerdings Nicolaus von Verdun, dessen Hauptwerk, der **Marienschrein** von 1205, sowie der von ihm beeinflusste **Eleutheriusschrein** von 1247 in der Kathedrale von Tournai aufbewahrt werden. Der Marienschrein zeigt mit seinen plastischen Figuren, räumlich durchgebildeten Reliefzonen, Emailfeldern und feinen Gravuren ein wieder erwachtes Interesse am Menschen und an der Natur. Organische Körperformen und Freiheit der Bewegung kennzeichnen auch den Stil des Eleutheriusschreins.

Das Westwerk der Gertrudenkirche in Nivelles

©Baedeker

In der Baukunst herrscht der romanische Basilikatypus vor, geprägt durch die Bauschulen am Niederrhein (Köln). Die Gertrudenkirche von Nivelles aus dem 11. Jh. zeigt noch den frühromanischen flach gedeckten Massenbau, ebenso die Vincentiuskirche von Soignies, während in Liège der Westbau der Heiligkreuzkirche und die wehrhaften Doppeltürme der Westfassade von Saint-Barthélemy eine differenziertere Entwicklungsstufe der romanischen Baukunst vermitteln. Am eindrucksvollsten ist die fünffache Querhausturmgruppe der **Kathedrale von Tournai** mit ihrem spätromanischen Langhaus aus dem 12. Jh., die wie keine andere Kirche in Belgien den Eindruck einer mittelalterlichen Gottesburg vermittelt.

◄ Profanbau

Von der Profanbaukunst des 12. Jh.s sind zwei imposante Burganlagen überliefert: die Burg des Gottfried von Bouillon aus der Zeit um 1100 und die noch gewaltigere, von der Leie umflossene **Grafenburg in Gent**, zwischen 1180 und 1200 auf Grundmauern des 9. Jh.s errichtet und ein hervorragendes Beispiel mittelalterlicher Fortifikationstechnik. Schloss Veves in der Provinz Namur, um 1230 erbaut, macht mit seinen schlankeren Türmen einen weniger trutzigen Eindruck. Die in Backsteinarchitektur erbaute Wasserburg Beersel bei Brüssel aus dem 14. Jh. beherrscht dagegen das Umland mit zwei mächtigen Donjons.

Gotik

Sakralarchitektur

Den Auftakt der sakralen gotischen Baukunst bildet der 1242 begonnene Chor-Neubau der Kathedrale von Tournai unter dem Einfluss der französischen Kathedralbaukunst. Erst 1325 vollendet, ist er ein Meisterwerk des filigranen Gliederbauprinzips der Gotik mit ausladendem Strebewerk. Auch die heutige Brüsseler Kathedrale, 1220 begonnen, nimmt mit ihrer mächtigen Doppelturmfassade aus dem 15. Jh. mit reichen Maßwerkformen Bezug auf die französischen Kathedralen der Ile-de-France. Mit der Errichtung der siebenschiffigen **Kathedrale von Antwerpen** von 1352 bis 1536 erreicht die gotische Baukunst ihren krönenden Abschluss.

Daneben entsteht eine Reihe von imposanten eintürmigen Stadtkirchen in den flandrischen Tuchstädten, so die Liebfrauenkirche in Brügge und die dortige Salvatorkirche. Erwähnenswert sind auch die Genter Kirchen Sint-Niklaas (13. Jh.) und Sint-Baafs. In Leuven gehört die Peterskirche mit ihrer unvollendet gebliebenen Fassade, ihrem lichten, hohen Innenraum und hallenartigen Chorumgang zu den wichtigen baulichen Leistungen der Spätgotik. Auch die maßwerkübersäten Wandformationen und das herrliche Netzgewölbe von Saint-Jacques in Liège zählen zu dieser Epoche.

◄ Profanarchitektur

Als Gegenrichtung zur monumentalen Sakralarchitektur bildet sich seit etwa 1300 in Flandern eine einzigartige Profanarchitektur heraus: Stadttore, Tuchhallen, Zunftgebäude, Bürger- und Rathäuser. Vor allem die öffentlichen Bauten künden mit ihren weithin sichtbaren Belfrieden (Glockentürmen) von bürgerlichem Freiheitssinn und wirtschaftlicher Tüchtigkeit. An ihren Fassaden entfaltet sich die ganze Zierlust der Spätgotik. Gute Beispiele bieten die Rathäuser von Brügge (1376 – 1420), Leuven (1448 – 1463), Brüssel (Ostflügel, 15. Jh.), Gent (Nordfassade, 1518 – 1535) und Oudenaarde (1526–1530). Die zum Teil riesigen Tuchhallen – in Ieper (Ypern) ist sie 132 m lang – demonstrieren noch heute die Wirtschaftsmacht der flandrischen Städte; ebenso die vielgiebeligen Markthallen, z. B. die Fleischhalle in Gent (um 1400) oder das dortige Kornhaus aus dem frühen 13. Jh., das zu den ältesten öffentlichen Bauten überhaupt zählt. Sehr schöne Beispiele für herrschaftliche Schlösser sind Gaasbeek südwestlich von Brüssel und das Wasserschloss Spontin bei Dinant.

Plastik An gotischer Bauplastik hat nur Weniges überdauert. In Saint-Jacques zu Liège gibt es eine Marienkrönung (ca. 1380 / 1390); das Tympanon des Bethlehemportals (Ende 14. Jh.) der Stiftskirche von Huy erzählt in bewegenden Bildern von der Geburt Christi über die Hirten- und Königsanbetung bis zum Kindermord. In den Portalbogenfeldern der Vorhalle von Notre-Dame in Tournai haben sich noch Skulpturenzyklen aus der Zeit um 1400 erhalten. Lediglich die Liebfrauenkirche in Halle und die Leonhardskirche in Zoutleeuw haben ihre spätgotische Innenausstattung (15. / 16. Jh.) fast vollständig bewahrt und sind **Schatzkammern der Stein-, Holz- und Messingskulptur**: in Halle die Madonnenfigur des Westportals, die Marienkrönung des Südportals (14. Jh.) und der Apostelzyklus des Chors (um 1400); in Zoutleeuw eine Vielzahl von Schnitzaltären, ein so genanntes Marianum und ein großartiges Triumphkreuz. In der Schatzkammer der Kathedrale St-Paul in Liège werden zwei hervorragende metallplastische Werke der Spätgotik gezeigt: die von Gérard Loyet um 1470 geschaffene Figurengruppe mit dem knienden Burgunderherzog Karl dem Kühnen und die silbergetriebene Reliquienbüste des Stadtheiligen Lambertus vom Aachener Goldschmied Hans von Reutlingen (um 1505).

Malerei Nur noch die religiöse Tafelmalerei zwischen 1400 und 1500 repräsentiert die Leistungen der altniederländisch-flämischen Malerei. Ihren Ursprung hat sie in der Miniaturmalerei in den Stundenbüchern der Adeligen. Auftraggeber sind u. a. die Herzöge von Burgund: Für Philipp den Kühnen sind in Dijon Melchior Broederlam aus Ieper und die Brüder Paul, Jan und Hermann von Limburg tätig. In den Très Riches Heures (1413 – 1416) für den Herzog von Berry bilden sie das Leben des Adels, der Städter und Bauern ab.

Hubert und Jan van Eyck ► Als Miniaturisten sind kurzzeitig auch die Brüder van Eyck tätig, doch ihre Epoche machenden Werke entstammen der Tafelmalerei, der sie nördlich der Alpen zum endgültigen Vorrang vor der Skulptur verhelfen. Vor allem Jan van Eyck (um 1390 – 1441) ist die herausragende Künstlerpersönlichkeit, die mithilfe der neuen Öltechnik zu einer nie zuvor dagewesenen Wirklichkeitsnähe gelangt. Das Hauptwerk der Brüder van Eyck ist der 1432 vollendete **Genter Altar**, wobei die jeweiligen Einzelleistungen von Hubert (gest. 1426) und Jan van Eyck nicht mehr nachvollziehbar sind. Obwohl Entstehung und Deutung umstritten sind – auffällige Unterschiede in der

Mit dem Genter Altar der Gebrüder van Eyck begann eine neue Ära der Malerei. →

Van Eyck 1432

Malweise zwischen den Monumentalfiguren der Oberzone der Mitteltafel und den dichter gereihten kleinen Figurengruppen in der Anbetung des Gotteslammes verweisen auf nicht zusammengehörige Teile –, lässt sich der Altar allgemein als Allerheiligenbild beschreiben, auf dem die Eucharistiefeier (Kelch- und Lammsymbolik) im Beisein aller bedeutenden christlichen Heiligen in nie zuvor gesehener Wirklichkeitstreue und Farbenfreude visionär geschildert wird. Ein weiteres Hauptwerk Jan van Eycks, die **Madonna des Kanonikers van der Paele** (1436) befindet sich in Brügge (Groeninge-Museum). Das Tafelbild vereinigt in einmaliger Weise eine Ikone – Maria thront in der Bildmitte, flankiert vom hl. Bischof Donatian und dem Ritter St. Georg – mit einem Innenraumbild, sodass himmlische und irdische Welt auf zauberhafte Weise verschmelzen. Von Gicht geplagt, kniet der greise Kanonikus dicht neben der Maria mit dem Jesuskind. Die exakte Wiedergabe des Gesichtsausdrucks des Stifters zeichnet sich durch eine unbestechliche, mitleidlose Schilderung des Alters aus – ein **Meisterwerk naturalistischer Malkunst**.

Weitere Meister ► Neben Jan van Eyck wirken noch eine Reihe weiterer hervorragender Künstlerpersönlichkeiten zwischen 1400 und 1500 in Flandern. Die gemalten Interieurs des älteren Meisters von Flémalle, der wahrscheinlich mit **Robert Campin** (gest. 1444 in Tournai) identisch ist, zeigen die Verbürgerlichung religiöser Themen, worauf eine Verkündigung in den Brüsseler Musées Royaux des Beaux-Arts schließen lässt, die in eine niederländische Wohnstube verlegt wird. Aus Robert Campins Werkstatt geht **Rogier van der Weyden** (um 1400 – 1464) hervor, der sich verstärkt der Porträtkunst widmet und u. a. die Herzöge von Burgund malt. Seine Hauptwerke religiöser Kunst, die Kreuzabnahme Christi, ursprünglich für die Leuvener Liebfrauenkirche und heute im Madrider Prado, sowie der Jüngste-Gericht-Altar (1443 / 1450) für den Burgunderkanzler Rolin im Hôtel de Dieu zu Beaune zeichnen sich durch perfekten Linearismus, naturalistische Figurenwiedergabe und dramatische Spannung im Bildgeschehen aus. **Dirk Bouts** (um 1415 – 1475) wiederum beeindruckt durch die Würde und Feierlichkeit der Darstellung zusammen mit seiner Vorliebe für extreme perspektivische Tiefenwirkung. Die hochformatigen Gerechtigkeitsbilder zum Vorbild für den Schöffensaal des Leuvener Rathauses (um

Rogier van der Weyden porträtierte Phillipp den Guten.

1468, heute in den Musées Royaux des Beaux-Arts, Brüssel) belegen dies ebenso wie der Abendmahlsaltar in der Peterskirche von Leuven. Die Tafelbilder des van-Eyck-Schülers **Petrus Christus** (um 1410 bis 1473) stehen zunächst unter dem Einfluss des Meisters, doch dann vereinfacht er immer mehr die überschwängliche Gegenstandswelt der Eyckschen Bilder zugunsten einer Vereinheitlichung der Raumwirkung. Die »Beweinung Christi« in den Brüsseler Musées Royaux des Beaux-Arts gibt darüber Aufschluss. Ein Hauptvertreter der altniederländischen Malerei in der zweiten Hälfte des 15. Jh.s ist **Hugo van der Goes** (1440–1482). Zwischen 1476 und 1478 malte er sein wichtigstes Werk, den Portinari-Altar (heute in den Uffizien in Florenz), gestiftet von Tommaso Portinari, dem Leiter der Brügger Filiale der Medici-Bank. Etwas von der Großartigkeit dieses Altarwerks spürt man auch bei der »Anna Selbdritt« in Brüssel (Museés Royaux des Beaux-Arts). Sein Spätwerk, z. B. der »Tod Mariä« (im Brügger Groeninge-Museum), zeigt seinen beginnenden Wahnsinn.

◄ Malschule von Brügge

Sein Zeitgenosse **Hans Memling** (1430–1495), der deutscher Herkunft ist, arbeitet seit 1465 in Brügge. Wichtige Werke von ihm sind im dortigen Johannes-Spital zu sehen, vor allem der Johannes-Altar von 1479 für die Schutzpatrone des Hospitals Johannes den Täufer und Johannes den Evangelisten, dessen Enthauptung bzw. Offenbarungsvision die Seitenflügel zeigen. Die Mitteltafel stellt die mystische Vermählung der hl. Katharina dar. In einer offenen Säulenchorhalle mit Ausblick auf die Stadt Brügge – in der Ferne ist der große Ladekran zu sehen – vollzieht sich die Ringübergabe durch das Christuskind. Die zauberhaften Frauengestalten der Katharina und Barbara sind zugleich Porträts der Maria von Burgund und ihrer Stiefmutter Margareta von York. Memlings Bilderwelt zeichnet sich durch kontemplative Ruhe aus; seine Werke sind zeitlose Andachts- und Meditationsbilder, die in diesem Sinne eher mittelalterlich-konservativ geprägt sind und erst wenig Renaissancebewusstsein spüren lassen. Nach dem Tod Memlings wird **Gerard David** (um 1460–1523) Haupt der Malschule. Seine Kunst steht in der Tradition van Eycks und Memlings, zeigt aber eine sicherere Handhabung der Perspektive und gelangt zu größerer räumlicher Klarheit der Komposition, sodass insgesamt eine stärkere Wirklichkeitsillusion erzielt wird.

◄ Quentin Massys

Quentin Massys (1466–1530) lebt und arbeitet in Antwerpen. Unter anderem malt er für die dortige Bruderschaft der hl. Anna 1509 den Annenaltar (Brüssel, Musées Royaux des Beaux-Arts) und für die Schreinergilde den Johannes-Altar (Antwerpen, Königl. Museum der Schönen Künste). Besonders der Flügelaltar der hl. Anna zeigt bereits starke Einflüsse des Renaissancestils.

Renaissance

Architektur

In der Architektur setzt die Renaissance mit Dekorformen ein, wie der aus Alabaster, schwarzem Marmor und Eichenholz gefertigte Prunkkamin im Brügger Freiamt (Justizgebäude) sowie der mächtige

Alabasteraltar von Jean Mone 1533 in der Liebfrauenkirche in Halle zeigen. Die wichtigsten Aufgaben der Profanbaukunst – Schloss- und Palastbau – entfallen weit gehend in den bürgerlichen Niederlanden. Lediglich der Arkadenhof in der **Residenz der Fürstbischöfe von Lüttich** (1526–1540) und das **Palais der Statthalterin Margarete von Österreich in Mecheln** bilden eine Ausnahme. Für diesen aus flamboyantgotischen und renaissancehaften Zierformen gestalteten Bau (1507–1525) zeichnen Guyot de Beaugrant bzw. Rombout Keldermans verantwortlich.

Mit der Fassade des Rathauses in Antwerpen (1561–1565) macht dagegen ein typischer Renaissancekünstler Epoche: **Cornelis Floris de Vriendt** (1514–1575), Architekt, Bildhauer und Zeichner in einer Person. Geschult an italienischen Palastfassaden, verbindet er diese mit nordischen Giebel- und Erkerformen. Auf diese Weise bildet sich der nach ihm benannte Florisstil heraus, in dem die Gildehäuser am Antwerpener Marktplatz ebenso gebaut sind wie das Haus des Bürgermeisters Nikolaus Rockox sowie das Palais von Plantin-Moretus. Der reich skulptierte Lettner (1570–1573) in der Kathedrale von Tournai sowie das Sakramentshaus von Sint-Leonardus in Zoutleeuw (1549) sind Höhepunkte seiner Bildhauerkunst.

Malerei Als Begründer der flämisch-niederländischen Landschaftsmalerei gilt **Joachim Patinir** (um 1485–1524), der in Antwerpen arbeitet und ein Freund Albrecht Dürers war. Zwar malt er noch keine reinen Naturräume, aber seine idealen, meist aus der Luftperspektive wiedergegebenen Landschaften erhalten gegenüber den kleinen, oft biblischen Figuren ein ungleich größeres Gewicht.

Romanisten ▸ Unter dem Eindruck der römischen Hochrenaissance bildet sich eine Gruppe von italienbegeisterten Malern mit der Bezeichnung Romanisten, die auf recht unterschiedliche Weise Kompositionsstil und Farbempfinden der manieristischen Malerei nachvollziehen, besonders in der verstärkten Zuwendung zur Aktmalerei. Auf eindrucksvollste Weise tut dies **Jan Gossaert** (1478–1533), genannt Mabuse. Etwa zur gleichen Zeit arbeitet **Bernaert van Orley** (um 1488–1541) als Hofmaler in Brüssel für die Statthalterinnen Margarete von Österreich und Maria von Ungarn. Sein Monumentalstil wird besonders in seinen Teppichkartons (Szenen aus dem Leben Abrahams und Jakobs) sowie in den großen Glasbildern der Kathedrale von Brüssel deutlich.

Pieter Brueghel d. Ä. ▸ Der bedeutendste Gegner der Romanisten ist Pieter Brueghel d. Ä. (um 1525–1569). Er entdeckt die Welt des Bauern und erhebt das Bauern- und Landschaftsbild zur großen Gattung. Brueghel schildert Komik und Tragik des menschlichen Lebens am Beispiel der einfachen Leute, die im Wechsel der Jahreszeiten ihrer Arbeit nachgehen oder ihre Sitten und Gebräuche pflegen. Seine **»Volkszählung zu Bethlehem«** von 1566 (Brüssel, Musées Royaux des Beaux-Arts) zeigt ein großartiges Panorama niederländischen Dorflebens zur Winterszeit. Kinder tummeln sich auf zugefrorenen Seen, Bauern schleppen

Suchbild: Pieter Brueghel hat den Titelhelden seines Gemäldes »Sturz des Ikarus« gut versteckt. Man beachte den rechten Bildrand.

Vorräte durch die Gegend, vor dem Wirtshaus drängen sich die Menschen, ein Schwein wird geschlachtet, um einen hohlen Baumstumpf versammeln sich zwielichtige Gestalten und zwischen alldem erscheint ganz unauffällig das heilige Paar. Auch die religiöse Symbolik lässt sich einfügen: Mitten im Winter wird vor einer Burgruine ein neues Haus gebaut, Sinnbild des durch die Geburt Christi neu zu errichtenden Hauses Gottes auf Erden. Mythologische Stoffe wie der **»Sturz des Ikarus«**, 1558 gemalt (ebenfalls im Brüsseler Kunstmuseum ausgestellt), verlegt Brueghel in eine stille ländliche Welt. Der Tod des Ikarus geschieht fast unbemerkt, so wie der Verlust eines Einzelmenschen die Ordnung der Welt nicht erschüttert, die ihren Gang geht ähnlich dem Bauern im Vordergrund, der immer aufs Neue seinen Acker pflügt. Aus der Sicht Brueghels ändert nicht der geniale, erfinderische Einzelmensch die Welt, sondern die stete gottgefällige Arbeit vieler Namenloser. Nicht nur von der Vitalität der Bauern war Brueghel fasziniert, die Welt des Bösen regte ebenso seine Fantasie an. Der »Sturz der Engel« (Brüssel, Museés Royaux des Beaux-Arts) und die »Dulle Griet« (Antwerpen, Museum Mayer van den Bergh) von 1562 stehen der Dämonenwelt des Hieronymus Bosch nahe. Auf hintergründige, unheimliche Weise spiegelt Brueghel die Zerrissenheit der Menschen zwischen Gut und Böse, Vernunft und Triebhaftigkeit wider im Zeitalter der Glaubenskämpfe.

Die Söhne Pieter Brueghels setzen seine künstlerische Arbeit fort, vor allem **Jan Brueghel** (1568 – 1625), der sich mit Blumenstillleben und motivreichen kleinen Landschaftsbildern einen Namen macht. **Pieter Brueghel d. J.** ahmt mit Spukszenen und Kirmesdarstellungen die Malerei seines Vaters nach.

Vom Barock zum Klassizismus

Architektur In der Sakralarchitektur setzt der Barockstil in den katholischen Südprovinzen mit der Errichtung der Karmeliterkirche in Brüssel ein (1607–1671, heute zerstört). Üppige hochbarocke Formensprache verwendet Jacques Francart bei der Ausgestaltung der Mechelener Beginenkirche (1629–1647). In Antwerpen und Gent leiten F. Aguillon und P. Huijssens den Bau der imposanten Carolus-Borromeus-Kirche (1614–1621) und der Peterskirche (1629–1644). In Namur baut Huijssens die Saint-Lupus-Kirche (1621–1645). Im Profanbau entstehen Stadtpalais' nach italienischen und französischen Vorbildern sowie die herrlichen **Zunfthäuser an der Grand'Place in Brüssel**, die nach der Zerstörung der Vorgängerbauten durch die Franzosen von 1695 bis 1710 wieder bzw. neu errichtet werden.

18. Jahrhundert ► In der Baukunst des 18. Jh.s kommen die Ideen von außerhalb. In Namur baut der Mailänder Gaetano Pizzoni die Kathedrale (1751–1767); in Liège wird die Hauptfassade der Bischofsresidenz 1737 im französischen Stil der Zeit erneuert. In der Oberstadt von Brüssel entstehen seit 1774 die Rue Royale und die Place Royale unter Leitung des französischen Architekten Guimard als Beipiele des frühen Klassizismus.

Malerei Mit der politischen und konfessionellen Trennung der protestantischen Nordprovinzen von den katholischen Südprovinzen Ende des 16. Jh.s geht auch die Unterscheidung zwischen der niederländischen Kunst im Norden und der flämischen im Süden einher. Ihre jeweils wichtigsten Repräsentanten im 17. Jh., Rembrandt und Rubens, kündigen mit ihrem unterschiedlichen Form- und Farbempfinden das gemeinsame altniederländische Erbe der Malkunst endgültig auf.

Peter Paul Rubens ► Peter Paul Rubens (1577–1640) setzt in der Malerei des Barock neue Akzente. Mit ausgeprägter Sinnlichkeit in Verbindung mit einer klassisch-humanistischen Geisteshaltung und unerschöpflichem Erfindungsreichtum malt er seine vielfältigen religiösen und weltlichen Themen. In seiner wie ein Großunternehmen geführten arbeitsteiligen Werkstatt in Antwerpen entstehen an die 3000 Gemälde, von denen etwa 500 bis 600 als eigenhändig oder als von ihm bearbeitet gelten. Die Malerei des römischen Frühbarock (Caravaggio, Caracci) und der Renaissance (Leonardo da Vinci, Michelangelo, Tizian) sowie antike Bildwerke prägen seine Kunst. Hervorragende Beispiele sind die monumentalen Altartafeln in der Antwerpener Kathedrale: Die muskulösen, kraftvollen Körper der **»Kreuzaufrichtung«** (1610) erinnern an die Deckenfresken der Sixtinischen Kapelle, ihre Modellierung durch Licht und Schatten an die Gestalten Caravaggios. Die **»Kreuzabnahme«** (1612) zeigt eine ruhigere formale Gestaltung. In der Folgezeit entfaltet sich die Malerei Rubens' in kraftvollen Akt- und Halbfigurenbildern, dramatischen Jagd- und Kampfszenen, historischen Ereignisbildern und großen Altarwerken mit einer rauschend bewegten Darstellungsfülle. Das Hochaltarbild im Antwerpener Liebfrauendom, die Himmelfahrt Mariä (1626), deutet bereits auf den lyrisch zarten, von Tizian inspirierten Spätstil von Rubens hin. Im letzten Jahrzehnt seines Schaffens entstehen stimmungsvolle Landschaften und Porträts.

◄ Anthonis van Dyck

Der bedeutendste Schüler Rubens ist Anthonis van Dyck (1599 bis 1641). Nach kurzer Tätigkeit als Hofmaler der Erzherzogin Isabella in Antwerpen geht er 1632 nach London und wird Hofmaler König Karls I. von England. Seine Altarbilder (u. a. in Sint-Paul und Sint-Augustinus in Antwerpen, Liebfrauenkirche in Kortrijk, Sint-Romuald in Mechelen) vermitteln gedämpftes Pathos und religiöse Empfindsamkeit. Ruhm erlangt er in erster Linie durch seine Porträts.

◄ Weitere Meister

Jacob Jordaens (1593 – 1678) ist ein Meister des Sittenbildes, aus dem derbe Lebensfreude in den Ess- und Trinkgelage-Schilderungen spricht. **Adriaen Brouwer** (um 1606 – 1638) lebt in Antwerpen und malt volkstümliche, drastische Alltagsszenen. **David Teniers d. J.** (1610 – 1690) ist ein weiterer Antwerpener Genremaler, der seit 1651 als Hofmaler in Brüssel und Verwalter der erzherzoglichen Kunstsammlungen tätig ist. Er ist ein humorvoller Schilderer des flämischen Volkslebens und liefert außerdem interessante Innenansichten von zeitgenössischen Kunstgalerien und Sammlungen.

Die »Kreuzabnahme« (Abb.) und ihr Gegenstück, die »Kreuzaufrichtung«, beide von Rubens, sind die bedeutendsten Gemälde in der Kathedrale von Antwerpen.

Bernaert van Orley lieferte die Vorlage für den Brüsseler Bildteppich mit Szenen aus dem »Leben Jakobs«.

GEWEBTE GEMÄLDE

Die Bildweberei ist ein altes Kunsthandwerk, das schon in vorchristlicher Zeit gepflegt wurde. Im Flandern der Renaissance und des Barock erreichte es seinen Höhepunkt.

Schon im alten Ägypten und im antiken Griechenland wurden Bildteppiche heegestellt; in Byzanz und im maurischen Spanien dekorierte man die Zimmerwände mit seidenen Teppichen. Im Mittelalter entstanden vor allem in Frankreich Bildteppichzyklen wie der Bayeux-Teppich (11. Jh.) oder die Apokalypsedarstellung für die Kathedrale von Angers, die in der Werkstatt von Nicolas Bataille in Paris zwischen 1376 und 1381 gefertigt wurde. Um 1400 waren zuerst Arras, wonach Bildteppiche in Italien allgemein **»Arazzi«** genannt werden, und Tournai weitere Zentren der Bildweberei. Nach dem französischen Begriff für Teppich (»tapis«) nannte man die Bildteppiche schließlich **»Tapisserien«**. Der Aufschwung der flandrischen Woll- und Tuchherstellung ließ gegen Ende des 15. Jh.s weitere Werkstätten entstehen, vor allem in Lille, Oudenaarde, Gent, Brugge und Leuven. Das eigentliche neue Zentrum nach dem Niedergang der Bildweberei in Paris wurde jedoch Brüssel, wo zwischen 1500 und 1700 die prachtvollsten Teppiche Europas gewebt wurden.

Ein Kunstwerk ...

Da Brüssel als höfischer Mittelpunkt unter den Burgunderherzögen, den spanischen und habsburgischen Statthaltern auch eine Stadt der Kunst und Kultur war, ergab sich eine enge Verbindung von Malerei und Teppichbildnerei. Gewirkt wurde nach einer Vorlage, üblicherweise eine Federzeichnung mit Wasserfarben, »petit patron« genannt, die der Künstler ablieferte und die dann vom Patronamaler oder Kartonier – der oft besser bezahlt wurde als der Künstler – spiegelbildlich als Musterkarton für die Weber in Originalgröße des Teppichs ausgeführt wurde. Seit **Raffael** erstmals die Kartons für die berühmte Bildteppichfolge der Apostelgeschichte eigenhändig gemalt hatte, wurde diese Praxis allgemein üblich, und namhafte Maler bis hin zu **Peter Paul Rubens** schufen die Kartons nun selbst.

Die eigentliche Arbeit geschah in der Regel arbeitsteilig. Die Breite des Webstuhls erlaubte, dass fünf, manchmal sieben Weber nebeneinander arbeiteten. Da aber aufgrund der ständigen Wechsel der Farbfäden an

einem zehnstündigen Arbeitstag pro Handwerker nur wenige Quadratzentimeter geschafft wurden, dauerte die Herstellung eines großen Teppichs mindestens ein halbes Jahr. Das u. a. erklärt die hohen Preise.

... in mühevoller Arbeit

Bei der echten Gobelintechnik wurde auf den Webstuhl eine Vielzahl von leinenen Kettenfäden gespannt – bei einem fünf Meter breiten Webstuhl etwa 3000 bis 4000. Bei senkrechter Spannung spricht man von **Hautelisse-Arbeit**, bei waagerechter Spannung von **Basselisse-Arbeit**. Die Erzeugnisse der tieflitzigen Webstühle waren billiger, denn die Arbeit ging schneller voran, da man durch Treten der Pedale die Ketten heben und senken konnte, während beim hochlitzigen Stuhl das Aufspalten der Kettenfäden mit der Hand geschehen musste, so dass sich nur mit einer Hand arbeiten ließ. Jeweils verschieden gefärbte Schussfäden aus Wolle oder Seide, später auch aus Gold und Silber wurden nun über einer so großen Anzahl von Kettenfäden hin- und hergeführt wie es für die Gestaltung einer bestimmten Farbfläche erforderlich war. Durch die häufigen Farbwechsel entstanden zwischen den Farbfeldern vertikale Schlitze, die am Schluss zusammengenäht wurden.

Berühmte Werkstätten

Zu den bedeutendsten Werkstätten in Brüssel gehörte die Manufaktur von **Pieter van Aelst**, in der zwischen 1516 und 1519 im Auftrag Papst Leos X. nach den Kartons von Raffael die berühmten vatikanischen Teppiche der Apostelgeschichte gewebt wurden. Die vielen Aufträge Kaiser Karls V. führte vornehmlich die Brüsseler Werkstatt von **Pieter Pannemaker** aus. Der herausragendste Künstler dieser Zeit für die Teppichkartons war der Brüsseler Hofmaler **Bernaert van Orley** (um 1488 – 1541). Seine an Raffael orientierten Bildvorlagen zeichneten sich durch strengen Bildaufbau, monumentale Figurenkonzeption und tiefenräumliche Wirkung aus. Die Verwendung von Metallfäden steigerte den dekorativen Glanz seiner Teppiche. Neben van Orley waren auch Pieter Coecke van Aelst und Jan Vermeyen bekannte Teppichkünstler. Das steigende Ansehen der Werkstätten führte dazu, die Teppiche mit einer Marke zu signieren, um Nachahmungen auszuschließen.

Dieses Prachtstück hängt in den Musées Royaux d'Arts et d'Histoire in Brüssel.

Vielfältige Themen

Die Bildthemen waren sehr vielfältig: Geschichten aus der Antike, mythologische Szenen, Darstellungen aus dem Alten und Neuen Testament, Allegorien, Schilderungen des Ritterlebens, Jagd- und Genreszenen. Neben diesen bildhaft-erzählenden Wandteppichen gab es auch rein dekorative »Grünteppiche«, die **Verdüren**, die besonders qualitätvoll in Oudenaarde hergestellt wurden, mit Laub- und Pflanzenwerk als Motive, später oft auch mit Landschaftsdarstellungen. In Frankreich waren im 16. Jh. üppige Blumenmuster »à mille fleurs« beliebt. Künstlerisch bedeutsam war auch die Gestaltung der verzierten Einfassungen der Wandteppiche, Bordüren genannt, die von Spezialisten ausgeführt wurden und mit ihrem überladenen Dekor oft die Aufmerksamkeit vom Mittelstück ablenkten.

Blüte und Niedergang

Das Zeitalter des Barock brachte im 17. Jh. die Teppichweberei in Flandern zur höchsten Blüte. Die Aufträge für Schlösser, Kirchen, Stadtpalais häuften sich. Peter Paul Rubens war in der ersten Hälfte des 17. Jh.s der alle überragende Kartonmaler und gab den Teppichen ihre unverwechselbare malerische Qualität. Die Decius-Mus-Folge (Wien), der Eucharistie-Zyklus und die »vatikanischen Teppiche« gehörten zu den Epoche machenden Leistungen der Brüsseler Manufakturen. Rubens' Nachfolger David Teniers spürte bereits die französische Konkurrenz.

Denn im Jahr 1662 hatte Ludwig XIV. in Paris die erste königliche Manufaktur gegründet, die im eigenen Land die Teppiche für seine vielen Schlösser herstellen sollte. Da sie in der Werkstatt der **Färberfamilie Gobelin** eingerichtet wurde, erhielten die Manufakturerzeugnisse die Bezeichnung »Gobelins«, die sich dann allgemein für nach echter Gobelintechnik gearbeitete Bildteppiche durchsetzte, während die maschinell gewebten **Jacquard-Teppiche** (nach J. M. Jacquard, 1752 – 1834) vielfach als »unechte Gobelins« bezeichnet werden. Mit den Manufakturen in Beauvais und Aubusson war Paris in Frankreich vor allem im 18. Jh. in der Gobelinweberei führend bis, diese Kunst in der Französischen Revolution schließlich unterging.

Die Malerei orientiert sich weiterhin an Rubens oder französischen Malschulen. Gegen Ende des 18. Jh.s verhilft der aus Paris stammende **Jacques-Louis David** in Brüssel dem Klassizismus zum Durchbruch. Das Brüsseler Kunstmuseum besitzt sein Ölbild »Der ermordete Marat« (1793). ◄ 18. Jahrhundert

Bildhauerei

Die Bildhauerkunst des Barock steht im Schatten der Malerei. Die Familie **Duquesnoy** ist gleich mit drei Künstlern vertreten: Jerôme d. Ä. sowie seine Söhne Jerôme d. J. und François. Der Vater skulptiert 1619 das berühmte **Manneken Pis** und das Sakramentshaus der Kollegiatskirche von Aalst. François arbeitet überwiegend in Rom; sein Bruder Jerôme (1602 – 1654) gestaltet u. a. das Bischofsgrabmal des Anton Triest in der Genter Bavokirche. Die Bildhauerfamilie **Quellin** ist sowohl in Holland als auch in Flandern tätig. Artus d. Ä. (1609 – 1668) ist für das Skulpturenprogramm im Amsterdamer Rathaus verantwortlich. Sein Neffe und Schüler Artus d. J. (1625 – 1700) erstellt eine Reihe von Kanzeln und Grabmälern in flämischen Kirchen. Aus der Bildhauerfamilie **Verbruggen** sind zu nennen Pieter d. Ä. (1615 – 1686) mit religiösen Standbildern und figürlichen Altären in Antwerpener Kirchen sowie dessen Söhne Pieter d. J. (1640 bis 1691) mit dem Marmoraltar für die Dominikanerkirche in Antwerpen und Hendrik (1654 – 1724) mit seinen Barockkanzeln in Leuven und in Brüssel.

Im Bereich der Skulptur gibt es nach wie vor qualitätvolle Innenausstattungen der Kirchen. Von den Prachtkanzeln sei die mit allerlei Tierschnitzereien versehene Kanzel des Michiel van der Voort d. Ä. im Liebfrauendom von Antwerpen genannt und die aus Marmor und Eichenholz gefertigte Rokoko-Kanzel in Sint-Baafs zu Gent von Laurent Delvaux. ◄ 18. Jahrhundert

19. Jahrhundert

Architektur

In der Baukunst wird die Tradition des französischen Klassizismus fortgesetzt. Unter anderem arbeitet Jean-Pierre Cluysenaer als Baumeister in Brüssel an den langen überdachten Einkaufspassagen; in Gent errichtet L. Roelandt die Universität und den Justizpalast. **Brüssel** als frisch gekürte Hauptstadt ist das Zentrum umfangreicher baulicher Veränderungen. Breite Boulevards werden angelegt und monumentale Repräsentationsbauten entstehen. Der wirtschaftliche Aufschwung spiegelt sich im neoklassizistischen Bau der Börse (1871 – 1873), in den glasüberdachten Passagen Galeries Saint-Hubert (1847) und im Opernhaus Théâtre Royal de la Monnaie wider. Den Höhepunkt großbürgerlichen Selbstverständnisses bildet der Bau des gewaltigen Justizpalastes von J. Poelaert (vollendet 1883).

Mit der Fertigstellung des Hôtel Tassel (1892 / 1893) in Brüssel »erfindet« **Victor Horta** (1861 – 1947) den Jugendstil, gilt es doch als erstes stilreines Gebäude dieser Richtung. Brüssel wird zum Zentrum der »Art nouveau«, die sich aufs prächtigste auch in Hortas Wohn- ◄ Jugendstil

Filigrane Konstruktion und florale Ornamente – Jugendstil in reinster Form im Horta-Haus in Brüssel

haus zeigt. Neben Horta ragen Paul Hankar (Haus Klever in Brüssel, 1898) und Henry van de Velde heraus, der allerdings 1902 Brüssel verlässt und an der Kunstgewerbeschule in Weimar lehrt.

Malerei Die belgischen Maler des 19. Jh.s schließen sich den gängigen europäischen Stilrichtungen an. Die Historienmalerei orientiert sich zunächst an den französischen Vorbildern David und Delacroix. Ihre wichtigsten belgischen Vertreter sind Gustav Wappers, L. Gallait und Nicaise de Keyser, die vor allem nach der Unabhängigkeit 1830 nationale Themen in romantisch-verklärender Manier aufgreifen. **Antoine Wiertz** verschreibt sich der Monumentalmalerei mit moralphilosophischer Tendenz, zum Teil in effektvollen, aber wenig aussagekräftigen Schreckensszenen. Der von Frankreich ausstrahlende Impressionismus findet seinen Niederschlag in den Boudoirmotiven und Stillleben von Albert Stevens, in der stimmungsvollen Lichtmalerei von Henri de Braekeleer und in den reizvollen Gesellschaftsporträts und Landschaften von Henri Evenepoel. Dem Neoimpressionismus ist Theo van Rysselberghe zuzurechnen. **Fernand Khnopff** ist Anhänger des Symbolismus und des Art nouveau, wie sie die Wiener Sezessionisten propagieren. Die Werke von George Minne, Valerius de Saedeleer, Gustave van de Woestyne und Jakob Smits spiegeln die mystische und religiöse Variante des Symbolismus wider. Erwähnenswert ist auch das grafische Werk von **Félicien Rops**, der die Schattenseiten des Lebens schildert. Den Gegenpol dazu stellt Rik Wouters dar, der mit seinen farbig-sprühenden, vitalen Kompositionen ein Vertreter des Fauvismus ist.

Einen Hang zum Bizarren kann man James Ensor nicht absprechen. Nachzuprüfen im Ensorhuis in Oostende.

Europäische Anerkennung, wenngleich erst spät, gewinnt das Werk von James Ensor (1860 – 1949). Die Geschichten Edgar Allan Poes und die tausenderlei Dinge im Souvenirgeschäft seines Onkels und seiner Tante in Oostende regen ihn zu seinen zwar farbenfrohen, aber grotesken, bizarren und unheimlichen Menschendarstellungen an. So wälzt sich auf dem großformatigen Ölbild **»Der Einzug Christi in Brüssel«** (1888 / 1889) eine unübersehebare, fast karnevalistische Menschenmasse durch die Straßen, in der Christus, der die Züge Ensors trägt, zur Nebengestalt wird. Eine unheimliche, gespenstische Atmosphäre vermitteln beispielhaft die Bilder »Seltsame Masken« (1892, Brüssel, Musées Royaux des Beaux-Arts) und »Die Intrige« (1890, Antwerpen, Königl. Museum der Schönen Künste). Der äußeren Erscheinungswelt, von der die Impressionisten noch so fasziniert waren, setzt Ensor eine gefühlsbetonte, seelisch-erfahrbare Erlebniswelt in Form und Farbe entgegen und weist damit weit in die Moderne voraus.

◂ James Ensor

Skulptur

Die belgische Skulptur ist zu Anfang des 19. Jh.s noch von französischen Vorbildern geprägt und wird von einem Stilgemisch aus Realismus und barockem Pathos bestimmt. Gegen Ende des Jahrhunderts stellt **Constantin Meunier** (1831 – 1905) in naturalistischer Weise den arbeitenden Menschen dar, meistens in monumentalen, teils heroisierten Einzelfiguren (u. .a. zu sehen im sog. Botanique in Brüssel zuzsammen mit anderen Skulpturen des 19. Jh.s). **George Minne** (1866 – 1941) bevorzugt den zarten Lyrismus des Jugendstils bei seiner Figurengestaltung.

Moderne

Architektur Die Architektur wird zu Beginn des 20. Jh.s weit gehend von Jugendstilformen geprägt. Nach dem Ersten Weltkrieg entsteht mit der Cité Moderne in Berchem-Sainte-Agathe bei Brüssel zwischen 1922 und 1925 ein Stadtviertel im Internationalen Stil unter der Federführung von V. Bourgeois. Wer die Entwicklung der belgischen Architektur in den letzten 50 Jahren verfolgen will, schaue nach Brüssel und Umgebung (und wird nicht immer Schönes entdecken): Mit dem **Atomium** erhielt die Stadt 1958 ein neues Wahrzeichen und mit dem Universitätsviertel in Woluwé-Saint-Lambert eine neues Wissenschaftszentrum; bekannt wurde auch die Universitätsstadt **Louvain-La-Neuve** südöstlich von Brüssel, die Raymond Lemaire zusammen mit ca. 80 Architekten in individuellen Baustilen geplant hat. Ansonsten war Brüssel Bauplatz der Europäischen Institutionen und der NATO, was nur auf Kosten historischer Bausubstanz durchgesetzt werden konnte. Diese Vorgehensweise, unter dem Stichwort **»Bruxellisation«** berüchtigt geworden, zeitigte das heute so zerrissene Stadtbild. Typische Bauwerke dieser Zeit sind das Palais Berlaymont und die Cité Administrative. Die in den 1980er-Jahren einsetzende Postmoderne brachte u. a. die Gebäude des Europäischen Parlaments hervor. Als zumindest im stadtsaniererischen Sinne gelungen kann man dagegen das »Manhattan«-Viertel beim Nordbahnhof mit den mächtigen Belgacom Towers ansehen.

Malerei Zu Beginn des 20. Jh.s ist der Expressionismus vorherrschend. **Constant Permeke** (1886 – 1952) und **Frans Masereel** (1889 – 1972; s. Abb. S. 69) sind ihre Hauptvertreter. Permeke greift hin und wieder auf die traditionelle flämische Malerei zurück. Sein Gemälde »Winterlandschaft« (1912, Antwerpen, Königl. Museum der Schönen Künste) lehnt sich stark an Brueghel an, während seine späten Landschaften und Seestücke an den französischen Realismus à la Gustave Courbet erinnern. Dazwischen gibt es immer wieder einfühlsame Studien über das Leben der einfachen Leute wie »Der Sämann« (1933). Masereel, in Gent geboren und dort als Maler und Grafiker ausgebildet, lebt seit 1921 in Paris, wo er in kontrastreichen schwarzweißen Holzschnitten u. a. die Ausbeutung der Arbeiter anprangert. In seinen Ölbildern porträtiert er mit kraftvollen Strichen einfache Menschen; seine Landschaften sind eher düster.

Surrealismus ► Internationale Karriere machen die belgischen Surrealisten **René Magritte** (1898 – 1967) und **Paul Delvaux** (1897 – 1994). Magritte vertritt im Unterschied zu Salvador Dalí oder Max Ernst die veristische Variante des Surrealismus, die in präziser realistischer Maltechnik verschiedene Wirklichkeitsebenen kombiniert und dadurch zur Reflexion über Sein und Schein herausfordert. Bedeutsam sind auch Magrittes »Sprachbilder«, z. B. jenes mit einer Pfeife, worunter in Worten gemalt steht: »Dies ist keine Pfeife«. Neben Tafelbildern hat er auch Wandbilder in öffentlichen Gebäuden geschaffen: im Kasino von Knokke (1953), im Palais des Beaux-Arts in Charleroi (1957) und im Brüsseler Palais des Congrès (1961). Paul Delvaux erforscht mit seinen Bildern das Reich des Unbewussten. Die vertraute äußere Welt wird zunehmend durch die Traumwelt verfremdet oder gar durch sie als die höhere Wirklichkeit ersetzt. In präziser realistischer Zeichnung und kalten Farben malt Delvaux immer wieder Frauenakte vor Landschaften, in schwülstigen Innendekors, auf Bahnhöfen oder in Gegenwart von menschlich reagierenden Skeletten. Wichtige Werke aus seiner langen Schaffenszeit sind außer in den modernen Abteilungen der Kunstmuseen in Brüssel und Antwerpen in der Stiftung Paul Delvaux in Sint-Idesbald zu sehen.

◄ Konstruktivismus

Die abstrakte Kunst beginnt in Belgien u. a. mit den konstruktivistischen Malern Jozef Peeters und Georges Vantongerloo. Der Konstruktivismus und die daraus entstandene Konkrete Kunst verfolgen das Ziel, durch geometrisch-abstrakte Bildgestaltungen eine naturunabhängige ästhetische Ordnung zu schaffen

◄ Von den 1950ern bis heute

Nach dem Zweiten Weltkrieg erhält die abstrakte Kunst neuen Auftrieb durch Corneille (Cornelis van Beverloo) und Pierre Alechinsky, die als Mitglieder der Künstlergruppe **COBRA** (1948 – 1950, CO = Kopenhagen, BR = Brüssel, A = Amsterdam) eine spontane, infor-

René Magritte: »Dies ist keine Pfeife.«

melle Malweise praktizieren mit naiv-fröhlichen Volkskunst-Elementen und der archaisch-primitiven Zeichensprache früher Kulturen. Von 1958 bis etwa 1962 ist Maurice Wyckaert, ein Vertreter der informellen Malerei, Mitglied der Situationistischen Internationale (gegr. 1957), die sich zusammen mit Literaten um eine künstlerische Veränderung der entfremdeten Lebenswelt des Menschen bemühen. Ab Mitte der 1960er-Jahre ist auch die konzeptuelle Kunst durch M. Broodthaers in Belgien vertreten. Der Maler und Objektkünstler Panamarenko entzieht sich mit seinen utopisch-technischen Flugobjekten einer eindeutigen Stilzuordnung. Spätestens seit die documenta IX in Kassel 1992 unter der Leitung des Belgiers Jan Hoet stattfand, sind belgische Gegenwartskünstler auch in Deutschland hinreichend bekannt. Luc Tuymans (geb. 1958) Werke z. B. werden von internationalen Museen heiß begehrt und erzielen auf dem Kunstmarkt Höchstpreise. Er macht unangenehme Themen wie den Holocaust in verwässert blassen Farben zum Bildgegenstand. Das Spiel mit der Ironie bevorzugt dagegen Wim Delvoye (geb. 1965), der u. a. mit seinen tätowierten Schweinen Anstoß erregte. Alltägliches wird von ihm umgedeutet und sinnentleert. Der Regisseur, Maler und Bildhauer Jan Fabre (geb. 1958), dessen Markenzeichen blaue Schraffuren mit einem Bic-Kugelschreiber sind, verwendet ein ganz eigenes bildnerisches Vokabular: Ein immer wiederkehrendes Element sind seine grün schillernden Käferpanzer. Einen Überblick über die belgische Gegenwartskunst kann man sich übrigens in Gent verschaffen: das **S.M.A.K.** (Stedelijk Museum voor Actuele Kunst) ist das bedeutendste Museum für Gegenwartskunst des Landes.

Literatur

Gibt es eine belgische Nationalliteratur?

Die Grenze zwischen niederländischem und französischem Sprachraum verläuft quer durch Belgien. So entwickelte sich seit dem Mittelalter auch die Literatur auf getrennten Wegen, sodass man nicht von einer belgischen Nationalliteratur sprechen kann. Vielmehr schreiben die flämischen Schriftsteller vor dem Hintergrund einer niederländischen Tradition, zu der sie jedoch auch Distanz zu wahren suchen, während viele der französischsprachigen Schriftsteller sich sehr viel mehr als Teil der Literatur Frankreichs verstehen.

Flämische Literatur

Die flämische Literatur erlebt ihre erste Blüte im 12. bis 14. Jh., wobei Heinrich von Veldeke (um 1140 / 1150 – um 1210) mit seiner Verserzählung »Eneïde« als Begründer des höfischen Romans gilt und mit seinen Minneliedern stilbildend für seine Zeitgenossen und Nachfolger wie Jacob van Maerlant (um 1230 – um 1288) wirkt. Vom 16. bis 19. Jh. wird die flämische von französischer Literatur verdrängt und tritt erst nach 1815 wieder verstärkt in Erscheinung. Den Neubeginn prägt der Romantiker **Hendrik Conscience** (1812 bis

1883), der im Roman »Der Löwe von Flandern« die Sporenschlacht von 1302 thematisiert und damit das flämische Nationalepos schafft. Die herausragende Gestalt der zweiten Hälfte des 19. Jh.s ist der Priester und Lyriker Guido Gezelle. Die Ereignisse des Ersten Weltkriegs führen zum Durchbruch des Heimatromans, der durch **Felix Timmermans** (1886 – 1947) auch in Deutschland bekannt und beliebt wird. Zu seinen wichtigsten Werken gehören u. a. «Pallieter« (deutsch 1921) und «Das Jesuskind in Flandern« (deutsch 1919). Sein Grundton brachte ihn in die Nähe der Blut- und Boden-Literatur und er scheute sich nicht, nach dem deutschen Einmarsch im Zweiten Weltkrieg auf pangermanischen Propagandaveranstaltungen aufzutreten. Zum erfolgreichsten flämischen Gegenwartsschriftsteller hat es **Hugo Claus** gebracht. Er verwendet fast ausschließlich Stoffe aus seiner belgischen Heimat und scheut dabei nicht vor heiklen Themen wie der Kollaboration mit den deutschen Besatzern zurück, u. a. in seinem Roman »Der Kummer von Flandern«.

Holzschnitt von Frans Masereel zu de Costers »Ulenspiegel«

Französischsprachige Literatur

Aus dem Mittelalter sind überliefert der Chronist des Hundertjährigen Krieges Jean Froissart (1337 – 1400) und Philippe de Commynes (1447 – 1511), der mit seinen Memoiren aus den Jahren 1464 bis 1498 auch als der Begründer der modernen französischen Geschichtsschreibung gilt. Auch nach der Unabhängigkeit ändert sich zunächst wenig, denn nach wie vor bleibt der enge Kontakt der belgischen Schriftsteller zu Frankreich bestehen. Sogar viele flämische Schriftsteller schreiben Französisch. Doch gerade einem von ihnen, dem in München geborenen **Charles de Coster** (1827 – 1879), gelingt 1867 mit seinem Roman »Die Legende von Thyl Ulenspiegel« der Durchbruch. Er versetzt den Stoff in seine flandrische Heimat in die Zeit des Befreiungskriegs gegen die Spanier. Der in Gent geborene Symbolist **Maurice Maeterlinck** (1862 – 1949) ist einer der herausragendsten Vertreter der belgischen Literatur des 20. Jahrhunderts. Sein lyrisches, dramatisches und essayistisches Werk hat ihm 1911 den Nobelpreis für Literatur eingebracht. Der poulärste französischsprachige Schriftsteller Belgiens ist jedoch **Georges Simenon** (1903 – 1989), doch werden nur die wenigsten wissen, dass er in Liège geboren wurde. Das liegt sicherlich auch daran, dass sein 1930 erstmals aufgetretener **»Kommissar Maigret«**, der Inbegriff des intelligenten und instinktsicheren Kriminalbeamten, in Paris zu Hause ist – wie es sein Schöpfer auch war.

Lucky Luke reitet für die belgische Post.

DIE NEUNTE KUNST

In keinem europäischen Land – von Frankreich vielleicht abgesehen – sind Comics (frz. bandes dessinées) so beliebt und vor allem als »neunte Kunst« anerkannt, gibt es eine solche Vielfalt der Bildergeschichten wie in Belgien.

Die Gründe dafür sind vielfältig. Zum einen kann Belgien auf eine lange, von den USA als dem »klassischen« Comicland unabhängige Tradition der Bildergeschichten zurückblicken: 1929 erschien die erste Geschichte mit »Tintin«, der wohl bekanntesten Figur aus belgischer Produktion, die bald sehr erfolgreich war. Schon 1946 gab Raymond Leblanc mit der Jugendzeitschrift »Tintin« ein Magazin heraus, das bis in die 1990er-Jahre als »Hello B.D.« die erfolgreichste Comiczeitschrift Belgiens war. Die Strips erschienen aber nicht nur in Zeitungen und Heftchen, sondern wurden bald auch als »echte« Bücher in Albenform publiziert. Viele der Abenteuer von »Tintin« und »Lucky Luke« wurden als Zeichentrick- oder als Spielfilme produziert.

Comics sind heute heimisch in Belgien und hatten wenig Mühe, um Anerkennung zu kämpfen – ganz im Gegensatz etwa zu Deutschland, wo sie bis in die 1970er-Jahre als dumme, niveaulose Bildergeschichten oder gar als jugendverderbend angesehen wurden. Die wichtigsten Verlage Belgiens sind heute Casterman in Tournai (»Tintin«, »Quick & Flupke«), Dupuis in Marcinelle bei Charleroi (»Spirou & Fantasio«, »Gaston Lagaffe«, »Lucky Luke«) und Lombard in Brüssel (»Les Schtroumpfs«, »Cubitus«, »Bruno Brazil«, »Dan Cooper«).

Mit »Tintin« fing alles an

»Tintin« (deutsch: »Tim und Struppi«) ist vielleicht die erfolgreichste europäische Comicserie. Ihr Schöpfer ist der 1907 in Brüssel geborene Georges Remi, der seine Initialen umdrehte und in Lautschrift zu seinem Pseudonym **»Hergé«** machte. Die erste Geschichte **»Tintin au pays des Soviets«** erschien 1929 als Fortsetzung in der Kinderbeilage »Petit XXième« der Tageszeitung »Le Vingtième Siècle«. Held ist der junge, kühl überlegende Reporter Tintin mit dem widersetzlichen blonden Haarschopf, der, begleitet von seinem Foxterrier Milou und unterstützt von dem bärbeißigen Kapitän Haddock, die abenteuerlichsten Sachen in der ganzen Welt und gar auf dem Mond erlebt. Der Reiz der Serie liegt – abgesehen von der Spannung – besonders in der einfachen, karikie-

Ein junger Mann voll Tatendrang: Tintin mit seinem treuen Begleiter Spirou

renden Darstellung der Hauptfiguren und der gleichzeitigen detaillierten Wiedergabe besonders der technischen Anlagen, Fahrzeuge und Gebäude. Tintin ist unwahrscheinlich populär: Es gibt Tintin-Figuren, Schallplatten, T-Shirts, Theaterstücke, Spiel- und Zeichentrickfilme. Der belgische Astronaut Patrick Boudry nahm 1985 sogar ein Konterfei seines Helden an Bord einer US-Raumfähre mit ins All und hielt es vor die Kamera. Außer »Tintin« zeichnete Hergé noch die Serien »Jo et Zette« und »Quick et Fluppke«.

»Spirou« ist der Name eines Hotelboys und eine Erfindung von »Bob Vel« (Robert Velter), wurde jedoch durch den Zeichner André Franquin erst berühmt. Er erlebt mit seinen Freunden, dem Reporter Fantasio und dem Wissenschaftler Comte de Champignac, zahllose Abenteuer mit humoristischem Einschlag, tatkräftig unterstützt vom sagenhaften Marsupilami aus dem palumbianischen Urwald. Ein Eigenleben aus der Serie heraus entwickelte **Gaston Lagaffe**, eine Figur von Franquin, das Bürofaktotum des Verlags, in dem Fantasio arbeitet. Gaston hat alles andere als seine Arbeit im Kopf und richtet ständig Chaos an.

Pierre Culliford (»Peyo«) zeichnete seit 1952 die Abenteuer des Ritters »Johan« und seines Knappen »Pirlouit«. 1958 tauchten in dieser Serie kleine blaue Zwerge mit Knollennase, weißen Strumpfhosen und weißen Zipfelmützen auf, die in Pilzhäuschen leben und sich auf »Schtroumpfisch« unterhalten: die **»Schtroumpfs«**, zu deutsch die »Schlümpfe«. Sie wurden bald wesentlich populärer als der Ritter und haben als kleine Plastikfiguren (Originalgröße?) einen festen Platz in vielen Kinderzimmern.

Auch der coole Cowboy **»Lucky Luke«**, der schneller zieht als sein eigener Schatten, stammt aus Belgien. Sein Geburtsjahr ist 1947, sein geistiger Vater war Maurice de Bevere (»Morris«). Seit 1959 schrieb der 1977 verstorbene René Goscinny (als »Asterix«-Autor wesentlich bekannter geworden) die Geschichten um den Cowboy, der sich, begleitet von seinem Pferd Jolly Jumper und dem Hund Rantanplan, mit den Dalton Brothers herumschlägt und sogar für die belgische Post geritten ist.

Echte Kerle

Neben den mehr oder weniger komischen Comics erscheint eine große Anzahl von Abenteuerserien der unterschiedlichsten Genres, die alle einen sehr realistischen Zeichenstil gemeinsam haben. Die Klassiker darunter sind in den 1950er- und 1960er-Jahren konzipiert worden und können einen anhaltenden Erfolg verzeichnen: Geschichten um Figuren wie den Reporter und Detektiv **»Ric Hochet«** von Gilbert Gascard, den Rennfahrer **»Michel Vaillant«** von Jean Graton und den Agenten **»Bruno Brazil«** von William Vance. Einer der besten Zeichner dieses Genres ist »Hermann« (Hermann Huppen) mit den Serien »Jugurtha« und »Comanche«. Edgar P. Jacobs (»Blake et Mortimer«), Jacques Martin (»L. Frank«) und Bob de Moor (»Barelli«) gelten mit Hergé als die Begründer der Brüsseler Comic-Tradition.

In den 1990ern machten sich dann François Walthéry mit einer Serie um den kleinen Jungen »Nickel« und dem humoristischen Abenteuerstrip um die Stewardess »Natascha«, Benoît Sokal (»Canardo«), Eric Warnauts und Guy Raives (»Lou Cale«, »Congo 40«) einen Namen. Zunehmend aber hat die belgische (und europäische) Comic-Szene unter dem Erfolg der japanischen Mangas zu leiden. Dagegen halten konnten u. a. Jean van Hamme (»XIII«, gezeichnet von Vance, und »Largo Winch«, gezeichnet von Philippe Francq) und François Schuiten / Benoît Peeters mit »Brusel«, einer Stadt voll Korruption und Spekulation.

Comics überall

Bei einer solchen Beliebtheit der Comics verwundert es nicht, dass Brüssel **das größte Comicmuseum der Welt** besitzt. Es ist in einem von Victor Horta entworfenen ehemaligen Warenhaus eingerichtet und nennt 25 000 Comics und zahlreiche Originaldruckplatten von 650 belgischen Zeichnern sein eigen (s. S. 217). Wer aufmerksam durch die Straßen Brüssels spaziert, entdeckt viele mit Comicszenen verzierte Hauswände (s. o. »Quick & Flupke«) – beim Brüsseler Verkehrsamt gibt es ein Verzeichnis.

Bräuche und Feste

Glockenspiele

Allgegenwärtig in Belgien ist der Klang der Glockenspiele, der oft viertelstündlich über die Marktplätze schwebt. War es im 14. Jh. nur ein einfacher, von Hand ausgeführter Schlag auf eine Glocke, wurde mit der Zeit die Anzahl der Glocken erhöht, sodass man Melodien spielen konnte, die mit der Einführung einer Klaviatur und einer Pedalerie im 16. Jh. immer komplizierter wurden und ihre Vollendung im mechanischen, vom Uhrwerk angetriebenen Glockenspiel erreichten. Die Glockenspiele (fläm. beiaard, franz. carillon) haben meist zwischen 45 und 50 Glocken und werden mechanisch betrieben, können aber per Klaviatur auch von Hand gespielt werden. Schöne Glockenspiele findet man z. B. in Antwerpen, Brügge, Mechelen, Brüssel, Gent, Hasselt, Hoogstraten, Leuven, Kortrijk, Oudenaarde, Oostende und Tournai. Ihre Kunst erlernen die Glockenspieler in Mechelen in der einzigen Glockenspielschule der Welt, 1922 gegründet und heute benannt nach dem Meisterglockenspieler Jef Denyn.

◄ Glockenspielschule Mechelen

Feste

Lebendiges Brauchtum

Belgien besitzt ein äußerst lebendiges folkloristisches Erbe, das sich in einer kaum überschaubaren Fülle von Volksfesten und Umzügen äußert. Sehr populär sind die **»Kermesses aux Boudins«**, zu denen viele Kneipenwirte einmal im Jahr ihre Stammgäste zu einem großen Wurstessen mit viel Freibier einladen. Wichtiger Bestandteil vieler Festzüge sind Riesenfiguren (Termine ►S. 102 ff.).

Karneval

Die erste große Festzeit im Jahr ist der Karneval, der besonders in Wallonien in sehr ursprünglicher Art gefeiert wird. Der früheste Karnevalsumzug des Jahres findet bereits im Januar statt, wenn Tausende am Montag nach Dreikönig in Ronse südlich von Oudenaarde ihren »Narrenmontag« feiern.

◄ Binche

Als **Karnevalshochburg** gilt Binche, zwischen Charleroi und Mons gelegen. Der dortige Karneval, der bis ins 14. Jh. zurückgeht, hat seinen Höhepunkt am »Mardi gras«, wenn die »Gilles« in Erscheinung treten. Ihr farbenprächtiges Leinenkostüm ist mit zwölf heraldischen Löwen, bunten Bändern, Spitzen und einem glockenbehangenen Gürtel verziert. Zu den Rhythmen von Trommlern und Blaskapellen tanzen sie 24 Stunden lang, schwingen Rutenbündel, um das Böse zu bannen und bewerfen die Zuschauer mit Apfelsinen. Auf dem Kopf tragen sie zum abschließenden Tanz auf dem Marktplatz acht schneeweiße Straußenfedern. Am Ende des Tanzes wird ein riesiges Feuer entzündet und die »Gilles«« tanzen nun durch die Straßen, wobei sie nur Champagner trinken dürfen.

◄ Malmédy

Ähnlich berühmt ist der Karneval in Malmédy, »Cwarmê« genannt. Am Samstag übernimmt der »Trouv'Lê« (»Kelle« oder »Schaufel«)

Die »Gilles« sind los in Binche.

die Herrschaft über die Stadt. Sonntags jagen die »bânes corantes« durch die Straßen und ärgern die Passanten, montags werden Theaterstücke aufgeführt, die die lokalen Ereignisse des vergangenen Jahres aufs Korn nehmen, dienstags schließlich wird die »Haguète«-Puppe verbrannt, die Symbolfigur des Karnevals. Die »Haguètes« sind die gefürchtetsten Masken der »bânes corantes«: Sie tragen Straußenfedern, Zweihörner, eine Kapuze und den österreichischen Doppeladler auf dem Rücken. Mit einer langen Zange ziehen sie einzelne Zuschauer aus der Reihe der Schaulustigen. Andere Masken sind der »Sotê«, ein Kobold mit einem bis auf die Schultern reichenden Zylinder, der »Vèheû« (»Stinktier«), der mit einer Schweinsblase den Leuten auf den Kopf schlägt, sowie der »Sâvadje«, der »Wilde«.

Andere Karnevalshochburgen ▶

In **Eupen** verläuft der Karneval nach rheinischem Muster mit Prinz und Elferrat. Im flämischen Landesteil zieht der Karneval von **Aalst** jedes Jahr Zehntausende von Zuschauern an. Der Karnevalssonntag ist der Tag der Riesen, der Montag ist der Tag des Zwiebelwerfens und am Dienstag ziehen die »Vuil Jeannetten» in ihren komischen alten Kostümen durch die Straßen.

In der Fastenzeit

Am Aschermittwoch ist in Belgien noch lange nicht alles vorbei. So wird bereits am auf den »Mardi gras« folgenden Samstag in **Oostende** der »Ball der toten Ratte« gegeben. Zu Mitfasten (Sonntag Laetare) werden in Hasselt, Tilff, Stavelot und Fosses große Umzüge abgehalten. Die typische Figur von **Stavelot** ist der »Blanc Moussis«, der

Fast wie in Spanien: Bußprozession in Veurne

eine rotnasige Maske sowie eine weiße Kutte trägt und allerlei Streiche verübt. Aus **Fosses** stammen die »Chinels«, die nach der Art lebender Puppen tanzen. Ende Februar findet in **Geraardsbergen** ein merkwürdiges Fest statt, »Krakelingenworp« genannt. Ein Umzug mit mehreren hundert Teilnehmern erklimmt den Oudenberg und wirft von dort »Krakelings«, eine Art Zwieback, unter die Zuschauer. Anschließend müssen die Honoratioren der Stadt aus einem silbernen Becher kleine lebende Fische trinken. Am Abend wird in einem Fass der »Tonnekenbrand« entzündet.

Kirchliche Prozessionen

Im großenteils katholischen Belgien nehmen Prozessionen, besonders in der Karwoche, einen wichtigen Platz ein. Die bekanntesten **Karprozessionen** finden in Rupelmonde bei Antwerpen am Gründonnerstag, in Hakendover am Ostermontag und in Veurne in der Nacht von Gründonnerstag auf Karfreitag statt. **Veurne** hat zwei weitere beeindruckende Prozessionen zu bieten: Neben einer Prozession am Sonntag vor dem 3. Mai ist die berühmte Bußprozession am letzten Sonntag im Juli zu nennen, wenn, unter dunklen Kapuzen betend, die Büßer unter der Last eines 40 kg schweren Kreuzes voranschreiten. Diese an spanische Vorbilder erinnernde Prozession geht auf die Zeiten der spanischen Herrschaft über die Niederlande zurück. Sehenswert ist auch die Bußprozession von **Lessines** am Karfreitag. Die vermummten Büßer tragen Fackeln in der Hand und verleihen dem Zug so eine gespenstische Atmosphäre. Weltberühmt

ist die **Heiligblutprozession von Brügge** am Himmelfahrtstag. Fußgruppen und Wagen, die durch die Stadt ziehen, schildern die biblische Geschichte vom Sündenfall bis zur Erlösung. Geistliche tragen einen Reliquienschrein, der einige Tropfen des Blutes Christi enthalten soll, die Dietrich von Elsass, Graf von Flandern, 1150 vom Patriarchat von Jerusalem erhalten haben will. In **Mons** wird am Dreifaltigkeitssonntag der Schrein mit den Reliquien der hl. Waltraud in der feierlichen Prozession des »Goldenen Wagens« durch die Straßen geführt. Sie endet mit dem »Lumeçon«-Kampf zwischen dem hl. Georg und einem grünen Drachen, der natürlich besiegt wird.

Militärprozessionen

Typisch für die Region zwischen Sambre und Maas sind die Militärprozessionen, deren Tradition auf die Zeiten zurückgeht, als die kostbaren Reliquienschreine vor Räubern geschützt werden mussten. Die Teilnehmer ziehen in Uniform, zum Teil aus der Zeit Napoléons, in strenger Marschordnung und Schüsse abfeuernd durch die Städte. Bekannt sind die Militärprozessionen von Gerpinnes bei Charleroi am Pfingstmontag sowie in Jumet um den 20. Juli herum.

Weltliche Feste

Das berühmteste weltliche Fest ist zweifelsohne der **»Ommegang« in Brüssel**, der auf Prozessionen zurückgeht, die im Mittelalter veranstaltet wurden, um Schutz vor Landplagen aller Art zu erbitten. Der heutige »Ommegang« ist eine Wiederaufnahme des Umzugs, der am 2. Juli 1549 in Gegenwart von Karl V. durchgeführt wurde. Über 2000 Kostümträger mit etwa 300 Fahnen, Vertreter der alten Zünfte, Trommler und zahlreiche Wagen defilieren auf der Grand'Place am ersten Donnerstag im Juli an der ebenfalls nachgestellten Kaiserfamilie vorbei. Ende August wird in **Ath** die »Kirmes der Riesen« (»ducasse«) begangen. Bis zu 4 m hohe Figuren stellen den Riesen Goliath, die vier Haimonskinder mit dem Pferd Bayard, Samson, Ambiorix und »Mam'zelle Victoire« dar, die die Stadt verkörpert. Im Mittelpunkt steht der Kampf zwischen David und Goliath. Das Fest endet mit der Hochzeit von Goliath (»Monsieur et Madame Gouyasse«). Nur alle fünf Jahre (nächster Termin: 2007) wird in **Brügge** der Umzug mit dem »Goldenen Baum« begangen, der an die glanzvollen Zeiten der burgundischen Herrschaft erinnern soll. Sehr originell ist das »Kattefeest« (Katzenfest) in **Ieper**. Die Katze wurde im Mittelalter vielfach mit dem Teufel gleichgesetzt. Graf Boudewijn III. wollte diesem Aberglauben schließlich ein Ende setzen und erließ den Befehl, lebende Katzen vom Rathausturm herabwerfen zum lassen, um zu zeigen, dass sie nichts anderes als sterbliche Wesen seien. Bis Anfang des 19. Jh.s wurde an diesem grausamen Spiel festgehalten. Heute werden nur Plüschtiere herabgeworfen.

Die Flamen gedenken in vielfältiger Weise ihrer großen Landsleute vergangener Jahrhunderte. So präsidiert im Juni der Maler Adriaan Brouwer (1605 – 1638) dem Bierfest in **Oudenaarde**.

←An Brüssels Glanzzeit erinnert der Ommegang.

Berühmte Persönlichkeiten

Muskelmänner mit Ballettausbildung, der erste Kreuzritter, ein Mann, ohne den der Jazz undenkbar wäre und ein Wissenschaftler, der sich nachts auf Friedhöfe schlich – sie alle sind »Belgier«.

Albert I. (1875 – 1934)

Belgischer König

Albert I. war der jüngste Sohn des Grafen Philipp von Flandern und Marias von Hohenzollern-Sigmaringen. Er folgte am 23. Dezember 1909 seinem Onkel Léopold II., dessen Sohn schon jung gestorben war, auf dem Thron nach. Nach dem Einmarsch deutscher Truppen in Belgien 1914 stellte Albert sich an die Spitze der belgischen Armee und verteidigte vier Jahre lang den letzten nicht besetzten Landesteil in Flandern westlich der IJzer. Als Befehlshaber hatte er einen wichtigen Anteil in den Kämpfen ab September 1914, was ihm den Namen **»Koning-Ridder«** (Königsritter) eintrug. Nach dem Krieg widmete er sich dem Wiederaufbau und verschiedenen Reformen, u. a dem allgemeinen Wahlrecht für Männer (Frauen dürfen erst seit 1948 wählen) und der Gleichberechtigung der Sprachen. Bei einer Klettertour im Maastal fand Albert I. den Tod.

Ambiorix

Häuptling der Eburonen

Auf Tongerens Marktplatz ehrt ein Denkmal Ambiorix, den Häuptling des Stamms der Eburonen. Er hat in Belgiens früher Heldengeschichte einen festen Platz als Bezwinger von fast 9000 römischen Legionären. Ob er allerdings ein **Militärstratege oder ein Verräter** war, ist zumindest fraglich.

Denn anfangs trat er im Winter 55 v. Chr. gegenüber den von Sabinus und Cotta geführten Römern als Freund auf, doch bald belagerte er ihr Lager. Als der Erfolg ausblieb, betonte er in einer Unterredung mit den Römern erneut seine Freundschaft, warnte sie vor einem heranmarschierenden germanischen Heer und versprach ihnen freies Geleit beim Abzug. Doch nur wenige Kilometer nach dem Aufbruch wurden die Römer von den Eburonen angegriffen und wiederum brach Ambiorix sein Wort: Trotz der zugesicherten Schonung ließ er die sich Ergebenden töten. Caesar startete eine grausame Vergeltungsaktion. Ambiorix' Spur verliert sich in den Ardennen. Seine »Heimatstadt« Tongeren hat ihm ein Denkmal gesetzt (Abb. S. 32).

Jacob van Artevelde (1290 – 1345)

Flämischer Nationalheld

Jacob van Artevelde, dessen Denkmal auf dem Vrijdagsmarkt von Gent steht, gilt als der Wegbereiter eines flämischen Selbstbewusstseins. Der Sohn eines Kaufmannsgeschlechts war zunächst unpolitisch, doch die Ereignisse zwangen ihn zum Umdenken. Als Ludwig von Nevers, Graf von Flandern, in dem dem Hundertjährigen Krieg vorausgehenden Konflikt die Partei Frankreichs ergriff, stoppte England die Ausfuhr von Wolle nach Flandern, was große Not für die Bevölkerung bedeutete. Jacob van Artevelde wurde zum Kopf der

←Den nächsten Tour-de-France-Sieg immer fest im Blick: Eddy Merckx, der »Kannibale«, im Zieleinlauf

Protestbewegung und schließlich 1338 zum **Stadthauptmann von Gent**. Es gelang ihm, Brügge, Gent und Ieper zu einem Bündnis zusammenzuschließen und dem Grafen von Flandern weit reichende Zugeständnisse abzutrotzen, darunter dessen Einverständnis, nur Flamen als Ratgeber anzunehmen. Er sorgte dafür, dass neben Latein und Französisch auch das Flämische in den Kanzleien akzeptiert wurde. Im Streit zwischen England und Frankreich verhielt er sich zunächst neutral, doch stellte er sich im Hundertjährigen Krieg auf die Seite der Engländer, was sogar dazu führte, das am 26. Januar 1340 Edward III. von England in Gent zum König von Frankreich ausgerufen wurde. Jacob van Artevelde dachte sogar daran, Ludwig von Nevers zugunsten des Prinzen von Wales zu enterben, doch bevor er diesen Plan verwirklichen konnte, wurde er von Angehörigen der Weberzunft ermordet.

Baudouin I. (1930 – 1993)

Belgischer König

Als König Baudouin 1951 im Alter von noch nicht ganz 21 Jahren den Thron bestieg, besaß er kaum die Sympathien der Bevölkerung: Sein Vater Léopold III. hatte die Monarchie durch sein Verhalten im Zweiten Weltkrieg in schweren Misskredit gebracht und deswegen auch bald nach seiner Rückkehr auf sein Amt verzichtet; Sohn Baudouin, der mit seinem Vater die Deportation nach Deutschland geteilt hatte, war schon rein äußerlich nicht der Typ, die Herzen der Menschen zu gewinnen, wirkte er doch schüchtern und linkisch. Doch in den 42 Jahren seiner Herrschaft strafte er alle Kritiker Lügen. Baudouin gelang es wie kaum einem seiner Vorgänger, die Klammer zu verkörpern, als die das belgische Königtum die Flamen und Wallonen zusammenhalten soll. Er überzeugte durch bescheidenes, von menschlicher Wärme geprägtes Auftreten und entwickelte eine hohe moralische Integrität und Autorität, darin unterstützt von seiner Frau **Fabiola**, einer spanischen Adligen. Der Umstand, dass beide kinderlos blieben, trug ihnen das Mitgefühl der Bevölkerung ein. Am Morgen nach Baudouins Tod in seinem spanischen Feriendomizil Motril kamen spontan Tausende trauernder Menschen vor dem Königspalast in Brüssel zusammen; mehr als 100 000 Belgier säumten die Straßen der Hauptstadt bei seinem Begräbnis.

42 Jahre lang regierten sie die Flamen und Wallonen.

Jacques Brel (1929 – 1978)

Sänger und Schauspieler

Jacques Brel, in Paris berühmt geworden, wurde am 8. April 1929 in Schaerbeek in der Avenue du Diamant 138 geboren. In seinen Liedern wie »Amsterdam«, »Les Flamandes«, »Ne me quitte pas« oder »Marieke«, die er mit markanter Stimme und großem körperlichen Einsatz vortrug, sang er von Matrosen, Prostituierten, kleinen Leuten, den Frauen und seiner belgischen Heimat – und oft genug sprach aus seinen Texten die Verachtung gegen bürgerliche Spießer und Bigotterie. Am 15. November 1966 gab er im Brüsseler Palais des Beaux-Arts sein Abschiedskonzert für sein belgisches Publikum. Fortan widmete er sich der Schauspielerei. Wegen einer schweren Krankheit zog er sich 1975 in die Südsee zurück. Er starb am 9. Oktober 1978 in Paris; begraben wurde er auf der Marquesas-Insel Hiva-Oa nicht weit vom Grab Paul Gauguins.

! *Baedeker* TIPP

Brel live

Jacques Brel, wie er sang und vor allem wie er sich auf der Bühne bewegte, zeigen die drei DVDs »Brel. Comme quand on était beau« mit Bildern legendärer Konzerte (Barclay / Universal).

Jean-Claude van Damme (geb. 1960)

Schauspieler

Sein Spitzname »Muscles From Brussels« beschreibt das Dilemma des in Berchem-Sainte-Agathe bei Brüssel geborenen Schauspielers, denn nur wenige halten ihn für einen Ernst zu nehmenden Vertreter seiner Zunft. In Kreisen von Liebhabern von Actionfilmen ist der einstige Brüsseler Karate- und Bodybuildingmeister jedoch eine große Nummer, spielte er doch tragende (und schlagende) Rollen in Klassikern des Genres wie »Bloodsport« und »Cyborg«. Sein Markenzeichen ist der Spagat – was ihm leicht fällt, schließlich hat er auch eine Ballettausbildung genossen.

Lamoraal Graf von Egmont (1522 – 1568)

Führer der Geusen

Egmont (fläm. Egmond) war der zweite Sohn von Jan van Egmond, Herr auf Egmond op de Hoef bei Alkmaar, und Francisca von Luxemburg. Er wurde im bei Ath gelegenen La Hamaide geboren. Sehr jung kam er an den Hof Karls V. Schon mit 24 Jahren wurde er zum Ritter vom Goldenen Vlies geschlagen, 1554 mit der Vermittlung der Ehe Philipps II. mit Maria Tudor beauftragt; 1555 war er anwesend beim Rücktritt Karls V., 1557 (bei Saint-Quentin) und 1558 (bei Gravelines) besiegte er die französische Armee. Mit der Thronbesteigung Philipps II. fing für ihn eine neue Periode an. 1559 wurde er Mitglied des Staatsrats und Statthalter von Flandern und Artois. Als die niederländischen Adligen mit Wilhelm von Oranien an der Spitze von der Generalstatthalterin Margarete von Parma Toleranz Andersgläubigen gegenüber und mehr Rechte der eigenen Vertreter in den

Er opferte sein Leben für Flanderns Unabhängigkeit.

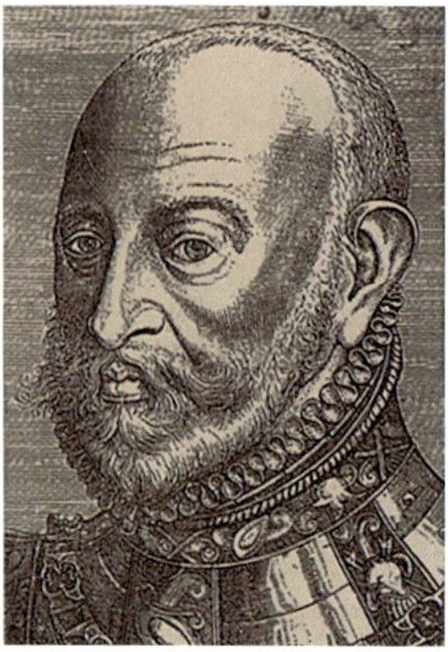

General-Staaten forderten, hielt Egmont sich zunächst zurück, trug aber diese Forderungen 1565 am Hof von Madrid vor. Er fand jedoch kein Gehör bei Philipp II., der eine härtere Gangart einschlug und den Herzog von Alba in die Niederlande schickte. Dieser ließ Egmont, der inzwischen die Partei der Geusen ergriffen hatte, zusammen mit dem Grafen Hoorn verhaften und in Brüssel des Hochverrats anklagen. Der Prozess endete mit dem Todesurteil, das auf der Grand'Place vollstreckt wurde. Seine Gebeine brachte man zu seinem Wohnsitz nach Zottegem. Erst 1804 wurde das Grab bei Restaurierungsarbeiten wiedergefunden. Die Figur Egmonts ist u. a. durch Goethes Drama (das sich nicht an die historischen Gegebenheiten hält) und durch Beethovens Vertonung des Stücks in Literatur und Musik eingegangen.

César Franck (1822 – 1890)

Musiker

Der in Lüttich geborene César Franck siedelte schon im jungen Alter nach Paris um, wo er von 1843 an als Organist arbeitete und 1872 eine Orgelklasse am Konservatorium erhielt. Franck war der Wegbereiter des musikalischen Impressionismus in Frankreich und führte die zyklische Form ein, die Wiederkehr eines Themas. Nicht nur als Komponist, sondern auch als Improvisator war er für die Orgelmusik von wesentlicher Bedeutung.

Gottfried von Bouillon (um 1060 – 1100)

Erster Kreuzritter

Die Sage verklärte Gottfried von Bouillon zum Idealbild des christlichen Ritters. Im Jahr 1089 mit dem Herzogtum Lothringen belehnt, folgte er als erster Reichsritter dem Aufruf Papst Urbans II. zum Kreuzzug ins Heilige Land. Zusammen mit seinen Brüdern Balduin und Eustach zog er 1096 an der Spitze eines 20 000 Mann starken Heeres donauabwärts nach Konstantinopel, wo sich seine Streitmacht mit den Armeen der anderen, vor allem französischen Fürsten vereinigten, und von dort weiter nach Palästina. 1098 eroberten die Ritterheere Antiocheia, 1099 nahm Gottfried nach fünfwöchiger Belagerung an der Erstürmung Jerusalems teil und führte fortan den Titel **»Vogt und Beschützer des Heiligen Grabes«**. Im selben Jahr schlug er den Sultan von Ägypten bei Askalon; kurz danach starb er in Jerusalem, wo er in der Grabeskirche beerdigt wurde. Im 13. Jh. wurden die Gebeine jedoch zerstört; fanatische griechische Mönche zerschlugen 1808 die Grabstätten.

Karl V. (1500 – 1558)

Kaiser des Hl. Römischen Reichs

Karl V., Enkel von Kaiser Maximilian I., Sohn von Philipp dem Schönen und Johanna von Kastilien, wurde in Gent geboren. Er erbte 1506 den burgundischen Besitz und erhielt 1516 in der Brüsseler Kathedrale die spanische Königswürde. Mit starker Unterstützung von Brüssel und Brabant wurde er 1519 gegen Franz I. von Frankreich auf den deutschen Kaiserthron gewählt. Unter seiner Regentschaft wurde der Grundstein für das spanische Kolonialreich gelegt und in seine Herrschaftszeit fällt die Reformation und damit der Beginn der für Europa so folgenreichen Auseinandersetzungen zwischen Katholizismus und Protestantismus. 1556 legte Karl V. die Kaiserkrone nieder, überließ den spanischen Thron seinem Sohn Philipp II., die deutsche Kaiserwürde seinem Bruder Ferdinand I. und zog sich in das Kloster Yuste in Spanien zurück.

Léopold I. (1790 – 1865)

Erster belgischer König

Léopold, dem jüngsten Sohn des Herzogs Franz von Sachsen-Coburg, schien durch seine Vermählung mit der englischen Thronerbin Charlotte eine glänzende Laufbahn bevorzustehen. Ihr früher Tod im Jahr 1817 vereitelte dies jedoch. 1830 wurde ihm die Krone von Griechenland angeboten, doch zog er seine Zusage wieder zurück. Ein Jahr später wählte man ihn zum ersten König der Belgier; am 21. Juli 1831 übernahm er die Königswürde. Als konstitutioneller Monarch hielt er sich aus den Streitereien der Parteien so weit als möglich heraus und genoss daher hohes Ansehen. Er spielte zeitweise eine maßgebende Rolle in Europa und trat häufig als Berater der britischen Königin Victoria auf. Seit 1832 war er mit Louise-Marie, Tochter König Louis Philippes von Frankreich, verheiratet.

Léopold II. (1835 – 1909)

Belgischer König

Léopold II., Sohn von König Léopold I., folgte am 10. Dezember 1865 seinem Vater auf den Thron. Er trat besonders als geschickter Finanzmann in Erscheinung; Belgien erlebte während seiner Regierungszeit einen beispiellosen wirtschaftlichen Aufschwung. Für belgische Produkte entstanden Absatzmärkte in Russland, Asien und Ägypten. Dass Léopold II. dennoch unpopulär, ja verhasst war, lag an seiner Kolonialpolitik. Als ihm 1878 Henry Morton Stanley seine Entdeckungen im Kongo anbot, griff Léopold II. zu und erklärte sich 1885 zum Souverän und alleinigen Besitzer des in diesem Jahr aner-

kannten Kongo-Staates. Bis 1908, als eine internationale Kommission einschritt, wurde der Kongo, achtzigmal größer als das belgische Mutterland, gnadenlos und blutig für seine Privatschatulle ausgebeutet, sodass Mark Twain ihn den **»König mit den zehn Millionen Toten auf dem Gewissen«** nannte. Auf der Habenseite ist zu verzeichnen, dass er Belgien aus dem Deutsch-Französischen Krieg von 1870/1871 heraushalten konnte.

Léopold III. (1901 – 1983)

1934 war Léopold III. seinem Vater Albert I. auf dem Thron gefolgt. Schon 1926 hatte er die schwedische Prinzessin Astrid geheiratet, die 1935 tödlich verunglückte. Unter seiner Regentschaft löste sich Belgiens Bindung an die Westmächte und ging über in eine allseitige Neutralität. Trotzdem griffen deutsche Truppen im Mai 1940 an. Nach der Kapitulation blieb er jedoch im Gegensatz zur Regierung, die nach London floh, im Lande. Bis Juni 1944 war er Gefangener auf seinem Schloss in Laeken, wurde dann von der SS mit seiner Familie nach Deutschland und Österreich abtransportiert, wo US-Truppen ihn 1945 befreiten. Bei der Befreiung Belgiens wurde sein Bruder Karl zum Regenten ernannt. Nach Kriegsende **war die Person Léopolds III. heftig umstritten**, da unklar war (und geblieben ist), ob und wie weit er mit Hitler, mit dem er auch ein persönliches Gespräch hatte, kollaborieren wollte. Bis 1950 wurden seine Rückkehr und die Übernahme der Königswürde verhindert, doch bei einem Referendum sprachen sich 58 % der Bevölkerung für ihn aus. Als er tatsächlich zurückkam, rief man in Wallonien den Generalstreik aus, woraufhin das Kriegsrecht verhängt wurde. Im August 1950 dankte er daher ab und übertrug seine Rechte seinem Sohn Baudouin. Léopold führte bis zu seinem Tod aber weiterhin den Titel »König«.

Das Afrika-Bild in der Zeit Léopolds II. kommt in den Skulpturen im Afrika-Museum in Tervuren zum Ausdruck.

Margarete von Parma (1522 – 1586)

General-statthalterin der Niederlande

Margarete von Parma wurde in Oudenaarde als uneheliche Tochter von Karl V. und Johanna van der Gheynst geboren. Man brachte sie nach Brüssel, wo sie von Margarete von Österreich und Maria von Ungarn erzogen wurde. Nach einer kurzen Ehe mit dem Neffen von Papst Clemens VII., Alessandro de Medici, der ermordet wurde, wurde sie 1538 aus politischen Gründen mit Ottavio Farnese, Enkel von Papst Paul III., verheiratet und übersiedelte nach Italien. 1559 ernannte der spanische König Philipp II. sie zur Generalstatthalterin der Spanischen Niederlande. Unter ihrer Regentschaft verstärkten sich die Selbstständigkeitsbestrebungen der Niederlande unter Führung des Adelsbundes, mit dem sie zunächst ein Auskommen suchte.

Nach dem Bildersturm 1567 und dem Geusenaufstand griff sie jedoch zur Gewalt, die ihren Höhepunkt in der Entsendung des Herzogs von Alba fand, der sie dann auch ablöste. Sie kehrte nach Italien zurück, doch sandte sie Philipp II. 1580 noch einmal zur Befriedung der Provinzen in die Niederlande, was ihr jedoch nicht gelang. Sie starb im italienischen Ortona.

Gerhard Mercator (1512 – 1594)

Kartograf

Der Kartograf und Geograf Gerhard Mercator wurde im südlich von Antwerpen gelegenen Rupelmonde geboren. Er studierte in Leuven und fertigte 1537 eine Karte des Heiligen Landes, 1538 folgte seine erste Weltkarte und 1541 ein Erd- und ein Himmelsglobus. Nach seiner Übersiedlung nach Duisburg stach er seine aus 15 Blättern bestehende Europakarte und schließlich seine berühmte, für die Seefahrt immens wichtige **Weltkarte**. Erst nach seinem Tod erschien sein gesamtes Kartenwerk als Atlas.

Eddy Merckx (geb. 1945)

Radrennfahrer

In den Jahren 1966 bis 1973 beherrschte Eddy Merckx aus dem brabantischen Meenzel-Kiesegem die Radrennstrecken der Welt. Er gewann mehrmals die bedeutendsten Radsportklassiker, so siebenmal Mailand – San Remo, dreimal Paris – Roubaix, fünfmal Lüttich – Bastogne – Lüttich, fünfmal die Italienrundfahrt und fünfmal die Tour de France (davon viermal in Folge). 1967 und 1971 errang er die Weltmeisterschaft der Straßenradfahrer und 1972 stellte er einen Geschwindigkeitsweltrekord auf. Mit seinem Landsmann Patrick Sercu war Eddy Merckx auch in der Halle bei Sechstagerennen erfolgreich. Er gilt noch heute als einer der besten Radrennfahrer aller Zeiten und wurde zu Belgiens Sportler des Jahrhunderts gewählt. Seine Kollegen nannten ihn den »Kannibalen«, denn er »fraß« seine Konkurrenten fahrerisch auf. Heute produziert er Rennräder.

Antoine-Joseph (Adolphe) Sax (1814 – 1894)

Instrumentenbauer

Ohne ihn wäre der Jazz kaum vorstellbar. Antoine-Joseph Sax, Adolphe genannt, wurde in Dinant als Sohn eines Musikinstrumentenbauers geboren. Diese Profession erlernte auch er. 1842 siedelte er nach Paris über, wo er aus der Klarinette ein neues Instrument entwickelte, das die Oktave überblasen konnte: das 1846 patentierte **Saxofon**, zu dem noch das Saxhorn, die Saxtromba und die Saxtuba hinzukamen. Seine Instrumente hielten schnell Einzug in die französische Militärmusik und später in die Orchestermusik; Sax selbst wurde Lehrer für seine Instrumente am Pariser Konservatorium, doch versäumte er es, seine Erfindungen kommerziell auszunutzen. Er verarmte derart, dass prominente Fürsprecher den Minister für Künste um Unterhaltszahlungen baten.

Paul-Henri Spaak (1899 – 1972)

Politiker

Der Sozialist Paul-Henri Spaak, am 25. Januar 1899 in Schaerbeek geboren, war **der bedeutendste belgische Politiker der Nachkriegszeit**. Von 1936 diente er seinem Land – mit Unterbrechungen – bis 1966 als Außenminister (darunter 1940 bis 1944 im Londoner Exil) und war 1938 / 1939, 1946 und 1947 bis 1949 Premierminister. In seiner Londoner Zeit arbeitete er an der Schaffung der Benelux-Zollunion, 1945 beteiligte er sich an der Ausarbeitung der UN-Charta und 1946 war er Präsident der ersten UN-Vollversammlung. Spaak hatte entscheidenden Einfluss auf den Thronverzicht Leopolds III. In den 1950er-Jahren war er ein Motor der europäischen Integration: Montanunion, die Gründung von EWG und EURATOM tragen die Handschrift von Paul-Henri Spaak, der, nachdem er von 1957 bis 1961 noch Generalsekretär der NATO war, als Außenminister bis 1966 sein letztes politisches Amt bekleidete.

Andreas Vesalius (1514 – 1564)

Arzt und Anatom

Die moderne Medizin wäre ohne die Energie und den Wagemut von Andreas Vesalius, fläm. Andries van Wesel, nicht denkbar. Der Sohn des Hofapothekers Karls V. wurde am 31. Dezember 1514 in Brüssel geboren und studierte in Leuven, dann in Padua Medizin und Anatomie, wo er von 1537 an auch lehrte und forschte. Er gewann völlig neue Erkenntnisse, die er 1543 im reich illustrierten Buch »De humanis corporis fabrica, libri septem« veröffentlichte, das als **das erste vollständige Lehrbuch der menschlichen Anatomie** gilt. Die Leistung Vesalius' beruht nicht nur auf seiner wissenschaftlichen Brillanz, sondern auch in seiner Skepsis gegenüber den bis dahin gültigen Lehren des antiken Galen, der lediglich aus der Sektion von Tierkadavern auf die menschliche Anatomie geschlossen hatte, und in seinem Mut, als Gelehrter der Katholischen Kirche zu trotzen und Sektionen nicht durch unausgebildete Assistenten vornehmen zu lassen, sondern sich selbst daran zu machen. Die Leichen für seine Vivisektionen besorgte er sich u. a. heimlich nachts vom Brüsseler Galgenberg, wo heute der Justizpalast steht. Nach der Veröffentlichung des Buches machte ihn Karl V. 1543 zu seinem Leibarzt. Mit dem spanischen Hof reiste Vesalius durch Europa; von 1553 bis 1556 lebte er noch einmal in Brüssel. Er starb am 15. Oktober 1564 auf der griechischen Insel Zakynthos auf der Rückkehr von einer Pilgerreise nach Jerusalem.

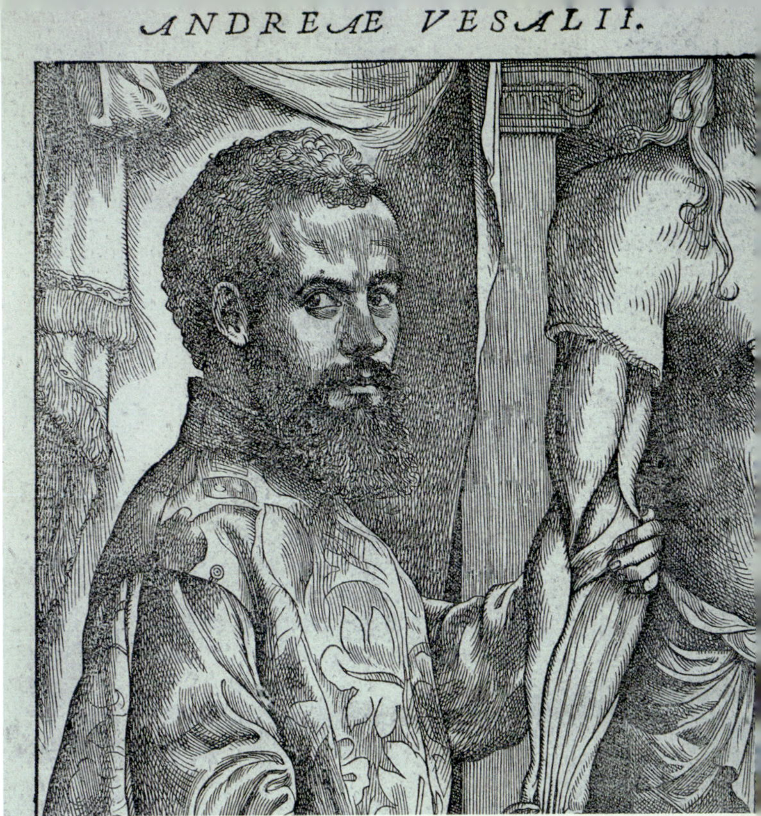

Er riskierte viel für die Wissenschaft.

Marguerite Yourcenar (1903 – 1987)

Schriftstellerin

Die am 8. Juni 1903 in Brüssel geborene Verfasserin psychologisierender Romane und Novellen, eigentlich Marguerite de Crayencour, wurde 1980 als **erste Frau in die Académie française** gewählt. Ihr bekanntestes Werk sind die imaginären »Mémoires d'Hadrien« (»Ich zähmte die Wölfin«).

Praktische Informationen

WIE KOMMT MAN VORAN AN DER NORDSEEKÜSTE? WAS MACHT BELGIENS BIERE SO BESONDERS? KLÖPPELSPITZE ALS SOUVENIR? WUSSTEN SIE, DASS MAN IN WALLONIEN GANZ AUSSERGEWÖHNLICH KARNEVAL FEIERT?

Anreise · Reiseplanung

Mit dem Auto

Von Norden: Ruhrgebiet – Venlo – Eindhoven – Antwerpen (A 21 / A 67 / E 34 und A 1 / E 19).
Von Osten: Köln – Aachen – Lüttich (A 3 / E 40).
Von Süden: Saarbrücken – Luxemburg – Arlon (A 4 / E 411).
Landschaftlich schöner, aber zeitraubender ist die Anfahrt durch die Eifel und über einen der kleinen Grenzübergänge in die Ardennen.

Mit dem Bus

Die **Deutsche Touring Gesellschaft** steuert von vielen größeren Städten Deutschlands Ziele in Belgien an.

Mit der Bahn

Aus dem deutschsprachigen Raum kommt man per Bahn am schnellsten via Köln – Aachen – Lüttich nach Belgien. Von Köln aus fährt auch der Hochgeschwindigkeitszug **Thalys** nach Brüssel (und weiter nach Paris). Aus Süddeutschland und der Schweiz bietet sich die Verbindung Basel – Straßburg – Luxemburg – Brüssel an.

Mit dem Flugzeug

Die Deutsche Lufthansa fliegt von Berlin, Frankfurt, Hamburg, München und Stuttgart direkt nach Brüssel; SN Brussels Airline von Ber-

Der Bahnhof von Antwerpen gleicht mehr einem Palast denn einem schnöden Bahnhof.

INFORMATIONEN ANREISE

FLUGHAFEN

▶ **Bruxelles National / Brussel Nationaal**
Lage: 13 km nordöstlich bei Zaventem
Bus: Airport Line 12
Bahn: Brussels Airport Express über Bruxelles Nord und Bruxelles Centrale nach Bruxelles Midi
Taxi: Taxen mit orangerotem Aufkleber mit Flugzeug bieten einen Sondertarif an.

▶ **Auskunft**
Tel. 02 753 42 21
Tel. 02 723 31 11
www.BrusselsAirport.be
Flugzeiten: Tel. 900 70 000

FLUGGESELLSCHAFTEN

▶ **SN Brussels Airline**
Flughafenschalter:
Tel. 02 723 23 23
www.flysn.com

▶ **Lufthansa**
Reservierungen:
Tel. 02 745 44 55
Flughafenschalter:
Tel. 02 720 22 26

▶ **Austrian Airlines**
Reservierungen:
Tel. 02 642 25 70
Flughafenschalter:
Tel. 02 720 22 26

▶ **Swiss**
Reservierungen:
Tel. (0 78) 15 53 19

ZUGAUSKUNFT

▶ **Belgien und Ausland**
Tel. 02 555 25 55 (ndl.)
Tel. 02 555 25 25 (frz.)
www.nmbs.be

▶ **Thalys**
Auskunft und Fahrscheine bei der Deutschen Bahn, unter
Tel. 0180 519 41 95
www.thalys.com

BUS

▶ **Deutsche Touring Gesellschaft**
Am Römerhof 17
D-60486 Frankfurt am Main
Tel. 0 69 / 79 03 50
Fax 790 32 19
www.deutsche-touring.com

lin, Hamburg und München sowie von Basel, Genf und Zürich; Swiss ebenfalls von Basel, Genf und Zürich; Austrian Airlines fliegt von Wien aus.

Reisedokumente

Deutsche, österreichische und Schweizer Bürger benötigen bei einem Aufenthalt bis zu drei Monaten einen gültigen **Reisepass oder einen Personalausweis**; für Kinder unter 16 Jahren ist ein Kinderausweis oder Eintrag im Elternpass erforderlich.
Nationaler **Führerschein und Kraftfahrzeugschein** sind mitzuführen; die Internationale Grüne Versicherungskarte wird unbedingt empfohlen. Kraftfahrzeuge müssen ein EU-Schild oder das Nationalitätskennzeichen tragen.

Wer **Haustiere** (Hund, Katze) nach Belgien mitnehmen will, muss deren Tollwutimpfzeugnis vorweisen. Die Impfung darf nicht weniger als 30 Tage vor der Einreise stattgefunden haben und nicht länger (je nach verwendetem Impfstoff) als 6 – 12 Monate zurückliegen.

Krankenversicherung Auch im EU-Ausland müssen die gesetzlichen Krankenkassen die Kosten für ärztliche Leistungen erstatten. Voraussetzung ist, dass dem behandelnden Arzt die **Krankenversicherungskarte** vorgelegt wird. Auch mit ihr sind in vielen Fällen die Behandlungskosten bzw. Ausgaben für spezielle Medikamente selbst zu zahlen. Gegen Vorlage der Quittungen erstattet die Krankenkasse im Heimatland dann ggf. die Kosten. Es empfiehlt sich der Abschluss einer zusätzlichen Reisekrankenversicherung.

Zollbestimmungen Die Staaten der Europäischen Union (EU), darunter auch Belgien, Deutschland und Österreich, bilden den **EU-Binnenmarkt**, in dem der private Warenverkehr weit gehend zollfrei ist. Innerhalb der EU-Länder gelten lediglich noch obere Richtmengen (z. B. für Reisende über 17 Jahren 800 Zigaretten, 10 l Spirituosen und 90 l Wein).

Für Reisende aus **Nicht-EU-Ländern** wie der Schweiz gelten folgende Freimengengrenzen: 250 g Kaffee, 100 g Tee, 200 Zigaretten oder 50 Zigarren oder 250 g Tabak, 2 l Wein oder andere Getränke bis 22 % Alkoholgehalt sowie 1 l Spirituosen mit mehr als 22 % Alkoholgehalt. Souvenirs dürfen in die Schweiz bis zu einem Wert von 100 sfr zollfrei eingeführt werden.

Auskunft

WICHTIGE ADRESSEN

IN DEUTSCHLAND

► **Belgien Tourismus**
Cäcilienstr. 46
D-50667 Köln
Tel. (02 21) 277 59-0
Fax 27 75 91 00
www.belgien-tourismus.de

► **Tourismus Flandern-Brüssel**
Cäcilienstr. 46
D-50667 Köln
Tel. (02 21) 270 97 70
Fax 270 97 77
www.flandern.com

IN ÖSTERREICH

► **Tourismus Flandern-Brüssel**
Mariahilfer Str. 121b
A-1060 Wien
Tel. (01) 596 06 60 70
Fax 596 06 60 95
www.flandern.co.at

IN BELGIEN

► **Office de Promotion du Tourisme Wallonie-Bruxelles**
Rue du Marché-aux-Herbes, 63,
B-1000 Bruxelles
Tel. 02 504 03 90

Fax 02 513 04 75
www.wallonie-tourisme.be

▶ **Toerisme Vlaanderen**
Grasmarkt 63, B-1000 Brussel
Tel. 02 504 03 90, -94
Fax 02 513 04 75
www.vlaanderen-vakantieland.be

▶ **Einzelne Orte**
Die Tourismusinformationen vor Ort heißen i. d .R. »Office de Tourisme« bzw. »Dienst voor Toerisme«. Die Adressen sind im Kapitel »Reiseziele von A bis Z« bei den jeweiligen Orten angegeben.

INTERNET

▶ **www.monarchie.be**
Für Freunde des belgischen Königshauses.

▶ **www.dekust.org**
Wer einen Badeurlaub in Belgien plant ...

▶ **www.resto.be**
Suchseite für Restaurants in Belgien, zum Teil mit Leserbewertungen.

▶ **www.sncb.be**
Die Seite der belgischen Staatsbahnen.

▶ **www.belgianfries.com**
Die Seite für alle, die Pommes frites mögen.

▶ **www.frites.be**
Hier geht es nur am Rande um Pommes frites. Thema ist Belgien von seiner witzigen Seite.

▶ **www.bierebel.com**
Alles, was es über belgisches Bier zu wissen gibt.

▶ **www.eurobru.com**
Alles Wissenswerte über die Europäische Union in allen offiziellen Unionssprachen.

BOTSCHAFTEN IN BELGIEN

▶ **Deutschland**
Ave. de Tervuren, 190
B-1150 Bruxelles
Tel. 02 774 19 11
Fax 02 772 36 92
www.bruessel.diplo.de

▶ **Österreich**
Pl. du Champs de Mars, 5, bte. 5
B-1050 Bruxelles
Tel. 02 289 07 00
Fax 02 513 66 41
www.aussenministerium.at/bruessel

▶ **Schweiz**
Rue de la Loi, 26, bte. 9
B-1040 Bruxelles
Tel. 02 285 43 50
Fax 02 230 37 81
www.eda.admin.ch/bruxelles

BELGISCHE BOTSCHAFTEN

▶ **In Deutschland**
Jägerstr. 52 – 53
D-10117 Berlin
Tel. (0 30) 20 64 20, Fax 20 64 22 00
www.diplomatie.be/berlin

▶ **In Österreich**
Wohllebengasse 6
A-1040 Wien
Tel. (01) 502 07-0
Fax 502 07 22
www.diplomatie.be/viennade

▶ **In der Schweiz**
Jubiläumsstrasse 41
CH-3000 Bern 6
Tel. (0 31) 350 01 50, 350 01 65
Fax 350 01 65
www.diplomatie.be/bernde

Badestrände

Badeurlaub in Belgien

Ja, auch in Belgien kann man Badeurlaub machen. Die belgische Nordseeküste reicht auf rund 67 km von der niederländischen bis zur französischen Grenze. Etwas mehr als ein Dutzend Badeorte reihen sich daran auf. Die feinkörnigen Sandstrände – im Grunde ein einziger – fallen flach zum Meer ab und sind daher sehr kinderfreundlich. Sowohl Strand als auch die Dünen sind nahezu überall frei und kostenlos zugänglich und verfügen i. d. R. über alle Einrichtungen und Angebote (Strandkörbe, Liegen, Sonnenschirme etc.), die den Strandurlaub angenehm machen.

Das Schönste an Belgiens Küste aber: Man kann sie mit der Straßenbahn abfahren! Die **»Kusttram«** verbindet die Badeorte De Panne (ganz im Westen) und Knokke-Heist (ganz im Osten), mit zahlreichen Haltestellen unterwegs (Informationen: www.dekusttram.be).

i Signale am Strand

- Rote Flagge: Schwimmen und Wassersport verboten
  Gelbe Flagge: Schwimmen erlaubt; sonstiger Wassersport verboten
  Grüne Flagge: Schwimmen und Wassersport erlaubt
  Blaues »B«: sicherer, bewachter Strand
  Rotes »B« mit Balken: Gefahr, keine Überwachung
  Fröhlicher Smiley: gute Wasserqualität
  Trauriger Smiley: eingeschränkte Wasserqualität

Für sportliche Naturen ist an Belgiens Küste gesorgt.

Elektrizität

Stromspannung

Das belgische Stromnetz führt 220 Volt Wechselspannung bei einer Frequenz von 50 Hertz. Europa-Norm-Gerätestecker sind verwendbar; die Mitnahme eines Adapters kann nicht schaden.

Essen und Trinken

Gutes Essen gehört dazu

Belgien ist seit jeher ein Land der Feinschmecker und lustvollen Esser gewesen. Schon die altflämischen Meister haben oft ein Festmahl gemalt. Auch heute finden die Belgier meist einen willkommenen Anlass, sich an einen üppig gedeckten Tisch zu setzen.

Die belgische Küche lebt vom **Zusammenspiel des Französischen mit dem Niederländischen**: Deftiges wechselt sich ab mit Raffiniertem. Aus den Ardennen kommen Wild und natürlich der berühmte Ardenner Schinken; die nahe Küste liefert vorzüglichen Fisch und Meeresfrüchte wie die zum Nationalgericht gewordenen Miesmuscheln (Moules / Mosselen), serviert mit **Pommes Frites, die als belgische Erfindung gelten**.

Ganz typisch für **Fleischgerichte** ist die **flämische Karbonade** (Carbonnade flamande), ein Rindfleischragout mit Gemüse, geschmort in Gueuze-Bier. Boudins à la bruxelloise sind auch als »Himmel und Erde« aus der Köln-Aachener Gegend bekannt: gebratene Blutwurst mit Kartoffelbrei und Äpfeln. **Wildgerichte** wie flämischer Hasenpfeffer oder Kaninchen werden gern mit Backpflaumen und Gueuze zubereitet. Aus den Ardennen kommen sehr gute Pasteten. Ein typisches Brüsseler Fleischgericht ist Choesels – Nieren- und Kalbsbriesragout in Madeirasauce.

i Frittenkunde

- In Belgien ist es ganz und gar nicht peinlich, sich an einer Frittenbude (frz. friture, ndl. frituur) eine Portion Pommes zu genehmigen. Woran erkennt man aber eine gute? 1. Frittenbräter, die etwas auf sich halten, schnippeln ihre Kartoffelstäbchen selbst, manche gar frisch vor den Augen des Kunden. Tiefkühlware kommt hier nicht in die Tüte! 2. Im Angebot müssen mehrere selbst gemixte Würzsaucen sein. Ketchup gibt es zwar, fällt aber unter Banausentum. Klassisch hingegen sind »Frites mayonnaise«. Und woran erkennt man den Kunden von Welt? Antwort: Er bestellt seine Sauce »à part«, d. h. im Extra-Schälchen und nicht über die Pommes gekippt (machen aber viele nicht!). Wer mehr wissen will: Im Obergeschoss der traditionsreichen Frituur »Max« am Groenplaats in Antwerpen gibt es ein **Fritten-Museum**.

Geflügel

Das flämische Geflügelgericht schlechthin ist das **Waterzooi**, ein Eintopf aus Hühnerbrühe, Hühnerfleisch und verschiedenen Gemüsearten, abgeschmeckt mit Sahne.

Eines der schönsten Cafés in Belgien: das »Mort Subite« in Brüssel – genau richtig für eine Bierprobe.

IN GAMBRINUS' REICH

Was den Franzosen der Wein, ist den Belgiern das Bier. Man trinkt es als Alltagsgetränk in den Cafés, aber auch zu feierlichen Anlässen ist es nicht verpönt, eine der vielen Spezialitäten zu servieren. Kein Land der Welt kennt eine solche Vielfalt unterschiedlichster Biere, die im Geschmack teils sehr gewöhnungsbedürftig sind, aber dennoch gekostet werden sollten.

Mehr als 100 Brauereien stellen heute über 400 grundverschiedene Biere her, deren Herstellungsart den gläubigen Anhänger des deutschen Reinheitsgebots zwar erschauern lassen, die nichtsdestoweniger aber sehr traditionell sind. Für die meisten belgischen Biere charakteristisch ist die **obergärige Brauweise**. Manche von ihnen wie die Weiß- und Kirschbiere erinnern an die Zeiten, als man Hopfen als Biergewürz noch nicht kannte. Das wusste schon der heilige **Arnold von Oudenaarde** zu schätzen, der im 11. Jh. nach dem Einsturz einer Klosterbrauerei seinen Gott um eine Biervermehrung anflehte. Sein Wunsch wurde erhört und er selbst war fortan der Schutzheilige der Brauer. Auch Gambrinus, der König des Bieres, ist ein Belgier. Der Legende nach soll es der im 13. Jh. regierende, äußerst durstige **Herzog Jan I.** von Brabant, Leuven und Antwerpen sein (»Jan Primus), dessen Name zu »Gambrinus« verballhornt wurde.

Das belgische Café

Das meiste Bier wird in Belgien in den Cafés getrunken, die nichts mit einem »Kaffeehaus« gemein haben. Sie sind Treffpunkt zu jeder Tageszeit, hier schwatzt man, macht ein Spielchen und trinkt natürlich Bier. Wer »ein Bier« bestellt, bekommt entweder ein normales Pils serviert oder er wird nach seinem genauen Wunsch gefragt. Denn jeder Wirt, der etwas auf sich hält, hat mindestens 20 bis 30 verschiedene Biere im Angebot; die guten Cafés beginnen mit 50 Sorten, die selbstverständlich alle im speziellen Glas serviert werden. Dazu gibt es Knabbereien, etwas Wurst oder Käse.

Hier sieht man auch, dass trotz der Vielfalt am beliebtesten die untergärigen Biere der Pilsner Art sind: Stella Artois, Jupiler, Maes ...

»Wilde« Biere

Die »wilden« Biere sind eine einzigartige Spezialität. Ihre Heimat ist das von der Senne durchflossene Payottenland südwestlich von Brüssel. Nur hier lebt »wild«, also in freier Natur, der Hefestamm »Brettanomyces bruxellensis«, den sich die einheimischen Brauer zunutze machen, um ihr **Lambic** herzustellen. Es besteht zu 30 bis 40 % aus ungemälztem Weizen und zu 60 bis 70 % aus Gerstenmalz. Der daraus gekochte Bräu wird nach der klassischen Methode für eine Nacht in offenen Holzbottichen den Lüften des Sennetals ausgesetzt und nimmt die Hefe auf, danach auf Holzfässer gezogen, um zu gären. Jeder Brauer achtet peinlich darauf, auf seinem Gärboden nichts zu verändern, um die Zusammensetzung der Mikroorganismen in der Luft und in den Fässern nicht zu stören. Das Lambic reift zwischen einem halben und zwei Jahren in den Fässern, um dann in Flaschen noch besser zu werden. Es ist meist goldfarben, sauer mit einem Alkoholgehalt zwischen 4 und 5 % und erinnert manchmal an Apfelmost. Eine mit Kandiszucker gesüßte Version ist das **Faro**, das ebenso wie das echte Lambic meist nur noch in den kleinen Brauereien zu bekommen ist. Meistens werden alte und junge Lambics zur **Gueuze** verschnitten, eine im Sommer sehr bekömmliche süßsaure Erfrischung. Fügt man dem Lambic Kirschen hinzu (und nicht bloß Kirschsaft!) und lässt diese mitgären, erhält man ein **Kriek**, ein sehr fruchtig kirschsäuerliches Bier von tiefroter bis bräunlicher Farbe. Auf dieselbe Weise wird auch Him-

Zwei Lambic-Brauereien mit Tradition: La Bécasse aus Brüssel und Timmermans aus Itterbeek

beerbier (Frambozen) hergestellt; Modeerscheinungen sind Biere mit Erdbeeren, Pfirsichen und Schwarzen Johannisbeeren. Große Lambic- und Gueuze-Brauereien sind Belle-Vue in Brüssel und St-Louis in Ingelmunster. Ein sehr saures Lambic gibt es im Mort Subite in Brüssel, auch »La Bécasse« in Brüssel schenkt eigenes Lambic aus; erste Adresse in der Hauptstadt aber ist die **Brasserie Cantillon**, die als eine der ganz wenigen Brauereien ihre Biere noch völlig traditionell herstellt.

Rote, braune, weiße Biere

Streng genommen gibt es heute nur noch ein rotes Bier: das **Rodenbach** aus dem flandrischen Roeselare. Es ist so sauer, dass man niemand verdenken kann, wenn er es für nicht trinkbar hält, und dennoch ist es ein Klassiker. Seine Säure erhält es von den verwendeten Hefen. Gebraut werden das einfache Rodenbach mit 4,6 % Alkohol und das Rodenbach Grand Cru mit 5,2% Alkohol. Gewöhnt man sich erst an die Säure, schätzt man es als guten Durstlöscher.

Sog. braune Biere gibt es viele, herausragend ist jedoch das **Liefmans** aus Oudenaarde, ein dem Ale ähnliches Bier. Die einfache Version Oud Bruin hat ungefähr 4,6% Alkohol, das besonders an Festtagen beliebte Liefmans Goudenband, die Flasche in Seidenpapier eingewickelt, ist trocken, süß-spritzig bei 5,5 % Alkohol. Noch eine Besonderheit: Liefmans Kriek, ein weiches Kirschbier auf Ale-Basis.

Die belgischen Weißbiere sind Schankbiere mit bis zu 45 % Weizenmalz und einem geringen Alkoholgehalt von ca. 3,5%. Sie geben sich leicht, fruchtig und erfrischend. Das bekannteste kommt aus **Hoegaarden** und wird u.a. mit Koriander gewürzt, etwas stärker ist das Grand Cru aus derselben Brauerei. Andere gute Weißbiere sind das Dentergemse Wit, das Brugse Wit und das »Blanche« von Bécasse in Brüssel.

Brauende Mönche

Redet man von Klosterbieren, muss man streng unterscheiden. Da gibt es auf der einen Seite die echten **Trappistenbiere**, die nur in sechs Klöstern Belgiens von Trappistenmönchen gebraut und als Trappistenbier verkauft werden dürfen. Die bekannteste ist diejenige von **Chimay**, die drei Biere braut: Rouge (rote Kapsel, 5,5 %), Blanche (weiße Kapsel, 8 %) und Bleue (blaue Kapsel, 9 %), das es auch als Jahrgangsbier gibt. Ähnliche Biere stellen die Mönche von **Rochefort** her. Das flandrische Kloster **Westvleteren** ist die kleinste der Brauereien und produziert ebenfalls drei Biere, dessen stärkstes das schwere, süße »Abbot 12« mit 10,6 % Alkohol ist. Ebenfalls aus Flandern kommt das Trappistenbier von **Westmalle** mit dem dunklen und eher herben Dubbel (7 %) und dem hellen Triple (8 %). Ein ganz außergewöhnliches Bier ist das orangefarbene **Orval** aus der südöstlichsten Ecke Belgiens: recht herb, etwas sauer und sehr bitter, ist es mit seinen 6 % Alkohol wahrlich gewöhnungsbedürftig. Seit 1998 werden auch in der Sint-Benedictus-Abtei in Achel an der niederländischen Grenze drei Biere gebraut – und nur dort ausgeschenkt!

Deutlich zu unterscheiden von den Trappistenbieren – mit über 70 Marken wie Grimbergen, Leffe oder Affligem – sind die Klosterbiere (»Abbaye«). Sie gehen zwar auf Klöste zurück, stammen heute aber aus gewöhnlichen Brauereien und sind allesamt eher stark, schwer und malzig.

Spezialbiere

Es gibt noch eine Vielzahl meist obergäriger Biere, die oft durch besondere Flaschen, Etiketten und Namen wie Lucifer, Verboden Vrucht oder Delirium Tremens auffallen (das in einem mit kleinen rosa Elefanten verzierten Glas ausgeschenkt wird). Tradition hat die Herstellung von hellen und dunklen Ales wie das De Koninck aus Antwerpen, das starke Gouden Carolus aus Mechelen die »Saisons« aus dem Hennegau zwischen Charleroi und Mons oder die weichen Amberbiere wie das Palm. Sehr süffig und daher nicht zu unterschätz ist das Duvel (8%) der Brauerei Moortgat aus Breendonk.

Belgische Klassiker: Muscheln, Fritten, Waterzooi

Fisch und Meeresfrüchte

Überall angeboten und im Kochtopf serviert werden natürlich **Moules et Frites** – Muscheln (in verschiedenem Sud) mit Pommes. Selbstverständlich sind die Küstenorte ein Mekka für Liebhaber von Fisch und Meeresfrüchten, z. B. Anguilles au vert (Aal grün: junger gekochter Aal mit vielen Gewürzkräutern), Hering in Sahnesauce, Seezunge, Austern und Langusten. Und auch aus Fisch lässt sich Waterzooi kochen. Eine Brüsseler Imbiss-Spezialität sind die **Caricoles**, gekochte und gebutterte Seeschnecken; auch **Croquettes de Crevettes** (Kroketten mit Krabbenfleisch) sind lecker.

Gemüse

Oft kommt Gemüse auf den Tisch: Hopfenkeime aus Poperinge (jets de houblon), Rosenkohl auf Brüsseler Art (chou de Bruxelles: mit Butter und gebratenem Speck). Ein echtes Hauptgericht ist Brüsseler **Witloof**: Chicorée mit gekochtem Schinken und Käsesauce. Unter Stoemp versteht man Kartoffelpüree mit Fleisch und Gemüsen.

Käse

Zum Bier isst man sehr gern ein kräftiges Brot mit Quark, garniert mit Zwiebeln, Schnittlauch, Kresse und Radieschen (Tartine de fromage blanc) oder Käsewürfel mit Senf. Auch Hervé nach Lütticher Art (Romadur auf geröstetem Brot und dünn mit Lütticher Sirup bedeckt) schmeckt. Die belgischen Trappistenmönche aus Orval, Chimay, Rochefort, Westvleteren und Westmalle sind nicht nur für ihr Bier, sondern auch für ihren Käse berühmt.

Süßes

Spekulatius (spekuloos), Waffeln (gaufres) mit Zucker, Butter, frischer Sahne und / oder Obst sowie Griechenbrot (pain grecq, eigentlich »Grachtenbrot«) haben Brüsseler Bäcker bekannt gemacht. Dazu kommt der Rest Belgiens, z. B. Diester Lebkuchen und Diester Törtchen, Reistorte aus Namur, Mandelbrot aus Veurne, Lütticher Waffeln mit Karamelzucker, Apfel-Beignets, Kortrijker Zwieback und Fettgebackenes (bollen). Und natürlich weltbekannt: Pralinen und Schokolade, besonders aus Brüssel.

Bier ist **das belgische Nationalgetränk**. In keinem anderen Land der Welt findet man eine solche Vielfalt ausgefallener, meist obergäriger und nach traditioneller Art gebrauter Biere (► Baedeker Special S. 96 ff.. Jedes Café, das etwas auf sich hält, bietet mindestens 15 bis 20 grundverschiedene Sorten an, dreißig und mehr sind keine Seltenheit; wer schlicht »ein Bier« bestellt, wird ein Pils (Stella, Maes, Jupiler) serviert bekommen.

i Preiskategorien

- Die im Kapitel »Reiseziele von A bis Z« empfohlenen Restaurants sind in folgende Preiskategorien eingeteilt (Durchschnittspreise für ein Dreigang-Menü ohne Getränke):
  Fein & teuer: über 50 €
  Erschwinglich: 30 – 50 €
  Preiswert: unter 30 €

  Viele der genannten Restaurants bieten auch ein **Tagesgericht** an (plat du jour / dagschotel), das meist deutlich günstiger ausfällt.

Die angebotenen Weine stammen meist aus den Nachbarländern Frankreich und Luxemburg. ◄ Wein

Beliebt sind **Genever** (aus Hasselt), Rosinenbranntwein und Kräuterliköre. Aus den Ardennen stammt Pumalet de la Roche, ein würziges, auf der Basis von Pflaumen bereitetes Getränk, oder der Ewe di Moûss, dessen Farbe aus Veilchen gewonnen wird. ◄ Brände und Likör

Speisen mit Aussicht in Brügge

Restaurants

In keinem Land Europas gibt es – im Verhältnis zur Bevölkerungszahl – so viele von internationalen Gourmetführern mit Sternen, Kochmützen oder Kochlöffeln ausgezeichnete Restaurants wie im kleinen Königreich zwischen den Ardennen und der Nordsee. **Rechtzeitig reservieren** ist in aller Regel unabdingbar.

Der Übergang von der Kneipe zum Restaurant ist mehr oder weniger fließend, weswegen viele der Cafés und Bistros auch als Restaurants durchgehen könnten, wie auch manches Restaurant ebenso gut ein Café genannt werden kann. Fast überall wird man sich nicht über die Größe der Portionen beklagen können – im Gegenteil.

Aufgepasst allerdings: ein belgisches »Café« istb eine Kneipe! Wer ein »Café« nach deutschem Geschmack sucht, halte nach einem »Salon de Thé« oder »Tearoom« Ausschau.

Feiertage, Feste und Events

Die Belgier sind ein sehr festfreudiges Volk. Neben üblichen Straßen- und Volksfesten gibt es eine Vielzahl außergewöhnlicher Veranstaltungen – wie das »Katzenwerfen« in Ieper – die auf eine lange Tradition zurückblicken können (► Bräuche und Feste). Die wichtigsten und schönsten Feste sind im Kapitel »Reiseziele von A bis Z« bei den jeweiligen Orten erläutert. Alljährlich geben die unter ► Auskunft genannten übergeordneten Fremdenverkehrsstellen einen Kalender mit den genauen Terminen der einzelnen Veranstaltungen heraus.

TERMINE

FEIERTAGE

1. Januar: Neujahr
1. Mai: Tag der Arbeit
11. Juli (nur in Flandern): Fest der flämischen Gemeinschaft
21. Juli: Nationalfeiertag
15. August: Mariä Himmelfahrt
27. September (nur in Wallonien): Fest der wallonischen Gemeinschaft
1. November: Allerheiligen
11. November: Tag des Waffenstillstands
25. und 26. Dezember: Weihnachten

Bewegliche Feiertage:
Ostermontag, Christi Himmelfahrt und Pfingstmontag. Fällt ein Feiertag auf einen Sonntag, gilt u. U. der darauf folgende Montag als Feiertag.

Die schönsten Feste

- Karneval in Binche
- Katzenfest in Ieper
- Ommegang in Brüssel
- Heiligblutprozession und Reiefeest in Brügge
- Riesenumzug in Ath
- Lumeçon-Fest in Mons
- Sandskulpturenfest in Zeebrugge

JANUAR

► **Gent**
Flämische Antiquitätenmesse in der Abtei Sint-Pieter

► **Tournai**
Lundi perdu

FEBRUAR / MÄRZ

► **Landesweit**
Karneval, besonders originell in *Aalst*, *Binche* (Umzug der »Gilles«), Eupen (Rosenmontagsumzug nach rheinischer Art), *Malmédy* (Umzug der Haguettes) und *Stavelot* (Umzug der »Blancs Moussis«). Höhepunkt in *Oostende*: der Ball der toten Ratte

APRIL

► **in Flandern**
Ronde van Vlaanderen (Flandern-Rundfahrt): Radsportklassiker am Monatsanfang
bis in den Herbst Festival von Flandern (Musik, Theater ...)

► **Gent**
Floralien (alle fünf Jahre; nächster Termin: 2010)

► **Lessines**
Bußprozession zur Saint-Pierre-Kirche

► **Kruishoutem**
Fest des Goldenen Eies (Eierumzug; Eierwerfen vom Kirchturm u. v. a.)

► **Redu**
Fest des Buches

► **Sint-Truiden und Haspengau**
Kirschblütenfest

► **in Wallonien**
Flèche wallone: Radsportklassiker

Flèche wallone: Der Radsportklassiker findet jedes Jahr Mitte April statt.

MAI

► **Arlon**
Fest des Maitranks

► **Brugge**
Heiligblutprozession (Christi Himmelfahrt)

► **Brüssel**
Concours Reine Elizabeth (Musikwettbewerb)

► **Dendermonde**
Umzug des Rosses Bayard (alle zehn Jahre; nächster Termin: 2010).

► **Gerpinnes**
Jagdprozession der Hl. Rolende (Pfingstmontag)

► **Ieper**
Katzenfest (alle drei Jahre; nächster Termin: 2008)

- **Mons**
  Prozession des Goldenen Wagens und Lumeçon-Fest am Sonntag nach Pfingsten
- **Ronse**
  Fiertel-Umgang (Prozession mit der Reliquie des Hl. Hermes)
- **Walcourt**
  Notre-Dame-Marsch (Sonntag nach Pfingsten)
- **in Wallonien**
  bis in den Dezember Festival von Wallonien (Musik und Kultur)

JUNI

- **Leuven**
  Rockwerchter: Belgiens bestes Rockfestival
- **Oostduinkerke**
  Krabbenfest
- **Oudenaarde**
  Adriaan-Brouwer-Fest (Bierfest)
- **Oostende**
  Segnung des Meeres (Schiffsparade; histor. Umzug)

JULI

- **Aalst**
  Pikkeling (landwirtschaftliches Fest)
- **Antwerpen**
  Zomer van Antwerpen: zeitgenössischer Tanz, Performances, Musik
- **Brugge**
  Musica antiqua: Festival Alter Musik
- **Brüssel**
  Ommegang auf der Grand'Place am Monatsanfang
- **Gent**
  Genter Fest (den ganzen Monat über Musik, Theater ...)
- **Vielsalm**
  Blaubeeren-Fest und Hexensabbat
- **Veurne**
  Bußprozession
- **Zeebrugge**
  Sandskulpturenfest (bis Sept.)

AUGUST

- **Antwerpen**
  Jazz Middelheim
- **Ath**
  Fête de la Ducasse: Umzug der Riesen
- **Brugge**
  Historischer Prunkumzug des Goldenen Baumes zur Erinnerung an die Hochzeit Karls des Kühnen mit Margarete von York (alle fünf Jahre; nächster Termin: 2007)
  Reiefeest (Grachtenfest; alle drei Jahre; nächster Termin: 2007)
- **Blankenberge**
  Blumenkorso
- **Brüssel**
  Blumenteppich auf der Grand' Place in jedem geraden Jahr
- **Dendermonde**
  Umzug der Riesen
- **Genk**
  Bokrijktag und Rockrijk (diverse Veranstaltungen im Freiluftmuseum Bokrijk)
- **Gent**
  Patershol-Fest im histor. Viertel »Het Patershol«

Alle zwei Jahre wird auf der Grand'Place in Brüssel ein Blumenteppich »verlegt«.

- **Hasselt**
  Prozession der Madonna Virga Jesse (alle sieben Jahre; nächster Termin: 2010)

- **Oostende**
  Internationales Feuerwerk-Festival

- **Overijse**
  Traubenfest

SEPTEMBER

- **Landesweit**
  Open Monumentendag: normalerweise geschlossene historische Baudenkmäler können besichtigt werden

- **Saint-Hubert**
  Internationale Tage der Jagd und der Natur

- **Sint-Niklaas**
  Ballonfest

- **Poperinge**
  Hopfenfest (alle drei Jahre, nächster Termin: 2008)

- **Tournai**
  Große Prozession zu Ehren der Notre-Dame des Malades

- **Nivelles**
  Prozession der Heiligen Gertrude

- **Brüssel**
  Europalia (alle zwei Jahre zu einem europäischen Thema stattfindendes Kulturfestival; nächster Termin: 2007)

OKTOBER

- **Hasselt**
  Geneverfest

- **Kortrijk**
  Biennale Interieur: Ausstellungen in Belgiens heimlicher Design-Hauptstadt

- **Wieze**
  Oktoberfeesten: Bier und Musik

DEZEMBER

- **Landesweit**
  Weihnachtsmärkte; vielerorts (Turnhout / Kempenland, Manderfeld und Bullingen) »Krippana« (Ausstellungen von Weihnachtskrippen)

- **Bastogne**
  Nussmarkt und Gedenken an die Befreiung der Stadt 1944

Geld

Euro Auch Belgien gehört zu den Euro-Ländern. Auf den Rückseiten der belgischen Euro-Münzen ist König Albert II. abgebildet (Umtausch Schweizer Franken: 1 CHF = 0,65 Euro).

Banken sind in der Regel von Montag bis Freitag zwischen 9.00 und 15.30 Uhr geöffnet. An **Geldautomaten** kann mit der Bank-Karte und vielen Kreditkarten Bargeld abgehoben werden. Die gängigen **Kreditkarten** werden in vielen Geschäften etc. akzeptiert.

i Verlustmeldungen

- Seit Mitte 2005 gilt in Deutschland eine einheitliche Notrufnummer für die Verlustmeldung verschiedener Karten. Unter Tel. **116 116** (aus dem Ausland mit Vorwahl 00 49!) kann man verlorengegangene Bank- und Kreditkarten, Handys und Krankenkassenkarten sperren lassen.

Gesundheit

Apotheken Belgische Apotheken (ndl. apotheek; frz. pharmacie) sind durch ein grünes Kreuz gekennzeichnet. Die Öffnungszeiten der Apotheken entsprechen jenen der Einzelhandelsgeschäfte. Listen für den Apothekennotdienst hängen an jeder Apotheke aus.

WICHTIGE TELEFONNUMMERN

- **Medizinischer Notdienst**
  Tel. 100
- **Rotes Kreuz**
  Tel. 105
- **Ärztlicher Notdienst**
  Tel. 02 479 18 18
- **Zahnärztlicher Notdienst**
  Tel. 02 426 10 26
- **Apothekennotdienst**
  Tel. 0900 10 500

Mit Kindern in Belgien

In Belgien ist man auf Kinder als Gäste eingerichtet. Das beginnt schon bei der Ernährungsfrage, denn im Heimatland der Pommes wird man um einen Besuch in einer Frittenbude kaum herumkommen, doch gibt es in Restaurants auch fast immer ein Kindermenü. Die allermeisten Hotels stellen Kinderbetten bereit.

Museen Auch in Sachen Literatur ist vorgesorgt: Das Comicland Belgien bietet Lesestoff genug und dazu noch ein hervorragendes Comicmuseum in Brüssel, wie überhaupt genügend auf Kinder ausgerichtete und für sie interessante Museen vorhanden sind: Technopolis und interaktives Spielzeugmuseum in Mechelen, das gallo-römische Museum in Tongeren, das Naturkundemuseum in Brüssel, der Wissenschaftspark Pass in Frameries, Houtopia in Houffalize, der Wasserpark Hidrodoe in Herentals ...

Natur Natur kann man in Belgien in vielerlei Hinsicht erleben: im Zoo von Planckendael oder Antwerpen, in Themenparks wie dem Sea Life Marine Park in Blankenberge und in vielen Wildparks, die meist in den Ardennen zu finden sind. Dort lässt sich Naturerlebnis und Abenteuer auch gut bei der Begehung einer der vielen Höhlen verbinden.

Freizeit- und Erholungsparks Etwas teuer kommt der Besuch eines Freizeitparks, dafür haben sie auch einiges zu bieten: der Boudewijnpark bei Brugge ein Delfinarium, der Bellewaerdepark bei Ieper den Voladores-Turm, Walibi und Aqualibi in Wavre eine Menge Fahrgeschäfte, der Wasserpark Océade in Brüssel Wassertspaß pur oder Telecoo in den Ardennen eine superlange Rutschbahn.
Überall im Land findet man Erholungsparks oder Provinzialdomänen, erstere oft rund um ein Freibad, letztere meist in einem schönen Stück Natur und beide mit zahlreichen Sportmöglichkeiten und vor allem Spielplätzen. Einen besonders schönen Spielplatz gibt es im Freilichtmuseum Bokrijk.

Strandurlaub Für Kinderurlaub am Strand ist Belgien bestens gerüstet, denn die Nordseeküste ist flach, der Strand sehr breit und das Wasser nicht tief – beste Bedingungen für Plantschen, Sandeln und Spielen. Da braucht es das überbordende Angebot an Spielgeräteverleih und Kinderparks eigentlich nicht ...

Knigge für Belgien

On s'arrange Zwar lautet das Motto in Belgiens Staatswappen »L'union fait la force« (»Einigkeit macht stark«), aber viel gängiger im Alltag ist das **»On s'arrange«** – salopp übersetzt bedeutet das soviel wie: »Das kriegen wir schon irgendwie hin«. Dieser Spruch drückt am besten die Fähigkeit der Belgier zum Kompromiss aus, denn anders würde ihr Staatsgebilde vielleicht gar nicht funktionieren, gilt es doch, zwei sich nicht gerade freundlich gesonnene Volksgruppen, die Flamen hier und die Wallonen dort, unter einen Hut zu bringen und dabei auch die dritte Gruppe, die Deutschen, nicht zu vernachlässigen.

Man sollte deshalb nicht unbedingt das Gespräch über das (Miss-) Verhältnis zwischen Flamen und Wallonen und das komplizierte belgische Staatsgebilde suchen und wenn doch, kann es durchaus sein, dass man auf mehr oder weniger heftig zum Ausdruck gebrachte Empfindlichkeiten stößt. Da schimpft man lieber – ob Flame oder Wallone – gemeinsam auf die Regierung, denn die Staatsverdrossenheit ist in Belgien erst recht seit Dutroux hoch entwickelt. Über eine Person allerdings wird nicht diskutiert: Der König ist die institutionelle Klammer.

Ob Flame oder Wallone – diese beiden scheinen sich zu verstehen.

Für den Urlauber erfordert das eine gewisse Umsicht im Alltag: Wer in Flandern auf Französisch nach dem Weg fragt oder in Wallonien sein Bier auf Flämisch bestellt, wird nicht unbedingt eine Antwort erhalten bzw. möglicherweise durstig bleiben – wobei man manchmal auch nicht weiß, ob der Angesprochene nun nicht kann oder einfach nicht will. In Brüssel dagegen staunt man oft ob der Fähigkeit vieler, problemlos von der einen in die andere Sprache zu wechseln, jedenfalls bei denjenigen, die »Publikumskontakt« haben.

Insbesondere deutsche Urlauber sollten auch daran denken, dass Belgien zweimal trotz Neutralität von deutschen Truppen besetzt worden ist und die Erinnerung daran nach wie vor hoch gehalten wird.

Literaturempfehlungen

Romane

Louis Paul Boon: Der Kapellekensweg
Die Lebens- und Liebesgeschichte des Mädchens Ondike und des Journalisten Johann Janssens vor dem Hintergrund des flämischen Arbeiterschicksals.

Hugo Claus: Der Kummer von Flandern
Eine Kindheit im stockkatholischen, deutsch besetzten Flandern im Zweiten Weltkrieg

Hendrik Conscience: Der Löwe von Flandern
Die Sporenschlacht von 1302 gibt den Hintergrund für das flämische Nationalepos ab.

Charles de Coster: Die Legende von Ulenspiegel
Schelm Ulenspiegel als Vorkämpfer der flandrischen Freiheit – ein kraftstrotzendes Stück Literatur.

Xavier Hanotte: Das Bildnis der Dame in Schwarz
– ders.: Von verschwiegenem Unrecht
Die bislang leider nur zwei Brüssel-Krimis mit Inspektor Dussert sind bei dtv erschienen.

Ernst W. Heine: Brüsseler Spitzen. München 1999
Vier Eurokraten suchen gemeinsam eine Geliebte. Der Roman eröffnet auch einen satirischen Blick auf das politische Ränkespiel.

! *Baedeker* TIPP

Gebrüder Dardenne

Die Filme der Brüder Jean-Pierre und Luc Dardenne – z. B. »Rosetta« (1999), »Der Sohn« (2002) und »L'enfant« (2005) – kommen unspektakulär, fast dokumentarisch daher. Sie spielen alle im Lütticher Industrievorort Seraing und zeigen ihre Protagonisten vor dem Hintergrund der zugrunde gegangenen Schwerindustrie, womit auch manchem Lebensentwurf und mancher Existenz der Boden entzogen wurde.

Georges Rodenbach: Brügge. Tote Stadt (Bruges la Morte)
Der Protagonist Hugues Viane versucht im winterlichen Brügge, den Tod seiner Frau zu verarbeiten. Ein Schlüsselwerk des literarischen Symbolismus.

Georges Simenon: Die Flucht der Flamen
Schicksal einer Gruppe flämischer Fischer im Zweiten Weltkrieg, die vor den Deutschen nach Frankreich geflohen sind.

Felix Timmermans: Das Jesuskind in Flandern
Die Weihnachtsgeschichte im »Platte Land«
– ders.: Pallieter
Mit dieser Figur schuf Timmermans den Prototypen des flämischen Genussmenschen und ein Porträt seiner Heimat.

John Vermeulen: Die Elster auf dem Galgen
– ders.: Der Garten der Lüste
In beiden Romanen nimmt Vermeulen das Leben zweier der berühmtesten »belgischen« Maler als Folie: Pieter Brueghel bzw. Hieronymus Bosch.

Vermischt

HB Bildatlas Nr. 187: Flandern
Mit einem Extrakapitel über Brüssel

Rob Kieffer: Büßer, Bürokraten und Bierologen
»Belgische Eskapaden« nennt der Autor sein 2000 erschienenes Porträt des modernen Belgiens.

Harlinda Lox: Flämische Märchen

Albert Uderzo / René Goscinny: Asterix bei den Belgiern
Julius Cäsar muss entscheiden, wer der tapferste der gallischen Stämme ist. Nebenbei werden die Pommes frites erfunden.

Medien

Proporzfunk Radio und Fernsehen strahlen entsprechend dem Sprachenproporz verschiedensprachige Programme aus. Zuständig für den französischsprachigen Bereich ist Radio-Télévision Belge Francophone (R.T.B.F.), für den flämischsprachigen Bereich Vlaamse Radio en Televisie (VRT) sowie für den deutschsprachigen Bereich das Belgische Rundfunk- und Fernsehzentrum (BRF) in Eupen. Dazu kommt eine große Zahl privater Sender.

Belgien ist das am dichtesten verkabelte Land Europas. Annähernd 95 % aller belgischen Haushalte haben einen Kabelanschluss, sodass außer dem staatlichen und dem privaten belgischen Fernsehen auch sehr viele ausländische Sender zu empfangen sind.

Zeitungen Zu den wichtigen belgischen Tageszeitungen zählen die Gazet van Antwerpen (katholisch-konservativ), Het Laatste Nieuws (Brüssel, liberal), Het Volk (Brüssel und Gent; katholisch-konservativ), Standaard (Brüssel, katholisch-konservativ), La Wallonie (sozialistisch), La Libre Belgique (Brüssel, katholisch-monarchistisch), De Morgen (Brüssel, links) und Le Soir (Brüssel, unabhängig). In Eupen erscheint das deutschsprachige Grenz-Echo (katholisch-konservativ), in Brüssel alle drei Wochen die Brüssel-Rundschau.

Die führenden deutschen Tageszeitungen und Magazine sind in der Regel an Bahnhofskiosken größerer Städte, in den Touristenzentren sowie am Brüsseler Flughafen erhältlich.

Notrufe

LANDESWEITE RUFNUMMERN

- **Polizei**
  Tel. 101
- **Feuerwehr und medizinischer Notdienst**
  Tel. 100
- **Rotes Kreuz**
  Tel. 105
- **Europäischer Notruf**
  Tel. 112

Post und Telekommunikation

Post

Postämter haben im Allgemeinen wochentags von 9.00 bis 12.00 und 14.00 bis 16.00, in größeren Städten bis 17.00 und samstags von 9.00 bis 12.00 Uhr geöffnet.
Das **Porto** für Postkarten und Briefe bis 20 g in EU-Staaten beträgt 0,47 € bzw. 0,52 €, ins übrige Ausland 0,59 €. Briefmarken erhält man in Postämtern, Souvenirläden und an Kiosken.

Telefon

Öffentliche Telefone mit Münzeinwurf werden immer seltener. Die meisten funktionieren mit »Telecards«, die es in Postämtern, Bahnhofsschaltern, Kiosken und in Teleboutiquen der Belgacom gibt.
Das Telefonieren mit Handy (»mobieltje« bzw. »gsm«) geschieht über die Netze der Roaming-Partner der deutschen Anbieter.

WICHTIGE NUMMERN

VORWAHLEN

- **Von Deutschland, Österreich und der Schweiz nach Belgien:**
  00 32. Die Null der Ortsnetzkennzahl entfällt.
- **Ortsgespräche**
  Hier muss die Null der Ortsnetzkennzahl mitgewählt werden!
- **Von Belgien**
  nach Deutschland 00 49
  nach Österreich 00 43
  in die Schweiz 00 41

AUSKUNFT

- **Auskunft**
  national: 1307 (ndl.) / 1407 (frz.)
  international: 1304 (ndl.) / 1404 (frz.)

Preise · Vergünstigungen

Bahnreisen

Die Belgischen Staatsbahnen haben einige attraktive Urlaubsangebote im Programm (►S. 131)

WAS KOSTET WIE VIEL?

Menü
ab 25,00 €

1 Glas Bier
ab 1,50 €

Doppelzimmer
ab 55,00 €

1 l Super
ca. 1,25 €

Trinkgeld **Restaurant**: 16 % Bedienung und 21 % Mehrwertsteuer sind im Preis inbegriffen. **Hotel**: Zimmermädchen, Portier etc. freuen sich über einen kleinen Betrag. **Taxi**: Den Fahrpreis aufrunden.

Reisezeit

Gewusst wann Überdurchschnittlich sonnig und warm ist das Wetter in der 3. Märzwoche (Frühlingserwachen), im letzten Aprildrittel (Mittfrühling) sowie in der vierten Mai- bzw. ersten Juniwoche. Für einen Badeaufenthalt eignet sich besonders die Zeit zwischen dem 20. Juli und 15. August mit der statistisch größten Zahl zusammenhängender Sommertage und den höchsten Wassertemperaturen (knapp 20 °C) Anfang August. Nach ersten Herbststürmen stellt sich zum Monatswechsel August / September oft ruhiges Spätsommerwetter ein. Vom 20. September bis in die erste Oktoberwoche hinein sind die sonnigmilden Tage des »Altweibersommers« noch einmal die ideale Gelegenheit für Städtereisen.

Shopping

Öffnungszeiten Belgiens Ladenschlussgesetz schreibt lediglich vor, dass die Läden 24 Std. pro Woche geschlossen sein müssen, gleichgültig, an welchem Tag. Im Allgemeinen haben Geschäfte zwischen 9.00 und 19.00 Uhr offen; manche schließen zwischen 12.00 und 14.00 Uhr. Supermärkte sind am Sonntag geschlossen. Dagegen haben viele kleine Läden (auch Bäcker, Gemüsehändler u. a.) an diesem Tag geöffnet, schließen dafür jedoch oft dienstags oder mittwochs.

Kulinarisches Das berühmte belgische Bier inkl. passendem Glas ist für Kenner immer ein schönes Mitbringsel. Es gibt mittlerweile wahre »Bierotheken« wie Beer Mania in Brüssel (Chausée de Wavre, 174), wo man verkosten kann und mit Sachverstand beraten wird. Auch Genever aus Hasselt hat viele Freunde.

Insbesondere die Trappisten sind bekannt für ihren würzigen Käse; aus den Ardennen bringt man Schinken oder Wildprodukte mit. Für süß Veranlagte gibt es natürlich nur ein Geschenk – eine Packung der berühmten belgischen Pralinen. Oder vielleicht doch lieber Veurner oder Ieper Babelutten (Karamellbonbons)? Etwas weniger kalorienträchtig und immer in hübschen Verpackungen zu haben ist Gebäck: Kletskoppen (Kuchen), Mandelbrot, Pfannkuchen und Waffeln aus Veurne, Spekulatius aus Hasselt, Waffeln aus Lüttich.

Das Wahrzeichen Brüssels zum Vernaschen: Manneken Pis gibt es auch als essbares Souvenir in Form eines Lutschers. →

BESONDERE MÄRKTE (Auswahl)

Antwerpen
Antiquitätenmarkt auf dem Lijnwaardmarkt (Sa. 9.00 – 17.00 Uhr) und auf dem Sint-Jansvliet (Ostern – Okt. So. 9.00 – 17 .00 Uhr)
Flohmärkte am Oud Arsenaalplaats, am Oude Vaartplaats, am Blauwtorenplein und am Graanmarkt (So. 8.00 – 13.00 Uhr)
Trödelmarkt auf dem Vrijdagmarkt (Fr. 9.00 – 13.00 Uhr)

Brügge
Flohmarkt am Dijver (Mitte März – Mitte Nov. Sa. und So. 10.00 – 18.00 Uhr)
Zandfeesten am 't Zand (größter Antiquitäten- und Flohmarkt Flanderns; je ein Tag im Juli, Aug. und Okt.)

Brüssel
Antiquitätenmarkt auf der Place du Grand Sablon (Sa. 9.00 – 18.00 und So. 9.00 – 14.00 Uhr)
Flohmarkt auf der Place du Jeu de Balle in den Marollen (tgl. 7.00 – 14.00 Uhr)
Markt am Gare du Midi: Lebensmittel, Afrikanisches und anderweitig Exotisches (So. 6.00 – 13.00 Uhr)

Charleroi
Flohmarkt auf der Place Albert I (Di., Do. 8.00 – 13.00, So. 14. – 18.00 Uhr)

Dinant
Flohmarkt auf der Avenue Churchill (April – Sept. Sa. 6.00 – 18.00 Uhr)

Eupen
Flohmarkt in der Festhalle Kettenis (So. 8.00 – 16.00 Uhr)

Gent
Vogelmarkt auf dem Vrijdagmarkt (So. 7.00 – 13.00 Uhr)
Tiermarkt (Haustiere; Federvieh) auf dem Oude Beestenmarkt (So. 7.00 – 13.00 Uhr)
Flohmarkt um St-Jacob (Fr., Sa. und So. 8.00 – 13.00 Uhr)

Hasselt
Antik- und Flohmarkt am Kolonel-Dusartplein (April – Okt. Sa. 8.00 – 13.00 Uhr)

Liège
Floh- und Krämermarkt »La Batte«, Quai de Maastricht (So. 8.00 – 13.00 Uhr)
Weitere Flohmärkte: auf dem Boulevard Kleyer (Sa. 9.00 – 18.00 Uhr), Place Jehan und Boulevard de la Constitution (Sa. und So. 9.00 – 18.00 Uhr)

Leuven
Flohmarkt auf dem M. de Layensplein (Sa. 8.00 – 17.00 Uhr)

Mons
Flohmarkt auf der Place Simonet (So. 8.00 – 13.00 Uhr)

Sint-Truiden
Flohmarkt am Veemarkt (Sa. 6.00 – 12.00 Uhr)

Spa
Flohmarkt im Parc de Sept Heures unterhalb des Aufzugs zur neuen Therme (So. 8.00 – 13.00 Uhr)

Tongeren
Antiquitäten- und Flohmarkt am Oude Veemarkt (So. 6.00 – 13.00 Uhr)

Immer angesagt als Mitbringsel aus Belgien: Kulinarisches

Kunsthandwerk

Kortrijk ist bekannt für seine Batist- und Leinenwaren, Spa eine Hochburg der Holzschnitzerei, Dinant berühmt für seine Messingwaren, die »Dinanderien«, sowie für seine Keramik und in Huy wird Zinn hergestellt. In Seraing bei Lüttich befinden sich die weltweit bekannten Kristallglasfabriken von Val-Saint-Lambert, wo man ein kostbares Teil erstehen kann. Der Kauf von Spitzen ist eine heikle Sache, wenn man sich nicht auskennt. Vorsicht ist auf jeden Fall geboten bei besonders günstigen Angeboten und was Souvenirstände feilbieten, ist garantiert keine echte Klöppelspitze.

Teures

Wer viel Geld ausgeben will, kann für sich oder seine Liebsten zu Hause natürlich einen echten Wandteppich aus Brüssel, Gent, Mechelen, Oudenaarde oder Sint-Niklaas erstehen. Oder einen Diamanten aus Antwerpen?

Comics

In der Heimat von Tim und Struppi gibt es herrliche Comicläden, die nicht nur Bücher und Hefte aus belgischer Produktion, sondern auch allerlei »Zubehör« wie Figuren, Plakate und Spiele im Angebot haben.

Märkte

Neben einem Gang über die einmal oder mehrmals wöchentlich stattfindenden Wochenmärkte ist auch ein Besuch von Antiquitäten-, Floh- oder Blumenmärkten eine attraktive Sache. Nahezu jede belgische Stadt veranstaltet auch eine Kirmes; eine der schönsten ist die Osterkirmes von Kortrijk (ab Karsamstag bis 2. So. nach Ostern).

Soldatenfriedhöfe

Hinweis Die in der Folge aufgeführten Soldatenfriedhöfe sind nur die wichtigsten in Belgien. Genauere Auskünfte erteilt der Volksbund Deutsche Kriegsgräberfürsorge (Werner-Hilpert-Str. 2, D-34112 Kassel, Tel. 0180 / 570 09 99, www.volksbund.de).

Soldatenfriedhöfe und Gedenkstätten Orientierung

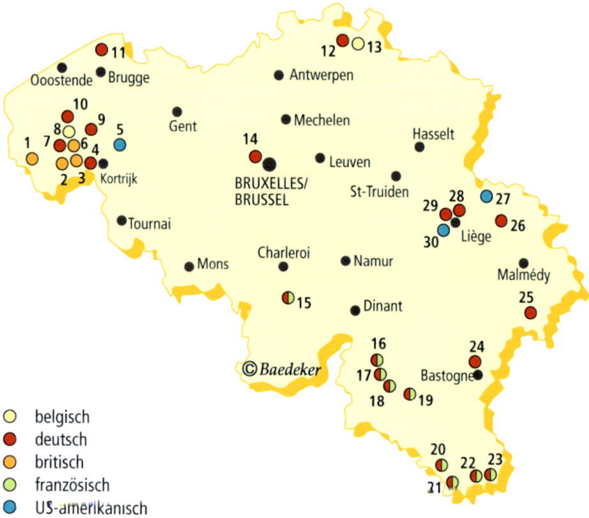

1 Poperinge-Lijssenthoek (WK 1): 10 769 Briten und 213 Deutsche
2 Ypern-Memorial (WK 1): Gedenkstätte Menentor mit 54 361 Namen von Vermissten; allabendlich ab 20.00 wird der Verkehr angehalten und das britische Totensignal »Last Post« geblasen.
3 Tyne-Cot Memorial (WK 1): 11 956 Gefallene (auch Deutsche) und 34 855 Namen Vermisster
4 Menen (WK 1): 47 864 Gefallene; größter deutscher Soldatenfriedhof des Ersten Weltkriegs
5 Waregem Flanders Field (WK 1): 368 Gefallene
6 Poelkapelle (WK 1): 7479 Gefallene
7 Langemark (WK 1): 44 304 Gefallene
8 Houthulster Wald (WK 1): 1723 Gefallene
9 Hooglede (WK 1): 8247 Gefallene; Bogenhalle aus dem Material des deutschen Pavillons der Weltausstellung 1928
10 Vladslo (WK 1): 25 644 Gefallene; Skulptur »Trauerndes Elternpaar« von Käthe Kollwitz
11 Zeebrugge (WK 1): neben britischen auch 173 deutsche Gefallene
12 Lommel (WK 1, WK2): 542 Gefallene des Ersten Weltkriegs und 39 904

Gefallene des Zweiten Weltkriegs; auch polnische Gefallene des Zweiten Weltkriegs
13 Leopoldsburg (WK 1, WK 2): 824 Gefallene
14 Bruxelles-Evere: 1147 deutsche und 54 Commonwealth-Gefallene (WK 1) und 588 Gefallene WK 2 auf dem Gemeindefriedhof
15 Tarcienne (WK 1): 490 Deutsche und 446 Franzosen
16 Maissin-National (WK 1): 513 Deutsche und 283 Franzosen
17 Anloy-Heide (WK 1): 1384 Deutsche und 592 Franzosen
18 Bertrix-Heide (WK 1): 254 Deutsche und 264 Franzosen
19 Neufchâteau-Malonne (WK 1): 340 Deutsche und 289 Franzosen
20 Bellefontaine (WK 1): 502 Deutsche und 521Franzosen
21 Virton-Bellevue (WK 1): 1288 Deutsche und 288 Franzosen, auch Österreicher, Italiener und Russen
22 Musson-Baranzy (WK 1): 511 Deutsche und 431 Franzosen
23 Halanzy (WK 1): 44 Deutsche und 22 Franzosen
24 Recogne (WK 2): 6776 Gefallene
25 St. Vith (WK 1): 74 Deutsche auf dem Gemeindefriedhof
26 Eupen (WK 1): 122 Deutsche auf dem Gemeindefriedhof
27 Ardennes Cemetery bei Neuville-en-Condroz (WK 2): 5329 Gefallene
28 Herstal (WK 1) 95 Deutsche auf dem Gemeindefriedhof
29 Liège-Robermont (WK 1): 795 Deutsche auf dem Gemeindefriedhof
30 Henri-Chapelle (WK 2): 7992 Gefallene

Henri-Chapelle: Erinnerung an beinahe 8000 gefallene US-Soldaten, die beim Vorstoß durch Nordfrankreich und bei der Ardennenoffensive ums Leben kamen.

Sprache

Drei Sprachen In Belgien sind Französisch, Niederländisch (Flämisch) und Deutsch offizielle Amtssprachen. Das belgische Französisch unterscheidet sich in Details vom französischen Französisch – frz. »quatre-vingt-dix« (neunzig) ist z. B. belg. »nonante« –, doch mit Schulfranzösisch kommt man ohne Weiteres zurecht. Das Flämische, ein Dialekt des Niederländischen, wird mehr und mehr von der auch an den Schulen gelehrten niederländischen Hochsprache verdrängt. Das Deutsch der Ostkantone hat einen deutlichen rheinischen Zungenschlag.

SPRACHFÜHRER BELGIEN

DEUTSCH	*FRANZÖSISCH*	*NIEDERL. / FLÄMISCH*
Auf einen Blick		
Ja./Nein.	Oui./Non.	Ja./Nee.
Vielleicht.	Peut-être.	Misschien
Bitte.	S'il vous plaît.	(Sie) Alstublieft.
	S'il te plaît.	(du) Alsjeblieft.
Vielen Dank!	Merci beaucoup!	Dank u wel.
Gern geschehen.	De rien.	Graag gedaan.
Entschuldigung!	Excusez-moi!	Neemt u mij niet kwalijk.
Wie bitte?	Comment?	Wat zegt u?
Ich verstehe Sie/dich nicht.	Je ne comprends pas.	Ik begrijp u/je niet.
Ich spreche nur wenig ...	Je parle un peu français	Ik spreek alleen maar 'n beetje nederlands.
Können Sie mir bitte? helfen?	Vous pouvez m'aider, s.v.p.?	Kunt u mij alstublieft helpen?
Ich möchte ...	J'aimerais ...	Ik wil .../Ik zou graag ...
Wie viel kostet es?	Combien ça coute?	Hoe duur is het?/Hoeveel kost het?
Wie viel Uhr ist es?	Quelle heure est-il?	Hoe laat is het?
Kennenlernen		
Guten Morgen!	Bonjour!	Goedemorgen!
Guten Tag!	Bonjour!	Dag!/Goedendag!
Hallo! Grüß dich!	Salut!	Hallo!/Dag!
Mein Name ist ...	Je m'apelle ...	Mijn naam is ...
Wie ist Ihr Name, bitte?	Comment vous appelez-vous?	Wat is uw naam?
Wie heißt du?	Comment tu t'apelles?	Hoe heet je?

Wie geht es Ihnen/dir?	Comment allez-vous/ vas-tu?	Hoe gaat het met u/jou?
Danke, gut. Und Ihnen/ dir?	Bien, merci. Et vous-mêmes? toi?	Prima. En met u/jou?
Auf Wiedersehen!	Au revoir!	Tot ziens!

Auskunft

links/rechts	à gauche/à droite	links/rechts
geradeaus	tout droit	rechtdoor
nah/weit	près/loin	dichtbij/ver
Bitte, wo ist ...	Pardon, où se trouve ...	Waar is ...
... der Hauptbahnhof?	... la gare centrale	... het centraal station?
... der Flughafen?	... l'aéroport	... de luchthaven?
Wie weit ist das?	C'est à combien de kilomètres d'ici?	Hoe ver is dat?

Panne

Ich habe eine Panne.	Je suis en panne.	Ik heb pech.
Würden Sie mir bitte einen Abschleppwagen schicken?	Est-ce que vous pouvez m'envoyer une dépanneuse, s.v.p.?	Wilt u mij alstublieft de sleepdienst/takeldienst sturen?
Wo ist hier in der Nähe eine Werkstatt?	Est-ce qu'il y a un garage près d'ici?	Waar is hier in de buurt een garage?

Tankstelle

Wo ist bitte die nächste Tankstelle?	Où est la station-service la plus proche?	Waar is het dichtsbijzijnde pompstation?
Ich möchte ... Liter ...	... litres, s.v.p. ...	Ik wil graag ... liter ...
... Super./Diesel.	... du super./du diesel.	... super./diesel.

Unfall

Hilfe!	Au secours!	Help!
Achtung!	Attention!	Let op!/Pas op!
Rufen Sie bitte schnell ...	Appelez vite ...	Belt u direct ...
... einen Krankenwagen.	... une ambulance.	... een ziekenwagen.
... die Polizei.	... la police.	... de politie.
... die Feuerwehr.	... les pompiers.	... de brandweer.
Es war meine/Ihre Schuld.	C'est moi qui suis en tort C'est vous qui êtes en tort.	Het was mijn/uw´ schuld

Geben Sie mir bitte Ihren Namen und Ihre Anschrift.	Vous pouvez me donner votre nom et votre adresse?	Geeft U mij alstublieft uw naam en uw adres.

Post

Was kostet ...	Quel es le tarif pour affranchir ...	Hoeveel kost ...
... ein Brief ...	... une lettre	... een brief ...
... eine Postkarte ...	... une carte postale ...	... een briefkaart ...
... nach Deutschland?	... pour l'Allemagne?	... naar Duitsland?
Briefmarke	timbre(-poste).	postzegel

Übernachtung

Können Sie mir bitte ... empfehlen?	Vous pourriez recommander ...	Kunt u mij ... aanbevelen?
... ein gutes Hotel ...	... un bon hôtel?	... een goed hotel...
... eine Pension	... une pension?	... een pension ...
Haben Sie noch Zimmer frei?	Est-ce que vous avez des chambres libres?	Heeft u nog kamers vrij?
ein Einzelzimmer	une chambre pour une personne	een eenpersoonskamer
ein Doppelzimmer	une chambre pour deux personnes	een tweepersoonskamer
mit Dusche/Bad	avec douche/salle de bains	met douche/bad
für eine Nacht	pour une nuit	voor een nacht
für eine Woche	pour une semaine	voor een week
Was kostet das Zimmer mit Frühstück?	Quel est le prix de la chambre, petit déjeuner compris?	Hoeveel kost logies met ontbijt?

Arzt

Können Sie mir einen guten Arzt empfehlen?	Vous pourriez recommander un bon médecin?	Kunt u mij een goede dokter/arts aanbevelen?
Ich habe hier Schmerzen.	J'ai mal ici.	Ik heb hier pijn.
Ich habe Fieber.	J'ai de la fièvre.	Ik heb koorts.

Einkaufen

Wo finde ich ...	Où est-ce que je trouve ...	Waar vind ik ...
... eine Apotheke?	... une pharmacie?	... een apotheek?

... eine Metzgerei?	... une boucherie?	... een slagerij?
... eine Bäckerei?	... une boulangerie?	... een bakkerij?
... ein Kaufhaus?	... un grand magasin?	... een warenhuis?
... ein Lebensmittelgeschäft?	... une épicerie?	... een kruidenier?
... einen Markt?	... un marché?	... een markt?
Haben Sie ...?	Est-ce que vous avez ...?	Heeft u ...?

Zahlen

0	zéro	nul
1	un, une	een
2	deux	twee
3	trois	drie
4	quatre	vier
5	cinq	vijf
6	six	zes
7	sept	zeven
8	huit	acht
9	neuf	negen
10	dix	tien
11	onze	elf
12	douze	twaalf
13	treize	dertien
14	quatorze	veertien
15	quinze	vijftien
16	seize	zestien
17	dix-sept	zeventien
18	dix-huit	achttien
19	dix-neuf	negentien
20	vingt	twintig
21	vingt et un	eenentwintig
22	vingt-deux	tweeëntwintig
30	trente	dertig
31	trente et un	eenendertig
40	quarante	veertig
50	cinquante	vijftig
60	soixante	zestig
70	septante	zeventig
80	quatre-vingt	tachtig
90	nonante	negentig
91	nonante et un	eenennegentig
100	cent	honderd
101	cent un	honderd een
200	deux cents	tweehonderd
1000	mille	duizend
2000	deux milles	tweeduizend

1.	premier (-ière)	eerste
2.	deuxième	tweede
1/2	un demi	een half
1/4	un quart	een kwart, een vierde

Essen

Wo gibt es hier ...	Vous pourriez m'indiquer ...	Waar is hier ...
... ein gutes ...	... un bon restaurant ...	... een goed ...
... ein nicht zu teures ...	... un restaurant pas trop	... een niet te duur ...
... Restaurant?	... cher?	... restaurant?
Reservieren Sie uns bitte für heute Abend einen Tisch für vier Personen.	Je voudrais réserver une table pour ce soir, pour quatre personnes.	Wilt u (voor ons) voor vanavond een tafel voor vier personen reserveren?
Die Speisekarte, bitte!	La carte, s.v.p.!	De kaart, graag!
Auf Ihr Wohl!	A votre santé!	Proost!/Op uw gezondheid!
Die Rechnung, bitte.	L'addition, s.v.p.	De rekening, alstublieft.
Wo sind bitte die Toiletten?	Où sont les W.C., s.v.p.?	Waar is het toilet?

Speisekarte	*carte*	*kaart*
Frühstück	petit déjeuner	ontbijt
Mittagessen	déjeuner	lunch
Abendessen	dîner, souper	diner
Rechnung	addition	rekening
Weinkarte	carte des vins	wijnkaart
Suppe	potage, soupe	soep
Fleischbrühe	consommé	bouillon
gebraten / gekocht	frit / cuit	gebakken / gekookt
gegrillt	grillé	gegrild
Vorspeisen	hors-d'œuvre	voorgerecht

Fisch	*poisson*	*vis*
Aal	anguille	aal, paling
Barsch	perche	baars
Flunder	flet	bot
Forelle	truite	forel
Hecht	brochet	snoek
Hering	hareng	haring
Kabeljau	cabillaud	kabeljauw
Lachs	saumon	zalm
Seezunge	sole	zeetong
Seeschnecken	caricoles	caricollen (zeeslakken)

Schalentiere	*crustacés*	*schelp- en schaaldieren*
Austern	huîtres	oesters
Hummer	écrevisse	kreeft
Krabben	crevettes	garnalen
Languste	langouste	langoest
Muscheln	moules	mosselen
Fleischspeisen	*viandes*	*vleesgerechten*
Braten	rôti	gebraden vlees
Hammel	mouton	schaap
Kalb	veau	kalf
Kalbsschnitzel	escalope de veau	kalfsoester
Lamm	agneau	lam
Rind	bœuf	rund
Schwein	porc	varken
Schmorbraten	bœuf en daube	gestoofd vlees
Leber	foie	lever
Nieren	rognons	nieren
Wurst	saucisson, saucisse	worst
Schinken	jambon	ham
Geflügel/Wild	*volaille/gibier*	*gevogelte/wild*
Gans	oie	gans
Huhn	poule, poulet	kip
Ente	canard	eend
Kaninchen	lapin	konijn
Reh	chevreuil	ree
Wildschwein	marcasson	wild zwijn
Gemüse	*légume*	*groente*
Blumenkohl	chou-fleur	bloemkool
Bohnen	haricots	bonen
Chicoree	chicon	witloof
Erbsen	pois	(dop)erwten
Gurke	concombre	komkommer
Hopfen	houblon	hop
Kartoffeln	pommes de terre	aardappelen
Kohl	chou	kool
Rosenkohl	chou de Bruxelles	spruitjes
Spinat	épinard	spinazie
Nachtisch	*dessert*	*nagerecht*
Eis	glace	ijs

Käse	fromage	kaas
Pudding	flan	pudding
Schlagsahne	crème chantilly	slagroom
Obst	*fruits*	*fruit*
Apfel	pomme	appel
Apfelsine	orange	sinaasappel
Birne	poire	peer
Erdbeere	fraise	aardbei
Himbeere	framboise	framboos
Kirsche	cérise	kers
Pfirsich	pêche	perzik
Pflaume	prune	pruim
Weintrauben	raisins	druiven
Sonstiges		
Nudeln	nouilles, pâtes	macaroni
Reis	riz	rijst
Salat	salade	sal, salade
Brot	pain	brood
Weißbrot	pain blanc	wit brood
Brötchen	pistolet, petit pain	broodje
Kuchen	gâteau	koek
Torte	tarte	taart, gebak
Gebäck	pâtisserie	gebak
Butter	beurre	boter
Marmelade	confiture	jam
Honig	miel	honing
Ei	œuf	ei
hart	dur	hard gekookt
weich	à la coque	zacht gekookt
Rührei	œufs brouillés	roerei
Spiegelei	œufs sur la plat	spiegelei (gebakken ei)
Salz	sel	zout
Pfeffer	poivre	peper
Zucker	sucre	suiker
Essig	vinaigre	azijn
(Speise-)Öl	huile alimentaire	(spijs)olie
Getränke	*boissons*	*dranken*
Bier	bière	bier
Kaffee	café	koffie
Milch	lait	melk
Mineralwasser	eau minérale	mineraalwater
mit Kohlensäure	gazeuse	spuitwater

ohne Kohlensäure	non gazeuse	natuurlijk
Kaffeesahne	crème	room
Tee	thé	thee
Wasser	eau	water
Wein	vin	wijn
Weißwein	vin blanc	witte wijn
Rotwein	vin rouge	rode wijn

Übernachten

Hotels

Die belgischen Hotels werden von den Tourismusbehörden per Fragebogen bezügich. Ausstattung und Komfort überprüft, durch die Vergabe von Sternen klassifiziert und somit zugelassen. Diese Zulassung signalisiert ein blaues Schild mit den entsprechenden Sternen. Diese Klassifizierung stellt allerdings keine verlässliche Aussage über die Preise dar. Auch innerhalb einer Kategorie können die Preise erheblich schwanken. Es lohnt sich, nach Wochenendarrangements zu fragen, die auch in teuren Hotels recht günstig ausfallen können.
Die Verkehrsämter (► Auskunft) geben jährlich aktualisierte Broschüren mit Hotels für Flandern bzw. Wallonien heraus.

i Preiskategorien

- Die im Kapitel »Reiseziele von A bis Z« empfohlenen Hotels sind in folgende Preiskategorien eingeteilt (Durchschnittspreise für ein Doppelzimmer mit Frühstück):
Luxus: über 150 €
Komfortabel: 100 – 150 €
Preiswert: 60 – 100 €

Auch zu Ferienwohnungen und Ferienhäusern erhält man bei den Verkehrsämtern Informationen und ausführliche Adressenverzeichnisse. Beliebt sind in Belgien Ferienparks mit Sport- und Freizeitangeboten, wo man in kleinen Bungalows wohnt. Man kann auch im Internet recherchieren: für Wallonien unter **www.gitesdewallonie.net**, für die Küstenorte unter **www.dekust.org**.

Camping

Mehr als 500 Campingplätze stehen derzeit in Belgien zur Verfügung. Während der Hauptreisezeit ist Voranmeldung ratsam. Die meisten sind in Kategorien eingeteilt und durch Sterne klassifiziert, die angeben, ob der Platz Mindestanforderungen (1 Stern) genügt bzw. über eine einfache (2 Sterne), komfortable (3 Sterne) oder sehr gute (4 Sterne) Ausstattung verfügt. Die Verkehrsämter (► Auskunft) geben jährlich aktualisierte Broschüren mit Campingplätzen heraus.
Wildes Campen ist nicht erlaubt, einmaliges Übernachten in Caravans oder Wohnmobilen ist an Autobahnraststätten gestattet.

Eine sehr luxuriöse Unterkunft: das »Métropole« in Brüssel

Jugendherbergen Preisgünstige Übernachtungsmöglichkeiten bieten die Jugendherbergen. Wer hier übernachten will, muss einen Internationalen Jugendherbergsausweis besitzen. Voranmeldung ist in jedem Fall ratsam, an Ostern sowie im Juli und August unerlässlich.

INFO JUGENDHERBERGEN

- **Flandern**
  Vlaamse Jeugdherbergcentrale
  Van Stralenstraat 40, B-2060 Antwerpen
  Tel. 03 232 72 18, Fax 03 231 81 26
  www.vjh.be

- **Wallonien**
  Les Auberges de Jeunesse
  Rue de la Sablonnière, 28, B-1000 Bruxelles
  Tel. 02 219 56 76, Fax 02 219 14 51
  www.laj.be

Urlaub aktiv

Traditionelle Sportarten Vor allem in Flandern werden hin und wieder noch traditionelle Sportarten ausgeübt, wenn auch fast nur noch aus folkloristischen Gründen. Dazu zählen das »Gansrijden« (Gansreiten), »Pagschieten«

(Keulenschießen), »Ringsteken« (Ringstechen), »Struifvogelspel« (ein hölzerner Vogel muss ins Ziel gebracht werden) und »Vinkenzetten« (Finkenspiel). »Kaatsen« ist eine Art Schlagballspiel, das auch auf öffentlichen Plätzen gespielt wird; beim Schießen mit Armbrust oder Bogen wird senkrecht nach oben auf eine quer über zwei lange Stangen gelegte Zielstange geschossen. Wer sich dafür interessiert, kann das Museum Sportomnium der Vlaamse Volkssport Centrale auf der Domaine Bloso in Hofstade besuchen (Trianondreef, tgl. 10.00 bis 17.00, So. ab 11.00 Uhr).

Populäre Sportarten

Volkssport Nr.1 ist das Radfahren, hat doch Belgien bedeutende Radrennfahrer, allen voran Eddy Merckx, hervorgebracht. Nicht vergessen werden darf Billard, das in verschiedenen Varianten in vielen Cafés gespielt wird. Im Fußball zählen der RSC Anderlecht aus Brüssel und der FC Brugge zur europäischen Spitze.

Angeln

Wer in Belgien angeln möchte – die Ardennenflüsse sind ein sehr schönes Revier! –, muss im Besitz eines in jedem Postamt erhältlichen Angelscheins sein, der ein Kalenderjahr lang gültig ist und zum Angeln in allen staatlichen Gewässern berechtigt. Sondergenehmigungen (Ausstellung in den Postämtern) sind erforderlich für das Angeln in Kanälen.

Golf

Über 66 Golfplätze warten darauf, bespielt zu werden. Fast zwei Drittel von ihnen sind in Flandern zu finden.

Klettern

Belgien ist nicht so flach, wie man denkt – alpiner Klettersport kann auf den Felsen der Täler von Maas, Ourthe, Molignée und Samson betrieben werden.

Paddeln und Kajak

Ein 2000 km langes Netz aus Flüssen und Kanälen durchzieht Belgien, sodass sich viele Möglichkeiten ergeben, einen Urlaub auf dem Wasser z. B. auf Maas, Sambre, Amblève, Lesse, Semois oder Ourthe in den Ardennen oder auf einem der vielen Kanäle Flanderns mit dem eigenen oder gemieteten Boot zu erleben. Für Kanu- und Kajakfahrer halten die Verkehrsämter (► Auskunft) Informationsbroschüren und Karten bereit.

Rad fahren

Belgien ist ein ideales Land für Ferien auf und mit dem Fahrrad. Das Radwegenetz ist vorbildlich ausgebaut und besonders im flachen Flandern ist Radwandern ein großes Vergnügen auch für Ungeübte, während sportlich Ehrgeizige in den Ardennen auf ihre Kosten kommen. Vielerorts besteht die Möglichkeit, sich ein Fahrrad auszuleihen. Außer bei privaten Verleihern können auch an 15 Bahnhöfen der Belgischen Staatsbahnen Räder geliehen werden (► S. 131). **Mountainbiker** finden in den Ardennen viele Möglichkeiten. Die Verkehrsämter (► Auskunft) halten genügend Informationsmaterial mit Tourenvorschlägen und Karten bereit.

ADRESSEN

GOLF

▸ **Fédération Royale du Golf**
Chausée de la Hulpe, 110
B-1000 Bruxelles
Tel. 02 672 23 89
Fax 02 675 46 19
www.golf.be

KLETTERN

▸ **Club Alpin Belge, aile francophone**
Ave. Albert I, 129
B-5000 Namur
Tel. 081 23 43 20
Fax 081 22 30 63
www.clubalpin.be

STRANDSEGELN

▸ **Landelijke Zeilwagenfederatie vzw**
Dynastielaan 20
B-8660 De Panne
Tel. / Fax 058 41 57 47
www.lazef.be

Reiten Sowohl in den meisten Badeorten an der belgischen Küste als auch in vielen Orten im Inland existieren Reitställe, wo Unterricht erteilt wird oder Mietpferde ausgeliehen werden können. Auch darüber informieren die Verkehrsämter (▸Auskunft).

Segeln und Surfen Segel- und Surfreviere findet man sowohl an der Nordsee als auch im Binnenland auf Maas, Schelde und Leie. Gut ausgestattete Jachthäfen mit einer großen Zahl von Liegeplätzen befinden sich u. a. in Blankenberge, Koksijde (St-Idesbald), Nieuwpoort (Eurojachthafen), Oostende und Zeebrugge; ferner Jachthäfen in Brüssel, Antwerpen und Maaseik. Eine Besonderheit an der flandrischen Küste ist das **Strandsegeln in Segelwagen**; alljährlich im November findet in De Panne ein Wettbewerb statt. Für Anfänger werden Kurse angeboten. Auch an Surfschulen mit Geräteverleih herrscht kein Mangel.

Wandern Belgien bietet insbesondere in den Ardennen viele schöne Wanderpfade, doch auch eine Wanderung im flachen Flandern hat ihren Reiz. Der **Europäische Fernwanderweg 2** (England – Riviera) führt von den Niederlanden über Diest, Lüttich und Malmédy nach Süden weiter nach Luxemburg. Durch Eifel und Ardennen wandert man auf dem **Europäischen Fernwanderweg 3** (Atlantik – Schwarzes Meer), der u. a. das Tal der Semois berührt. In den Ardennen bieten sich der GR 57 durch das Tal der Ourthe und der GR 14 von La Roche-en-Ardenne nach Bouillon an; in Flandern der GR 5A von Antwerpen nach Oostende oder GR 128 West vom Kemmelberg über Gent nach Aalst. In den Verkehrsämtern erhält man auch genügend Anregungen für Tageswanderungen.

Wintersport In den Ardennen existieren über ein Dutzend Pisten für den Abfahrtslauf, rund 80 Langlaufloipen sowie zahlreiche Rodel- und

Schneescooterbahnen. Die bekanntesten Skigebiete liegen im Hohen Venn, im Raum Bütgenbach, Eupen und Malmédy; ferner bei Spa-Francorchamps, weiter südlich bei Vielsalm, auf der Hochfläche der Baraque de Fraiture (Plateau des Tailles), auf dem Plateau de Bastogne, im Raum Martelange / Anlier, in der Gegend von Champlon / Saint-Hubert sowie oberhalb von Gedinne auf dem Plateau de la Croix-Scaille. Auch zu diesem Thema informieren die Verkehrsämter (►Auskunft).

Verkehr

Straßenverkehr

Die Nichtbeachtung der geltenden Vorschriften wird mit hohen Geldstrafen geahndet. Diese werden von der Polizei oft an Ort und Stelle erhoben.
In Belgien herrscht **Rechtsverkehr**. **Kinder** bis zum zwölften Lebensjahr gehören auf die Rücksitze. **Parkverbot** besteht an Bordsteinen mit gelber Markierung. Bei Pannen auf Landstraßen muss das **Warndreieck** mit einem Abstand von mindestens 30 m, auf Autobahnen mindestens 100 m hinter dem Fahrzeug aufgestellt werden. Die Höchstgrenze für den Blutalkoholgehalt beträgt **0,5 Promille**.

Auch so kommt man in Belgien voran ...

WICHTIGE ADRESSEN

BAHNVERKEHR

▸ **SNCB / NMBS**
Tel. 02 555 25 25 (frz.),
www.sncb.be
Tel.02 555 25 55 (ndl.),
www.nmbs.be

▸ **Thalys**
Reservierung in Deutschland:
Tel. 0180 519 41 95
www.thalys.com

▸ **Kusttram**
www.dekusttram.be

BUSVERKEHR

▸ **DeLijn**
www.delijn.be

▸ **TEC**
www.infotec.be

STRASSENVERKEHR

▸ **Automobilklubs**
Royal Automobile Club de Belgique (RACB) /
Koninklijke Automobiel Club van België (KACB)
Rue d'Arlon, 53
B-1040 Bruxelles
Tel. 02 287 09 11
Fax 02 230 75 84

Vlaamse Automobilistenbond
Tel 03 253 61 30
www.vab.be

▸ **Pannenhilfe**
RACB / KACB: Tel. 070 34 47 77
VAB: Tel. 070 34 46 66
Touring Wegenhulp:
Tel. 02 233 22 02

Höchstgeschwindigkeiten ▸ Innerorts 30 oder 50 km/h; auf Autobahnen und Straßen mit mindestens zwei Fahrstreifen in jeder Richtung für Kfz bis 7,5 t (auch mit Anhänger) 120 km/h, auf Landstraßen 90 km/h; für Kfz über 7,5 t (auch mit Anhänger) 90 km/h bzw. 60 km/h; **beim Abschleppen** 25 km/h; das gilt auch auf Autobahnen, daher ist die nächste Ausfahrt zu nehmen!

Mietwagen Büros bzw. Schalter der großen Mietwagenfirmen finden sich in allen größeren Städten Belgiens. Lokale Mietwagenfirmen bieten ihre Dienste zu oft zu besseren Konditionen als die renommierten Verleiher an.

Bahnverkehr 1835 wurde zwischen Brüssel und Mechelen **die erste Eisenbahnstrecke auf dem europäischen Kontinent** in Betrieb genommen. Inzwischen hat Belgiens Staatsbahn Société Nationale des Chemins de Fer Belges (SNCB) bzw. Nationaal Maatschappij van Belgische Spoorwegen (NMBS) das dichteste Schienennetz der Welt, sodass das Land per Bahn sehr gut zu bereisen ist. Brüssel ist der wichtigste Bahnknotenpunkt des Landes, von wo aus auch Verbindungen mit dem französischen Hochgeschwindigkeitszug TGV nach Amsterdam und Paris, dem »Eurostar« nach London (durch den Kanaltunnel) und dem »Thalys« nach Köln bestehen.

Der **Benelux-Tourail-Pass** hat eine Gültigkeitsdauer von einem Monat und berechtigt an 5 Tagen zu beliebigem Reisen auf dem Bahnnetz der Beneluxländer. ◄ Urlaubsangebote

Unter dem Stichwort **»B-Ausflüge«** werden Bahnreise (hin und zurück), der Eintritt zu den im Programm vorgesehenen Attraktionen und eventuelle Anschlussbeförderung per Bus, Straßenbahn oder U-Bahn angeboten.

An Ostern, Karneval, von Juni bis September und von Weihnachten bis zur ersten Januarwoche werden unter dem Motto **»Ein Tag am Meer«** bzw. **»Ein Tag in den Ardennen«** um 50 % ermäßigte Fahrten an die Küste oder in die Ardennen angeboten.

Ein Rückfahrkarte und ein Mietfahrrad umfasst das Angebot **»Zug + Mietfahrrad«**. Tourenräder werden an 15 Bahnhöfen vermietet: Blankenberge, Brugge, Dendermonde, De Panne, Essen, Gent-Sint-Pieters, Hasselt, Ieper, Knokke, Lier, Oostende, Oudenaarde, Puurs, Sint-Truiden, Tongeren; in Vielsalm bekommt man Mountainbikes.

Das gibt es nur in Belgien: Entlang der gesamten Nordseeküste fährt eine Straßenbahnlinie. ◄ Kusttram

Flugverkehr

Für den internationalen Reiseverkehr ist lediglich der Flughafen von Brüssel von Bedeutung. Die kleineren Flughäfen von Antwerpen, Liège und Oostende spielen eine sehr untergeordnete Rolle (►Anreise).

Busverkehr

Der überregionale Busverkehr wird in Flandern von der Gesellschaft DeLijn, in Wallonien von der TEC betrieben.

Zeit

Es gilt im Winter die Mitteleuropäische Zeit (MEZ), in der Zeit von Ende März bis Ende Oktober die Sommerzeit (MEZ + 1 Std.).

Touren

DANK GERINGER ENTFERNUNGEN KANN MAN IN KURZER ZEIT RECHT VIEL VON BELGIEN KENNENLERNEN. UNSERE TOURENVORSCHLÄGE WEISEN DEN WEG.

TOUREN DURCH BELGIEN

Das Land der Flamen und Wallonen ist im europäischen Maßstab klein, doch sollte man sich genügend Zeit nehmen, es kennen zu lernen. Denn man könnte einiges versäumen.

TOUR 1 **Flandernrundfahrt**
Diese Tour verbindet die schönsten Orte Flanderns miteinander – teils sogar tatsächlich auf den Spuren der Radprofis. ▸ **Seite 136**

TOUR 2 **Belgiens Kunststädte**
Was Belgien an Kunst zu bieten hat, ist einmalig. Die wichtigsten Stationen fährt diese Tour ab. ▸ **Seite 138**

TOUR 3 **Durch die Ardennen**
Ganz nach dem Baedeker-Motto »Natur, Kultur, Geschichte« erkundet man auf dieser Tour die Ardennen. ▸ **Seite 140**

TOUR 4 **Belgiens Bier**
Die Erforschung von Belgiens Braukunst führt nebenbei fast durch das ganze Land und zu seinen Highlights. ▸ **Seite 142**

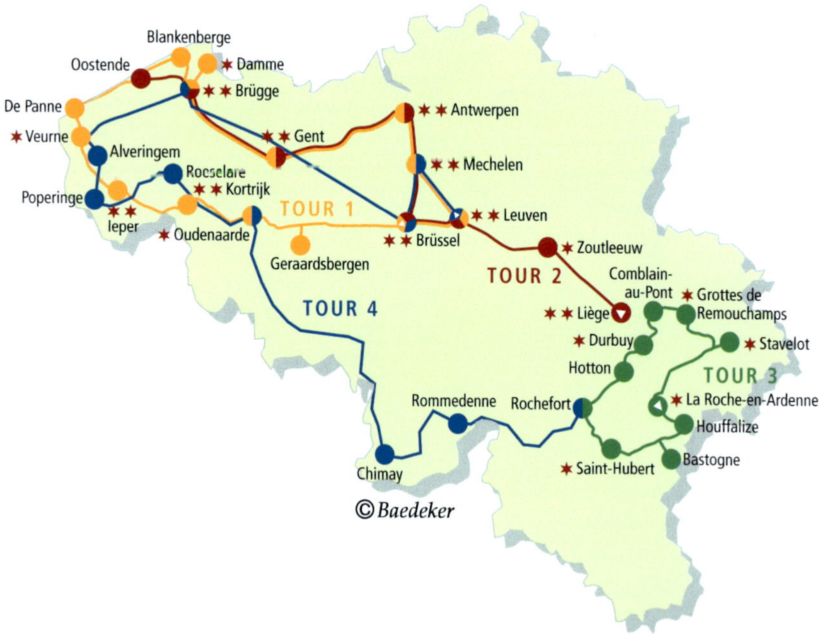

Unterwegs in Belgien

Belgien ist ein **kleines Land mit einem sehr guten und dichten Straßen- und Bahnstreckennetz**. Für den Urlauber bedeutet dies: Ob man sich nun an der Küste oder in den Ardennen niederlässt – den bevorzugten Ferienregionen –, man ist nicht auf seine gewählte Urlaubsregion beschränkt, sondern kann auch auf Tagesausflügen einen guten Teil des übrigen Lands kennenlernen. Selbst die Hauptstadt Brüssel ist von beiden Regionen aus noch in zeitlich vertretbarem Rahmen zu erreichen.

Urlaub an der Küste

Die 67 km lange belgische Nordseeküste zieht Badeurlauber an. Natürlich ist es hier nicht so warm wie am Mittelmeer, doch in den Sommermonaten kratzt die Wassertemperatur durchaus an der 20°-Marke. Die Strände sind, weil flach, bestens ausgestattet und mit großem Sport- und Spielangebot, **ideal für Urlaub mit Kindern**, denen es – auch dank einiger großer Freizeitparks in Küstennähe – hier nicht langweilig werden dürfte. Für Fahrradferien mit dem Nachwuchs gibt es kaum ein besseres Ziel: Lästige Steigungen fehlen, das Radwegenetz erschließt mehr oder weniger die ganze Region. Wer nicht auf Baden total aus ist, sollte eine Unterkunft im Hinterland aussuchen, denn hier geht es weitaus ruhiger zu als an der trubeligen, im Sommer vollen (und vom architektonischen Standpunkt auch nicht gerade schönen) Küste.

Doch egal ob direkt am Strand oder etwas landeinwärts – im Tagesausflugsbereich liegen mit Brügge, Gent, Kortrijk und Ieper **die schönsten Städte Westflanderns**, in denen Kunstfreunde, Stadtmenschen und Architekturfans voll auf ihre Kosten kommen. Auch Antwerpen ist noch im Bereich des Möglichen. Und wer an Geschichte interessiert ist, muss die Schlachtfelder des Ersten Weltkriegs rund um Ieper und Diksmuide besucht haben.

Urlaub in den Ardennen

Wer sich in den Ardennen niederlässt, sucht **Ruhe in der Natur oder sportliche Betätigung**. Für beides sind die Voraussetzungen bestens: Zahllose Wanderwege durchziehen die Wälder, Tropfsteingrotten warten darauf, erforscht zu werden, auf Semois, Ourthe, Amblève und Maas kann man paddeln; wer im Winter kommt, findet genügend Langlaufloipen. Die Städte hier sind klein, beschaulich und durchaus auch hübsch, etwa Stavelot oder Bouillon, und auch die Großstadt Lüttich ist nicht weit. Von den nördlichen Ardennen kann man auch gut Ausflüge ins flandrische Limburg unternehmen, etwa nach Tongeren oder Hasselt, von den westlichen Ardennen an die Maas nach Dinant und Namur.

Der Rest

Das restliche Belgien steht touristisch etwas im Schatten der beiden großen Ferienregionen. Unverdient – die **flämischen Ardennen** im Süden Ostflanderns oder die **Fagne** südlich von Charleroi etwa sind eine hügelige, sehr liebliche und fruchtbare Landschaft mit idyllischen Städtchen, also herrliche Wander- und Fahrradreviere. Das gilt auch für die **Provinzen Antwerpen und Limburg**, mit dem Unterschied, dass man dort nicht durch Wälder und über Hügel streift, sondern durch eine melancholische Heidelandschaft und die Städtchen ihre Vergangenheit als Tuchmacherstädte stolz herausstellen. Schließlich die so genannten **Ostkantone** am Nordostrand der Ardennen: Hier gibt es kein Sprachenproblem, denn man spricht deutsch, hier wandert man durch Wälder und Täler oder auf dem Hohen Venn.

Tour 1 Flandernrundfahrt

Start und Ziel: Brüssel
Länge: ca. 450 km
Dauer: 10 – 14 Tage

Keine Sorge – auf dieser Tour muss man es nicht den Radprofis gleichtun. Sie verbindet einfach die schönsten Orte Flanderns miteinander. Oder vielleicht doch mit dem Rad?

Startpunkt ist ① ** **Brüssel.** Von hier geht es nach Westen zur ersten Station, ② **Geraardsbergen**, Wallfahrtsort sowohl für Christenmenschen wegen der Kapelle als auch für Radsportfans wegen der berüchtigten »Mauer von Geraardsbergen«. Auch das nächste Ziel, ③ * **Oudenaarde**, hat mit dem Radsport zu tun, denn hier erfährt man im CRVV-Museum alles über die Flandernrundfahrt. Für Kunstfreunde: Das Rathaus zählt zu den schönsten Belgiens und beherbergt auch eine Sammlung der berühmten Oudenaarder Verdüren. Hier kann man auch eine Übernachtung einplanen.
Oder man fährt noch das Stück bis ④ ** **Kortrijk** (frz. Courtrai), das einen der romantischsten Beginenhöfe des Landes besitzt und Belgiens heimliche Designhauptstadt geworden ist. Die Stadt hatte ihren mittelalterlichen Wohlstand der Tuchindustrie zu verdanken. Dies gilt in noch größerem Maß für ⑤ ** **Ieper** (frz. Ypres, dt. Ypern). Es liegt im Zentrum der flandrischen Schlachtfelder des Ersten Weltkriegs, an dessen Ende es völlig zerstört war. Die große Tuchhalle und das Rathaus, die der Besucher heute bewundert, sind Nachbauten. Wer historisch interessiert ist, sollte hier auf jeden Fall eine Übernachtung einlegen, um das In-Flanders–Field-Museum und die ehemaligen Schlachtfelder etwa am Kemmelberg oder bei Langemark und Poelkapelle zu besuchen.
Weiter durch die Polderlandschaft kommt man nach ⑥ * **Veurne**, wo man sich am malerischen alten Marktplatz in einem Café ausruhen kann, bevor man mit ⑦ **De Panne** den ersten der bekannten belgischen Badeorte erreicht. Die der Küstenlinie folgenden Straße gibt nun auch den Blick auf triste Hotelblöcke frei und führt über **Oost-**

Brügge
Eine Grachtenfahrt muss sein.

Antwerpen
Der Name der Stadt als Denkmal

Kortrijk
Belgiens schönster Beginenhof

ende, das berühmteste belgische Seebad, nach ⑧ **Blankenberge**. Von hier aus geht es nun wieder ins Landesinnere ins wenige Kilometer entfernte ⑨ ★★ **Brügge**. Es hinterlässt vielleicht den stärksten Eindruck aller belgischen Städte. Von einzigartiger Schönheit ist die vollständig erhaltene, von Kanälen durchzogene mittelalterliche Innenstadt und rasch wird beim Anblick des Rathauses und der Tuchhallen mit dem Belfried klar, weshalb Brügge im ausgehenden Mittelalter die reichste und prächtigste Stadt nördlich der Alpen war. Ganz reizend ist auch ein Ausflug nach ⑩ ★ **Damme**, der Heimat Thyl Ulenspiegels wenig nördlich. Kaum weniger glänzend als Brügge zeigt sich ⑪ ★★ **Gent** (frz. Gand), von Brügge aus sehr rasch auf der Autobahn zu erreichen. Auch hier begeistern der große Belfried, die prachtvollen Zunft- und Patrizierhäuser an den Grachten und die herrlichen Kirchen.

Die nächste Großstadt wartet schon: ⑫ ✶✶ **Antwerpen** (frz. Anvers). Die zweitgrößte Stadt Belgiens, nach Rotterdam der wichtigste Seehafen Europas und nach Amsterdam bedeutendster Handelsplatz für Diamanten auf dem Kontinent, kann in puncto städtebaulicher Attraktivität mit Brügge und Gent nicht mithalten, dafür ist sie eine quicklebendige Metropole, Belgiens Mode- und Szenestadt. Kunst gibt es hier aber auch zur Genüge (s. Tour 2). Dann auf zur letzten Etappe: Das südlich von Antwerpen gelegene ⑬ ✶✶ **Mechelen** (frz. Malines) ist das Zentrum der belgischen Glockenspielerkunst und besitzt ein sehr schönes spätgotisches Rathaus; noch schöner ist das Rathaus der alten Universitätsstadt ⑭ ✶✶ **Leuven** (frz. Louvain), das allenfalls vom Brüsseler Rathaus übertroffen wird. Von Leuven sind es auf der N 2 nur noch 25 km zurück nach Brüssel.

Tour 2 Belgiens Kunststädte

Start und Ziel: Von Lüttich nach Oostende

Dauer: 10 – 14 Tage
Länge: ca. 280 km

Ob Architektur, Malerei oder Plastik, ob Stein, Metall oder Holz, ob kirchlich oder weltlich – was Belgien an Kunst in Museen, Kirchen oder als Architekturmonument zu bieten hat, ist einmalig. Die wichtigsten Orte berührt diese Tour.

Sie beginnt in ❶ ✶✶ **Liège** (Lüttich), wo man in der Kirche Saint-Barthélemy mit dem Taufbecken des Renier de Huy eines der schönsten Werke der maasländischen Metallgusskunst bewundern kann. Praktisch um die Ecke liegt der Museumskomplex Grand Curtius mit einer hervorragenden Sammlung von Einrichtungsgegenständen, Kunsthandwerk und religiöser Kunst. Auch den Kirchenschatz der Cathédrale Saint-Paul sollte man nicht auslassen.
Von Lüttich geht es ins kleine ❷ ✶✶ **Zoutleeuw** in Flandern. Die dortige Sint-Leonarduskerk wurde als eine der wenigen im Land von den Bilderstürmern verschont und ist daher ein einzigartiges Museum mittelalterlicher religiöser Kunst. ❸ ✶✶ **Leuven** ist dank seines herrlichen Rathauses vor allem für Architekturfreunde interessant.
Dann ❹ ✶✶ **Brüssel**: Mindestens drei Tage sollte man hier zubringen, um die architektonischen Highlights – die einzigartige Grand' Place, die wunderbaren Jugendstilviertel, aber auch die Bauten der EU – und dazu wenigstens die wichtigsten Museen kennenzulernen, allen voran die Musées Royaux des Beaux-Arts mit ihrer Sammlung altflämischer Malerei von Weltrang, vielen Werken von Rubens und einer hervorragenden Zusammenstellung belgischer Kunst seit Ende des 19. Jh.s. Die Museen im Jubelpark bieten belgische Archäologie und Kunst aus aller Welt, ein Highlight hier sicher die Jugendstilabteilung. Schließlich etwas für Feinschmecker: Das Musée David und

Liège
Meisterliche Metallgusskunst

Brüssel
Musées Royaux des Beaux-Arts: ein Hort der Kunst

Gent
Eine neue Epoche der Malerei begann mit dem Genter Altar.

Oostende
Bizarres von James Ensor

Zoutleeuw
Kleine Stadt mit großer Kirchenkunst

Alice van Buuren stellt alte und neue Kunst allererster Qualität im Rahmen einer Art-Déco-Villa aus.
Demgegenüber muss sich ❺ ✶✶ **Antwerpen** keinesfalls verstecken. Hier lebten Peter Paul Rubens und die berühmte Druckerfamilie Plantin; beider Wohn- und Arbeitshäuser sind heute in sehr sehenswerte Museen umgewandelt. Zwei Meisterwerke von Rubens, die »Kreuzaufrichtung« und die »Kreuzabnahme«, sind in der Kathedrale zu sehen. Weiteres von seiner Hand ist im Königlichen Museum für Schöne Künste ausgestellt, das nach den Brüsseler Kunstmuseen als das bestsortierte im Land gilt mit Künstlern wie van der Weyden, van Eyck und Quentin Massys. Eine ganz andere Kunstsparte stellt das Modemuseum vor.
❻ ✶✶ **Gent**, die folgende Station, bedeutet: herrliche Zunfthäuser und Kirchen, deren größte, die Sint-Baafskathedraal, mit dem »Genter Altar« ein Meisterwerk der spätgotischen Malerei besitzt. Das Museum für Schöne Künste präsentiert beachtliche alte Meister, doch hat ihm das S.M.A.K. mittlerweile den Rang abgelaufen und gilt als eines der besten Museen für aktuelle Kunst weltweit.
Wieder auf alte Meister ausgerichtet ist ❼ ✶✶ **Brügge**. Das Groeninge Museum besitzt eine in der ganzen Welt hoch geschätzte Sammlung altflämischer Malerei, darunter zwei Hauptwerke Jan van Eycks. »Nur« sechs Werke von Hans Memling kann das Memlingmuseum zeigen, aber dafür sind es mit die bedeutendsten dieses herausragenden Kopfes der Brügger Malschule. Noch mehr? Die Onze-Lieve-Vrouwekerk besitzt eine »Maria mit dem Kind« von Michelangelo und über Brügges Ruhm als archtektonisches Frelichtmuseum muss man eigentlich kein Wort verlieren.
Ganz zum Schluss noch etwas Besonderes: Wer Sinn für Bizarres hat, darf sich das James-Ensorhuis in ❽ **Oostende** nicht entgehen lassen.

Tour 3 Durch die Ardennen

Start und Ziel: La Roche-en-Ardenne **Länge:** ca. 250 km
Dauer: 3 – 5 Tage

Eine Tour durch die Ardennen bedeutet: Immer mal wieder anhalten, um durch die Natur zu wandern oder um in einem der Städtchen die gute Küche zu genießen. Sie bringt aber auch eine Konfrontation mit der Vergangenheit, denn die sog. Ardennenoffensive vom Winter 1944 / 1945 ist hier noch allgegenwärtig.

Ausgangspunkt ist die »Perle der Ardennen« und Mittelpunkt des touristischen Geschehens, ❶ ✶ **La Roche-en-Ardenne**. Von hier folgt man dem Oberlauf des ✶✶ **Ourthetals** mit seinen Aussichtspunkten und schroffen Felsen bis ❷ **Houffalize**, das 1944 völlig zerstört wurde. Danach geht es Richtung Südwesten – mit einem möglichen Ab-

Rochefort / Han
Mit der Bimmelbahn in die Unterwelt

Stavelot
Einer der hübschesten Orte im Tal der Amblève und dazu noch historisch sehr bedeutend

stecher nach ❸ **Bastogne**, das ganz im Zeichen der Ardennenoffensive steht – nach ❹ ✶ **Saint-Hubert**, der Heimat des Heiligen Hubertus und Wallfahrtsort der Jäger. Durch den Wald von Saint-Hubert, vielleicht mit einem Schlenker über das Freilichtmuseum Fourneau St-Michel, fährt man nach ❺ **Rochefort**, wo man auf jeden Fall eine der beiden Tropfsteinhöhlen ✶✶ **Grottes de Han** oder ✶ **Grotte de Rochefort** besuchen sollte. Spätestens hier, wenn nicht schon in Saint-Hubert, sollte man an eine Übernachtung denken.

Nun geht es am Rand der Ardennen durch die Landschaft Famenne nach ❻ **Hotton**, wo man auf den Unterlauf der Ourthe und vor allem schon auf die nächste Höhle trifft, die ✶ **Grottes de Hotton**. Der Ourthe weiter flussabwärts folgend, passiert man ❼ ✶ **Durbuy**, Gourmetdorf und »kleinste Stadt der Welt« und erreicht schließlich an der Mündung der Amblève in die Ourthe ❽ **Comblain-au-Pont**.

Die Amblève begleitet man auf dem vorletzten Streckenabschnitt bis Stavelot (wo man übernachten kann). Zuvor aber gibt es eine weitere Tropfsteinhöhle, die sogar die längste unterirdische Flussfahrt weltweit zu bieten hat: die ❾ ✶ **Grottes de Remouchamps**. Ab Remouchamps schraubt man sich, meist im 9 ✶ **Amblèvetal**, langsam hinauf nach 10 ✶ **Stavelot**, einem der hübschesten Städtchen der Ardennen, das mit der Abtei auch noch ein kulturelles Highlight zu bieten hat. Von Stavelot macht man sich dann auf die Rückfahrt, noch einmal über die Höhen der Ardennen, nach La Roche.

Tour 4 Belgiens Bier

Start und Ziel: Von Leuven nach Rochefort

Dauer: 10 – 14Tage
Länge: ca. 550 km

Zwei Fliegen mit einer Klappe schlägt man auf dieser Tour: Man lernt nicht nur die Vielfalt der belgischen Braukunst kennen, sondern absolviert auch eine Rundfahrt durch einen großen Teil des Landes mit vielen schönen Städten und kulturellen Highlights.

Die Tour verbindet Brauereien, Cafés und Museen. Nicht alles kann dabei erfasst oder auch besichtigt werden, insbesondere die Trappistenbrauereien öffnen sich nicht dem Publikum. Doch der Reiz liegt auch dort darin, am Ort des Geschehens zu kosten und einzukaufen.
Man startet in 1 ✶✶ **Leuven**, nicht nur Heimat eines herrlichen flämischen Rathauses, sondern auch des größten Brauereikonzerns weltweit, Inbev. Dessen Stammhaus ist Stella Artois, Belgiens bekanntestes Pils, dessen Brauerei man besichtigen kann. Zum Konzern gehört auch die Weißbierbrauerei von Hoegaarden 20 km östlich (Besuche in beiden unter www.breweryvisits.be buchen). In kleinerem, aber netterem Umfang und in der Kneipe zu testen, stellt die Leuvener Hausbrauerei Domus ihr Bier her. Von Leuven fährt man nach 2 ✶✶ **Mechelen**.
Vor den Toren dieses hübschen Städtchens, in Breendonk, wird bei Moortgat eines der besten Starkbiere gebraut, das Duvel.
Für 3 ✶✶ **Brüssel** muss man sich auf einen längeren Aufenthalt einstellen, nicht nur des Biers, sondern auch der Museen und Kunstschätze wegen. Was das Bier betrifft: unbedingt die Brasserie Cantillon in Anderlecht besuchen, eine der letzten traditionellen Lambic-Brauereien, dazu das Café »A la Mort Subite« (tolles Ambiente!) und »La Bécasse« wegen seines Lambics. Das Brauereimuseum an der Grand'Place stellt das ganze belgische Brauwesen vor.
Dann steht die erste längere Strecke an, denn es geht in Belgiens schönste Stadt, nach 4 ✶✶ **Brügge**. Hier probiert man ein »Blanche de Bruges«, am besten im »Brugs Beertje«, denn nirgends wird man kompetenter beraten, und besucht die Brauerei »Halve Maan«. Um Handwerk und Tradtion geht es im »Museum Malz- und Brauhaus De Snoek« in 5 **Alveringem** bei Veurne: eine komplette Brauerei und Mälzerei aus dem 19. Jh. mit dem Café Brouwershof. Südlich von Alveringem beginnt das »Hopfenland« rund um 6 **Poperinge**.

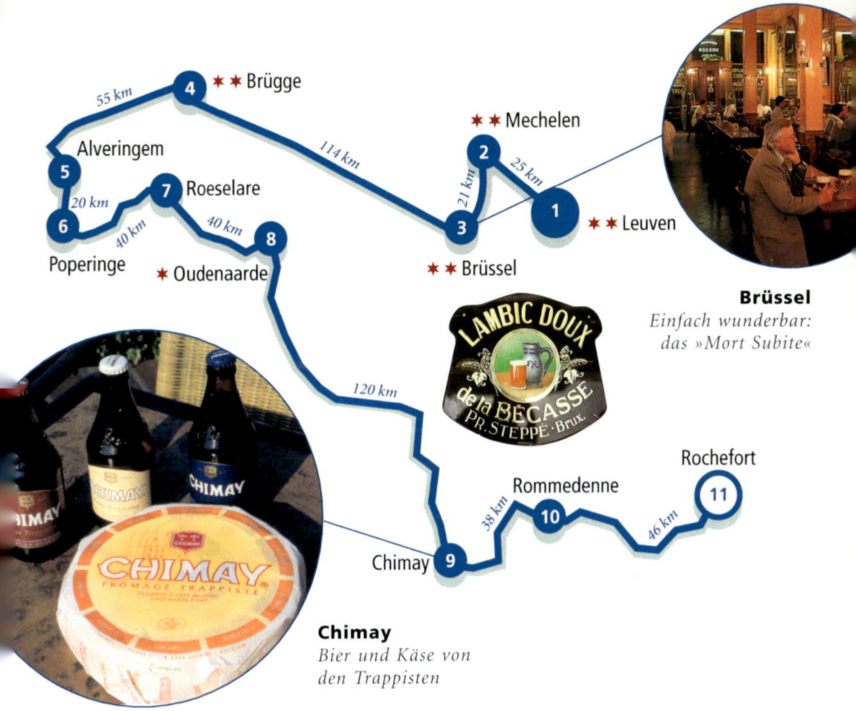

Brüssel
Einfach wunderbar: das »Mort Subite«

Chimay
Bier und Käse von den Trappisten

Dort braut man das Hommelbier und vor allem gibt es dort das Nationale Hopfenmuseum. Etwas Besonderes wird in der nächsten Etappe hergestellt, in ❼ **Roeselare**: das Rodenbach, ein »rotes«, sehr saures Bier. Nicht weniger herausragend ist, was aus ❽ ★ **Oudenaarde** kommt. Dieses Städtchen, auch bekannt für seine Wandteppiche und sein wunderbares Rathaus, ist eine Hochburg der ale-artigen, »braunen« Biere, zu besichtigen bei Liefmans, Cnudde, Roman und Clarysse.

Oudenaarde war die letzte Station in Flandern. Der erste Stopp in Wallonien ist ❾ **Chimay** nahe der französischen Grenze, wo (in der 9 km südlich gelegenen Abbaye de Scourmont) das wohl bekannteste Trappistenbier und ein sehr guter Käse hergestellt werden. Dann wird es wieder Zeit für ein Museum, diesmal ein sehr orignelles, denn im Gambrinus Drivers Museum in ❿ **Romedenne** geht es um alte Brauereikutschen, -LKWs und -werbeschilder. Nach Rommedenne fährt man kurz über französisches Gebiet durch Givet, überquert die Maas und weiter nach ⓫ **Rochefort** in den Ardennen, wo ebenfalls (und seit 1595) eines der echten Trappistenbiere gebraut wird. In der Nähe liegen zwei der schönsten Höhlen Belgiens, die Grottes de Han und die Grotte de Rochefort.

LE PANIER D'OR
Restaurant SINT-JORIS Brasserie

Reiseziele von A bis Z

BRÜGGES STOLZER MARKTPLATZ UND MANNEKEN PIS AUS BRÜSSEL SIND ZWEI VON BELGIENS HIGHLIGHTS. ABER HABEN SIE AUCH SCHON VOM GRÖSSTEN SCHIFFSHEBEWERK DER WELT GEHÖRT?

★ Aalst

F 11

Provinz: Oost-Vlaanderen
Einwohnerzahl: 76 500
Höhe: 7 – 29 m ü. d. M.

In Aalst (frz. Alost), der einstigen Hauptstadt von Reichsflandern, etwa auf halber Strecke zwischen Brüssel und Gent am Ufer der Dender, herrscht Ruhe und Beschaulichkeit. Karneval und Blumen könnte das Motto der Stadt sein, denn Aalst ist eine Karnevalshochburg und außerdem Zentrum von Belgiens größtem Schnittblumenanbaugebiet: Jeden Morgen werden im Blumenmarkt (Bloemenveilingshal) in der Albrechtlaan die im Umland gezogenen Blumen verkauft. Sie haben die Zwiebelfelder abgelöst; doch sind Zwiebelsuppe und -kuchen immer noch Aalster Spezialitäten.

Geschichte

Die Burg von Aalst wurde im Jahr 866 erstmals urkundlich erwähnt; 1164 erhielt der darum entstandene Ort Stadtrechte und entwickelte sich fortan dank seiner Lage an der Dender und an der Handelsstraße Köln – Brugge zum Zentrum der gleichnamigen Grafschaft. Während des Freiheitskampfs kamen viele Einwohner ums Leben und zahlreiche Gebäude wurden zerstört oder beschädigt; das gleiche Schicksal ereilte Aalst nochmals in den Kriegen Ludwigs XIV. und in beiden Weltkriegen. Dennoch blieben einige kunsthistorisch wertvolle Bauwerke erhalten.

Sehenswertes in Aalst

★ Grote Markt

Schepenhuis und Belfried ►

Im Mittelpunkt des Grote Markt steht das 1225 begonnene Schepenhuis (Ratsherrenhaus), das als eines der ältesten seiner Art gilt. Besonders interessant sind die Rückfassade und die Seitenfassade in der Kattestraat, die beide aus der ersten Hälfte des 13. Jh.s stammen. Die andere Seitenfassade und die Hauptfassade wurden erst nach einem Brand 1407 angebaut. An der Vorderfront ist rechts ein Zinnenturm (1543 / 1544) im Flamboyant-Stil vorgebaut, der das Motto der Stadt »Nec spe nec metu« (»Weder Hoffnung noch Furcht«) trägt. Im Belfried (1470) hängen 52 Glocken.

Dirk-Martens-Denkmal ►

Das von Jan Geefs 1856 geschaffene Denkmal vor dem Schepenhuis zeigt Dirk Martens (1446 – 1534), den **bedeutendsten Buchdrucker der südlichen Niederlande** und engen Freund von Erasmus von Rotterdam. Er fertigte 1473 seine ersten Drucke, entwickelte ein eigenes Buchstabensystem, druckte als erster in den Niederlanden griechische und hebräische Texte und u. a. als erster Thomas Morus' »Utopia«, wichtige Werke von Erasmus von Rotterdam und den ersten

Ein bisschen zuckerschlossartig wirken Schepenhuis und Belfried am Grote Markt von Aalst schon. →

PRIMUS
Graaf van Egm

AALST ERLEBEN

AUSKUNFT

Grote Markt, B-9300 Aalst
Tel. 053 73 22 70, Fax 053 73 22 73
www.aalst.be

ESSEN

► Preiswert

Borse van Amsterdam
Grote Markt 26
Tel. 053 21 15 81
Wo sich die Rhetorikerzunft traf, kann man heute ordentliche flämische Küche genießen, im Sommer auch unter den Arkaden.

ÜBERNACHTEN

► Günstig

Station
Albert Liénartstraat 14, B-9300 Aalst
Tel. 053 77 58 20
www.stationhotel-aalst.com
15 Z. Dieses familiäres, etwas plüschig eingerichtete Hotel in einem altem Bürgerhaus liegt in Bahnhofsnähe und ist mit Solarium, Sauna und anderen Fitnesseinrichtungen ausgestattet.

FESTE

Der ***Karneval*** beginnt sonntags mit dem Umzug der Riesen und dem Ross Bayard, wird rosenmontags mit dem »Zwiebelwerfen« vom Belfried herab fortgesetzt und endet dienstags mit dem Umzug der »Vuil Jeannetten« (»Schmutzige Jeannetten«).
Das 6 km nordöstlich von Aalst gelegene Wieze ist alljährlich Schauplatz des »***Oktoberfeesten***« – Bier und Musik satt.

Bericht von Kolumbus' Entdeckungsreise, der kaum ein Jahr nach der Rückkehr des Seefahrers erschien.

Borse van Amsterdam ► Die Borse van Amsterdam, ein Back- und Sandsteinbau der flämischen Spätrenaissance an der Westseite des Markts, wurde 1630 bis 1634 für die Rhetorikergesellschaft »Barbarakamer« an Stelle der Fleischhalle erbaut.

Stadhuis ► Auf der von der Börse aus gegenüberliegenden Seite des Platzes steht das 1643 bis 1645 errichtete Stadhuis (Rathaus). Es wurde 1830 umgebaut und bekam eine Rokoko-Fassade und einen Festsaal in spätklassizistischem Stil.

Sint-Martinuskerk Etwas östlich des Grote Markt kommt man am Priester-Daensplein zur im Jahr 1490 begonnen Sint-Martinuskerk, deren Vollendung die Religionskriege des 16. Jh.s verhinderten. Die sehenswerten Partien – der Chor mit seinem Kapellenkranz – stammen von Herman und Dominik de Waghemakere, den Erbauern der Kathedrale zu Antwerpen, und von Laurens Keldermans aus Mechelen. Im schlichten Inneren der Kirche findet man einige Kunstwerke ersten Ranges, darunter das Peter Paul Rubens zugeschriebene Gemälde **»Der hl. Rochus und die Pestkranken«**, das im rechten Seitenschiff in der Kapelle der Brauerzunft hängt. Links vom Altar steht ein steinerner Tabernakel von Jerôme Duquesnoy d. Ä. (1604). Von den Chorkranzkapellen sind die erste auf der rechten Seite mit dem Ambrosius Francken zugeschriebenen Gemälde »Betende Hirten« sowie die vierte, in der Dirk Martens begraben ist, zu erwähnen. In der Schatzkammer steht eine dreiteilige Monstranz des Antwerpener Goldschmieds Lestiens (1631).

★ ◄ Rubens-Gemälde

Oud-Hospitaal

Im Jahr 1224 schenkte Johanna von Konstantinopel, Gräfin von Flandern, der Stadt den Boden für ein Krankenhaus. Die heutigen Gebäude am Vismarkt hinter der Sint-Martinuskerk wurden im 14. und 16. Jh. gebaut und beherbergen nun einige Museen, darunter das **Stedelijk Oudheidkundig Museum**, das die Geschichte der Stadt erzählt und u. a. Zunftketten, Gegenstände aus der Sporenschlacht, Karnevalskostüme und Möbel zeigt. Das **Daensmuseum en Archief van de Vlaamse Sociale Strijd** (D.A.V.S.) widmet sich der Bewegung für soziale Gerechtigkeit des Priesters Adolf Daens (1839 – 1907), den die katholische Kirche wegen seiner politischen Betätigung ausschloss. Er war Begründer der demokratisch-sozialen »Christlichen Volkspartei« (Öffnungszeiten: Di. – Fr. 10.00 – 12.00 und 13.00 bis 17.00, Sa. u. So. 14.00 – 18.00 Uhr).

Umgebung von Aalst

Abdij van Affligem

Nur 3 km östlich von Aalst liegt die 1083 von Benediktinern gegründete Abdij van Affligem. Die Truppen der Französischen Revolution zerstörten 1797 die meisten Gebäude; der Wiederaufbau geschah ab 1869. Von der ursprünglichen Bebauung sieht man noch Teile des Kirchenschiffs aus dem 12. und 13. Jh.s und Ausgrabungsfunde im Museum (Öffnungszeiten: Sa. 14.00 – 20.00, So. 11.00 – 13.00 und 14.00 – 20.00 Uhr).

Moorsel

Das Renaissance-Wasserschloss in Moorsel, 5 km östlich von Aalst, ließ Karel van Croy, Abt von Affligem und später Kardinal von Tournai, 1520 als Lustschlösschen erbauen. Die Sint-Martinuskerk von Moorsel basiert der Legende nach auf einer im 7. Jh. erbauten Sakramentskapelle der hl. Gudula; der heutige Bau stammt aus dem 13. und 15. Jahrhundert. Er besitzt drei Barockaltäre von Jacob Ulner.

◄ Baardegem

Die Sint-Margarethakerk im 8 km östlich gelegenen Baardegem wurde um 1260 als dreischiffige spätromanische Kirche erbaut. Nachdem sie 1592 völlig ausbrannte, wurde sie im 17. Jh. restauriert und teilweise umgebaut; 1969 entdeckte man, dass der Chor Teil einer präromanischen Saalkirche aus dem 10. Jh. ist. Über dem Hochaltar hängt das Gemälde »Hl. Veronika« von Gaspar de Crayer (1650).

★★ Antwerpen

D 13/14

Provinz: Antwerpen
Einwohnerzahl: 457 400
Höhe: 3 – 9 m ü.d.M.

In Antwerpen (frz. Anvers) werden Diamanten gehandelt, Modetrends kreiert und kostbare Kunstschätze aufbewahrt – drei wunderbare Gründe, Flanderns Hauptstadt und Belgiens Tor zur Welt aufzusuchen. Zumal das städtische Leben nicht zuletzt von rund 1800 Cafés und Restaurants geprägt wird, manche mit Seemannsatmosphäre, denn schließlich ist Antwerpen nach Rotterdam der zweitgrößte Seehafen Europas. Und für Rubens-Freunde wird es hier kein Halten mehr geben.

Flanderns Wirtschafts- und Kulturmetropole

Dem Hafen an der Schelde verdankt Antwerpen alles, denn er brachte den Wohlstand. Nicht allein durch die schon im Mittelalter ansässigen Handelshäuser, sondern auch durch Gewerbe und Industrie, die die angelandeten Rohstoffe gleich an Ort und Stelle verarbeiteten. Schon früh breitete sich von hier auch das Banken- und Versicherungswesen aus. Heute ist der Großraum Antwerpen zum größten industriellen Ballungsgebiet Belgiens geworden, zu dessen wichtigsten Zweigen Petrochemie, Fahrzeugbau und die Nahrungsmittelindustrie zählen.
Doch das allein macht Antwerpen nicht aus. Der Wohlstand früherer Jahrhunderte zeigt sich in der prachtvollen Kathedrale, dem Rathaus und anderen hervorragenden Baudenkmälern, die reiche Patrizier prächtig ausstatten ließen, was wiederum die Künstler in die Stadt zog: Antwerpen war im 15. – 17. Jh. eine **Hochburg der Malerei**, als die lebensfrohe Schule der südlichen Niederlande Furore machte und Quentin Massys, der Sammet-Brueghel, Rubens, van Dyck, Jordaens, Cornelis de Vos u. a. hier lebten und arbeiteten, was in vielen Museen der Stadt zu besichtigen ist. Hinzu kommen eine quirlige junge Kunst- und Modeszene und, als wichtiger Beitrag zur kulturellen Vielfalt, die jüdische Gemeinde, die mit über 20 000 Mitgliedern, davon ca. die Hälfte orthodox, die größte einer europäischen Stadt ist.

? WUSSTEN SIE SCHON ...?

- Die Sage berichtet, dass in römischer Zeit hier an der Schelde der Riese Druon Antigonus lebte, der den Schiffern, die den Zoll verweigerten, eine Hand abschnitt und in den Fluss warf. Doch der Römer Silvius Brabo tötete ihn, hackte ihm die Hand ab und schleuderte sie ebenfalls ins Wasser. Von diesem **»Handwerpen«** soll der Name der Stadt herrühren. Eine andere Erklärung: Auf Höhe des Steen ragte eine Landzunge in den Fluss, ein »Aanworp« (= aufgeworfener Grund).

← *Weit holt Brabo aus ...*

Geschichte

Einer gallorömischen Siedlung aus dem 2. und 3. Jh. folgte eine fränkische Niederlassung. Auf diese trafen im 7. und 8. Jh. christliche Missionare; der **hl. Amandus** soll das »Infra castrum Antwerpis« gegründet haben. Im Vertrag von Verdun 843 wurde Antwerpen Teil Lothringens, im 10. Jh. Markgrafschaft des Heiligen Römischen Reiches und 1031 tauchte Antwerpen erstmals als Hafen auf, in dem 1313 die Hanse ihre erste Niederlassung gründete. 1356 schließlich kam die Stadt zu Flandern.

8. Jh.	Gründung des »Infra castrum Antwerpis«
1313	Erste Niederlassung der Hanse
1356	Antwerpen wird flandrisch.
Ende 15. Jh.	Antwerpen übernimmt Brugges Funktion als Hafen.
Ende 16. Jh.	Spaltung der Niederlande: Niedergang der Stadt
1648	Verlust der Scheldeschifffahrt
1800–1803	Ausbau des Hafens unter Napoléon I.
1863	Rückkauf des Scheldezolls von den Niederlanden
1920	Olympische Spiele
1944	Beschuss mit V 1 und V 2
1990er	Sanierung der Scheldekais

Blüte und Niedergang ►

Im 14. Jh. wurde Antwerpen zum wichtigen Nordseehafen, insbesondere als Stapelplatz für Wolle. Der Reichtum wuchs, als Ende des 15. Jh.s der Handel aus Brugge wegen der Versandung des Zwin hierher übersiedelte (u. a. auch der Diamantenhandel). Unter dem Schutz Kaiser Karls V. schwang sich Antwerpen zur **lebhaftesten und reichsten Handelsstadt der Christenheit** auf und zählte um 1560 rund 100 000 Einwohner. Mehr als 100 Schiffe liefen täglich aus und ein, über 1000 Handelshäuser hatten hier ihren Sitz; die Erzeugnisse Antwerpens gelangten bis nach Arabien, Persien und Indien. Unter der Herrschaft Philipps II. begann jedoch der Verfall. Die Inquisition vertrieb Tausende von Bürgern; die Plünderung der Stadt durch die meuternde spanische Garnison 1576 mit 7000 Toten sowie die Belagerung und Einnahme 1585 durch Herzog Alexander Farnese vollendeten den Niedergang Antwerpens, dessen Erbe Amsterdam und Rotterdam antraten, wo die ausgewanderten Protestanten unterkamen. 1590 lebten nur noch 40 000 Menschen in Antwerpen.

Verschiedene Herren ►

Weitere schwere Schläge waren der **Verlust der Scheldeschifffahrt**, die in die Hände der Holländer fiel, sowie die gänzliche Sperrung des Flusses im Westfälischen Frieden 1648. Doch Antwerpen blieb ein regionales Künstlerzentrum, in dem 1663 König Philipp IV. von Spanien eine Kunstakademie nach den Vorbildern in Rom und Paris gründete. Erst Ende des 18. Jh.s trat eine Wende zum Besseren ein. Nach der Besetzung durch die Franzosen wurde 1795 die Schelde wiedereröffnet. Napoléon I. ließ die Scheldekais und die alten Hafenbassins anlegen und machte die Stadt zum **wichtigsten Hafen während der Blockade Englands** (»Antwerpen ist die Pistole auf das Herz von England gerichtet«). Als Teil des niederländischen Königreichs nach dem Wiener Kongress stiegen durch den Handel mit den holländischen Kolonien Wohlstand und Einwohnerzahl erheblich an. Weiteren Aufschwung brachte der Rückkauf des 1839 den Holländern zugestandenen Scheldezolls im Jahr 1863. Parallel zum wirtschaftlichen Aufstieg wurde die Stadt seit 1859 zu einer der stärksten Festungen Europas ausgebaut.

◄ Weltkriege

Dennoch wurde Antwerpen im Oktober 1914 von den Deutschen besetzt. In der Zwischenkriegszeit nahm der Güterverkehr ständig zu und Antwerpen stieg zu alter Bedeutung auf: 1920 fanden die VII. Olympischen Spiele statt; 1930 war Antwerpen (nach 1885 und 1894) wiederum Schauplatz einer Weltausstellung. Doch im Zweiten Weltkrieg sah sich Antwerpen von 1940 bis 1944 ein weiteres Mal der Besetzung durch deutsche Truppen und heftigen Bombardements ausgesetzt und auch nach der Befreiung gingen noch **800 V 1- und V 2-Flugkörper** auf das Stadtgebiet nieder.

◄ Gegenwart

Nach dem Zweiten Weltkrieg stieg der Güterverkehr weiter an. Der Äußere Stadtwall wurde beseitigt und ist heute nur noch an den Wassergräben (»Vestingwater«) zu erkennen. Seit September 1989 verfügt die Stadt über die größte Seeschleuse der Welt, die Berendrechtsluis. Mit der Sanierung der Scheldekais schuf man sich einen attraktiven neuen Stadtteil. In den vergangenen Jahren machte Antwerpen allerdings durch den rechtsextremen Vlaams Blok und die als Antwort darauf entstandenen muslimischen Milizen Schlagzeilen.

Highlights Antwerpen

Grote Markt

Zwischen Rathaus und Zunfthäusern wirft Brabo die Hand des Riesen in die Schelde

► Seite 157

Onze Lievevrouwekathedraal

Belgiens größte gotische Kirche besitzt zwei der wichtigsten Werke von Rubens.

► Seite 159

Museum Plantin-Moretus

Einmalig: Eine Druckerei aus dem 16. Jh., angefüllt mit bibliophilen Kostbarkeiten

► Seite 161

Rubenshuis

Wo der Meister lebte und arbeitete.

► Seite 162

Hafenrundfahrt

Auf der Schelde durch den größten Hafen Belgiens, den zweitgrößten Europas und den viertgrößten der Welt ...

► Seite 154 / 168

ANTWERPEN

AUSKUNFT

Grote Markt 11 – 13
B-2000 Antwerpen
Tel. 03 232 01 03, Fax 03 231 19 37
www.visitantwerpen.be
Zweigstelle:
Koningin Astridplein 26
Öffnungszeiten: Mo. – Sa. 9.00 bis 17.45, Sa. u. So. bis 16.45 Uhr

VERKEHR

Metro-Linie vom Groenplaats im Stadtkern über die Centraal Station zum Endpunkt Plantin im Jüdischen Viertel.
Mehrere ***Straßenbahnlinien*** im Innenstadtbereich.
Busse umfahren die Innenstadt mit Ausnahme der Linie 9 (über Minderbroederrui); in die südlichen Stadtteile mit Buslinien 6 und 34. Wichtigster Straßenbahnknotenpunkt ist der Groenplaats; die Buslinien treffen sich größtenteils am Franklin D. Rooseveltplein bei der Centraal Station.

SIGHTSEEING

Kutschfahrten ab Grote Markt: Ostern – Okt. Sa., So. und Fei.; Juli und Aug. tgl.
Antwerp Diamond Bus ab Groenplaats: tgl. 11.00 – 17.00 Uhr im Stundentakt, Zustieg unterwegs möglich.
Geführte Fahrradtour von Toerisme Antwerpen: Juli und Aug. Mo., Mi. und Fr. um 13.45 Uhr ab Büro Grote Markt.
Hafenrundfahrten mit Flandria ab Ableger Londenbrug: April – Okt. tgl. 14.30 Uhr (Fahrtzeit 2 St. 20 Min.).

SHOPPING

Rund um die *Centraal Station*: Diamanten und Schmuck in der Peli-

Antwerpen Orientierung

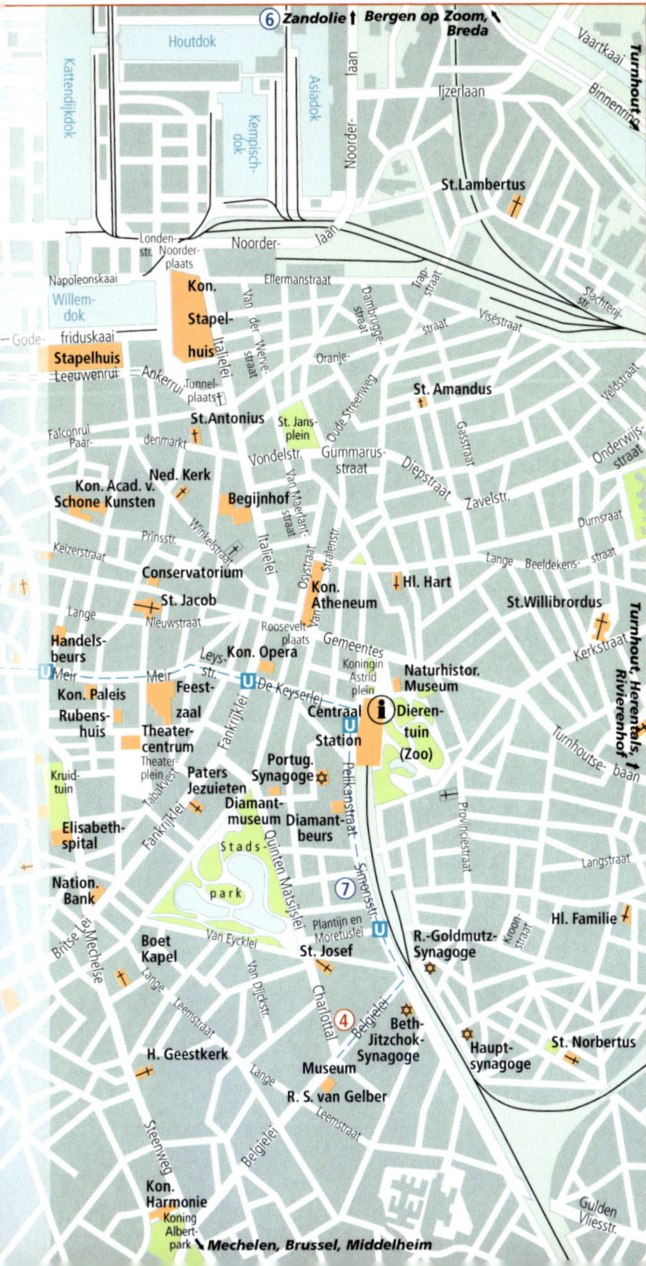

Essen

1. Het Nieuwe Palinghuis
2. Fornuis
3. Dock´s Café
4. De kleine Zavel
5. Zuiderterras
6. Het Pomphuis
7. Hoffy´s

Übernachten

1. Rubens
2. t'Sandt
3. Villa Mozart
4. Plaza
5. International Zeemanshuis

kaanstraat, Lebensmittel in »Chinatown« (Van Wesenbekestraat), Mode in Keyserlei und Frankrijklei.
Meir: Mode und Schuhe der internationalen Ketten
Hoogstraat, Kloosterstraat, Wolstraat: Antiquitäten, Trödel, Secondhand
»*Wilde Zee*« zw. Huidevetter- und Lange Gasthausstraat: Designermode
Nationalestraat: Hauptachse des Antwerpener Modeviertels
Flohmärkte: Vrijdagmarkt (Fr. 9.00 – 13.00 Uhr), Lijnwaadmarkt (Ostern – Okt. Sa. 9.00 – 17.00 Uhr)
Vogelmarkt am Theaterplein (So. 8.00 – 13.00 Uhr), Sa. Lebensmittel.

ESSEN

► Fein & teuer

① ***Het Nieuwe Palinghus***
Sint-Jansvliet 14, Tel. 03 231 74 45
Ruhetag: Mo., Di. und Juni
Alt-Antwerpener Fischrestaurant, natürlich mit der Namen gebenden Spezialität Aal.

② ***'t Fornuis***
Reyndersstraat 24, Tel. 03 233 62 70
Ruhetag: Sa., So. und Aug.
Die Nr. 1 der Stadt präsentiert sterngekrönte Küche im Ambiente eines Hauses aus dem 17. Jh.

► Erschwinglich

③ ***Dock's Café***
Jordaenskaai 7, Tel. 03 226 63 30
Ruhetag: Sa. mittags
Große, angesagte Brasserie mit mediterran angehauchter Küche. Bekannt für die Austernbar.

④ ***De kleine Zavel***
Stoofstraat 2, Tel. 03 231 96 91
Ruhetag: Sa. mittags
Ein junges, freundliches Team serviert in einem alten Lagerraum mit knarzenden Holzböden originell zubereitete Speisen. Spezialität: Fischgerichte.

Baedeker-Empfehlung

⑤ ***Zuiderterras***
Ernest Van Dijckkaai 37,
Tel. 03 234 12 75
Moderne belgische Küche in cooler Dampfschiff-Architektur; Aussicht auf die Schelde.

⑥ ***Het Pomphuis***
Siberiastraat, Tel. 03 770 86 25
Belgische und internationale Küche kommt hier auf die Tische. Die stehen zwischen alter Technik in einem riesigen Pumpenhaus am Amerikadok.

► Preiswert

⑦ ***Hoffy's Take Away***
Lange Kievitsstraat 52,
Tel. 03 234 35 35
Wer Gefilte Fisch oder Karpfenfrikadellen kosten möchte, trete ein in das Reich der Gebrüder Hoffmann – beste koschere Küche im Diamantenviertel.

ÜBERNACHTEN

► Luxus

① ***Rubens Grote Markt***
Oude Beurs 29, B-2000 Antwerpen
Tel. 03 226 95 82,
Fax 03 222 48 48
www.hotelrubensantwerp.be
35 Z. Eine der luxuriösesten Herbergen der Stadt, nahe dem Grote Markt, lockt mit einem romantischen Garten und einem ruhigen Innenhof.

② ***'t Sandt***
Zand 13 – 19, B-2000 Antwerpen
Tel. 03 232 93 90, Fax 03 232 56 13
www.hotel-sandt.be
30 Suiten, 6 Appartements und 1 Penthouse mit einem idyllischen Innenhof inmitten der historischen Altstadt.

► **Komfortabel**

③ ***Best Western Hotel Villa Mozart***
Handschoenmarkt 3 – 7,
B-2000 Antwerpen
Tel. 03 231 30 31, Fax 03 231 56 85
25 Z. Zentraler geht es kaum: zwischen Kathedrale und Schelde. Mit Terrassenrestaurant.

④ ***Plaza Hotel***
Charlottalei 49, B-2018 Antwerpen
Tel. 03 287 28 70, Fax 03 287 28 71
www.plaza.be
80 Z. Großes, stilvolles Familienhotel mit geräumigen Zimmern in einer relativ ruhigen Seitenstraße. Von der nahe gelegenen Trambahnstation ist man schnell im Zentrum.

► **Günstig**

⑤ ***International Zeemanshuis***
Falconrui 21, B-2000 Antwerpen
Tel. 03 227 54 33, Fax 03 234 26 03
www.zeemanshuis.be
114 Z. Sehr anständige, jüngst renovierte Unterkunft zu unschlagbar günstigem Preis. Seemannsgarn inklusive.

Grote Markt und Scheldeufer

Das Zentrum des alten Antwerpens ist der Grote Markt, in dessen Mitte Jef Lambeaux 1887 den großen **Brabofontein** (Brabo-Brunnen) aufstellte, der Silvius Brabo darstellt, wie er die dem Riesen Antigonus abgeschlagene Hand in die Schelde wirft. **✶✶ Grote Markt**

An der Westseite erstreckt sich 78 m lang das 1561 bis 1565 von Cornelis Floris de Vriendt errichtete Stadhuis. Am Mittelgiebel erkennt man u. a. von links nach rechts die Wappen der Herzöge von Brabant, Philipps II. und der Markgrafschaft Antwerpen, dazwischen Allegorien auf die Weisheit und die Gerechtigkeit. ✶ ◄ Stadhuis

Die übrigen Gebäude rundum sind meist ehemalige Zunfthäuser (Gildehuizen) aus dem 16. und 17. Jh.: an der Nordseite u. a. das Zunfthaus der Küfer (Nr. 5), das Gildehaus der Schützen (Nr. 7) und das Haus der Krämer (Nr. 11); südöstlich stehen das Zunfthaus der Gewandschneider (Nr. 38) sowie das Haus der Zimmerleute (Nr. 40). Die Straßen hinter dem Rathaus (Gildekamersstraat) und nördlich davon (Zilversmid-, Braderij- und Kuipersstraat) geben noch einen Begriff von der Schönheit des alten Antwerpens. ◄ Zunfthäuser

Direkt hinter dem Rathaus, in zwei Gildehäusern in der Gildekamersstraat, ist das Antwerpener **Volkskundemuseum** eingerichtet. Es zeigt u. a. Marionetten, Kostüme, eine vollständig eingerichtete Apotheke und ein Drogistenlabor. Nach Süden öffnet sich der Grote Markt zur Straße Suikerrui, wo sich in Nr. 19 das Ethnografische Museum befindet (Öffnungszeiten für beide Museen: Di. – So. 10.00 bis 17.00 Uhr). ◄ Museen

Das Vleeshuis (Fleischhalle) in der Vleeshouwerstraat, ein 1501 bis 1504 errichteter spätgotischer Backsteinbau mit dem Ratssaal der Fleischergilde, wurde so dicht an der Schelde gebaut, damit das Blut der geschlachteten Tiere in den Fluss abfließen konnte. Es beherbergt **Nördlich vom Grote Markt** ✶ ◄ Vleeshuis

Abends trifft man sich vor dem Rathaus.

heute eine **hervorragende Musikinstrumentensammlung**, die einzigartige Cembali aus der Werkstatt der Instrumentenbauer Ruckers enthält (Öffnungszeiten: Di. – So. 10.00 – 17.00 Uhr).

Sint-Pauluskerk ▶

Durch die Vleeshouwerstraat kommt man zum einstigen Viehmarkt. Hier wurde 1517 mit dem Bau der spätgotischen Sint-Pauluskerk begonnen, der erst 1639 vollendet wurde; der Glockenturm stammt aus dem Jahr 1680. Hätten bei einem Brand 1968 die Anwohner nicht beherzt eingegriffen, wäre einiges der wertvollen Inneneinrichtung verlorengegangen. Dazu zählen die barocken Beichtstühle von Pieter Verbruggen d. Ä. und **drei Rubens-Gemälde**: »Geißelung Christi« (1617) im linken Seitenschiff sowie »Anbetung der Hirten« und »Streitgespräch über das hl. Sakrament« im linken Querschiff (Öffnungszeiten: März – Okt. tgl. 14.00 – 17.00 Uhr).

Scheldeufer

Nationaal Scheepvaartmuseum ▶

Nicht weit ist es vom Grote Markt zur Schelde. Die zwei Promenaden dort eröffnen einen umfassenden Blick über den belebten Strom sowie auf die Kathedrale und den **Steen**, die Antwerpener Burg, die auf das 10. Jh. zurückgeht und bis 1823 als Gefängnis diente. Am Aufgang steht der »Lange Wapper«, eine Antwerpener Volksfigur. In der Burg zeigt das Nationale Schifffahrtsmuseum Schiffsmodelle, darunter ein flämisches Kriegsschiff des 15. Jh.s, Dschunken und andere asiatische Wasserfahrzeuge, Buddelschiffe, Gallionsfiguren sowie eine reichhaltige Sammlung von Seefahrtinstrumenten,

Blick über die Suikerrui auf die erleuchtete Kathedrale

Werkzeugen und Land- und Seekarten. Zum Museum gehört auch die im Fluss ankernde »Lauranda«, auf der wechselnde Ausstellungen zu sehen sind (Öffnungszeiten: Di. – So. 10.00 – 17.00 Uhr).

Sint-Annatunnel

Am Ende der Südterrasse steigt man am Sint-Jansvliet zum 572 m langen Schelde-Tunnel hinab. Der 31,5 m unter der Scheldeoberfläche verlaufende Fußgängertunnel wurde 1933 fertig gestellt.

Kathedrale und Umgebung

★★ **Onze-Lieve-Vrouwekathedraal**

Öffnungszeiten: Mo. – Fr. 10.00 – 17.00, Sa. 10.00 – 15.00, So. u. Fei 13.00 – 16.00

Im Stadtbild nicht zu übersehen ist der Turm der Onze-Lieve-Vrouwekathedraal, der größten gotischen Kirche Belgiens und der Niederlande. Ihr Bau begann 1352 und zog sich bis 1521 hin. An ihr arbeiteten die Baumeister Jacob van Thienen, Pieter Appelmans, Jan Tac, Everaert Spoorwater, Herman und Dominik de Waghemakere sowie Rombout Keldermans. Erst durch einen Brand 1533, dann durch die Bilderstürmer 1566, anschließend durch die Calvinisten 1581 sowie durch die Truppen der Französischen Republik 1794 und 1800 erlitt die Kirche starke Beschädigungen und verlor zahlreiche Kunstwerke. Äußerliche Restaurierungen waren schon im 19. Jh. notwendig, sodass die Figuren an den Außenseiten allesamt neueren Datums sind. Die Wiederherstellung des Innenraums wurde 1965 begonnen und war 1993 abgeschlossen.

Türme ► Der filigran wirkende, 123 m hohe Nordturm ist das weithin sichtbare Wahrzeichen Antwerpens und trägt ein Glockenspiel aus 47 Glocken. Der Südturm blieb unvollendet.

Innenraum ► Das 117 m lange, 55 m breite und 40 m hohe Innere der Kathedrale zeichnet sich durch Weiträumigkeit und malerische Perspektive der sieben Kirchenschiffe aus. Die Kanzel ist ein barockes Werk von Mi-

Onze Lieve Vrouwekathedraal

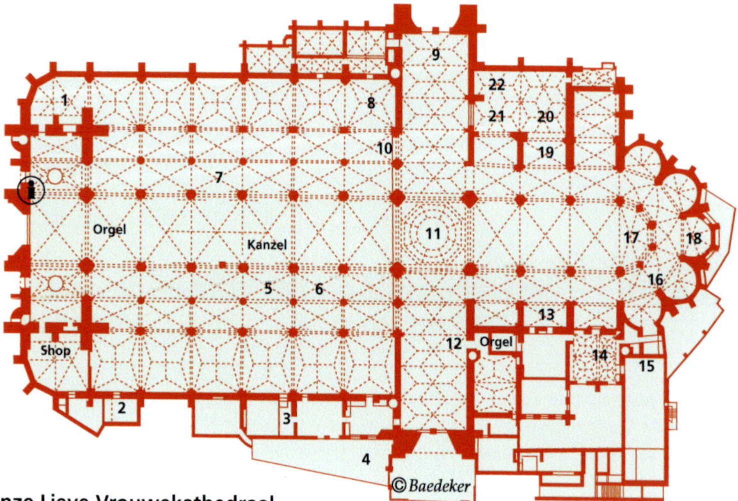

Onze Lieve Vrouwekathedraal

A Taufkapelle
B Liebfrauenkapelle
C Sakramentskapelle
D Sakristei

1 H. van Balen: »Hl. Familie mit Engeln« (17. Jh.)
2 Unbekannter Meister: »Johannes der Täufer und Apostel Johannes« (Glasfenster; 1525)
3 J. van Gérinnes(?): Grabmal der Isabella von Bourbon (1478)
4 L. van Noort: »Abendmahl« (Glasfenster; 1566)
5 R. van Olim: Die »Bekehrung des hl. Paulus« (Glasfenster; 1537)
6 Unbekannter Meister: »Anbetung der Könige« (Glasfenster; 1537)
7 Unbekannter Meister: »Madonna des Maaslandes« (Alabaster; 14. Jh.)
8 Unbekannter Meister: »Unsere Liebe Frau von Antwerpen« (Holz; 16. Jh.)
9 C. Cussers: »Die Erzherzöge Albrecht und Isabella knieen von dem Kreuz« (Glasfenster; 1616)
10 P. P. Rubens: »Die Kreuzaufrichtung« (1610)
11 C. Schut: »Mariä Himmelfahrt« (1647)
12 P. P. Rubens: »Die Kreuzabnahme« (1612)
13 P. P. Rubens: »Auferstehung Christi« (1612)
14 A. Quellin d. J.: Grabmal des Bischofs Capello (1676)
15 Unbekannter Meister: »Kalvarienberg mit hl. Sebastian« (Fresko; 15. Jh.)
16 Unbekannter Meister: »Philipp II., hl. Paulus und Andreas, Maria von Tudor« (Glasfenster; 1556/1557)
17 P. P. Rubens: »Mariä Himmelfahrt« (1625/1626)
18 A. Mathijssens: »Mariä Tod« (1633)
19 Antoniusalter (Entwurf A. Quellin d. J.; 17. Jh.)
20 Unbekannter Meister: »Heinrich VII. und Elisabeth (Englisches Fenster)« (Glasfenster 1503)
21 Unbekannter Meister: »Philipp der Schöne und Johanna die Wahnsinnige mit ihren Schutzheiligen (Burgundisches Fenster)« (Glasfenster; 1503)
22 A. van Beveren/A. Quellin d.J.: Sakramentshaus (1659-1661)

chel van der Voort aus dem Jahr 1713. Unter den zahlreichen Kunstwerken ragen in besonderem Maße zwei berühmte Meisterwerke von Peter Paul Rubens heraus: »Die Kreuzaufrichtung« und »Die Kreuzabnahme«. Beide Gemälde entstanden 1610 bis 1614 kurz nach Rubens' Rückkehr aus Italien und **zählen zu den wichtigsten Werken der Barockmalerei**. »Die Kreuzabnahme« war eine Auftragsarbeit für die Antwerpener Schützengilde, »Die Kreuzaufrichtung« malte Rubens ursprünglich für den Hauptaltar der Sint-Walburgakerk. Zwei weitere seiner Gemälde verdienen ebenfalls Beachtung: »Mariä Himmelfahrt« (1626), das Altarbild der Kathedrale und vielleicht die schönste unter den zehn derartigen Darstellungen von Rubens' Hand, sowie eine »Auferstehung Christi« (1612), eine Arbeit für die Druckerfamilie Moretus. Angesichts von so viel Rubens sollte man aber auch einige andere Kunstwerke von Rang nicht übersehen, darunter das Kuppelfresko »Mariä Himmelfahrt« von Cornelis Schut und die feine Alabaster-»Madonna des Maaslands«.

★★

◄ Rubens-Gemälde-Abb. S. 59

Handschoenmarkt und Groenplaats

Auf dem Handschoenmarkt vor der Kathedrale steht der »Put«, ein schmiedeeiserner Brunnen mit einer Brabo-Figur (15. Jh.), der Quentin Massys zugeschrieben wird; südlich der Kathedrale liegt der Groenplaats mit einem Rubensstandbild von 1840.

Sint-Carolus-Borromeuskerk

Nordöstlich der Kathedrale, am heutigen Hendrik-Conscienceplein, erbauten die Jesuitenpater d'Aguillon und Huyssens 1614 bis 1621 die Sint-Carolus-Borromeuskerk, die 1718 fast völlig abbrannte. Unwiederbringlich verloren gingen dabei 39 Deckengemälde aus der Rubenswerkstatt und von van Dyck. So zeigt sich die barocke Pracht der Kirche vor allem in der klar gegliederten Hauptfassade, die nach einem Entwurf von Rubens ausgeführt wurde. Der 58 m hohe Glockenturm gilt als einer der schönsten Belgiens. Innen fallen die barocken Beichtstühle mit Holzreliefs aus dem Leben der hl. Ignatius und Franz Xaver auf. Für den Altar schuf Rubens drei Gemälde (heute im Kunsthistorischen Museum in Wien). In Galerie, Krypta und Sakristei ist religiöse Kunst ausgestellt, u. a. schöne Spitzenarbeiten.

★★ **Museum Plantin-Moretus**

Öffnungszeiten: Di. – So. 10.00 – 17.00

Am Vrijdagmarkt, südlich der Kathedrale, bezog im Jahr 1576 der aus Frankreich stammende Drucker Christophe Plantin das Haus »De gulden Passer«, das er und seine Nachfolger, die Familie Moretus, in den folgenden Jahrzehnten ausbauten und so eines der schönsten Beispiele flämischer Renaissance-Architektur der Nachwelt hinterließen. Heute ist das Haus mit der altflämischen Patrizierwohnung, den Geschäftsräumen und dem weinumrankten Innenhof Museum und führt eine frühe Druckerwerkstatt mit Kontor und Setzerei vor, wie sie sonst nirgends so ausgezeichnet erhalten ist. Der Rundgang führt durch 34 Räume; herausragend sind: Saal 3 mit Handschriften aus dem 9. bis 16. Jh., darunter eine Ausgabe der **Chronik von Jean Froissart** (15. Jh.) und die **Bibel des böhmischen Königs Wenzel** (1401/1402); Säle 7 und 9 über die Geschichte des Buches und des Buchdrucks; Saal 14, das Herzstück des Hauses, die Druckerei mit acht originalen Druckpressen, den ältesten weltweit; Saal 16, der so genannte »Zweite Plantiner Saal« mit einer Ausgabe der **»Biblia Regia«**; Saal 18 über die Geschichte der Familie Moretus mit der ersten Abbildung einer Kartoffelpflanze in Europa (1588); Saal 23 mit einem Atlas von Abraham Ortelius von 1591; Saal 24 über die Entwicklung der Buchdruckerkunst in Europa mit einer **36-zeiligen Gutenberg-Bibel**; Saal 33 mit der Büchersammlung Max Horn.

i Die PlantinscheDruckerei

- Die Plantinsche Druckerei wurde 1549 von Christophe Plantin (1520 – 1589) gegründet und befindet sich seit 1576 am Vrijdagmarkt. Sie betrieb 16 Pressen und war damit die mit Abstand größte ihrer Zeit in Europa. Über 1500 verschiedene Bücher wurden in Plantins Werkstatt gedruckt; sein Meisterwerk war die achtbändige »Biblia Regia« oder »Biblia Polyglotta« in hebräischen, syrischen, aramäischen, griechischen und lateinischen Lettern. Seit der Mitte des 17. Jh.s beschränkte man sich auf Mess- und Gebetbücher, für welche Plantin 1570 von Philipp II. das alleinige Herstellungsrecht in allen spanischen Ländern erhalten hatte. Als die spanische Regierung 1800 dieses Privileg aufhob, war das Ende der Werkstatt gekommen.

Rechts und links der Meir

Meir Die Straße Meir ist die Antwerpener Hauptgeschäftsstraße. Sie beginnt am Torengebouw und führt zunächst am ehemaligen Königlichen Palast (Koninklijke Paleis) vorbei, das 1745 als Patrizierhaus mit sehr schöner Rokokofassade gebaut wurde. Unter der französischen Besatzung bezog hier Napoleon Quartier, heute ist es Sitz des internationalen Kulturzentrums I.C.C., das Ausstellungen zeitgenössischer Kunst veranstaltet. Meir Nr. 85 ist das Osterrieth-Huis, ebenfalls ein Rokoko-Haus aus dem 18. Jh., jetzt Sitz einer Bank. Am östlichen Ende der Meir stehen zu beiden Seiten der Straße identische Warenhäuser im Jugendstil.

**** Rubenshuis** Am ehemaligen Palast zweigt die breite Wapper ab. Hier lebte in Haus Nr. 9 Peter Paul Rubens. Er hatte es 1610 – ein Jahr nach der Heirat mit Isabella Brant – gekauft und lebte hier bis zu seinem Tod 1640. Im linken Flügel wohnte er, im rechten war sein Atelier. Beide Teile verbindet ein kunstreicher Portikus. Im 18. Jh. ging das Gebäude in den Besitz eines Adligen über. Die französischen Revolutionäre machten daraus ein Gefängnis, danach verfiel es. Erst 1937 kam es in den Besitz der Stadt und wurde dann von 1939 bis 1946 restauriert. Die zehn Wohnräume sind mit zeitgenössischen Möbeln und zahlreichen Originalgemälden ausgestattet, darunter Werke von Rubens selbst (Selbstporträt im Esszimmer, um 1625 / 1628), von Snyders, Jan Brueghel, Veronese, Jordaens und Otto Venius. Im großen Atelier hängen Rubens' »Adam und Eva im Paradies« sowie Werke seiner Schüler. Vom Hof geht es durch drei von Rubens entworfene Bögen in den Garten, der ebenfalls nach Plänen des Meisters gestaltet ist (Öffnungszeiten: Di. – So. 10.00 – 17.00 Uhr).

Handelsbeurs

Vom Beginn der Meir kommt man linkerhand durch die Twalfmaandenstraat zur Handelsbörse, heute eine Rekonstruktion des 1858 durch Brand zerstörten, von Dominik de Waghemakere 1531 erbauten Gebäudes. Durch den 1868 bis 1872 von Jos Schadde mit einer mächtigen glasgedeckten Halle errichteten Nachbau führt von allen vier Seiten ein öffentlicher Durchgang.

Lange Nieuwstraat

Wenig nördlich der Börse verläuft die Lange Nieuwstraat. An ihr liegt, von einem malerischen Platz umgeben, das **Sint-Niklaashospitaal** aus dem 15. Jh., zu dem eine spätgotische Kapelle gehört. Nr. 31 ist die **Bourgondische Kapel**, in der Wandmalereien mit heraldischen Motiven aus dem späten 15. Jh. zu sehen sind.

✶ Sint-Jacobskerk

Der Innenraum der gotischen Sint-Jacobskerk ist in prächtigstem Barock gehalten und hinsichtlich seiner Kunstschätze einer der reichsten Kirchenräume Antwerpens. Hier hatten die ersten Familien der Stadt ihre Grabgewölbe, Privatkapellen und Altäre und belegten eigene Plätze im Chorgestühl; so erkennt man am 12. Chorplatz links **das Wappen der Familie Rubens**. Hinter dem Hochaltar sind der 1640 gestorbene Maler und andere Familienmitglieder begraben. Das Altarbild »Die Hl. Jungfrau mit dem Kinde und anderen Heiligen« (1634) hat Rubens kurz vor seinem Tod für seine Grabkapelle bestimmt. In den Zügen des hl. Georg glaubt man Rubens selbst zu erkennen; Isabella Brant war das Vorbild für die hl. Jungfrau und Hélène Fourment, Rubens' zweite Frau, diente als Modell für Maria Magdalena. Weitere Gemälde in der Kirche stammen u. a. von De Vos, Seghers, Jordaens (»Heilung der Pestkranken«, neben der Rubenskapelle), Venius (»Hl. Jungfrau«, 4. Kapelle im rechten Seitenschiff) und Rockox (Triptychon »Jüngstes Gericht«, 3. Kapelle im linken Seitenschiff), Der Hauptaltar trägt die Marmorskulptur »Verklärung des hl. Jacobus« (1685) von Kerricx und Artus Quellin d.J. (Öffnungszeiten: April – Okt. Mo. – Sa. 14.00 – 17.00 Uhr).

✶ ✶ ◄ Rubenskapelle

Rockoxhuis

An der Keizerstraat steht das an seiner weißen Fassade zu erkennende Rockoxhuis. Nicolaus Rockox (1560 – 1640), Bürgermeister von Antwerpen, Kunstsammler, Freund und Förderer von Rubens, kaufte es 1603. Heute zeigt es wertvolle Möbel, Porzellan, Glas, Keramik und Kunstwerke aus dem 16. und 17. Jh., darunter zwei Werke von Rubens: »Maria betet das schlafende Jesuskind an« und die Skizze »Kreuzigung« aus dem Besitz von George Sand. Weitere Gemälde stammen u. a. von Jordaens, Massys, Teniers, Snyders und van Dyck (Öffnungszeiten: Di. – So. 10.00 – 17.00 Uhr).

Museum für das Flämische Kulturleben

Manuskripte, Bücher und Briefe flämischer Autoren seit dem 18. Jh. dokumentiert das Archiv und Museum für das Flämische Kulturleben (Letterenhuis) in der Minderbroederstraat 22 (Öffnungszeiten: Di. – Sa. 10.00 – 17.00 Uhr).

Südliche Innenstadt

ModeNatie

Seit in den 1980ern einige junge Modedesigner der Akademie der Schönen Künste mit ihren Entwürfen Furore machten, hat Antwerpen in der Modewelt einen großen Namen. Die Akademie, das Flanders' Fashion Institute und das Modemuseum haben ihren Sitz in der sog. ModeNatie in der Nationalestraat 28 hat 2002. Das Museum präsentiert seine Schätze in zwei jährlich wechselnden Ausstellungen im Kontext mit aktuellen Strömungen (Öffnungszeiten: Di. – So. 10.00 – 18.00 Uhr).

✶ Modemuseum (MoMu) ►

Antwerpen pflegt seinen Ruf als avantgardistische Modehauptstadt Belgiens natürlich auch mit entsprechend inszenierten Shows im Modemuseum.

Sint-Andrieskerk

Mit dem Bau der gotischen Sint-Andrieskerk wurde 1515 begonnen. Sie besitzt eine kanzel mit der Darstellung des Fischzugs des Petrus (1821), den »Reliquienschrein der 36 Heiligen« sowie an einem Pfeiler im südlichen Querschiff ein Denkmal für Maria Stuart, gestiftet von zwei ihrer Hofdamen (Öffnungszeiten: Mitte April – Ende Okt. Mo., Mi., Fr. 9.00 – 12.00 und 14.00 – 17.00 Uhr).

*** Museum Mayer van den Bergh**

Der Sammler Fritz Mayer van den Bergh hat in den 1890er-Jahren eine Sammlung von über 3000 Kunstobjekten zusammengetragen, die heute im Haus Lange Gasthuisstraat 19 ausgestellt werden. Dazu gehören Werke von allererster Qualität wie **Gemälde von Pieter Brueghel d. Ä.** (»Dulle Griet« und »Die 12 Sprichwörter«, das erste von Brueghel signierte Gemälde; beide in Raum 26), Rubens, Jordaens, Bouts, van der Weyden, van Ostade, Lucas Cranach und Quentin Massys; weiterhin ein einzigartiges flämisches Brevier aus dem 16. Jh., eine Elfenbeinsammlung (alle Raum 20), eine polychrome »Christus und Johannes«-Skulptur von Heinrich von Konstanz aus dem Jahr 1300 sowie ein niederländisches Diptychon um 1400 (beide Raum 14; Öffnungszeiten: Di. – So. 10.00 – 17.00 Uhr).

! *Baedeker* TIPP

Zweimal Mode

Die neuesten Kreationen von Ann Demeulemeester – »Gründungsmitglied« der Modeszene – findet man am Leopold de Waelplaats in einem spartanisch eingerichteten, lichtdurchfluteten Eckhaus aus dem 19. Jh.; günstiger ist es bei »Naughty«, dem angesagtesten Shop für Secondhand-Design (Kammenstraat).

Maagdenhuis

Lange Gasthuisstraat 33 ist das Maagdenhuis (Jungfrauenhaus), ein im 17. Jh. errichtetes ehemaliges Waisenhaus für Mädchen. Im Museum mit Archiv kann man neben einer Darstellung der Geschichte des Hauses und der Waisen auch Gemälde (Jordaens, Venius, van Dyck) sowie eine seltene Sammlung von Schüsseln aus Antwerpener Fayence sehen (Öffnungszeiten: Mo. – Fr. 10.00 – 17.00, Sa., So. 13.00 – 17.00 Uhr).

*** Koninklijk Museum voor Schone Kunsten**

Das Königliche Museum der Schönen Künste am Leopold de Waelplaats ging aus der Hinterlassenschaft der 1442 gegründeten Lukasgilde der Maler und Bildhauer hervor. Nach deren Auflösung 1773 übernahm die Akademie der Schönen Künste im ehemaligen Minoritenkloster die Kunstwerke. Florent van Ertborn, einstiger Antwerper Bürgermeister, vergrößerte Mitte des 19. Jh.s durch Schenkungen die Bestände beträchtlich, sodass der Platz in der Akademie bald nicht mehr ausreichte und man den Bau eines Museums beschloss, das 1890 eröffnet wurde.

◄ Wichtige Werke

Von den gut vertretenen Altniederländern des 15. Jh.s sind der Flügelaltar der sieben Sakramente des **Rogier van der Weyden** sowie zwei kleine Bilder von **Jan van Eyck**– »Madonna am Brunnen« und »Hl. Barbara« (Saal Q) – hervorzuheben, ferner der große Flügelaltar von **Hans Memling** und das Porträt von Johann von Candida vom selben Künstler (Saal T). Aus dem 16. Jh. stammt der Flügelaltar der Grablegung Christi, ein Hauptwerk von **Quentin Massys** (Saal R). Von **Rubens** besitzt das Museum ausgezeichnete religiöse Darstellungen wie die »Letzte Kommunion des hl. Franziskus«, die »Anbetung der Könige«, die »Erziehung der Jungfrau« und die »Jungfrau mit dem Papagei« (Saal I). Die Vorgänger, Schüler und Nachahmer von Rubens sind in zahlreichen Werken vertreten. Die Gemälde von Jordaens und van Dyck sind gute Leistungen, reichen jedoch an die besten Arbeiten der beiden nicht heran. Charakteristisch für das Genre sind die Proben der flämischen Bildniskunst des 16. und 17. und der Tier- und Stilllebenmalerei des 17. Jh.s wie Snyders, ferner aus der holländischen Schule des 17. Jh.s ein »Junger Fischer« von Frans Hals und ein Bildnis von Rembrandt. Von den belgischen Künstlern des 19. und 20. Jh.s sind Henri de Braekeleer, James Ensor, Rik Wouters (»Lesende«) und René Magritte hervorzuheben (Öffnungszeiten: Di. – Sa. 10.00 – 17.00, So. bis 18.00 Uhr).

! *Baedeker* TIPP

Del Rey – Süßes aus Antwerpen

Seit 1983 kreiert Bernard Proot seine preisgekrönten Pralinen und Torten in der Appelmansstraat 5 (Querstraße Keyserlei) – und verkauft sie natürlich auch (www.delrey.be).

Het Zuid

Schlicht »Der Süden« nennt sich Antwerpens Trendviertel, das sich rund um das Kunstmuseum bis zum südlichen Scheldeufer erstreckt: Angesagte Bistros, Kunst, schicke Apartments und bemerkenswerte Architektur wie den Justizpalast von Richard Rogers und Ove Arup hat die Sanierung des abgehalfterten Südhafens an Waalsekaai und Vlaamsekaai hervorgebracht. Dazu kommen zwei Museen: Schon 1987 ist das Museum für Gegenwartskunst in der vom Waalsekaai abgehenden Leuvenstraat in einem ehemaligen Getreidesilo (Nr. 32) mit schöner Art-Déco-Fassade eröffnet worden; neben den ausgestellten Werken ist auch die Cafeteria bemerkenswert, in der der New Yorker Graffitikünstler Keith Haring eine Wand besprüht hat. Am Waalsekaai 47 zeigt in einem alten Lagerhaus das Provinciaal Museum voor Fotografie die Geschichte der Fotografie anhand zahlreicher Fotoapparate und alter Aufnahmen (Öffnungszeiten für beide Museen: Di. – So. 10.00 – 17.00 Uhr). Und im Hangar 15 am Cockerillkaai 50 bietet **»Magic World«** eine audiovisuelle Show zu Natur- und Technikgeschichte sowie ein Miniaturmodell der Stadt Antwerpen (Öffnungszeiten: tgl. 10.00 – 18.00 Uhr).

Museum voor Hedendaagse Kunst ►

Provinciaal Museum voor Fotografie ►

Avenuen und Neustadt

Avenuen

An Stelle des 1540 bis 1543 angelegten Festungswalles mit zehn Bastionen und bis zu 10 m hohen Mauern umschließen heute breite Avenuen (fläm. Leien) die Ostseite der Altstadt und trennen diese von der Neustadt. Von Nord nach Süd sind dies Italiëlei, Frankrijklei – wo am Tenierplaats die 1907 erbaute **Koninklijke Vlaamse Opera** steht –, Britselei (mit dem alten Justizpalast) und Amerikalei.

★ **Centraal Station** Abb. S. 90

Vom Tenierplaats führt die von Cafés, Kinos und Hotels gesäumte Keyserlei zur Centraal Station, dem Hauptbahnhof – aber was für einer! Sein mittlerer Teil, der »Middenstatie« mit imponierender Treppe und fantastischer Kuppel (1895 – 1905) ist ein überschwängliches Zeugnis des Geists der Wende vom 19. zum 20. Jahrhundert.

★ **Dierentuin (Zoo)**

Der 10 ha große Zoo von Antwerpen, 1843 gegründet, liegt mitten im Stadtgebiet hinter dem Bahnhof. Er ragt nicht nur durch seine Artenvielfalt und seine Zuchterfolge, sondern auch durch seine Architektur heraus. Während im Eingangsbereich Art-Déco-Fassaden dominieren, fällt im Gelände vor allem das Giraffen- und Elefantenhaus (1855) im Stil eines ägyptischen Tempels auf. Über 6000 Tiere aus 950 Spezies leben heute im Zoo, darunter weiße Nashörner, Okapis und Berggorillas; das Terrarium besitzt u. a. Komodowarane. Delfinarium, Planetarium und das Naturgeschichtliche Museum runden das Angebot ab (Eingang: Koningin Astridplein; Öffnungszeiten tgl. ab 9.00 Uhr). In unmittelbarer Nähe zeigt an der Ecke Van Wesenbekestraat das »Aquatopia« in 35 Aquarien exotische Fische, darunter Haie und Piranhas (Öffnungszeiten: tgl. 10.00 – 18.00 Uhr, Kombikarte mit dem Zoo).

◂ Aquatopia

★ **Provinciaal Diamantmuseum**

Allen Themen rund um die kostbaren Edelsteine widmet sich das interaktiv aufgezogene Provinciaal Diamantmuseum am Koningin Astridplein 19 – 23. Schautafeln informieren über den Abbau, die Verarbeitungsarten und den industriellen Gebrauch von Diamanten. In der Schatzkammer sind echte geschliffene und ungeschliffene Steine sowie Kopien berühmter Steine zu bewundern (Öffnungszeiten: tgl. 10.00 – 17.30 Uhr).

? WUSSTEN SIE SCHON ...?

- Antwerpen ist das Welthandelszentrum für **Diamanten**. 85 % aller Rohdiamanten und 50 % aller geschliffenen Diamanten werden an einer der vier Antwerpener Diamantenbörsen gehandelt. Dabei wurden 2003 schätzungsweise 29 Mrd. € umgesetzt. Doch wird in Antwerpen nicht nur gehandelt, sondern auch geschliffen– »Cut in Antwerp« steht für allerhöchste Güte. Außer ins Diamantenmuseum kann man auch einen Blick in den Showroom von Diamondland in der Appelmansstraat 33 werfen.

Jüdisches Viertel

Diamantenhandel und -schleiferei sind im Jüdischen Viertel angesiedelt. Es erstreckt sich südlich vom Bahnhof zwischen Frankrijklei, Koning Albertpark und über die Bahnlinie hinaus und beherbergt die größte und bedeutendste jüdische Gemeinde in Europa, zu einem guten Teil strenggläubige Chassidim. So begegnen hier noch genügend Männer und Jungen im traditionellen schwarzen Gehrock, mit Hut, Kippa oder Pelzmütze und Peyeslocken. Die quirlige Hauptstraße ist die vom Bahnhof an der Bahnlinie entlang nach Süden laufende Pelikaanstraat. Hier und in den Seitenstraßen haben sich zahlreiche Juweliere, Diamantenhändler und -schleifer niedergelassen, dazu manch koscheres Restaurant und Café.

✶✶ Hafen

Belgiens Tor zur Welt

Der Antwerpener Hafen ist nach dem von Rotterdam der bedeutendste Seehafen Europas und **der viertgrößte der Welt**. Sechs Seeschleusen am rechten und eine Schleuse am linken Ufer verbinden die Hafenbecken mit der Schelde, darunter die 500 m lange und 57 m breite Zandvlietsluis (Fassungsvermögen 613 000 m³) und die 1989 eingeweihte Berendrechtsluis, mit einem Fassungsvermögen von 765 000 m³ **die größte Schleuse der Welt**. Umgeschlagen werden u. a. Lebensmittel, Rohstoffe für die chemische Industrie, Stahl, Erze, Kraftfahrzeuge und vor allem Erdöl und Erdölprodukte, für die Tanks mit einem Gesamtfassungsvermögen von über 10 Mio. m³ bereitstehen. Im Umfeld hat sich eine leistungsfähige Industrie entwickelt, hauptsächlich Petrochemie, Metall verarbeitende Industrie und Lebensmittelindustrie.

Hafenbesichtigung

Die **Flandria-Schifffahrtslinie** bietet Rundfahrten an, die von April bis Oktober tgl. um 14.30 Uhr an der Londenbrug beginnen.

Die ausgeschilderte **»Havenroute«** für Pkw ist 70 km lang und beginnt nördlich vom Steen beim Loodsgebouw, dem Lotsenamt. Unmittelbar daneben liegen die ältesten Bassins, das Bonaparte- und das Willemsdok, an dessen Ostende man das mächtige Koninklijk Stapelhuis erkennt. Die Fahrt geht über das 1853 bis 1860 angelegte Kattendijkdok; nördlich und östlich schließen sich einige kleinere Docks an, u. a. das Straatsburgdok, von dem der Albert-Kanal ausgeht, und das durch die Royerssluis mit der Schelde verbundene Lefebvredok. Nach der Royerssluis fährt man auf der Scheldelaan an Raffinerieanlagen entlang nach Norden, vorbei an der Van Cauwelaertssluis, der Boudewijnsluis und der Eenhoorn-Lillo-Mühle aus dem 17. Jh.

i Antwerpens Hafen in Zahlen

- Fläche: 13 057 ha
- Warenumschlag 2004: 237,4 Mio t
- Ein- und ausfahrende Schiffe 2004: 15 371 aus über 70 Nationen
- Kailänge: 150 km
- Ladekräne: 146
- Schwimmkräne: 3
- Massengutkräne: 9
- Containerkräne: 62
- Schlepper: 32

bis zum **Wendepunkt in Lillo**, einem der letzten Polderorte, die den Hafenausbau halbwegs unbeschadet überstanden haben. Sehenswert sind das Poldermuseum (Öffnungszeiten: Ostern bis Sept. So. und Fei. 13.00 – 18.00 Uhr) und die Reste des Forts von Lillo aus dem 16. Jh., Teil der großen Befestigungsanlagen um Antwerpen. Von Lillo kann man nun weiter nach Norden bis zur riesigen **Berendrechtsluis** fahren oder man unterquert das Kanaaldok im Frans Tijsmanstunnel und fährt auf der Noorderlaan wieder Richtung Antwerpen.

Antwerpens Außenbezirke

✶ Openluchtmuseum voor Beeldhouwkunst Middelheim

Der südlich vom Autobahnring liegende Nachtegalenpark wurde 1910 an Stelle der drei Domänen Den Brandt, Vogelenzang und Middelheim angelegt und umschließt Schloss Middelheim. Im Gelände sind über 300 Plastiken namhafter Künstler wie Auguste Rodin, Aristide Maillol, Henry Moore, Rik Wouters, Louise Nevelson und Alexander Calder verteilt (Öffnungszeiten: tgl. ab 10.00 Uhr; Anfahrt mit Bus Linie 17 ab Hauptbahnhof bis Beukenlaan).

✶ Zurenborgviertel

Das Zurenborgviertel im südöstlichen Stadtteil Berchem entstand um die Wende vom 19. zum 20. Jh. im Stil des Neoklassizismus, der Neorenaissance und des Art Nouveau. Die Cogels-Osylei ist die schönste Straße (Straßenbahn Linien 8, 11).

Rivierenhof und Provinciaal Museum Sterckshof

Im Stadtteil Deurne erstreckt sich die 87 ha große Parkanlage Rivierenhof mit dem Renaissanceschloss Sterckshof, das das Provinzmuseum für Kunsthandwerk (Provinciaal Museum voor Kunstambachten) beherbergt. Es zeigt Möbel, Silber, Glas, Kleider und eine alte Apothekeneinrichtung (Öffnungszeiten: Di. – So. 10.00 – 17.30 Uhr; Straßenbahn Linie 10).

Umgebung von Antwerpen

✶ Kalmthoutser Heide

◄ Kalmthout

Das Naturschutzgebiet Kalmthoutser Heide liegt rund 25 km nördlich von Antwerpen zur niederländischen Grenze hin. Auf 732 ha Fläche dehnen sich Dünen und Heidelandschaft aus; im Putse Moer brüten Möwen, Bekassinen, Brachvögel und Kiebitze. Im Ort Kalmthout lockt das **Kindermuseum** in der Villa des Comic-Zeichners Willy Vandersteen, des Schöpfers von »Suske« und »Wiske«.

Brecht

Brecht, 18 km nordöstlich von Antwerpen im Kempenland, stieg dank der 1515 von Jan de Coster (Johannes Custos) gegründeten Lateinschule zu einem Zentrum des Humanismus auf. 1540 wurde hier der große niederländische Dichter der Renaissance, Jan Baptista van der Noot (Jonker Jan), geboren. Brechts Sint-Michielskerk ist ein schönes Beispiel für eine spätgotische Kirche im Kempenland, dessen Geschichte sowie die Geschichte der Stadt das **Kempisch Museum** zeigt (Öffnungszeiten: April – Sept. jeden 3. So. 14.00 – 18.00 Uhr).

Hoogstraten

Sint-Catharinakerk ▶

6 km nordöstlich von Brecht kommt man in den Erdbeerort Hoogstraten, der überragt wird vom 105 m hohen Turm der Sint-Catharinakerk, die im 16. Jh. von Rombaut Keldermans errichtet wurde. Bernard van Orley entwarf die 16 Glasfenster in Chor und Querschiffen. Unter den Grabmälern ragt das Prunkgrabmal für Antoon van Lalaing und seine Frau Elisabeth van Culembourg heraus, ein Meisterwerk der Renaissancebildhauerei von Jean Mone. Das prächtige Chorgestühl (1532–1548) schuf Albrecht Gelmers. Das Städtische Museum im kleinen Beginenhof zeigt u. a. Werke des flämischen Malers Alfred Ost.

Arlon

N 21

Provinz: Luxembourg
Einwohnerzahl: 25 600
Höhe: 450 m ü.d.M.

Arlon (fläm. Aarlen, dt. Arel) ist eine der ältesten Städte Belgiens, denn es liegt an der Kreuzung der Römerstraßen Reims–Trier und Tongeren–Metz im heutigen südöstlichsten Zipfel Belgiens – Grund genug für die Römer, hier ihre Siedlung Orolaunum zu gründen. Arlon ist Hauptstadt der Provinz Luxembourg.

Sehenswertes in Arlon

Grand-Place

Tour romaine ▶

Mittelpunkt der Altstadt ist die Grand-Place, auf der ein mittelalterliches Kreuz steht, das die Gemeindefreiheiten symbolisiert. Von der Südostecke führt eine Gasse zum Tour Romaine (Römerturm), Rest des römischen Ringwalls aus dem 3. Jh. (Schlüssel gegen Gebühr im Café Le D'Alby gegenüber).

Saint-Donat

Über der Grand-Place ragt der Hügel auf, auf dem einst die Burg der Grafen von Arlon stand. Auf ihren Ruinen bauten Kapuzinermönche 1626 ein Kloster, das Ludwig XIV. wieder zu einer Festung machte, doch 1807 wurde die Kapelle zur heutigen Kirche Saint-Donat erklärt. Eine geschwungene Steintreppe führt hinauf zur Kirche, deren Innenwände im 17. und 18. Jh. mit Fresken ausgemalt wurden, die die Legende des hl. Donatus darstellen. Von der Höhe genießt man einen weiten Blick nach Norden und Westen in die belgischen Ardennen, nach Os-

! *Baedeker* TIPP

Maitrank

In Arlon trinkt man den Maitrank – den es aber das ganze Jahr über gibt. Dabei handelt es sich um einen mit Waldmeisterknospen angesetzten und mit Kognak verstärkten Moselwein, kalt und mit einer Orangenscheibe garniert serviert. Er geht auf eine deutsche mittelalterliche Tradition zurück: Die Mönche der Abtei von Prüm in der Eifel süßten ihren Wein mit Früchten oder aromatischen Pflanzen.

Arlon Orientierung

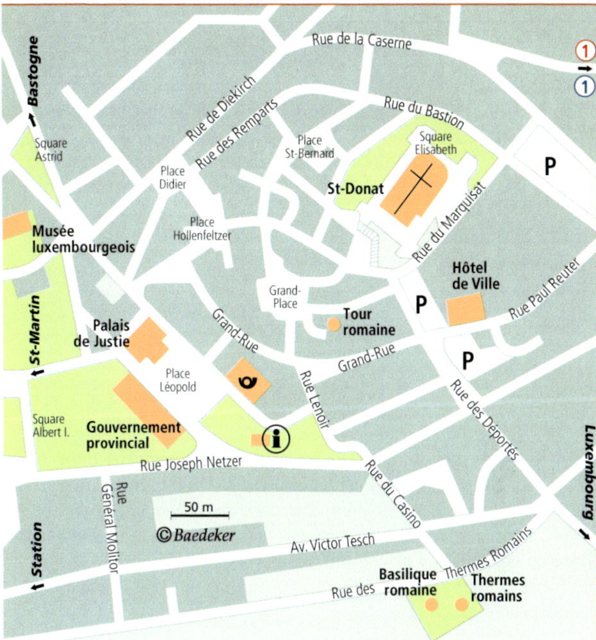

Essen

① Hostellerie de Peiffeschoff

Übernachten

① Hostellerie de Peiffeschoff

ten nach Luxemburg und Deutschland, nach Süden bis Frankreich. An der Westecke des Hügels steht eine Skulptur des »Helleschman«, einer Figur des Karnevals von Arlon.

Place Léopold

Vom Kirchenhügel und über die Grand-Place steigt man hinab zur Place Léopold. Sie wird eingerahmt vom Palais de Justice (1864), vom Gouvernement provincial (1845) und der Post. In der Südecke des Platzes erinnert ein US-Panzer an die Befreiung Arlons im Dezember 1944.

✶ Musée Luxembourgeois

Das Musée Luxembourgeois besitzt **eine für Belgien einzigartige Sammlung römischer Steindenkmäler und Sarkophage**, die allesamt im Umkreis der Tour romaine gefunden wurden. Bemerkenswert sind vor allem ein Relief mit einer Darstellung von Reisenden, hergestellt ca. 175 n. Chr., eine monumentale Satyr-Stele, mehrere Götterreliefs, Alltags- und mythologische Szenen; dazu Vasen, Gläser, Bronzen und Waffen. Ein weiterer Saal widmet sich der merowingischen Zeit, aus der Waffen, Damaszenerarbeiten, Gläser und Gebrauchsgegenstände erhalten sind (Öffnungszeiten: Di. – Sa. 9.00 – 12.00 und 13.30 – 17.30; Mitte. April – Mitte. Sept. auch So. und Fei. 13.30 bis 17.30 Uhr)..

ARLON ERLEBEN

AUSKUNFT

Rue des Faubourgs, 2
B-6700 Arlon
Tel. 063 21 94 54
www.arlon-tourisme.be

ESSEN / ÜBERNACHTEN

► **Erschwinglich / Komfortabel**

① *Hostellerie de Peiffeschof*
Chemin de Peiffeschof, 111,
B-6700 Arlon
Tel. 063 22 44 15, Fax 063 23 33 29
www.peiffeschof.be
9 Z. Hübsches kleines Haus in ländlicher Umgebung 4 km außerhalb; mit gutem Restaurant, dessen Gerichte man auch auf der Gartenterrasse genießen kann, und dem Bistro »Zinc«.

FESTE

Karneval
Fest des Maitranks: 3. oder 4. Sonntag im Mai

Thermes romains und Basilique romaine

Zum Museum gehören die Reste eines Badehauses aus dem 1. Jh. n. Chr. an der Rue des Thermes Romains. Direkt neben den Thermen stehen die Überreste eines aus römischer Zeit stammenden, im 5. und 6. Jh. zur Basilika umgewandelten Gebäudes – die **Relikte der ältesten christlichen Kirche auf belgischem Boden**. Im 6. und 7. Jh. begruben die Franken ihre Toten im Umkreis dieser Basilika.

Umgebung von Arlon

Habay-la-Neuve

14 km nordwestlich liegt Habay-la-Neuve an der Rulles. Es lebte bis zum 18. Jh. von der Metallindustrie. Zeugnisse des verflossenen Reichtums sind ein aufgegebenes Hüttenwerk, die Wappen der Hüttenmeister in der Kirche Saint-Nicolas und einige Schlösser in der waldreichen Umgebung wie das Château Pont d'Oye (1742) 2 km östlich Richtung Martelange, im 19. Jh. Treffpunkt eines Zirkels um den Schriftsteller und Staatsmann Pierre Nothomb. Dieser ist in Habay-la-Neuve begraben;.

Ath

H 9

Provinz: Hainaut
Einwohnerzahl: 26 200
Höhe: 30 – 75 m ü.d.M.

Ath (fläm. Aat) am Zusammenfluss von westlicher und östlicher Dender ist eigentlich unspektakulär. Mit einer Ausnahme: Seit dem 15. Jh. ziehen an jedem 4. Sonntag im August die Riesen durch Ath – einer der ältesten Bräuche dieser Art in Belgien.

ATH ERLEBEN

AUSKUNFT

Rue de Pintamont, 18
B-7800 Ath
Tel. 068 26 51 70
www.ath.be

FESTE

Fête de la Ducasse: Umzug der Riesen am vierten Sonntag im August

Im Riesenmuseum von Ath →

Geschichte

Ath entstand im 12. Jh., als Graf Balduin IV. von Hennegau diese Gegend kaufte und sie mit mehreren Burgen verstärkte. Die weitere Geschichte Aths ist vom Krieg bestimmt. Nachdem die Stadt 1667 von den Truppen Ludwigs XIV. eingenommen wurde, erbaute Vauban hier eines seiner ersten Festungswerke, die ausgerechnet die Franzosen im Österreichischen Erbfolgekrieg schleiften. Der Humanist Justus Lipsius (1547 – 1606) wurde in Ath erzogen.

Sehenswertes in Ath

Grand-Place

Mittelpunkt der Stadt ist die Grand-Place mit dem 1614 bis 1624 von Wenceslas Cobergher erbauten Rathaus. Ein Gässchen führt zum 23 m hohen Tour de Burbant. Die Mauern dieses 1168 errichteten Donjons des Schlosses von Graf Balduin sind bis zu 3,70 m dick.

◂ Tour de Burbant

★ **Maison des Géants**

Auf der am Grote Markt vorüberführenden Hauptstraße kommt man zur Kirche **Saint-Julien** (1394 –1462). Ihr gegenüber erfährt man im Haus der Riesen alles über die Tradition des Riesenumzugs, die Bedeutung der Figuren und wie man sie herstellt, dazu vieles über Riesenumzüge im übrigen Europa (Öffnungszeiten: April – Okt. Di. – Fr. 10.00 – 12.00 und 13.00 – 18.00, Sa. und So. 14.00 – 18.00; Nov. – März jeweils bis 17.00 Uhr).

Museen

Das **Musée d'Histoire et du Folklore** in der Rue Bouchain befasst sich mit der regionalen Geschichte. Sehenswerteste Stücke sind vier Stadtmodelle. Im **Espace gallo-romain** in der Rue Nazareth nimmt Fährmann Rufus die Besucher mit auf eine virtuellen Reise durch ein gallo-römisches Dorf des 2. nachchristlichen Jahrhunderts. Und schließlich erklärt das **Musée National des Jeux de Paume**, weshalb diese Variante des Pelota-Spiels im Hennegau so populär ist.

Umgebung von Ath

Maffle Im Umland von Ath wurde viel Stein gebrochen. Wie das vor sich ging, zeigt der Museumssteinbruch von Maffle 3 km südöstlich (Öffnungszeiten: Juli und Aug. tgl. 14.00 – 17.00; April – Juni und Sept bis Okt. an Wochenenden 14.30 – 18.30 Uhr).

★ Château d'Attre Der Comte de Gomegnies konnte 1742 sein neues Schloss bei Attre, 5 km südöstlich von Ath, beziehen. Hier empfing er gern und oft u. a. Maria Christina, Tochter von Kaiserin Maria Theresia von Österreich und Statthalterin der österreichischen Niederlande.

Die **Inneneinrichtung ist nahezu vollständig erhalten** und bietet damit ein einzigartiges Zeugnis adliger Lebensweise in der Mitte des 18. Jahrhunderts. Eine Besonderheit sind die **Tapeten**: Von der Reispapiertapete über chinesische Seidentapeten bis hin zu bemalten Papiertapeten (1760) im Salon des Archiducs, den ersten in Belgien, sind alle Spielarten von Wandverkleidungen vertreten. Im Schlosspark verteilen sich einige dem Geschmack der Zeit entsprechende Gebäude: ein Taubenschlag, Ruinen, Badepavillons und ein 24 m hoher künstlicher Hügel, von Grotten durchsetzt, der als Jagdsitz für die Erzherzogin Maria Christina aufgeschüttet wurde (Öffnungszeiten: April, Mai, Juni, Sept. Okt. So. und Fei 14.00 – 18.00; Juli / Aug. Sa., So. und Fei. 13.00 – 18.00 Uhr).

! *Baedeker* TIPP

Mahymobiles

Ghislain Mahy kaufte 1944 sein erstes Auto, einen Ford Model T. Im Lauf seines Lebens kamen noch knapp 700 weitere dazu. Etwa 200 von ihnen sind in Leuze-en-Hainaut ausgestellt, dazu auch eine hübsche Sammlung Automodelle (12 km westl. von Ath; April – Sept. tgl. außer Di. und Mi. 10.00 – 17.00 Uhr).

Chièvres Chièvres, 6 km südöstlich von Ath, gehörte den Grafen von Gavre, Egmont und Croy. Geusenführer Lamoraal Graf von Egmont (s. S. 82) wohnte an der Grand-Place im 1560 erbauten Hôtel de Croy. Die Kirche Saint-Martin (14. / 16. Jh.) enthält die Grabdenkmäler der gräflichen Familien.

Parc Paradisio 12 km südöstlich von Ath lag die im 12. Jh. gegründete Abtei von Cambron-Casteau. Auf der dazugehörenden, von der Dender durchflossenen Domäne ist ein Freizeitpark entstanden, der sich Tiere und Umweltschutz zum Thema gemacht hat. Die Attraktionen sind ein Aquarium auf den Spuren des Kapitäns Nemo und eine der größten Freiflugvolièren Europas (Öffnungszeiten: Ostern – Nov. tgl. 10.00 bis 18.00, Juli / Aug. bis 19.00 Uhr).

Archéosite Aubechies 5000 Jahre in die Vergangenheit führt ein Besuch im 12 km südwestlich liegenden Aubechies, wo im Freilichtmuseum sechs Behausungen vom Neolithikum bis zur gallo-römischen Epoche nachgebaut sind. An Wochenenden bevölkern »echte Gallier« das Gelände (Öffnungszeiten: Mo. – Fr. 9.00 – 17.00, Mitte April – Okt. auch an Wochenenden 14.00 – 18.00 Uhr).

★★ Château de Belœil

Öffnungszeiten: April – Mitte Mai Sa. u. So. 13.00 – 18.00, Mitte Mai – Mitte Sept. tgl. 13.00 – 18.00

Nichts Geringeres als **»Belgiens Versailles«**, die schönste barocke Schloss- und Gartenanlage des Landes, ist die Attraktion von Belœil 13 km südlich von Ath. Sie gehört seit annähernd 700 Jahren der Familie der Prinzen von Ligne, deren schillerndster Vertreter **Charles Joseph Lamoral Prince de Ligne** (1735 – 1814) war, Diplomat, Offizier in österreichischen Diensten und Schriftsteller, mit den bekanntesten Personen seiner Zeit befreundet (darunter Marie-Antoinette von Frankreich und Katharina von Russland) und als »Prince Charmant« berühmt geworden. An Stelle des heutigen Schlosses stand eine kleine Festung aus dem 12. Jh., die im 16. Jh. und dann vor allem im 17. und 18. Jh. völlig verändert wurde. Diese Residenz brannte 1900 aus und wurde 1920 in der heutigen Form wiederaufgebaut. Im ursprünglichen Zustand von 1682 blieben lediglich die Seitenflügel und die Pavillons am Eingang erhalten. Im linken Flügel wohnt noch die fürstliche Familie. Die Innenräume sind im Stil der Zeit mit zahlreichen Gegenständen aus Familienbesitz eingerichtet. Hervorzuheben sind das Gemach des Prinzen Charles Joseph mit Gemälden zu Episoden aus seinem Leben, die Bibliothek mit über 20 000 Bänden (darunter ein Stundenbuch von 1532, angeblich aus dem Besitz Karls V.), der Speisesaal mit prächtigen Gobelins, der Salon des Ambassadeurs mit »Canale Grande in Venedig« von Canaletto und der Tour Marie-Antoinette, wo ein goldgewirkter Beutel mit Haarlocken der 1793 hingerichteten Königin aufbewahrt wird. In der Kapelle im rechten Flügel ist religiöse Kunst zu sehen.

Beloeil Orientierung

Schlosspark

Der 120 ha große Schlosspark wurde im 18. Jh. von Prinz Claude Lamoral II. mit Unterstützung des französischen Architekten Chevotet entworfen und angelegt. Als Mittelpunkt bestimmte er ein 460 m langes Wasserbecken (Grande Pièce d'Eau), dessen Spitze eine Neptungruppe von Henrion schmückt. Außerhalb des Parks setzt die 5 km lange, prächtige Allee Grande Vue die Anlagen fort.

Bastogne

L/M 21

Provinz: Luxembourg
Einwohnerzahl: 13 900
Höhe: 515 m ü.d.M.

Das Ardennenstädtchen Bastogne (fläm. Bastenaken) unweit der luxemburgischen Grenze ist zwar auch bekannt für seinen guten Schinken, doch untrennbar verbunden ist der Name der Stadt mit der deutschen Ardennenoffensive zur Jahreswende 1944/1945.

Die Schlacht um Bastogne

Für die Wehrmachtsführung war es von größter Wichtigkeit, den Straßenknotenpunkt Bastogne einzunehmen. Der anfänglich erfolgreiche deutsche Vorstoß kesselte die zur Verteidigung Bastognes angerückten Einheiten der 101. US-Luftlandedivison am 21. Dezember 1944 ein. Zu deren Entsatz rückte die 3. US-Panzerarmee von General Patton heran, die am 26. Dezember den deutschen Belagerungsring durchbrechen konnte, doch erst am 17. Januar 1945 war Bastogne befreit.

Sehenswertes in Bastogne

Kriegserinnerungen

Zu Ehren des Verteidigers der Stadt, General Anthony McAuliffe, heißt das Zentrum der Stadt **Place McAuliffe**. Sein Denkmal steht in der Südecke neben einem Shermanpanzer; an General Patton erinnert ein Denkmal in der vom Platz abgehenden Rue Joseph Renquin.

Original Museum »Au pays d'Ardenne«

Das Museum »Au pays d'Ardenne« will möglichst viele Aspekte des Lebens in den Ardennen zeigen und stellt dazu landwirtschaftliche Geräte und ausgestopfte Tiere ebenso aus wie Waffen und Geräte aus der Ardennenschlacht (Öffnungszeiten: tgl. 10.00 – 17.00; Juli und Aug. 9.00 – 18.00 Uhr).

BASTOGNE ERLEBEN

AUSKUNFT

Place McAuliffe, B-6600 Bastogne
Tel. 061 21 27 11, Fax 061 21 27 25
www.bastogne-tourisme.be,
www.bastogne.be

ESSEN

► **Preiswert**

Léo Wagon
Rue du Vivier, 6, Tel. 061 21 14 41
Ruhetag: Mo.
Traditionelle französische und belgische Gerichte in einem ausgemusterten Eisenbahn-Waggon. Eine Institution in Bastogne.

ÜBERNACHTEN

► **Günstig**

Léo at Home
Place McAuliffe, 50, B-6600 Bastogne
Tel. 061 46 92 93, Fax 061 21 65 08
Léo hat auch ein Hotel. Es steht zentral und bietet sechs geräumige Zimmer.

Saint-Pierre

Saint-Pierre geht auf das 7. Jh. zurück. Der Turm der heutigen Kirche stammt jedoch aus dem 12. Jh., das im 13. Jh. abgebrannte Kirchenschiff wurde im 15. Jh. vollendet. Innen beeindruckt vor allem das mehrfarbige Gewölbe mit Szenen aus dem Alten und Neuen Testament von Renadin de Wicourt; weiterhin sehenswert sind romanische Taufsteine, der Altar aus dem 12. Jh. sowie die barocke Kanzel von Georges Scholtus aus Bastogne.

Porte de Trêves

Die Porte de Trêves (Trierer Pforte) nahe der Kirche, ein mächtiger quadratischer Sandsteinturm, ist der letzte Rest der 1688 von den Franzosen geschleiften spätmittelalterlichen Stadtbefestigung.

Musée en Piconrue

Das Musée en Piconrue im Bethlehemskloster aus dem 17. Jh. zeigt manche Spielarten der Volksfrömmigkeit und deren Niederschlag in der Volkskunst (Öffnungszeiten: Di. – Fr. 10.00 – 18.00 Uhr).

✶ Colline du Mardasson

Durch Bastogne verläuft die »Straße der Befreiung« (»Voie da la Liberté«), deren Kilometersteine den Weg der Alliierten im Jahr 1944 von der Normandie bis zum Mardassonhügel markieren. Die Kilometersteine der »Straße der Befreiung« enden 3 km nordöstlich am Mardasson-Hügel. Auf ihm wurde 1950 ein beeindruckendes Ehrenmal für die in der Ardennenschlacht gefallenen 76 890 oder verwundeten US-Soldaten errichtet. Es hat die Gestalt eines fünfzackigen Sterns und verzeichnet die Namen der beteiligten Einheiten sowie Berichte über die wichtigsten Ereignisse. In der mit Mosaiken von Fernand Léger ausgestalteten Krypta sind ein katholischer, ein evangelischer und ein jüdischer Altar aufgestellt.

Auch das **Bastogne Historical Center** nebenan hat den Grundriss eines fünfzackigen Sterns. Die Verantwortlichen bezeichnen es als »das schönste Kriegsmuseum der Welt« – ein passendes Attribut? Wie auch immer: Die Ausstellungen setzen sich aus drei Teilen zusammen. Im Mittelpunkt steht das amphitheatralisch aufgebaute Diorama der Schlacht, zu dem auf rundum aufgestellten Bildschirmen authentische Filmbilder mit Kommentaren in sechs Sprachen ablaufen. Daran schließen sich die Ab-

Alle 76 890 in der Ardennenschlacht gefallenen oder verwundeten GIs werden in Bastogne geehrt.

teilungen mit originalen Waffen, Panzern, Fahrzeugen und Uniformen an. Im Kino werden Filme vorgeführt, die von beiden Kriegsparteien gedreht wurden (Öffnungszeiten: Febr. – April und Okt. bis Dez. tgl. 10.00 – 16.30; Mai, Juni und Sept. tgl. 9.30 – 17.00; Juli und Aug. tgl. 9.30 – 18.00 Uhr).

Binche

J 12

Provinz: Hainaut **Höhe:** 110 m ü.d.M
Einwohnerzahl: 32 200

Nach Binche fährt man nicht eines schönen Stadtbilds oder kunsthistorischer Schätze wegen, nach Binche fährt man wegen eines Ereignisses: Der Karneval des Städtchens ist der berühmteste in Belgien und sogar von der UNESCO als Weltkulturerbe eingestuft. Bald hunderttausend Besucher lockt er an.

✶✶ Karneval

Es geht schon im Januar los mit sonntäglichen Umzügen der Fanfarenkapellen, der Trommler und der trippelnden, die Straße fegenden »Soumonces« und erreicht einen ersten Höhepunkt am Montag vor der Karnevalswoche mit der »Nacht der feigen Memmen«, wenn die »Trouilles de Nouilles« (»Nudelreste«) umherziehen. Am Sonntag darauf ist dann Umzug der Karnevalsgesellschaften, rosenmontags Kinderkarneval. Schließlich der Höhepunkt am Karnevalsdienstag: **der Tanz der »Gilles«** (► S. 73). Unter Maria von Ungarn, Schwester Karls V., erlebte die Stadt ihren Höhepunkt. Der Brauch geht möglicherweise auf den großen Empfang im Jahr 1549 zurück, den sie für Karl V. gab. Dabei feierte man auch Pizarros Eroberung des Inkareichs, wozu sich viele Gäste angeblich als Inkas verkleidet hatten. Allerdings ist die Figur der »Gilles« erst seit dem 18. Jh. überliefert, der Karneval in Binche aber schon seit dem 14. Jh. belegt.

! Baedeker TIPP

Bloß nicht...

die Orangen zurückwerfen, mit denen die »Gilles« die Zuschauer bombardieren! Sie sind nämlich als Geschenk gedacht. Und wer das nicht annimmt, hat sich die Folgen selbst zuzuschreiben ...Alles über den Karneval: www.carnavaldebinche.be

Sehenswertes in Binche

Grand-Place

An der Grand-Place steht das Rathaus, die ehemalige Fleischhalle, das die Wappen Karls V., Marias von Ungarn und der Stadt trägt. Rechts von ihm führt ein Gässchen auf einen Weg entlang der alten Stadtmauer. Wofür Binche auch noch berühmt ist – seine Spitzenklöppelei – zeigt das **Museum »Le Fuseau«**, Grand-Place 25 / 1.

Am Ende der vom Platz wegführenden Rue Haute steht die Kirche Saint-Ursmer (12.–15. Jh.). Sie besitzt eine sehenswerte Renaissance-Empore direkt hinter dem Portal sowie eine Holzpietà von 1511 und eine polychrome Grablegeszene aus dem 15. Jahrhundert.

Saint-Ursmer

Die Hauptattraktion von Binche entdeckt man neben der Kirche im ehemaligen Augustinerkloster: das Karneval- und Maskenmuseum, eine Dokumentation und Sammlungen von Kostümen, Masken und anderen Gegenständen zum Thema Karneval, die auf der ganzen Welt ihresgleichen sucht. Natürlich beschäftigt sich die größte Abteilung mit dem Karneval von Binche, doch ist die schwäbisch-alemannische Fasnet ebenso Thema wie der Karneval von Rio und z. T. völlig unbekannte Bräuche aus Afrika, Amerika, Asien und Ozeanien (Öffnungszeiten: Mo.–Do. und So. 9.30–12.30 und 13.30–18.00 Uhr, Sa. nur nachmittags).

★★ Musée international du Carnaval et du Masque

Hier werden die Masken für die »Gilles« gemacht.

Umgebung von Binche

Die **Domäne von Mariemont** liegt 8 km nordöstlich von Binche bei Morlanwelz. Hier ließ sich Maria von Ungarn 1546 ein Jagdschloss errichten, das die Erzherzöge Albrecht und Isabella und später Karl von Lothringen deutlich vergrößerten. Doch 1794 steckten französische Revolutionäre es in Brand. Der Kohlebaron Nicolas Warocqué erwarb das Gelände und ließ 1831 ein Schlösschen errichten, in dem sein Enkel Raoul eine große Altertümersammlung anhäufte. Diese ist seit 1975 in einem Neubau von Roger Bastin zu sehen, nachdem das Schlösschen 1960 abgebrannt war. Im Park sind Skulpturen aufgestellt, darunter von Jef Lambeaux und »Die Bürger von Calais« von Auguste Rodin. Raoul Warocqué sammelte ägyptische, griechische und römische Altertümer, chinesische und japanische Kostbarkeiten wie Jade- und Lackarbeiten sowie Porzellan aus Tournai aus den vier Stilperioden 1750 bis 1799. Eine eigene Abteilung befasst sich mit der Archäologie des Hennegaus und zeigt gallorrömische und merowingische Funde (Öffnungszeiten: April–Sept. Di.–So. 10.00 bis 18.00, Nov.–März bis 17.00 Uhr).

★ ◄ Museum

SCHWEBENDE SCHIFFE

★★ **Einen interessanten Vergleich zu den alten Hebewerken bei la Louvière (s. S. 182) verschafft ein Abstecher zu dem westlich davon gelegenen modernen Schiffshebewerk von Strépy-Thieu, dem größten der Welt. Mit seiner Inbetriebnahme im September 2002 nach 20 Jahren Bauzeit war das letzte Teilstück des neuen Canal du Centre zwischen Maas und Schelde vollendet. Es ersetzt die vier Werke von La Louvière und zwei Schleusen.**

Öffnungszeiten:
Feb. – Nov. tgl. 9.30 – 18.30 Uhr

1 Turm
Das Hebewerk von Strépy-Thieu überwindet einen Höhenunterschied von 73,15 m. Die gesamte dafür nötige Technik ist im 117 m hohen Turm untergebracht.

2 Tröge
Die Schiffe werdern in zwei unabhängig voneinander arbeitenden Trögen transportiert. Bei einer Wassertiefe von 3,75 m können sie Motorschiffe bis 1350 BRT und Schubkähne bis 2000 BRT aufnehmen.

3 Gewichte
Jeder Trog wird von 16 Gegen- und 8 Kontrollgewichten gehalten. Sie sind an insgesamt 144 Kabeln pro Trog aufgehängt.

4 Tore
Die Tore an den Trögen und an den Zu- und Abfahrten halten Stöße von 2000 t bei 5 km / h aus.

5 Maschinenraum
Je acht Einheiten, bestehend aus Spannungstransformator, Frequenzkonverter und Elektromotor, treiben einen Trog und dessen Tore an. Die Motoren werden mit 880 V und einem Drehmoment von max. 5300 Nm gefahren.

6 »Pays de Génies«
Im 8. Stock stellt diese interaktive Schau belgischen Erfindungsgeist vor.

Im Vergleich zu Strépy-Thieu ist das von ihm ersetzte Hebewerk Nr. 4 bei Thieu ein Idyll.

Abbaye de Bonne-Espérance Die Abbaye de Bonne-Espérance, 4 km südlich von Binche, wurde im 12. Jh. von Prämonstratensern gegründet. In der Kirche wird die Skulptur (14. Jh.) einer für wundertätig geglaubten lächelnden Madonna verehrt. Der Kreuzgang stammt aus dem 18. Jh.; wenige Bögen aus dem 13. Jh. sind jedoch erhalten.

✶✶ Schiffshebewerke am Canal du Centre

Bootsfahrten: Mai – Okt. Voranmeldung empfohlen, Tel. 064 84 78 31

Rund 12 km nördlich von Binche kommt man ins Herz des untergegangenen wallonischen Industriereviers. Hier, in La Louvière, findet man keine Kirchenkunst und keine Schlösser, aber Industriedenkmäler von Rang, denn in den Vororten Houdeng-Goegnies und Bracquegnies stehen noch vier Schiffshebewerke aus den Jahren 1888 bis 1917. Diese stählernen Ungetüme bewältigten einen Gesamthöhenunterschied von 68 m auf dem Canal du Centre, der Maas und Schelde verbindet. Sie sind zwar mittlerweile durch das moderne Hebewerk Strépy-Thieu ersetzt, doch von der UNESCO zum **Weltkulturerbe** erklärt und damit gerettet worden. Man kann sie auf einer **Bootsfahrt** ab Hebewerk 3 bei Bracquegnies bei der Arbeit erleben (auf der Klappe abgebildet).

Cantine des Italiens ▸ Neben dem Hebewerk 1 in Houdeng-Goegnies befindet sich die »Cantine des Italiens«, in der die Geschichte des Industriereviers, insbesondere der italienischen Einwanderung dorthin, sowie des Kanals dokumentiert wird.

Bois-du-Luc Einen anderen Blick auf das Revier ermöglicht Bois-du-Luc südlich von Houdeng-Goegnies. Hier wurde bis 1973 Kohle gefördert. Dies dokumentiert das interaktive Bergwerksmuseum (Öffnungszeiten: Mo. – Fr. 9.00 – 12.00 und 13.00 – 17.00, Sa., So. und Fei. 14.00 bis 17.00 Uhr); wie die Bergarbeiterfamilien in dieser Region lebten, zeigt das »Ecomusée«, die museal hergerichtete Bergarbeitersiedlung aus der Mitte des 19. Jh.s (Öffnungszeiten: April – Okt. Di. – Fr. 9.00 – 17.00, Sa., So. und Fei. 10.00 bis 18.00 Uhr).

Blankenberge

D 5

Provinz: West-Vlaanderen
Einwohnerzahl: 18 000
Meereshöhe

Wer an der belgischen Küste Urlaub mit der Familie machen will, ist in Blankenberge richtig, denn die Stadtväter offerieren ein vielseitiges, auf Kinder zugeschnittenes Freizeitangebot und einen bei Ebbe 350 m breiten, über 3 km langen Strand. Entsprechend voll ist es natürlich im Sommer.

Andere Technik, gleicher Zweck: Auf der Schiefen Ebene von Ronquières fahren die Tröge auf einer 1432 m langen Gleisstrecke und überwinden dabei 68 Höhenmeter. (s. S. 366).

Auch die alten Hebewerke waren technische Meisterleistungen..

BLANKENBERGE ERLEBEN

AUSKUNFT

Leopold-III-plein,
B-8370 Blankenberge
Tel. 050 41 22 27,
Fax 050 41 61 39
www.blankenberge.be

ESSEN

▶ Erschwinglich / Preiswert

Escapade
J. De Troozlaan 39, Tel. 050 41 15 97
Ein Lichtblick: schmackhafte, qualitätvolle Küche zu angemessenen Preisen. Nur Menüs ab 27 €.

Oesterput
Oude Wenduinsesteenweg 11
Tel. 050 41 10 35
Eine Institution in Sachen Fisch und Meeresfrüchte, familiär und ungezwungen. In einem alten Schuppen beim Jachthafen, mit Terrasse.

ÜBERNACHTEN

▶ Komfortabel

Helios
Zeedijk 92, B-8370 Blankenberge
Tel. 050 42 90 20, Fax 050 42 86 66
www.hotelhelios.be
34 Z. Komfortables Designer-Hotel an der Strandpromenade mit Sauna, Türkischem Bad und Dachterrasse.

▶ Günstig

Alfa Inn
Kerkstraat 92, B-8370 Blankenberge
Tel. 050 41 81 72, Fax 050 42 93 24
www.alfa-inn.com
65 Z. Kinderfreundliches Haus, nicht am Deich, sondern an der Hauptstraße und dennoch ruhig.

FEST

Blumenkorso am letzten Sonntag im August; *Sandskulpturenfestival* von Juli bis Mitte August

KUSTTRAM

Fünf Haltestellen im Stadtgebiet

! *Baedeker* TIPP

Umsonst

Alternative zu den nicht billigen Attraktionen: Den Leuchtturm mit kleinem Meeresmuseum zu besichtigen kostet nichts (Zeedijk 1; Mi., Sa., So. 15.00 – 18.00 Uhr).

Sehenswertes in Blankenberge

Zeedijk

Man promeniert und trifft sich auf dem Zeedijk 10 m über dem Strand, den man auch tunlichst im Auge behalten sollte, denn die zur Landseite hin sich türmenden Hotelburgen sind alles andere als schön, auch wenn sich hier und da noch einige Gründerzeitbauten und Villen behaupten. Kurz vor dem Aufgang von der Kerkstraat steht das 1932 gebaute Kasino; danach folgen der Kursaal von 1859 und die Reptilienschau **Serpentarium** (tgl. ab 10.00 Uhr). Der Zeedijk endet vor dem ältesten Vergnügungspark Blankenberges, dem **»Lustigen Velodroom«**, wo man seit 1933 auf verbogenen Fahrrädern herumkurven kann. Von hier ragt auch der 350 m lange Pier ins Meer hinaus, nicht nur zum Flanieren gedacht, sondern auch mit der **Pier Train City**, einer großen Modelleisenbahnanlage.

◀ Pier

Ruhe vor dem (Touristen-)Sturm am Strand von Blankenberge

Alt-Blankenberge Vom Deich geht es treppab zur Hauptverkehrsstraße **Kerkstraat**. Haus Nr. 31 ist das Alte Rathaus von 1680, in Nr. 27 kann man sich im Crazy Theatre durchschleudern lassen. In der Breydelstraat steht mit dem **Majuttehuis** das einzige noch erhaltene Fischerhäuschen aus dem alten Blankenberge.

Sea Life Marine Park Gegen Langeweile an Regentagen hilft ein Besuch im Sea Life Marine Park (Koning Albertlaan beim Schwimmbad): 30 Aquarien und eine Außenanlage mit Pinguinen und Robben gibt es zu bestaunen (Öffnungszeiten: tgl. 10.00 – 18.00, Juli / Aug. bis 19.00 Uhr).

Jachthafen Ganz im Westen liegt der Jachthafen, dessen Einfahrt eine über 400 m lange Mole schützt. Über 1000 Boote finden hier einen Liegeplatz – vom **Paravang** aus, einer hübsch nostalgischen Sitzgelegenheit mit Windfang, kann man nachzählen.

★ Bouillon · Tal der Semois

N 17

Provinz: Luxembourg
Einwohnerzahl: 5 300
Höhe: 221 m ü.d.M.

Bouillon ist stolz auf einen Superlativ: Es besitzt die größte Burg Belgiens. Deren Herr war nicht irgendwer, sondern Gottfried von Bouillon, der erste Kreuzritter. Von diesem Erbe zehrt das hübsch in einer Schleife der Semois gelegene Städtchen und hat es so zum Mittelpunkt des sehr regen Tourismus im Tal der Semois gebracht.

Heimat des ersten Kreuzritters

Jahrhundertelang beherrschte Bouillon als Hauptort des Herzogtums Niederlothringen die wichtige Verbindung zwischen Eifel und Champagne. Gottfried der Bärtige begann 1050 mit dem Bau der Burg. Der berühmte Gottfried von Bouillon, der »christlichste aller Ritter« (► S. 82), verpfändete sie beim Aufbruch zum ersten Kreuzzug im Jahr 1096 an die Fürstbischöfe von Lüttich. Er sollte sie nie wiedersehen. Nach der Eroberung durch die Franzosen 1676 überließ Ludwig XIV. die Festung der Familie La Tour d'Auvergne, der es zu verdanken war, dass das Städtchen ein Zentrum der Aufklärung wurde, in dem Pierre Rousseau zahlreiche aufklärerische Zeitschriften und auch Werke von Mirabeau und Diderot drucken konnte, die die französische Zensur nicht erlaubt hatte. 1830 fiel Bouillon an Belgien.

***Bouillon** Orientierung*

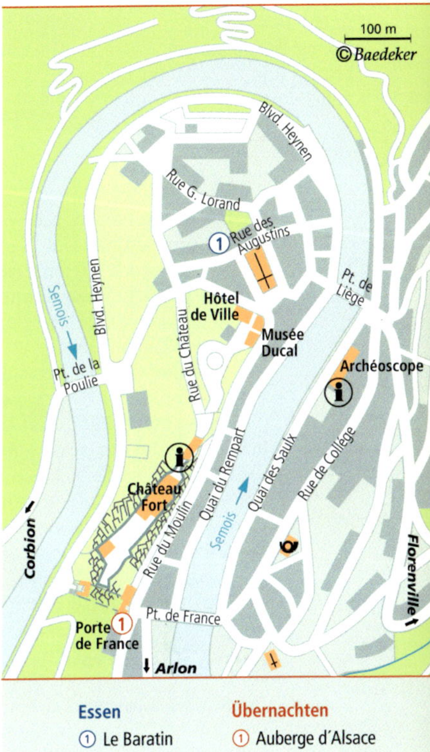

Sehenswertes in Bouillon

An der **Flusspromenade** reihen sich Restaurants, Cafés, Geschäfte und Bootsverleihe, wo man Ruder- und Tretboote mieten kann. Im **Archéoscope Godefroy de Bouillon** ersteht mit großem technischen Aufwand das Zeitalter des ersten Kreuzzugs wieder, inklusive eines aus dem Nebel auftauchenden Modells der Burg (Öffnungszeiten: Feb. und Dez. Di. – Fr. 13.00 bis 16.00, Sa. und So. 10.00 – 16.00; März / April tgl. 10.00 – 16.00; Mai, Juni und Sept. bis 17.00; Juli / Aug. bis 18.00; Okt. / Nov. tgl. außer Mo. bis 16.00 Uhr).

Am anderen Ufer verteilt sich auf mehrere Gebäude das **Musée Ducal**. Es stellt Geschichte, Alltag und Handwerk im alten Herzogtum Niederlorhtingen vor, wobei Kreuzritter Gottfried natürlich einen Ehrenplatz einnimmt. Hinzu kommen Abteilungen über die aus Bouillon stammenden Maler Albert Raty und Guillaume Edelin, persische Fayencen und ein recht interessantes Kuriositätenkabinett (Öffnungszeiten: Ostern – Sept. tgl. 10.00 bis 18.00, Okt. – Mitte Nov. bis 17.00 Uhr).

BOUILLON ERLEBEN

AUSKUNFT

Château Fort, B-6830 Bouillon
Tel. und Fax 061 46 62 57
www.bouillon-sedan.com

ESSEN

► **Preiswert**

① ***Le Baratin***
Rue des Augustins, 12,
Tel. 061 46 82 44
Ruhetag: Mo., Di.
Theater- und Jazzcafé mit regionaler Küche.

ÜBERNACHTEN

► **Günstig**

① ***Auberge d'Alsace / Hôtel de France***
Faubourg de France, 1-3
B-6830 Bouillon
Tel. 061 46 65 88,
Fax 061 46 83 21
www.aubergedalsace.be
36 Z. Alteingesessenes Haus am Ortseingang unterhalb der Burg, angesehenes französisches Restaurant mit Terrasse.

★★ **Château Fort**

An der Kirche vorbei geht es bergan zu der auf einer Felskuppe thronenden und von Gottfried dem Bärtigen von 1050 bis 1067 auf Resten einer noch älteren Festung gebauten Burg. Sie ist das älteste und besterhaltene Beispiel mittelalterlicher Feudalarchitektur in Belgien. Nach der Eroberung durch die Truppen Ludwigs XIV. wurde sie von Vauban befestigt.
Am Ehrenhof liegt der herzogliche Palast mit dem Salle Godefroy de Bouillon aus dem 13. Jh., wo allerlei ritterliches Handwerkszeug ausgestellt ist; man steigt hinauf zum Tour d'Autriche (16. Jh.), von dem man überwältigend schöne Ausblicke auf Stadt und Fluss hat; auf dem Rückweg schließlich kommt man auch durch die Folterkammer und sieht Zisternen, Kerker sowie bis zu 65 m tiefe Brunnenschächte. Und wie es sich für eine Burg gehört, werden auch Raubvögel vorgeführt (Öffnungszeiten: Jan., Feb. und Dez. Mo. – Fr. 13.00 bis 17.00, Sa., So. 10.00 – 17.00; März, Okt., Nov. tgl. 10.00 – 17.00; April – Juni, Sept. bis 18.00; Juli, Aug. bis 18.30 Uhr).

Durch das Tal der Semois (Vallée de la Semois)

★ **Eine Region für aktive Ferien**

Die Semois entspringt bei ►Arlon, durchquert die Ebene der Gaume und tritt bei Tintigny in die Ardennen ein. Von hier an hat sie sich tief in das Gebirge eingeschnitten und formt weite Windungen um waldige Felshöhen. Obwohl es von der Quelle bis zur Mündung in die Maas beim französischen Monthermé in der Luftlinie nur rund 80 km sind, ist der Flusslauf doch über 200 km lang. Diese schöne Landschaft, dazu ein mildes Klima (so mild, dass man einst Tabak anbaute), machen das Tal zu einem sehr beliebten Ausflugsziel, das allerhand zu bieten hat: Kajakfahren, Angeln, Radtouren, Wandern und eine erkleckliche Zahl von Campingplätzen.

Östlich von Bouillon

Von Noirefontaine fährt man besser einen Bogen über Auby, denn dann passiert man die **Saut des Sorcières**, eine Folge kleiner Wasserfälle, den Aussichtspunkt **Mont de Zarton** und **Cugnon**, wo nahebei der hl. Remaklus im 7. Jh. in drei Grotten gelebt haben soll.

◄ Herbeumont

Das folgende Herbeumont, beliebter Wanderort, wird überragt von den Ruinen der gräflichen Burg aus dem 12. Jh., die 1658 von den Franzosen zerstört wurde. Von der Höhe genießt man eine wunderbare Aussicht auf die sehr enge Semois-Schleife um den Felsrücken namens **Tombeau du Chevalier** (Rittergrab).

◄ Chassepierre

Danach geht es durch den Wald der Priorei von Conques nach Chassepierre, einem der hübschesten Dörfer am Fluss und sehr beliebter Ferienaufenthalt. Schiefergedeckte Häuser umstehen die Kirche Saint-Martin, deren Chorgestühl wahrscheinlich aus Orval stammt. In der Umgebung entdeckte man eine Höhle steinzeitlicher Jäger und prähistorische Dolmen.

◄ Florenville

Von Chassepierre beschreibt die Semois einen weiten Bogen und trifft erst bei Florenville wieder auf die Durchgangsstraße. Hier hat man von der Terrasse hinter der Kirche einen weiten Blick in die liebliche Landschaft. Von Florenville empfiehlt sich ein Abstecher zur 8 km südlich gelegenen Abtei von ►Orval.

★

◄ Flussfahrt ab Chiny

Nach Florenville windet sich die Semois nach Norden, umfließt Chiny, einst Sitz der Herren von Chiny, und wird danach wildromantisch. In Chiny werden Fahrten mit flachen Barken angeboten, wobei man malerische Felsen wie den Rocher du Hât umkurvt oder unter dem Rocher du Paradis hindurchfährt (April – Sept. tgl. ab 9.00 Uhr). Die Fahrt endet nach 8 km in Lacuisine, von wo man auf schönem Wanderweg (45 Min.) oder per Bus nach Chiny zurückgelangt.

◄ Jamoigne

Schlusspunkt der Tour durch das Tal ist Jamoigne an der Mündung des malerischen Vierre-Tals. Die Kirche besitzt ein schönes Taufbecken aus dem 12. Jh. und Gemälde von Abraham von Orval.

Westlich von Bouillon

Nach Westen fährt man am Felsen Hottée du Diable vorbei nach **Corbion**, wo 1520 Sébastien de Corbion, »Monsieur Pistolet«, eben jene Handfeuerwaffe erfand. Doch nicht ihm, sondern dem Tabak ist das örtliche Museum gewidmet. Danach überquert man den Fluss Richtung **Poupehan**. Kurz vor dem Ort führt ein Weg nach rechts zum Aussichtspunkt **Chaire à prêcher** (Predigtstuhl). An diesem Felsen sollen Mönche zum Kreuzzug nach Jerusalem aufgerufen haben.

◄ Rochehaut

Einer weiten Flussschleife folgend, erreicht man das hoch gelegene Rochehaut mit seiner freskengeschmückten Kirche Saint-Firmin, wo sich wiederum eine sehr schöne Aussicht eröffnet, diesmal auf das gegenüberliegende Frahan und weiter nach Alle, wo Joseph Pierret lebte, der 1855 mit dem Tabakanbau an der Semois begann und Alle zu dessen Hauptort machte – heute ist es Campingzentrum.

◄ Vresse

In Vresse ist man beinahe schon am Endpunkt der Fahrt angelangt. Hier nimmt die Semois den Bach Petit-Fays auf, der zuvor durch ein enges Tal schießt. In diesem stehen noch einige Gestänge zum Tabaktrocknen.

★★ Brugge (Brügge)

D 6

Provinz: West-Vlaanderen
Einwohnerzahl: 116 000
Höhe: 9 m ü.d.M.

Wenn es eine Stadt in Belgien gibt, die von sich mit Fug und Recht behaupten kann, die schönste zu sein, dann ist es Brugge, die alte Kapitale Flanderns am Flüsschen Rei. Ein Gang durch die Gassen der fast vollständig mittelalterlich gebliebenen Innenstadt und eine Fahrt auf den Grachten gehören zum zauberhaftesten, was nicht nur Belgien, sondern Nordeuropa zu bieten hat: Brugge ist wirklich das »Venedig des Nordens«.

Leider ist das auch in gewisser Weise Brugges Problem: Es ist ein solcher Touristenmagnet, dass es zur Hauptsaison hoffnungslos überlaufen ist und sich die 6000 im historischen Zentrum lebenden Familien einer Übermacht von 3 Mio. Besuchern jährlich ausgeliefert sehen. Wenn irgend möglich, sollte man also im Frühjahr oder im Herbst kommen. Und wenn Venedig im Winter ein Traum ist, warum nicht auch Brugge?

Geschichte

8. Jh.	Die Wikinger legen »Bryggja« an.
9. Jh.	Balduin mit dem eisernen Arm erbaut eine Burg.
12./13. Jh.	Aufstieg zu einer der reichsten Handelsstädte Europas
17./18. Mai 1302	Brugger Frühmette
1384	Brugge wird burgundisch.
15. Jh.	Allmähliche Versandung des Zwin: Antwerpen läuft Brugge den Rang ab.
1800	Ausbau des Hafens unter Napoleon I.
1907	Bau des Boudewijn-Kanaals
1980er und 1990er	Aufwändige Sanierung der historischen Altstadt
2002	Brugge ist Kulturhauptstadt Europas.

Im 7. Jh. wird das »Municipium Brugense« erwähnt, das die Wikinger, die an der Reimündung landeten, »Bryggja« tauften, d.h. Einschiffungsplatz. Markgraf Balduin I. mit dem eisernen Arm (gest. um 879) erbaute hier seine Burg und Robert der Friese (gest. 1093) machte die allmählich aufblühende Handelsstadt zu seiner Residenz.

← *Brugges Schokoladenseite: Blick vom Rozenhoedkaai auf den Belfried*

Highlights Brugge

Grachtenfahrt
Ein Muss! Unter manchen Brücken bitte den Kopf einziehen!
► Seite 193

Markt und Belfried
Das Panorama von Brugge von einem der schönsten Glockentürme Belgiens
► Seite 195

Heiligbloedbasiliek
Jeden Freitag wird die Reliquie aus dem Heiligen Land gezeigt.
► Seite 196

Groeninge Museum
Fantastische Sammlung altflämischer Malerei
► Seite 197

Onze-Lieve-Vrouwekerk
Wo Karl der Kühne und Maria von Burgund begraben sind, kann man eine Skulptur von Michelangelo bewundern.
► Seite 199

Memlingmuseum
Die besten Werke von Hans Memling
► Seite 199

Mittelalterliche Weltstadt ►

Im 12. und 13. Jh. entwickelte sich Brugge, noch durch den Meeresarm Zwin mit der Nordsee verbunden, **zu einer der bedeutendsten Handelsstädte der damals bekannten Welt**. Bank- und Handelshäuser aus 17 Nationen hatten hier ihre Niederlassungen und handelten mit Stoffen aus Italien und dem Orient, Fischen aus Skandinavien, Pelzen aus Russland, Wein aus Spanien, Gewürzen aus Arabien und vielem mehr. Als Hauptstadt der »flandrischen Hanse in London« beherrschte Brugge fast den gesamten Handel mit England, namentlich den Wollhandel, und war zugleich Stapelplatz für die Deutsche Hanse. Im 14. Jh., als man mit dem Bau der Stadtmauer begann, erreichte es den Höhepunkt seiner Blüte.

Brugger Frühmette ►

Seit Ende des 13. Jh.s schwelte in den flandrischen Städten aber der Streit zwischen den frankreichfreundlichen **»Leliaerts«** (von den französischen Lilien) und den auf Eigenständigkeit bedachten **»Clauwaerts«** (von den Klauen des flämischen Löwen). Philipp der Schöne von Frankreich nutzte dies und eroberte Flandern. Sein Statthalter Jacques de Châtillon unterdrückte die Brugger derart, dass sie sich unter Führung von Pieter de Coninck und Jan Breydel erhoben und in der Nacht vom 17. auf den 18. Mai 1302 alle als Franzosen Verdächtigte umbrachte (»Brugger Frühmette«). Der im selben Jahr von den Flamen errungene Sieg in der Sporenschlacht bei Kortrijk sicherte die Unabhängigkeit und Blüte der flämischen Städte.

Niedergang ►

Doch die Eifersucht zwischen Brugge und Gent schmälerte die Siegesfreude. Deshalb, vor allem aber infolge der Versandung des Zwin, begann im 15. Jh. der Niedergang Brugges, den jedoch lange der äußere Glanz der Stadt unter den Herzögen von Burgund verdeckte: So feierte man mit großer Pracht die Hochzeiten von Philipp dem Guten mit Isabella von Portugal (1430) und von Karl dem Kühnen mit Margareta von York (1468). Ab 1500 ließen sich jedoch die großen

Das muss einfach sein: eine Grachtenfahrt in Brugge.

Kaufleute in Antwerpen nieder und die religiösen Wirren in der zweiten Hälfte des 16. Jh.s vernichteten den Wohlstand vollends.

◄ Neuerlicher Aufstieg

Erst im 19. Jh. erwachte Brugge wieder ein wenig aus seinem Schlaf, den Georges Rodenbach in seinem Roman **»Bruges la Morte«** so melancholisch beschrieben hat. Mit dem Bau des Boudewijn-Kanaals 1907 erhielt die Stadt wieder einen Zugang zum Meer, entlang dessen sich vor allem nach dem Zweiten Weltkrieg wichtige Industrien ansiedelten. Ein ehrgeiziges Sanierungsprogramm rettete einen großen Teil der Innenstadt vor dem Verfall.

Altflämische Malerei in Brugge

Brugge war das Zentrum der Malerei der flämischen alten Meister. **Jan van Eyck** schuf hier das berühmte Gemälde des Gotteslamms für das Polyptychon der Sint-Baafskathedraal in ►Gent; seine »Madonna des Kanonikers van der Paele« ist im Groeninge Museum zu sehen. Der aus Gent stammende **Hugo van der Goes** (1440 – 1482) starb in der Nähe von Brugge und hinterließ der Stadt eines seiner berühmtesten Werke, »Tod Mariä«, heute ebenfalls im Groeninge Museum ausgestellt. Am engsten mit Brugge verbunden jedoch ist der in Seligenstadt geborene **Hans Memling** (1435 – 1494), der seit 1465 in der Stadt wirkte. Einige seiner wichtigsten Werke sind heute im Besitz des Memlingmuseums im Sint-Jansspitaal. Sein Schüler **Gerard David** (1460 – 1523) lebte seit 1483 in Brugge; auch von ihm besitzt das Groeninge Museum schöne Gemälde.

Brugge Orientierung

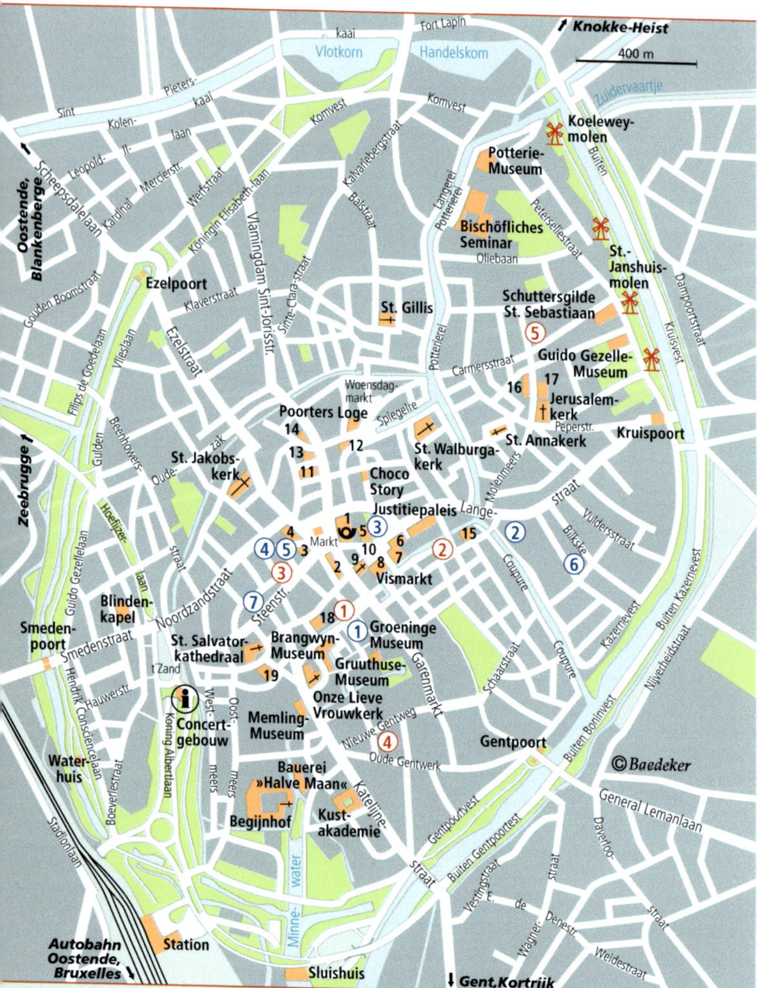

1 Provinciaal Hof
2 Hallen und Belfried
3 Huis Bouchoute
4 Craenenburg
5 Ehem. Domprobstei
6 Oude Griffie
7 Paleis van het Brugse Vrije
8 Stadhuis
9 Heiligbloedkapel
10 Burg
11 Schouwburg
12 Oud Tolhuis
13 Genueser Loge
14 Huis ter Beurze
15 Pelicaanhuis
16 Vokskundemuseum
17 Kantcentrum
18 Hof van Watervliet
19 Bisschopspaleis

Essen

① Den Dyver
② De Karmeliet
③ Breydel- de Coninck
④ De Stove
⑤ De Pompe
⑥ Ganzespel
⑦ t'Brugs Beertje

Übernachten

① De Orangerie
② Die Swaene
③ Acacia
④ Montanus
⑤ Ensor

BRUGGE ERLEBEN

AUSKUNFT

Burg 11, B-8000 Brugge
(Postanschrift)
Concertgebouw, 't Zand 34
(Tourismusbüro)
Tel. 050 44 86 86,
Fax 050 44 86 00
www.brugge.be

SIGHTSEEING

Brugge ist eine Stadt für Fußgänger – das Auto muss draußen bleiben, z. B. in der Tiefgarage unter dem 't Zand-Platz – und für Radfahrer, weshalb es keine schlechte Idee ist, sich für eine Sightseeing-Tour einen Drahtesel zu leihen (etwa am Bahnhof, im Koffiebontje / Hallestr. 4 oder bei de Ketting / Gentpoortstr. 23).
Grachtenfahrten: fünf Ablegestellen zwischen Huidenvettersplein und Sint-Jansspitaal
Kutschfahrten ab Markt
Minibus ab Markt tgl. ab 10.00 Uhr (50 Min.)

MUSEUMSPASS

Für 15 € gültig für fünf Museen nach Wahl außer Kantcentrum, Museum der Sint-Sebastiaansgilde und Choco-Story; erhältlich bei Toerisme Brugge und in den Museen.

FESTE

Heiligblutprozession an Himmelfahrt (►S. 77). Der ***Festzug des Goldenen Baums*** (alle fünf Jahre; nächster Termin: 2007) erinnert an die Hochzeit Karls des Kühnen mit Margareta von York im Jahr 1468.
Reiefeest: Grachtenfest im August (alle drei Jahre; nächster Termin: 2007).

ESSEN

► Fein & teuer

① ***Den Dyver***
Dijver 5, Tel. 050 33 60 69
Ruhetag: Mi., Donnerstagmittag
Seit zehn Jahren »montieren« Guido und Lisy Vandenbussche jedes Ge-

Jedes Jahr an Himmelfahrt findet die Heiligblutprozession statt.

richt mit einer anderen Biersorte, wobei sie die unterschiedlichen Geschmacksrichtungen gekonnt einsetzen. Natürlich wird das entsprechende Bier dazu serviert.

② *De Karmeliet*
Langestraat 19, Tel. 050 33 82 59
In der Altstadt Brugges kocht Geert van Hecke in ruhiger und angenehmer Atmosphäre Drei-Sterne-Menüs bevorzugt aus der belgischen Küche. Brugges Spitzenrestaurant.

► Erschwinglich

③ *Breydel-de Coninck*
Breidelstraat 24, Tel. 050 33 97 46
Ruhetag: Mo., Di.
Die beste Adresse der Stadt, wenn es um das Nationalgericht Muscheln mit Fritten geht. Man darf sogar essen, soviel man schafft.

④ *De Stove*
Kleine Sint-Amandsstraat 4,
Tel. 050 33 78 35
Ruhetag: Mi., Do.
Freundliches Bistro, dem Fischgerichte wie Oostender Fischsuppe (Hutsepot van vis) besonders gut gelingen.

► Preiswert

⑤ *Bistro de Pompe*
Kleine Sint-Amandsstraat 2, Tel. 050 61 66 18
Einfache Gerichte in zentraler Lage mit Blick auf den Sint-Amandsplein.

⑥ *Ganzespel*
Ganzestraat 37, Tel. 050 33 12 33
Ruhetag: Mo., Di.
Klein, gemütlich. Flämisches und Pasta, selbst gemacht.

⑦ *'t Brugs Beertje*
Kemelstraat 5
Tel. 050 33 96 16
Ruhetag: Di., Mi.
s. Baedeker-Tipp S. 199

ÜBERNACHTEN

► Luxus

① *De Orangerie*
Kartuizerinnenstraat 10,
B-8000 Brugge
Tel. 050 34 16 49, Fax 050 33 30 16
www.hotelorangerie.com
14 Z., 6 Suiten. Fantasievoll eingerichtete Zimmer im Kloster aus dem 15. Jh. an der Rei. Kein Restaurant, Frühstücksterrasse an der Gracht.

Baedeker-Empfehlung

② *Die Swaene*
Steenhouwersdijk 1, B-8000 Brugge
Tel. 050 34 27 98, Fax 050 33 66 74
www.dieswaene.com
22 Z. Echte Gemälde, Antiquitäten überall, ein Zimmer mit gedrechseltem Himmelbett – so recht etwas für romantische Gemüter, die allerdings auch ein dickeres Portemonnaie mitbringen müssen.

► Komfortabel

③ *Best Western Hotel Acacia*
Korte Zilverstraat 3 A, B-8000 Brugge
Tel. 050 34 44 11, Fax 050 33 88 17
www.hotel-acacia.com
Komfortable, geräumige Zimmer in zentraler Lage beim Markt.

④ *Montanus*
Nieuwe Gentweg 78, B-8000 Brugge
Tel. 050 33 11 76, Fax 050 24 09 38
www.montanus.be
24 moderne Zimmer rund um einen großen Garten in einer ruhigen Nebenstraße beim Beginenhof.

► Günstig

⑤ *Ensor*
Speelmansrei 10, B-8000 Brugge
Tel. 050 34 25 89, Fax 050 34 20 18
www.ensorhotel.be
12 Z. Günstiges Familienhotel in einem ruhigen Teil der Altstadt.

SHOPPING

Die Haupteinkaufsmeilen sind die vom 't Zand zum Grote Markt führenden Noordzandstraat und Zuidzandstraat. Hübsche Einzelgeschäfte: die Kaffeerösterei ***Javana*** (Steenstraat 6), auch mit Tees und dem passenden Geschirr; ***Chocolate Line*** (Simon Stevinplein 19), wo der Chocolatier und Koch Dominique Persoone hinter der Scheibe des Verkaufsraums Geschmacksrichtungen wie Lavendel, Lemongras, Chili oder Zigarre kreiert; ***Point de Rose*** (Wollestraat 27) mit einer reichen Auswahl an echten Spitzen und Wandteppichen

Vom Markt zum Burg

★★ Markt

Auf dem Markt erinnert ein 1887 errichtetes Denkmal an die Zunftmeister Jan Breydel und Pieter de Coninck erinnert.

◄ Hallen und Belfried

Die Südseite des Platzes nehmen die 1248 begonnenen, im 14. und 16. Jh. vergrößerten Hallen ein. Vom Balkon über dem Durchgang zum Hof verkündeten die Brugger Stadtväter die Gesetze. Darüber ragt 88 m hoch der Belfried auf, das etwas nach Südosten geneigte Wahrzeichen der Stadt und einer der schönsten Glockentürme Belgiens. Er wurde 1282 begonnen und war 1482 vollendet. Von seiner Spitze genießt man einen prächtigen Blick über die Stadt und ihre Umgebung; im zweiten Stock wurden in der Schatzkammer hinter schmiedeeisernen Gittern die städtischen Urkunden aufbewahrt; auch auf das 47 Glocken umfassende Glockenspiel kann man einen Blick werfen (Öffnungszeiten: tgl. außer Mo. 9.30 – 17.00 Uhr).

◄ Craenenburg und Huis Bouchoute

An der Westseite des Markts fällt an der Ecke St.-Amandsstraat links der hübsche Backsteinbau Huis Bouchoute (15. Jh.) auf. Im gegenüberliegenden Eckhaus, der Craenenburg, hielten 1488 die von den Gentern aufgewiegelten Bürger von Brugge **den nachmaligen deutschen Kaiser Maximilian elf Wochen lang gefangen**, bis er die Anerkennung des Regentschaftsrats der Stände und den Rückzug aller fremden Truppen geschworen hatte.

★★ Burg

Von den Hallen führt die Breidelstraat zum Platz namens Burg, denn hier stand die von Balduin mit dem eisernen Arm erbaute und 1434 abgebrochene älteste Residenz der Grafen von Flandern. Deren Platz markiert ein Pavillon des japanischen Architekten Toyo Ito.

◄ Proosdij

Ecke Breidelstraat steht die ehemalige Dompropstei von 1665 / 1666, einst Sitz des Domkapitels der karolingischen Kirche Sint-Donaas aus dem Jahr 900, von der noch Reste des Chors zu sehen sind.

◄ Paleis van het Brugse Vrije

Im Paleis van het Brugse Vrije an der Ostseite, 1722 bis 1727 an Stelle des 1520 bis 1525 gebauten Vorgängerbaus errichtet, traf sich der Rat des Freien Brugger Landes. Die dem Kanal zugewandte malerische Rückseite stammt noch aus dem 16. Jh.; zu besichtigen ist der **Schöffensaal (»Vierschaar«) mit seinem prachtvollen Kamin**, der 1529 nach Entwürfen des Malers Lanceloot Blondeel von Guyot de

? WUSSTEN SIE SCHON ...?

- Kaum etwas charakterisiert die Pracht des mittelalterlichen Brugge besser als ein Ausspruch Johannas von Navarra, Gemahlin Philipps des Schönen von Frankreich, beim Einzug in Brugge im Jahr 1301. Als sie die Kleiderpracht der Brugger Bürgersfrauen sah, rief sie unwillig aus: **»Ich glaubte allein Königin zu sein; hier aber sehe ich Hunderte um mich!«**

Beaugrant in schwarzem Marmor und Eiche ausgeführt wurde. In der Renaissance entstanden, nimmt er durch seine fantasievolle Ausschmückung schon den Barock vorweg. Ein Alabasterfries zeigt die Geschichte der Susanna; darüber die holzgeschnitzten Statuen Karls V. und seiner Eltern, von Ferdinand und Isabella von Kastilien sowie von Maria von Burgund und Maximilian. An den kupfernen Griffen über dem Abzug konnten sich die Schöffen festhalten, während sie ihre Stiefel trockneten (Öffnungszeiten: tgl. außer Mo. 9.30 – 12.30 und 13.30 – 17.00 Uhr).

✶ Civiele Griffie ► Rechts des Freiamts ist in die Rathausfront die 1534 bis 1537 erbaute dreigiebelige und reich mit Vergoldungen verzierte Civiele Griffie (Stadtkanzlei) integriert.

✶ Stadhuis ► Das zierliche Stadhuis (1376 – 1420) ist eines der ältesten gotischen Rathäuser in den Niederlanden. In 49 Nischen stehen die Statuen aller flandrischen Grafen seit Balduin mit dem eisernen Arm. Innen sind der Ratssaal mit gotischem Holzgewölbe (1402) und der Historische Saal mit Dokumenten zur Stadtgeschichte am bemerkenswertesten (Öffnungszeiten: tgl. außer Mo. 9.30 – 17.00 Uhr).

✶✶ **Heiligbloed-basiliek**

Rechts neben dem Rathaus steht die zweistöckige Heiligbloedbasiliek (Heiligblutbasilika), benannt nach einigen Tropfen vom Blute Christi, die Dietrich von Elsass 1149 bei der Rückkehr vom zweiten Kreuzzug aus dem Heiligen Land mitgebracht und der Stadt geschenkt haben soll. Daraus entstand die Heiligblutprozession, bei der alljährlich die Reliquie durch die Stadt getragen wird. Die Fassade der Basilika mit drei Bögen im Flamboyant-Stil und vergoldeten Statuen wurde 1529 bis 1534 angebracht. Die Basilika selbst besteht aus der romanischen Unterkirche und der spätgotischen Oberkirche. In der Unterkirche (1139 – 1149) werden die Reliquien des hl. Basilius verehrt, die Robert II. Graf von Flandern aus Palästina nach Brugge gebracht hat. Ein romanisches Tympanon zeigt die Taufe des Heiligen. Eine elegante Wendeltreppe führt in die Oberkirche von 1480, in deren rechter Seitenkapelle **jeden Freitag die Reliquie des Heiligen Blutes den Gläubigen gezeigt wird** (11.00 und 14.15 Uhr). Die den Originalen aus dem 15. Jh. nachgebildeten Fenster stellen die Grafen von Flandern dar. Neben der Oberkirche zeigt ein Museum u. a. den kostbaren Reliquienschrein (1614 – 1617), in dem das Heilige Blut durch die Straßen getragen wird; von den Gemälden sind zwei Flügel eines Triptychons von Pieter Pourbus mit Mitgliedern der Bruderschaft vom Heiligen Blut am auffallendsten (Öffnungszeiten: April – Sept. tgl. 9.30 – 11.50 und 14.00 – 17.50; Okt. – März tgl. außer Mittwochnachmittag 10.00 – 11.50 und 14.00 – 15.50 Uhr).

In der Oberkirche der Heiligblutbasilika

Vismarkt

Links vom Rathaus geht es unter einem Renaissancebogen hindurch zum Vismarkt von 1821, auf dessen steinernen Verkaufstischen von Dienstag bis Samstag jeweils am Vormittag Fische angeboten werden. An der Rei entlang verlaufen hier der Steenhouwersdijk und die Groenerei, gesäumt von malerischen Bauten, namentlich **Pelicaanhuis** und Rückseite des Justizpalastes. Nach rechts erreicht man über den Huidenvettersplaats mit dem Gerberzunfthaus von 1630 den Rozenhoedkaai, von wo sich der schönste Blick, auftut, den die Stadt zu bieten hat: auf die alten, direkt am Kanal liegenden Häuser, überragt vom Belfried (s. S. 188).

★ ★

◀ Ausblick vom Rozenhoedkaai

★ ★

Groeninge Museum

Vom Rozenhoedkaai führt der baumbestandene **Dijver** am Kanal entlang. Haus Nr. 12 hat einen klingenden Namen, denn hier zeigt das Groeninge Museum seine weltberühmte Sammlung altflämischer Malerei sowie belgische Künstler bis zur Gegenwart.
Prunkstück – und von grausiger Thematik – in Saal 1 ist Gerard Davids **»Urteil des Cambyses**« (1498), dazu drei Variationen zum Thema »Jüngstes Gericht«: von Jan Provost, Pieter Pourbus und – am eindrucksvollsten – von Hieronymus Bosch. In Saal 2 sieht man zwei Hauptwerke Jan van Eycks in dessen typisch realistischer Manier: **»Die Madonna des Kanonikers van der Paele«** (1436) und das **Bildnis der Margarete van Eyck** (1439, also im Alter von 33 Jahren). Hugo van der Goes ist vertreten mit »Tod Mariä« und dem »Martyrium des hl. Hippolytus«, vom Maler der berühmten Ursulatafeln weiß man nur, dass er in Brugge tätig war. Zwei weitere Höhe-

punkte: Hans Memlings **Moreel-Triptychon** von 1484 und Gerard Davids »Taufe Christi« von 1495. Saal 3 behandelt die Renaissance in Brugge, Saal 4 den Übergang zum Barock, Saal 5 den Neoklassizismus. In den Sälen 8 bis 11 kommt die belgische Moderne zum Zug (Öffnungszeiten: tgl. außer Mo. 9.30 – 17.00 Uhr).

Brangwynmuseum

In Dijver Nr. 17, dem Arentshuis aus dem 18. Jh., zeigt das Brangwynmuseum Werke des in Brugge geborenen englischen Künstlers Franklin Brangwyn (1867 – 1956; Öffnungszeiten s. zuvor).

✶ Gruuthusemuseum

Am Ende des Dijver liegt links der ehemalige Palast der »Heren van Gruuthuse«, wo 1471 während der Rosenkriege Eduard IV. von England Zuflucht fand. Die »Heren« waren kein Adelsgeschlecht, sondern Kaufleute, die das »Gruutrecht« besaßen, das Monopol auf den Handel mit Trockenblüten und -kräutern. 22 Säle voller Altertümer und Kunstgewerbe kann man besichtigen, von denen besonders die Spitzensammlung und die Steinarbeiten, Wandteppiche und Waffen hervorzuheben sind, dazu eine Küche und eine Apotheke. Sehr malerisch gibt sich auch der Hof mit seinen weinumrankten Säulengängen im Schatten der Onze-Lieve-Vrouwekerk. Man erreicht den Hof auch vom Groeninge Museum aus durch den Arentspark und über die romantische Bonifatiusbrug (Öffnungszeiten s. zuvor).

Mindestens so schön wie der Blick vom Rozenhoedkaai zum Belfried (S. 188) ist die Aussicht von der Höhe des Turms zurück.

★★ Onze-Lieve-Vrouwekerk

Neben dem Gruuthusemuseum ragt 112 m hoch der Turm der Onze-Lieve-Vrouwekerk empor. Mit ihrem Bau wurde um 1230 begonnen; im 14. und 15. Jh. folgten weitere Seitenschiffe und Kapellenreihen. Herausragendes Ausstattungsstück ist auf dem Altar in der Kapelle am Ende des äußeren rechten Seitenschiffs die Skulptur **»Maria mit dem Kinde« von Michelangelo** (1503–1504), die 1521 schon Dürer hier bewunderte. Sie ist ein Geschenk des Kaufmanns Jan Moscroen, der sie 1506 vom Künstler erwarb. Der Kalvarienberg auf dem Hauptaltar stammt von Bernard van Orley (16. Jh.); die Triptychen »Anbetung der Hirten« und »Verwandlung Christi« schufen Pieter Pourbus bzw. Gerard David. Im Chor stehen das **Grabmal Karls des Kühnen** (gest. 1477) von 1559 und das erheblich bedeutendere, 1502 von Jan Borman in reinem gotischen Stil geschaffene **Grabmal seiner Tocher Maria von Burgund** (gest. 1482), Gemahlin des späteren Kaisers Maximilian. Durch eine Glasplatte geschützt sind 1979 entdeckte Gräber mit Wandmalereien, von denen eines möglicherweise das tatsächliche Grab der Maria von Burgund ist. Im Chorumgang liegt rechts die Begräbniskapelle des 1488 ermordeten Beraters von Maximilian, Pieter Lanchals, ausgestattet u. a. mit Adriaan Isenbrants »Maria von den sieben Schmerzen« (1530), einem »Abendmahl« von Pieter Pourbus und zwei Tafeln des Kölners Stefan Lochner (»Geburt« und »Anbetung der Hl. Drei Könige«).

! *Baedeker* TIPP

't Brugs Beertje ⑦

Dies ist keine Aufforderung zum ungezügelten Alkoholgenuss. Aber in ganz Belgien gibt es keinen besseren Ort, die Geschmackswelt des einheimischen Biers zu erkunden als im urigen »Brügger Bärchen« in der Kemelstraat 5: Über 300 Biere stehen zur Auswahl, serviert von einem sehr fachkundigen und auskunftsfreudigen Personal.

★★ Memlingmuseum im Sint-Jansspitaal

Das Sint-Jansspitaal gegenüber der Liebfrauenkirche ist seit 1188 belegt und somit nicht nur eines der ältesten Gebäude in Brugge, sondern auch **eines der ältesten Spitäler Europas**. Links vom Eingang sieht man in der Mariastraat ein vermauertes Tor mit dem Datum 1270 und Mariendarstellungen im Tympanon. Die Geschichte des Spitals wird in den ehemaligen Krankensälen erzählt.

Zwar »nur« sechs Werke von Hans Memling (s. S. 85), aber dafür mit seine bedeutendsten, sind in der Spitalskirche ausgestellt. An erster Stelle steht der **Schrein der hl. Ursula** (1489), deren Legende der Künstler in sechs Bildern festgehalten hat: Ankunft in Köln, Ankunft in Basel und Überquerung der Alpen, Ankunft in Rom und Empfang beim Papst, Einschiffung in Basel zur Rückkehr nach Köln, Ermordung der 11 000 Jungfrauen durch die Hunnen, Heiratsantrag des Hunnenfürsten und Ursulas Ermordung. Kaum weniger berühmt ist das 1479 vollendete Gemälde der **»Mystischen Vermählung der hl. Katharina«** vom sog. Johannesaltar, das die hll. Barbara und Katharina (angeblich Porträts von Maria von Burgund und Margareta von

Glanzstück im Memlingmuseum: der Johannesaltar

York) zeigt, flankiert von Johannes dem Täufer und Johannes dem Evangelisten. Die vier anderen Werke sind das Diptychon des Maarten van Nieuwenhove von 1487 (»Heilige Jungfrau, dem Christkind einen Apfel reichend«; auf dem anderen Flügel das vortreffliche Bildnis des Stifters des Spitals), das Triptychon des Jan Floreins (1479) mit der »Anbetung der Hl. Drei Könige«, das Triptychon mit der Kreuzesabnahme (1480) und schließlich das Porträt der Sibylla Sambetha (1480; Öffnungszeiten: tgl. außer Mo. 9.30 – 17.00 Uhr).

Zum Minnewater

Walplein

Vom Spitaal erreicht man durch die Katelijnestraat (in Nr. 43 das **Diamantenmuseum** mit Vorführung tgl. 12.15 Uhr) die rechts abzweigende **Walstraat**, in der hübsche, sehr klein geratene Giebelhäuschen aus dem 16. / 17. Jh. stehen. Sie führt auf den Walplein, dessen Cafés sich für eine Pause anbieten. Die kann man aber auch in der Brauerei »Halve Maan« einlegen, deren Tradition bis ins Jahr 1546 reicht. Man sollte allerdings nicht zuviel vom Hausbräu namens »Straffe Hendrik« probieren (Führungen tgl. ab 11.00 Uhr).

Brauerei »Halve Maan« ▶

Brugges Beginenhof wurde 1245 von Margarete von Konstantinopel gegründet und wird heute von Benediktinerinnen bewohnt. Im Haus Nr. 30 lebte die Grootjuffrouw; im Häuschen links zwischen dem Eingangstor und der Kirche (1245 gegründet, 1605 erneuert) erhält man einen guten Einblick in das Leben der Ordensfrauen (Öffnungszeiten des Museums: Mo. – Sa. 10.00 – 12.00 und 13.45 – 17.30, So. und Fei. 10.45 – 12.00 und 13.45 – 18.00 Uhr).

★ **Begijnhof**

Wer bis zum Minnewater (»Liebessee«) spaziert, erkennt sofort, woher dieser bezaubernde See seinen Namen hat. Dabei war es einst nur das äußere Hafenbecken.

★ **Minnewater**

Westliche Innenstadt

Sint-Salvatorskathedraal

Von der Liebfrauenkirche führt die Heilige Geeststraat zur Sint-Salvatorskathedraal, der ältesten Pfarrkirche der Stadt, ursprünglich im 10. Jh. erbaut und in ihrer jetzigen Gestalt überwiegend aus dem 12. / 13. Jh. stammend. Im 101 m langen Innenraum fallen vor allem der Barocklettner mit einer Gottvaterskulptur von Artus Quellin d. J., das Chorgestühl aus dem 15. Jh. mit Wappen von Rittern vom Goldenen Vlies und die darüber hängenden Brüsseler Teppiche von 1731 auf. Die Orgel von Sint-Salvator ist ihres eindrucksvollen Prospektes von 1719 wegen berühmt. Die bedeutendsten Kunstschätze zeigt das Kathedralmuseum. So sieht man im Kreuzgang sechs schöne Messinggrabplatten aus dem 14. bis 16. Jh.; auch die Sammlung alter flämischer Gemälde, darunter ein Polyptychon mit Abendmahlsszene von Pieter Pourbus, hat Qualität (Öffnungszeiten: tgl. außer So. 14.00 – 17.00 Uhr).

★ ◄ Kathedralmuseum

Von der Kathedrale führt die Steenstraat zum Markt. Sie ist eine der schönsten Straßen der Stadt mit einer geschlossenen Reihe der für Brugge so typischen Giebelhäuser verschiedener Gilden.

★ **Steenstraat**

Am 't Zand

Westlich der Kathedrale liegt der große Platz 't Zand, der nun angesichts des gewaltigen **Concertgebouw**, das sich die Kulturhauptstadt Europas 2002 spendierte, um einiges kleiner erscheint.
Von hier aus kommt man zur **Blindenkapel** (14. Jh.) mit prächtiger Kanzel von 1659 und vergoldeter Statue der Liebfrau der Blinden, und zum **Smedenpoort** (14. Jh.), an dem noch die Glocke hängt, mit der einst der Torschluss angekündigt wurde. Südlich davon liegt am Stadtgraben das **Waterhuis** aus dem 14. Jh., das die Stadt mit Wasser versorgte.

Das hanseatische Brugge

Im Viertel nördlich vom Markt ist Brugges Pracht und Reichtum erwirtschaftet worden, denn dort wohnten die Kaufleute und betrieben ihre Kontore.

Sint-Jacobskerk Von der Nordwestecke des Markts kommt man über den Eiermarkt zur gotischen Sint-Jacobskerk (13.–15. Jh.), ursprünglich eher bescheiden, aber beträchtlich vergrößert dank der burgundischen Herzöge, die hier in der Nähe ihre Residenz hatten. Zahlreiche Gemälde des 16. bis 18. Jh.s sowie Gräber, darunter das zweistöckige Grabmal von Ferry De Gros (gest. 1544), Schatzmeister des Ordens vom Goldenen Vlies, und seiner zwei Ehefrauen lohnen den Blick hinein.

✶ **Hof Bladelin** An der von der Sint-Jacobsstraat abzweigenden Naaldenstraat baute sich 1440 Pieter Bladelin, auch er Schatzmeister des Ordens vom Goldenen Vlies, ein Wohnhaus. Spätere Besitzer ließen sich mit Porträtmedaillons an der Fassade verewigen. Man entdeckt unter ihnen Lorenzo di Medici, der das Haus Tommaso di Portinari, seinem Brugger Bankier, überließ.

Huis ter Beurze Die Naaldenstraat mündet in die Grauwwerkersstraat, an deren Ostende das Huis ter Beurze (15. Jh.) steht, heute eine Bank. Hier betrieb die **Familie Van der Beurze** eine Herberge, in der viele Kaufleute abstiegen und dort selbstverständlich auch Geschäfte tätigten – so entstand das erste derartige Handelszentrum der Welt, die »Beurs« oder Börse. Gegenüber hatten die genuesischen Kaufleute in der **Genueser Loge** (1399–1441) ihre Niederlassung.

✶ **Jan van Eyckplein** Unweit vom Börsenhaus tut sich am alten innerstädtischen Hafenbecken Spiegelrei der schönste Platz des hanseatischen Brugge auf, der Jan van Eyckplein mit einem Denkmal für den Künstler. Die **Poorters Loge**, eine Kaufmanns- und Bürgerloge aus dem 14. Jh., heute Staatsarchiv, fällt dank ihres schlanken Turms auf und trägt an der Fassade seit 1417 das »Beertje van de Logie«, Wappentier der Stadt. Im **Oud Tolhuis** gegenüber mussten von 1477 an die Kauffahrer ihre Waren prüfen lassen; heute ist hier die Stadtbibliothek zu Hause.

Wenig südlich ein neues Museum in altem Gemäuer: **Choco-Story** zeigt im Huis de Croon (1480), was man alles aus Schokolade machen kann (Wijnzakstraat; Öffnungszeiten: tgl. 10.00–17.00 Uhr).

Woensdagmarkt und Oosterlingenplein An den Jan van Eyckplein schließt sich der Woensdagmarkt mit einer Statue Hans Memlings (der auf dem Kirchhof der Sint-Gilliskerk begraben ist) und dem 1561 gegründeten Kloster der Schwarzen Schwestern an; der Oosterlingenplein verdankt seinen Namen dem einst hier liegenden Kontor der Deutschen Hanse, den »Ostlingen«.

Nordöstliche Innenstadt

Jeruzalemkerk Wahrzeichen der spätgotischen Jeruzalemkerk ist ihr orientalisch anmutender Turm. Der Grund: Die Familie Adornes, die sie 1428 stiftete, hatte das Heilige Land besucht und wollte in Brugge eine Kirche nach dem Vorbild der Grabeskirche in Jerusalem haben. Dazu gehörte auch die Krypta mit einer Nachbildung des Grabes Christi.

Kantcentrum

Die an die Kirche anschließenden Jeruzalemgodshuizen aus dem 15. Jh. beherbergen das Kantcentrum, in dem die Tradition der Spitzenklöppelei in einem Museum und einer Lehrwerkstatt für Klöpplerinnen gepflegt wird (Öffnungszeiten: Mo. – Fr. 10.00 bis 12.00 und 14.00 – 18.00, Sa. bis 17.00 Uhr).

! *Baedeker* TIPP

Wie geht denn das?

Jeden Nachmittag kann man den Klöpplerinnen in der Werkstatt zuschauen. Wem das nicht genügt: Das Kantcentrum bietet das ganze Jahr über auch Kurse und Workshops an, für ganz Eilige sogar einen »Blitzkurs«, bei dem man in anderthalb Stunden ein kleines Stückchen Spitze selbst macht. Infos unter courses@kantcentrum.com

Gegenüber der Jerusalemshäuser hatte sich die Schuhmacherzunft ihr Altersspital gebaut. Heute zeigt hier das **Stedelijk Museum voor Volkskunde** westflämische Volkskunst, Trachten und Alltagsgegenstände, dazu original eingerichtete Räume wie Hutmacherwerkstatt, Kaufladen, Zuckerbäckerei, Küche und die Bierstube »Zwarte Kat« (Öffnungszeiten: tgl. außer Mo. 9.30 – 17.00 Uhr).

Kruispoort und Kruisvest

Die Peperstraat führt hinaus zum Kruispoort (1402). Auf der von hier nach Norden laufenden Kruisvest stehen vier Windmühlen, von denen die **Sint-Janshuismolen** (1770; Mai – Aug. tgl. außer Mo., April und Sept. nur an Wochenenden) und die **Koleweymolen** (1765; Juli und Aug, tgl. außer Mo.) noch in Betrieb sind.

Schuttersgilde Sint-Joris

Im Haus gegenüber der ersten Mühle treffen sich bis auf den heutigen Tag die Schützen der im 14. Jh. gegründeten Sint-Jorisgilde jeden Dienstag und Freitag zum Üben; ihre Armbrustsammlung, Gemälde und Dokumente zeigen sie gerne auf Anfrage. Sie haben bei der Heiligblutprozession die Ehre, die Reliquie zu eskortieren.

Schuttersgilde Sint-Sebastian

Auf dem Weg zu ihren Kollegen von der Sint-Sebastiaansgilde kommt man zunächst am Rolweg vorbei, wo das **Geburtshaus des flämischen Dichters Guido Gezelle** steht (Öffnungszeiten: tgl. außer Mo. 9.30 – 12.30 und 13.30 – 17.00 Uhr).
Die Sebastiansgilde wurde zwischen 1379 und 1396 gegründet und zog 1562 in ihr heutiges, turmgekröntes Domizil in der Carmersstraat. Sie schießen mit dem Bogen. Seit Karl II. vor dem englischen Bürgerkrieg nach Brugge geflohen war, sind alle englischen Könige Mitglieder der Gilde. Die Ausstellung im Haus erinnert an solch illustre Schützen und zeigt außerdem Dokumente und Waffen sowie Silber- und Goldschmiedearbeiten (Öffnungszeiten: Di., Mi., Do., Sa. 10.00 – 12.00 und 14.00 – 17.00 Uhr; im Winter nur nachmittags).

Museum Potterie

Im äußersten Norden der Innenstadt liegt an der Potterierei das 1276 gestiftete Potteriespitaal, dessen Gebäude überwiegend aus dem 15. Jh. stammen und heute noch Altersheim sind. Besichtigt werden können die barocke Kapelle Onze-Lieve-Vrouw van de Potterie und vor allem das Potteriemuseum mit einer Sammlung sakraler Goldschmiedekunst, Möbeln, Gobelins, Elfenbein und Gemälden (Öffnungszeiten: tgl. außer Mo. 9.30 – 12.30 und 13.30 – 17.00 Uhr).

Umgebung von Brugge

Tillegembos Möchten die Brugger dem Touristenrummel in ihrer Stadt etwas entfliehen, gehen sie gerne in die Domäne Tillegembos im Vorort Sint-Michiels: Der Park mit See, Mühle und einem Wasserschloss aus dem 14. Jh. ist ideal zum Spazierengehen und Reiten.

Boudewijnpark Die Hauptattraktion des Freizeitparks **Boudewijnpark** südlich von Brugge ist **das größte überdachte Delfinarium Europas**, dazu kommen Fahrgeschäfte wie die Orca-Achterbahn und eine Riesenwasserrutsche (Öffnungszeiten: April – Sept. sehr unterschiedlich, genaue Zeiten unter: www.boudewijnpark.be)

In **Jabbeke** (11 km westlich) lebte der Maler Constant Permeke (1868 – 1952) in einem von ihm selbst entworfenen Haus, in dem heute einige seiner Gemälde und Skulpturen zu sehen sind (Öffnungszeiten: tgl. außer Mo. 10.00 bis 12.00 und 13.30 – 18.00 Uhr).

! *Baedeker* TIPP

Auf Flanderns Kanälen

Ins wunderhübsche ►Damme fährt gemächlich die »Lamme Goedzak« auf dem Brugge-Sluis-Kanaal (April – Okt. tgl. fünf Mal ab Noorwegse Kaai, Tel. 050 28 86 10). Der Raddampfer »Old Piper« schippert auf dem Kanal Brugge – Gent nach Beernem (März – Nov. ab Bargeweg; Tel. 0475 47 64 43), die »Yserstar« nimmt die andere Richtung durch die Poldern nach Oostende (Juli und Aug. ab Houtkaai, Tel. 058 23 24 25).

★★ Bruxelles · Brussel · Brüssel

F/G 12/13

Höhe: 15 – 100 m ü.d.M. **Einwohnerzahl:** 999 900

Ausführlich beschrieben im Baedeker Allianz Reiseführer »Brüssel«

Brüssel ist für viele mehr Begriff als Hort der Eurokraten, die widersinnige Verordnungen erlassen. Allenfalls kennt man von dieser Stadt das Atomium und Manneken Pis. Das mag daran liegen, dass sich die Stadt recht spröde gibt, denn eine Schönheit ist sie nicht unbedingt. Aber wenn man sich auf sie einlässt, wird man ihren Charme entdecken – nicht nur in den Hochglanzsehenswürdigkeiten, sondern gerade auch in den etwas vernachlässigten Ecken und in der Nonchalance, mit der die Brüsseler ihre Stadt so nehmen, wie sie nun eben ist.

Ein Wunderwerk an Formen und Vielfalt gotischer Bildhauerkunst offenbart sich an der Fassade des Brüsseler Rathauses. →

Was ist eigentlich Brüssel?

Zumal es nicht einfach ist, die Stadt am Flüsschen Senne zu definieren, denn im Grunde gibt es sie gleich mehrmals: als **»Hauptstadt Europas«**, als Sitz von Belgiens Regierung und Parlament, als Hauptstadtregion »Bruxelles Capitale« bzw. »Brussels Hoofdstad« und damit eine von drei Regionen Belgiens, als offiziell zweisprachiges Gebiet und zu guter Letzt als eine von 19 selbstständigen Teilgemeinden, aus denen sich die Region zusammensetzt. Letzteres ist u. a. auch mitverantwortlich für das etwas chaotische Stadtbild, denn jede der Gemeinden entscheidet autonom. Aber auch die internationalen Organisationen und Behörden, die in Brüssel sitzen – allen voran die Europäische Union (EU) mit Ministerrat und Kommission, dazu die NATO –, tragen ihren Teil zur als »Bruxellisation« bekannt gewordenen architektonischen Disharmonie bei, haben sie doch ihre gigantischen Neubauten ohne Rücksicht auf gewachsene Stadtviertel und getragen von blühendem Spekulantentum durchführen können.

Brüssel ist multikulturell

Nirgends in Belgien kommen Flamen und Wallonen so eng zusammen wie in Brüssel. Die Stadt ist offiziell zweisprachig – auch wenn die Frankophonen mit 80 % überwiegen –, was Touristen in den Genuss von zweisprachigen Straßenschildern, Speisekarten, Fahrplänen, Kellnern und Museumsbediensteten bringt: Dennoch gibt es kaum eine europäische Stadt, die so international anmutet. Ein Viertel der Einwohner sind Ausländer, die verschiedener nicht sein könnten: einerseits das Heer der bei den internationalen Organisationen Beschäftigten, andererseits Gastarbeiter und Zuwanderer aus Schwarz- und Nordafrika. Letzteres wiederum bedeutet für den Besucher u. a. eine breite Palette exotischer Läden und Restaurants. Dies und dazu die glücklichen Umstände, dass Brüssel die bedeutendsten Museen und den schönsten Marktplatz des Landes besitzt und dass hier der Jugendstil »erfunden« wurde,. sind Gründe genug, etwas länger in Belgiens Hauptstadt zu bleiben.

Geschichte

Als Stadtgründungsdatum gilt 979, denn in diesem Jahr taucht in einer Urkunde Ottos des Großen »Bruocsella« (»Siedlung in den Sümpfen«) erstmals im Zusammenhang mit einer Burg auf, die **Karl von Niederlothringen** auf einer Insel in der Senne erbaut hatte, auf der schon seit ca. 580 eine Kapelle des hl. Goorik stand. Im 11. Jh. ließen sich die Grafen von Leuven und nachmaligen Herzöge von Brabant auf dem Coudenberg nieder. Als Mittelpunkt der Handelsstraße Brugge – Köln und **Zentrum der Tuchmacherei** wuchs die Stadt rasch, erhielt 1229 die Stadtrechte und erweiterte 1357 bis 1379 die alte Stadtumwallung. Handel und Handwerk ließen ein wohlhabendes Bürgertum entstehen.

Glanzvolle Residenz ►

Ende des 14. Jh.s wurde Brüssel **Hauptstadt Brabants**, fiel 1430 jedoch an Burgund. Die glanzvolle Hofhaltung der burgundischen Herzöge zogen Adel und Künstler aus ganz Europa an, was sich auch nach 1477, als das Land an die Habsburger kam, fortsetzte. Namentlich Karl V., der 1519 in Brüssel zum Kaiser des Hl. Römischen

um 580	Der hl. Goorik (Géry) baut eine Kapelle auf einer Senne-Insel.
979	Gründung der Stadt
1229	Verleihung der Stadtrechte
1430–1482	Glanzzeit unter den Burgundern
1531	Brüssel wird Hauptstadt der Spanischen Niederlande.
1566	Hinrichtung von Egmont und Hoorn
1695	Beschuss durch die Franzosen
1830	Brüssel wird Hauptstadt des Königreichs Belgien.
1958	Bau des Atomiums zur Weltausstellung
1959	Brüssel wird Sitz der EWG.
1996	Weißer Marsch

Reichs proklamiert wurde, förderte die Stadt und erhob sie 1531 zur **Hauptstadt der Spanischen Niederlande**. Das Ende der spanischen Herrschaft zeichnete sich 1555 mit seiner Abdankung ab.

◄ Stagnation

1566 fand die Erhebung gegen die spanische Unterdrückung ihren ersten Höhepunkt in der **Hinrichtung der Grafen Egmont und Hoorn** auf der Grand'Place. Die Stadt blieb bei Spanien, doch war die wirtschaftliche Macht durch den Exodus vieler in die freien Niederlande gebrochen. Während der Kriege Ludwigs XIV. schossen die Franzosen 1695 die Unterstadt in Brand und zerstörten über 4000 Häuser. Mit dem Ende des Spanischen Erbfolgekriegs fielen die Spanischen Niederlande und damit Brüssel an Österreich, doch setzten die Brüsseler ihre Unabhängigkeitsbestrebungen fort. 1719 ließ Statthalter Prinz Eugen den Doyen der Brüsseler Zünfte, **Franz Anneessens**, enthaupten. Die Französische Revolution fand Anhänger auch in Brabant, das sich gegen Österreich erhob. 1794 marschierten die Franzosen ein, 1814 kamen die Niederländer, die Brüssel zur zweiten Hauptstadt ihres Königreichs erkoren. Der Aufstand auf dem Theaterplatz am 25. August 1830 war das **Signal für die Revolution**, die Brüssel zur Hauptstadt des neuen Königreichs Belgien machte.

◄ Hauptstadt Belgiens

Rasch ging es nun voran: 1835 verkehrte die **erste Bahnlinie des europäischen Festlands zwischen Brüssel und Mechelen**. Unter König Leopold II. und Bürgermeister Anspach entstanden die großen Boulevards. In beiden Weltkriegen wurde Brüssel besetzt, blieb jedoch von größeren Zerstörungen verschont. Die Weltausstellung von 1958 brachte mit dem Atomium ein neues Wahrzeichen und 1959 begann mit dem **Einzug von EWG und EURATOM** der Aufstieg zur »Hauptstadt Europas«; 1967 folgte die NATO. 1989 wurde Brüssel neben Flandern und Wallonien dritte Region Belgiens. Die innenpolitische Krise in den 1990ern – Stichworte: Korruption, Marc Dutroux – führte 1996 in Brüssel zur größten Demonstration der Nachkriegszeit in Belgien, dem sog. **Weißen Marsch**. In all den Jahren hat die Stadt, vor allem durch die Bauten der EU, ihr Gesicht verändert.

Brüssel Orientierung

Essen

① Bruneau
② Comme Chez Soi
③ Belgo-Belge
④ Bij den Boer
⑤ Jacques
⑥ L'Achepot
⑦ Le Falstaff
⑧ Chez Léon
⑨ A la Mort Subite
⑩ La Pirogue
⑪ Tizi Ouzou
⑫ Cirio
⑬ La Bécasse

Übernachten

① Métropole
② RadissonS.A.S.
③ Le Dixseptième
④ Président Centre
⑤ Les Bluets
⑥ George V
⑦ Truite d'Argent

BRÜSSEL

AUSKUNFT

Hôtel de Ville, Grand' PlaceB-1000 Bruxelles
Tel. 02 513 89 40, Fax 02 513 83 20
www.bruxelles-tourisme.be
Weitere Büros in der Flughafen-Ankunftshalle und im Südbahnhof (Gare du Midi).

VERKEHR

In Brüssel verkehren drei Metrolinien, die Tram bzw. Prémétro und Busse, die alle in einem Verbundnetz zusammengefasst sind. Fahrkarten erhält man in Métro-Stationen an Automaten, in Straßenbahnen und Bussen beim Fahrer. Mehrfahrtenkarten gibt es für fünf bzw. zehn Fahrten oder als Tageskarte, dazu sog. 3 / 5 - und 5 / 10-Karten (gültig an 3 frei gewählten Tagen von 5 bzw. an 5 von 10).

SIGHTSEEING

Visit Brussels Line: Klassische Rundfahrten im blauen Doppeldeckerbus. Start ist an der Gare Centrale, Zustieg an öffentlichen Bushaltestellen.
Kutschfahrten: Abfahrt in der Rue Charles Buls bei der Grand'Place.

BRUSSELS CARD

Mit der drei Tage gültigen Brussels Card für 30 € hat man kostenlosen Eintritt in 30 Museen und freie Fahrt in den öffentlichen Verkehrsmitteln, dazu weitere Ermäßigungen. Erhältlich in der Touristeninformation an der Grand'Place, in Hotels und in den Museen.

FESTE

Ommegang: prachtvolle Wiederbelebung des Fests, das der Magistrat

1549 zu Ehren Kaiser Karls V. gegeben hat (Anfang Juli).
Blumenteppich auf der Grand' Place im August in jedem geraden Jahr.

JUGENDSTIL IN BRÜSSEL

Brüssel war eines der Zentren der europäischen Jugendstilbewegung (frz. Art Nouveau). In folgenden Vierteln wurde besonders viel gebaut: Square Ambiorix / Square Marie-Loiuse, Rue St-Boniface, Rue Defacqz, Av. Brugmann, Av. Jef Lambeaux und Etangs d'Ixelles. Beim Verkehrsamt gibt es eine Broschüre für Touren auf eigene Faust. Führungen – auch auf Deutsch – bietet Arau (55 Blvd. Adolphe Max, Tel. 02 219 33 45, www.arau.org).

Jugendstil-Prunkstück aus den Musées Royaux d'Arts et d'Histoire

ESSEN

► Fein & teuer

① ***Bruneau***
Ave. Broustin, 73 – 75
Tel. 02 421 70 70
Ruhetag: Di., Mi., Aug.
Métro: Simonis (1 A, 2)
Das Restaurant nahe der Basilika von Koekelberg gilt trotz des Verlusts von einem der drei Michelin-Sterne noch immer als eines der besten in Brüssel und in ganz Belgien (frz. Küche).

② ***Comme chez Soi***
Place Rouppe, 23
Tel. 02 512 29 21
Ruhetag: So., Mo. Juli, Aug.
Tram (Prémétro): Annessens (3, 52, 55, 56, 81)
»Wie zu Hause« heißt es hier – bei den meisten Gästen wird es kaum so sein, denn erstens sind die wenigsten Eigenheime in stilechtem Art Nouveau eingerichtet und zweitens werden allenfalls Monsieur Bocuse oder die Gebrüder Haeberlin so exzellent kochen können wie Pierre Wyants.

► Erschwinglich

③ ***Belgo-Belge***
Rue de la Paix, 20
Tel. 02 511 11 21
Métro: Porte de Namur (2)
Helle, modern eingerichtete Brasserie vor der Kirche St. Boniface im gleichnamigen Viertel; junges Publikum.

Baedeker-Empfehlung

④ ***Bij den Boer***
Quai aux Briques, 60
Tel. 02 512 61 22
Ruhetag: So.
Métro: Ste-Catherine (1 A, 1 B)
Traditionelle Fischküche in unprätentiöser Atmosphäre am alten Fischmarkt.

⑤ ***Jacques***
Quai aux Briques, 44
Tel. 02 513 27 62
Ruhetag: So.
Métro: Ste-Catherine (1 A, 1 B)
Noch ein Spezialist für Meeresgetier am Fischmarkt. Hier ist es eigentlich immer voll und deshalb herrscht eine zwanglose Atmosphäre.

► Preiswert

⑥ ***L'Achepot***
Place Sainte-Catherine, 1
Tel. 02 511 62 21
Ruhetag: So.
Métro: Ste-Catherine (1 A, 1 B)
Nettes Bistro mit guter Pasta und schmackhaften Fleischgerichten.

⑦ ***Le Falstaff***
Rue Henri Mauss, 17–25
Tel. 02 511 98 77
Tram (Prémétro): Bourse (3, 52, 55, 56, 81)
Diese 1883 eröffnete Brasserie ist ein Anziehungspunkt für Freunde reinen Jugendstils. Man isst hier natürlich belgische Spezialitäten wie Waterzooi und Karbonade zu – wie die Speisekarte stolz bemerkt – *»prix démocratiques«*.

⑧ ***Chez Léon***
Rue des Bouchers, 18
Tel. 02 511 14 15
Métro: de Brouckère (1 A, 1 B, 2 bzw. 3, 52, 55, 56, 81)
Ein guter Klassiker in der Touristenmeile, ein Hort der Moules / Frites-Küche. Kinder unter 12 Jahren essen umsonst.

⑨ ***A la Mort Subite***
Rue Montagne-aux-Herbes Potagères, 7
Tel. 02 513 13 18
Métro: Gare Centrale (1 A, 1 B, 2) und de Brouckère (1 A, 1 B, 2 bzw. 3, 52, 55, 56, 81)
Der Name »Plötzlicher Tod« kommt von einem Würfelspiel mit schnellem Ende (heute: »421«), mit dem sich die Kunden einer nahen Bank beim Warten einst die Zeit vertrieben. Das Mort Subite ist eines der schönsten, wenn vielleicht nicht gar das allerschönste Café der Stadt. Hier trinkt man hauseigenes Gueuze, Kriek oder Faro und isst ein Quark-, ein Schinken- oder ein Käsebrot dazu. Kleine warme Gerichte und Kaffee gibt es natürlich auch (Abb. S. 96).

⑩ ***La Pirogue***
Rue Ste-Anne, 18
Tel. 02 511 35 25
Ruhetag: Mo.
Tram: 91, 92
Sehr gute Küche aus dem Senegal und dem Kongo.

⑪ ***Tizi Ouzou***
Rue Moscou, 26
Tel. 02 538 15 33
Métro: Porte de Hal (2 bzw. 3, 55, 90)
Hier gibt es Couscous in mehreren Varianten zu zivilen Preisen. Helle, nordafrikanisch inspirierte Einrichtung, immer gut besucht.

ÜBERNACHTEN

► Luxus

① ***Métropole***
Place de Brouckère, 31, B-1000 Bruxelles
Tel. 02 217 23 00, Fax 02 218 02 20
www.metropolehotel.com
305 Z. Wahrlich heilige Hallen der Belle-Epoque: Palmen, Marmor, Spiegel, bunte Glasfenster, Säulen, Leder und Mahagoni vom Foyer bis zum gediegenen Clubraum. Umwerfend das Café. Wer es sich leisten kann, sollte hier absteigen – zum »Nur-Schlafen« viel zu schade. Das fanden schon Einstein und de Gaulle

② ***Radisson S.A.S. Hotel***
Rue du Fossé-aux-Loups, 47, B-1000 Bruxelles
Tel. 02 219 28 28, Fax 02 219 62 62
www.radissonsas.com
281 Z. Hoch gelobtes skandinavisches Haus hinter Art-Déco-Fassade: postmodernes Atrium mit künstlichem Bach und echter Brüsseler Stadtmauer aus dem 12. Jahrhundert (einfach mal ins Atrium renschauen).

► Komfortabel

③ ***Le Dixseptième***
Rue de la Madeleine, 25,
B-1000 Bruxelles
Tel. 02 517 17 17, Fax 02 502 64 24
www.ledixseptieme.be
24 Z. Denkmalgeschütztes Barockgebäude nahe der Grand' Place, auch Apartments mit Küche.

④ ***Président Centre***
Rue Royale, 160, B-1000 Bruxelles
Tel. 02 219 00 65, Fax 02 218 09 10
www.presidenthotels.be
73 Z. Modernes Stadthotel, eines der besten seiner Klasse.

► Günstig

⑤ ***Les Bluets***
Rue Berckmans, 124, B-1060 Bruxelles
Tel. 02 534 32 83, Fax 02 543 09 70
www.belge.net/bluets

10 Z. Nichtraucherhotel voller Pflanzen und Nippes hart am Rand des Kitsches, aber: sehr familiär, sehr gemütlich. Im Frühstücksraum voll tropischer Pflanzen und unter farbigem Stuck sitzt die Hotelgemeinschaft an einem großen Tisch.

⑥ ***George V***
Rue t'Kint, 23, B-1000 Bruxelles
Tel. 02 513 50 93, Fax 02 513 44 93
www.george5.com
16 Z. Günstiges Haus im Szeneviertel St-Géry.

Baedeker-Empfehlung

⑦ ***Welcome Truite d'Argent***
Rue du Peuplier, 5, B-1000 Bruxelles
Tel. 02 219 95 46, Fax 02 217 18 87
www.hotelwelcome.com
15 Z., Garage. Das kleine Hotel liegt schön am Fischmarkt (aber nach hinten hinaus!), hat ein wirklich gutes Restaurant, ist also etwas für Individualisten.

SHOPPING

Luxusgeschäfte jeglicher Couleur konzentrieren sich um Blvd. de Waterloo, Av. de la Toison d'Or, Place Louise, Av. Louise und Porte de Namur in der ***Oberstadt***. Weniger kostspielig, aber sehr anregend ist ein Bummel durch die Chaussée d'Ixelles und ihre Nebenstraßen. Afrikanisches gibt es in »***Matonge***«, dem Viertel zwischen Chaussée d'Ixelles und Chaussée de Wavre. Die wichtigste Einkaufsstraße der ***Unterstadt*** ist die Rue Neuve; in der Rue Antoine Dansaert reihen sich die kleinen, feinen Boutiquen auf. Eine Mischung aus Lifestyle-Läden und alteingesessenen Handwerksbetrieben bietet die Rue Haute in den ***Marollen***, die im Übrigen die Antiquitätengegend schlechthin sind. Eine Brüsseler Spezialität sind die ***Galerien und Ladenpassagen***, allen voran die Galeries Saint-Hubert. ***Märkte***: Blumen und Pflanzen tgl. außer Mo. auf der Grand'Place, Lebensmittel tgl. auf der Place Ste-Catherine u. tgl. außer Mo. auf der Place Flagey; Kleider, exotische Lebensmittel So. beim Gare du Midi; Flohmarkt tgl. auf der Place du Jeu de Balle.

Highlights Brüssel

✶✶ Grand'Place

Métro Gare Centrale (1 A, 1 B)

Jeder Besucher Brüssels wird als erstes auf die Grand'Place wollen und das zu Recht: Denn dieser 110 m lange und 68 m breite Platz ist in seiner einmaligen Geschlossenheit einer der schönsten der Welt. Im 11. Jh. in einem Sumpfgebiet angelegt, entwickelte er sich zum politischen, wirtschaftlichen und sozialen Mittelpunkt der Stadt und wurde aufs prächtigste bebaut. Am 13. und 14. August 1695 vernichteten französische Kanonen zwar das Ensemble der stolzen Zunfthäuser, doch wurden die meisten wieder neu oder nach alten Plänen aufgebaut, sodass der Platz heute eine **grandiose Mischung gotischen und barocken Stilempfindens** zeigt.

✶✶ Hôtel de Ville

Auf dem Höhepunkt der wirtschaftlichen und politischen Macht beschloss Brüssel den Bau eines Rathauses. Es wurde um 1450 begonnen und sollte dasjenige von ►Brugge an Schönheit übertreffen. Ursprünglich war nur der heutige linke Flügel (1402 – 1410) als Anbau an einen schon länger bestehenden Belfried vorgesehen, doch bald wollte man mehr und so waren schon 1444 der rechte Flügel und 1454 der von der Figur des Erzengels Michael gekrönte 96 m hohe Belfried, den Jan van Ruysbroek konstruiert hatte, fertig gestellt. Nach der Beschießung 1695 standen nur noch Turm und einige Mauern, doch machte man sich bald an den Wiederaufbau. Beide Flügel sind überreich mit sehr schönen gotischen Skulpturen (Nachbildungen) geschmückt; die Kapitelle und Konsolen rechts unter den

Grand' Place Orientierung

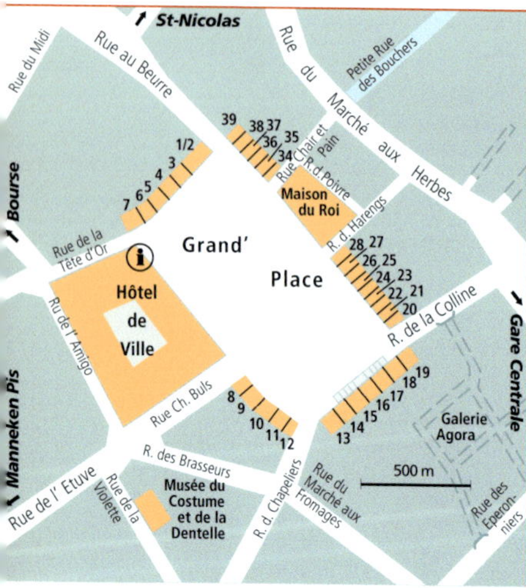

ZUNFTHÄUSER UM DIE GRAND' PLACE

1/2	Roi d'Espagne	**17**	Pot d'Etain
3	Brouette	**18**	Colline
4	Sac	**19**	Bourse (Balance)
5	Louve	**20**	Cerf volant
6	Cornet	**21**	Joseph
7	Renard	**22**	Anne
8	Etoile	**23**	Ange
9	Cygne	**24/25**	Maison des Tailleurs
10	Arbre d'Or (Brauerei-museum)	**24**	Taupe
11	Rose	**25**	Chaloupe d'Or
12	Mont Tabor	**26/27**	Pigeon
13	Renommée	**28**	Chambrette de l'Amman
13-19	Maison des Ducs de Brabant	**34**	Heaume
14	Ermitage	**35**	Paon
15	Fortune	**36**	Petit Renard
16	Moulin à Vent	**37**	Chêne
		38	Sainte Barbe
		39	Ane

Arkaden symbolisieren die Zunfthäuser, die dem Rathausbau weichen mussten (z. B. zechende Mönche für das Haus Papenkelder). Von den Innenräumen sind der Maximilianische Saal mit Wandteppichen, die das Leben Chlodwigs darstellen, der große Ratssaal, der Trauungssaal, der Gotische Saal und die Ehrentreppe mit den Büsten der Brüsseler Bürgermeister die wichtigsten (Führungen: Di., Mi. 13.45 / nl., 14.30 / fr., 15.15 / engl., April – Sept. auch So. 10.00 / d., 11.30 / fr., 12.15 Uhr / engl.).

★ **Maison du Roi**

Das kleinere Pendant zum Rathaus ist das Maison du Roi gegenüber, das trotz seines Namens nie einen König beherbergt hat. Er rührt vielmehr daher, dass hier der Gerichtshof des Königs von Spanien tagte. Direkt davor lag die Richtstätte. Zuvor stand hier das Zunfthaus der Bäcker, das Broodhuis. Dieses wurde 1515 durch ein neues Gebäude ersetzt, das 1695 jedoch zerstört wurde. Nach einigen misslungenen Zwischenlösungen ist das heutige Haus 1895 nach den Plänen von 1515 fertig gestellt worden. Über dem mittleren Bogengang erkennt man die Statuen von Maria von Burgund, Karl V., Herzog Johann I. und Herzog Heinrich I.

★ Musée de la Ville de Bruxelles ▶

Heute zeigt hier das Museum der Stadt Brüssel seine Schätze. Dazu gehören im Erdgeschoss links originale Architekturteile vom Rathaus und ein Modell der Stadt im 13. Jh. im ersten Stock. Im zweiten Stock findet man eine Chronologie der Stadt und vor allem die **Salle du Manneken Pis** mit einer Auswahl der Kostüme, die der kleine Mann im Lauf seines Daseins geschenkt bekommen hat (Öffnungszeiten: Di. – So. 10.00 – 17.00 Uhr).

Alle zwei Jahre wird die Grand'Place mit einem aus farbenprächtigen Blumen »gewebten« Teppich ausgelegt.

★★ **Zunfthäuser**

Die ehemaligen Zunfthäuser verleihen mit ihren Giebeln, Pilastern, Balustraden, ihrem Skulpturenschmuck und der reichen Vergoldung dem Marktplatz erst sein besonderes Gepräge. Die meisten wurden 1696 bis 1700 in italienischem Barock mit flämischen Einflüssen erbaut. Jedes der Häuser hat – außer der Bezeichnung nach den Zünften – noch einen Eigennamen. An dieser Stelle nur die schönsten:

◀ Nordwestseite

Diese Reihe ist die prächtigste: Nr. 1 und Nr. 2 waren das Zunfthaus der Bäcker (»Roi d'Espagne« / »König von Spanien«). Es folgen Nr. 3, das Haus der Fettmacher (»La Brouette« / »Schubkarren«), Nr. 4, das Haus der Tischler und Böttcher (»Le Sac« / »Sack«), Nr. 5, das Haus der Bogenschützen (»La Louve« / »Wölfin«), Nr. 6, das Haus der Flussschiffer (»Le Cornet« / »Füllhorn«) und Nr. 7, das Haus der Krämer (»Le Renard« / »Fuchs«).

◀ Südwestseite

Die Reihe links vom Rathaus beginnt mit Nr. 8 (»L'Étoile / »Stern«), kein Zunfthaus, sondern Amtsstube des Stadtamtmanns. In Nr. 9 (»Le Cygne« / »Storch«), Zunfthaus der Fleischer, wohnte **Karl Marx** während seines Brüsseler Exils. Haus Nr. 10 (»L'Arbre d'Or« / »Goldener Baum«) war das Haus der Brauer und beherbergt heute natürlich das **Brauereimuseum** des belgischen Brauerverbands.

◀ Südostseite

Das Maison des Ducs de Brabant an der Südostseite versteckt hinter seiner geschlossenen Fassade eigentlich sechs Einzelhäuser. Es verdankt seinen Namen den 19 Statuen der 19 brabantischen Herzöge. Rechts daneben im Haus »Roi de Bavière« / »König von Bayern« befindet sich das **Kakao- und Schokoladenmuseum**.

Umgebung der Grand'Place

Musée de Costume et de la Dentelle

An der den Markt rechts vom Maison des Ducs de Brabant verlassenden Rue de la Violette liegt das Musée de la Costume et de la Dentelle, das die Mode vom 17. bis 19. Jh. und die Kunst der Brüsseler Spitzen vorstellt (Öffnungszeiten: Mo., Di., Do., Fr. 10.00 – 12.30 und 13.30 – 17.00, Sa., So. und Fei. 14.00 – 17.00 Uhr).

✶✶ Manneken Pis

Die Rue de l'Etuve führt vom Museum zum mit Abstand berühmtesten Wahrzeichen Brüssels, dem von wild fotografierenden Touristen umlagerten Manneken Pis. Die Herkunft der seit 1388 bekannten Brunnenfigur des pinkelnden Knaben ist unklar: Manche behaupten, es sei das Denkmal für einen beherzten Knaben, der eine Feuersbrunst verhinderte, andere glauben, es sei ein Grafensohn, der während einer Prozession einem dringenden Bedürfnis nachkam. Die heutige Figur, 1619 von Jérôme Duquesnoy d. Ä. geschaffen, wurde mehrfach geraubt und im Österreichischen Erbfolgekrieg gar zertrümmert, konnte aber wieder zusammengesetzt werden. Manneken hat über 600 Kostüme geschenkt bekommen, die er hin und wieder trägt. Einige der schönsten sind im Maison du Roi ausgestellt.

? WUSSTEN SIE SCHON ...?

- ... dass Manneken eine Schwester und sogar einen Hund hat? Janneke Pis erleichtert sich im Impasse de la Fidelité in der Ilôt Sacré, Zinneke Pis hebt sein Bein in der Rue des Chartreux bei der Place St-Géry.

Fondation Jacques Brel ►

Am Manneken vorbei bergauf geht es auf die Place de la Vielle-Halle aux Blés, wo in der Fondation Jacques Brel das Leben des großen Chansonniers Revue passiert.

Ilôt Sacré

Das Viertel nördlich der Grand'Place wird Ilôt Sacré genannt nach der Senne-Insel, auf der die Kapelle des hl. Goorik stand. Heute herrscht hier Tag und Nacht reges Treiben in den zahllosen Restaurants und Kneipen der Rue des Bouchers und ihren Seitenstraßen – Obacht: bis auf einige Ausnahmen (Aux Armes de Bruxelles, Chez Léon) herrscht hier der Nepp. Am Ende der Sackgasse Impasse Schuddeveld spielt **»Toones Marionettentheater«**, eine Institution.

✶✶ Galeries Saint-Hubert ►

Mitten durch die Ilôt Sacré laufen die Galéries Saint-Hubert, 1846 eröffnet und damit eine der ersten derartigen Passagen Europas. In den drei Galerien – Galérie de la Reine, Galérie du Roi und Galérie des Princes – verteilen sich Luxusgeschäfte, Cafés, Restaurants und Pralinenhersteller – ein sehr stilvoller Ort, um sein Portemonnaie zu erleichtern.

Théâtre Royal de la Monnaie

Am Ende der Galerien links kommt man zur Place de la Monnaie mit dem Théâtre Royal de la Monnaie, benannt nach der herzoglichen Münze. Sie musste 1819 dem Theater weichen, das 1855 abbrannte und mit der alten Front neu aufgebaut wurde. Hier begann der Aufstand gegen die Holländer (►S. 40).

★ **Centre Belge de la Bande Dessinée**

Hinter diesem etwas sperrigen Namen verbirgt sich das belgische Comicmuseum – ein Muss für Freunde der Sprechblasen. Allein das Gebäude ist sehenswert: das **Maison Waucquez** in der Rue de Sable östlich der Place des Martyrs wurde 1906 von Victor Horta als Warenhaus gebaut. Die Geschichte insbesondere der belgischen Comics erzählen eine Ausstellung von 200 ständig wechselnden Originalzeichnungen, viele Originalhefte und -entwürfe und witzige Installationen: Das Büro von Gaston Lagaffe, Lucky Luke im Saloon und die Mondrakete von Tim, Struppi und Captain Haddock sind nur drei davon. Zum Museum gehören ein Café und ein sehr guter Comicladen (Öffnungszeiten: Di. – So. 10.00 – 18.00 Uhr; s.a. Special S. 70).

Rund um die Place de Brouckère

Place de Brouckère und Boulevard Anspach

Durch die Passage des Einkaufszentrums Centre Monnaie kommt man vom Theater auf die Place de Brouckère, wo mit dem Hotel Métropole die Belle Epoque noch etwas weiterlebt. Von hier läuft der Boulevard Anspach nach Süden zur 1871 erbauten **Börse**, deren Hauptfassade durch ihren reichen Figurenschmuck, gekrönt von der allegorischen Figur Belgiens, beeindruckt. Hinter der Börse liegt die Kirche **Saint-Nicolas**, von den Kaufleuten zu Ehren ihres Schutzheiligen im 11. / 12. Jh. als Marktkirche errichtet.

Die Galeries Saint-Hubert sind ein sehr stilvoller Ort, um sein Portemonnaie zu erleichtern.

! Baedeker TIPP

Für den kleinen Hunger

Wen in Börsennähe der Hunger zwischendurch packt, kann ins **Cirio** gehen (Rue de la Bourse, 18 ⑫) und den Geist der Belle Epoque atmen oder die bodenständige Variante namens **La Bécasse** wählen: Hier gibt es an Holztischen säuerliches hauseigenes Lambic, dazu Quark- und Käsebrote (Rue de Tabora, 11; auf die Messingplatte im Gehweg achten! ⑬).

Jenseits der Place de Brouckère kommt man zum alten Fischmarkt (**Marché aux Poissons**), woran heute zumindest noch die vielen und meist sehr guten Fischrestaurants rund um das alte Hafenbecken erinnern. Ihn überragt die Kirche **Sainte-Catherine**, von 1850 an in majestätischen Ausmaßen anstelle des Vorgängerbaus in einem Mischstil von Romanik, Gotik und Renaissance erbaut.

Vom Fischmarkt sieht man durch die Rue du Peuplier die Kirche Saint-Jean-Baptiste au Béguinage, einziges Überbleibsel des im 13. Jh. gegründeten Beginenhofes.1657 bis 1676 nach Plänen von Luc Fayd'herbe erbaut, ist sie eines der schönsten Gotteshäuser Belgiens in flämisch-italienischem Barock.

✶ Saint-Jean-Baptiste au Béguinage ►

Place St-Géry

Wem die Restaurants am Fischmarkt zu ruhig sind (oder danach), findet Szenecafés und -bars rund um die alte Markthalle an der Place St-Géry – und außerdem den einzigen Fleck in Brüssel, an dem die Senne noch nicht überdeckelt ist (Hofeinfahrt an Nr. 22).

✶ Quartier des Marolles

Metro Louise, Porte de Hal, Midi (2)

Die Marollen liegen im südlichen Dreieck der Innenstadt zwischen Südbahnhof, Porte de Hal und Justizpalast. Es ist von jeher das Viertel der »kleinen Leute«, auch wenn schon einige lifestylige Läden und Cafés Einzug gehalten haben.

Spaziergang durch das Viertel

Ein guter Ausgangspunkt ist die Place de Poelaert am **Palais de Justice**. Er wurde 1866 bis 1883 von Josef Poelaert auf dem mittelalterlichen Galgenberg erbaut und ist mit 104 m Höhe und einer Fläche von 26 000 m² das größte Bauwerk des 19. Jahrhunderts.

Mit dem gläsernen Aufzug schwebt man hinab zur **Rue Haute**, der Hauptachse der Marollen, und geht nach rechts zum Haus Nr. 132, wo der berühmteste Marollien lebte, **Pieter Brueghel d. Ä.** Er ist begraben in Notre-Dame de la Chapelle am Nordende der Rue Haute. Sie wurde zwischen dem 13. und 15. Jh. im Stil der Brabanter Gotik errichtet. Brueghels Grabmal in der vierten Kapelle rechts schuf sein Sohn Jan, der »Sammetbruegel«. Die Apostelfiguren an den Langschiffsäulen stammen von Duquesnoy und Fayd'herbe.

Notre-Dame de la Chapelle ►

Auf der Rue Blaes geht es weiter zum Mittelpunkt des Viertels, zur Place du Jeu de Balle, auf der täglich ein **Flohmarkt** so ziemlich alles bietet, was man nur sucht. Am schönsten ist er samstags. Jenseits des Platzes erreicht die Rue Blaes die **Porte de Hal**, das einzige erhaltene Tor der zweiten Brüsseler Stadtbefestigung aus dem 14. Jahrhundert.

Die Figuren der zwölf Apostel schmücken die Säulen im Hauptschiff von Saint-Michel.

Oberstadt

★★ **Saint-Michel**

Auf halbem Weg hinauf zur Oberstadt ragen die 69 m hohen Türme der Cathédrale Saint-Michel auf, die den Schutzpatronen von Brüssel Michael und Gudula geweiht ist. Der weiße Bau in schlichter Brabanter Gotik wurde um 1225 begonnen und war im 15. Jh. beendet.

◄ Innenraum

Der 108 m lange und 50 m breite Kirchenraum zeichnet sich durch harmonische Proportionen und seine wunderbaren **Glasgemälde** aus, die allesamt Bernard van Orley in der ersten Hälfte des 16. Jh.s entworfen hat. So sieht man an den Querschiffenden Karl V. und Isabella von Portugal (nördlich) bzw. das ungarische Königspaar Ludwig II. und Maria (südlich). Die Säulen des Mittelschiffs tragen Statuen der zwölf Apostel von Fayd'herbe bzw. Duquesnoy d. J., die ausladende holzgeschnitzte Kanzel stammt von Verbruggen (1669). Im Chor (1215 – 1265) sind Herzog Johann von Brabant und seine Gemahlin Margarete von York (links) sowie Erzherzog Ernst von Österreich begraben. Im Chorumgang steht rechts eine Muttergottesstatue von Quellin d. Ä. (1645); links von der Magdalenenkapelle befindet sich das **Grab des Brüsseler Stadtmalers Rogier van der Weyden**.

Rue Royale

Man geht hinter der Kathedrale hinauf zur Rue Royale in der Oberstadt und findet sich an der Westseite des **Palais de la Nation** wieder. Er wurde im 18. Jh. erbaut und ist heute Sitz des belgischen Senats und der Abgeordnetenkammer. Links geht es zur **Colonne du Congrès**, 1859 zum Gedenken an den Nationalkongress errichtet mit der Statue Léopolds I. auf der Spitze.

Parc de Bruxelles

Die klassizistische Hauptfassade des Nationalpalasts zeigt auf den Parc de Bruxelles, einst Jagdgehege der Herzöge von Brabant und 1830 Schauplatz blutiger Kämpfe gegen die Holländer. In seiner Nordostecke steht das Königliche Parktheater von 1782.

✶ **Palais Royal**

Wachablösung tgl. 14.30 ►

Die Hauptachse des Parks führt direkt auf den Königspalast zu, der 1731 an Stelle des abgebrannten brabantischen Herzogspalasts erbaut wurde und ursprünglich aus zwei getrennten Gebäuden bestand, die 1827 / 1829 verbunden wurden. Ist die belgische Trikolore aufgezogen, geht der König seiner Arbeit nach.

Museen ►

Der Westflügel des Palasts beherbergt drei Museen: Das **Musée de la Dynastie** behandelt die Geschichte des belgischen Königshauses, das **Mémorial Roi Baudouin** erinnert an den 1993 verstorbenen König und im **Souterrain Coudenberg** kann man durch die unterirdischen Reste des brabantischen Herzogspalasts streifen (Öffnungszeiten: Juni – Sept. Di. – So. 10.00 – 18.00, Okt. – Mai bis 17.00 Uhr).

✶ **Place Royale**

Ein überaus schönes Ensemble klassizistischer Gebäude öffnet sich in Gestalt der Place Royale westlich hinter dem Königspalast. Der Platz wurde vom französischen Architekten Barnabé Guimard gestaltet und war 1780 fertig; das Denkmal für Gottfried von Bouillon wurde 1848 aufgestellt. Dahinter ragt die **königliche Hofkirche Saint-Jacques-sur-Coudenberg** auf.

✶ **Musée des Instruments**

Vom Platz sieht man bergab rechts ein Jugendstilgebäude, das 1899 als Kaufhaus eröffnete Magasin Old England, nun Sitz des Musikinstrumentenmuseums, das stolz ist auf eine der reichsten Sammlungen dieser Art (Öffnungszeiten: tgl. außer Mo. 10.00 – 17.00 Uhr).

✶✶ **Musées Royaux des Beaux-Arts de Belgique**

Eingänge: Rue de la Régence, Place Royale ►

Öffnungszeiten: tgl. außer Mo. 10.00 – 17.00

Die Königlichen Kunstmuseen sind eine der bedeutendsten Gemäldesammlungen Europas. Präsentiert werden im alten Gebäude Alte Kunst vom 15. bis 18. Jh., im neuen, tief in den Hang gegrabenen hauptsächlich belgische Kunst des 19. und 20. Jahrhunderts. Farbig markierte Rundgänge führen durch die Abteilungen: Blau für die Malerei des 15. und 16. Jh.s (Obergeschoss im Palais de Charles de Lorraine), Braun für die Kunst des 17. und 18. Jh.s (erster Stock rund um das Forum), Gelb für das 19. Jh. (Ebenen 3 bis -2) und Grün für die Moderne (Ebenen -3 bis -8).

Weltrang hat die Sammlung der **Meisterwerke der flämischen Malerei**, darunter die »Verkündigung« des Meisters von Flémalle, Rogier van der Weydens »Beweinung Christi«, Dirk Bouts' »Gerechtigkeitsbilder«), Quentin Massys mit dem Triptychon der Legende der hl. Anna und vor allem Pieter Brueghel d. Ä. mit »Volkszählung zu Bethlehem« und »Sturz des Ikarus«. Aus der flämischen Schule des 17. Jh.s zeigt das Museum Altargemälde der Werkstatt von Rubens und natürlich Werke des Meisters selbst (»Anbetung der Könige«, »Kalvarienberg«), von Jordaens u. a. die »Allegorie der Fruchtbarkeit«. Höhepunkt aus der Kunst des 19. Jh.s ist Jacques-Louis Davids

Blick ins großzügige Foyer der Musées Royaux des Beaux-Arts

»Der ermordete Marat«. Im Museum für Moderne Kunst sollte man nicht vorbeigehen an den Werken von James Ensor, Paul Delvaux, René Magritte, Fernand Khnopff und Salvador Dalí.

Mont des Arts

Der Lichtschacht des Kunstmuseums öffnet sich auf die Place de la Musée, die der Palast Karls von Lothringen zum Mont des Arts hin abgrenzt. Der »Kunstberg« entstand 1956 bis 1958 als Verbindung von der Place Royale hinunter zur Place de l'Albertine und umfasst die **Bibliothèque Albert I**, das Palais de la Dynastie und das Palais des Congrès. Im Bibliotheksgebäude, das mit der Georgskapelle von 1520 auch den Rest des nassauischen Palasts umschließt, sind drei Museen zu Hause: das Buchmuseum, das Druckereimuseum und das Museum für französischsprachige belgische Literatur (Öffnungszeiten: Mo. – Fr. 9.00 – 12.45 und 14.00 – 16.45 Uhr).

Sablon

Zum Sablon (Zavel = Sand) geht man vom Kunstmuseum einfach weiter geradeaus Richtung Justizpalast. Diese einst öde Fläche wurde als Armenfriedhof genutzt, bis sich im 16. Jh. Adlige niederließen und die Gegend allmählich zu einem noblen Wohnviertel heranwuchs – was es heute noch ist, ergänzt um teure Geschäfte, Restaurants, Cafés und einen **Antiquitäten- und Buchmarkt** am Wochenende auf dem Grand Sablon.

✶ Notre-Dame du Sablon ► Auf dem Sablon errichtete die Gilde der Armbrustschützen schon 1304 eine kleine Kapelle, in die der Legende nach 1348 die Antwerpenerin Baet Soetens eine (gestohlene) wundertätige Madonnenskulptur brachte, deren Kopie im 1549 angebauten Sacrarium zu sehen ist. Im 15. und 16. Jh. wurde die Kapelle zur Kirche, die als eine der schönsten spätgotischen Belgiens gilt. Der Innenraum besticht durch seine herrlichen Glasmalereien und die von Fayd'herbe begonnene Grabkapelle der Familie Thurn und Taxis.

✶ Petit Sablon ► Auf der anderen Straßenseite liegt der »Kleine Sand«, den 48 Säulen mit die Zünfte Brüssels darstellenden Statuetten umfrieden; in der Mitte des Parks steht das Standbild der Grafen Egmont und Hoorn.

✶ Parc d'Egmont ► Dahinter schließt sich mit dem Parc d'Egmont eine sehr lauschige Oase an, wo die Orangerie der rechte Ort für eine Kaffeepause ist. Dabei blickt man auf das Palais d'Egmont (16. Jh.), das heute vom belgischen Außenministerium genutzt wird.

? WUSSTEN SIE SCHON ...?

- ... weshalb das Hauptgebäude des Europaparlaments den Spitznamen »Caprice des Dieux« (»Laune der Götter«) hat? Erstens sieht die Kuppel aus wie die Schachtel des Käses gleichen Namens und zweitens war der Bau um ein Vielfaches teurer als ursprünglich geplant.

Östliche Stadtteile

Quartier Européen (EU)

Métro: Schuman (1 A, 1 B)

Die Gebäude der EU verteilen sich auf zwei dicht beieinander liegende Areale. Zunächst baute die Gemeinschaft **rund um den Rond Point Schuman**. Hier steht das alte architektonische Wahrzeichen der Union, das kreuzförmige Palais Berlaymont. 1992 musste es wegen Asbestverseuchung geräumt werden und wurde im Herbst 2004 nach Renovierung als Sitz der EU-Kommission wieder bezogen. Die Gebäude »Charlemagne« und »Justus Lipsius« an der Rue de la Loi sind Sitz des Ministerrats. Das zweite EU-Areal südlich der Rue de la Loi hat das einstige Gründerzeit-Wohnviertel **Quartier Léopold** vernichtet. Herausragend im Wortsinn ist das Hauptgebäude des Europäischen Parlaments, das sich als gewaltiger Riegel zwischen das alte Bahnhofsgebäude des Gare Léopold (bzw. dessen Fassade) und den Parc Léopold geschoben hat.

Muséum des Sciences Naturelles

Nachbar des EU-Parlaments ist das Naturwissenschaftliche Museum, dessen Glanzstücke 29 Iguanadon-Skelette sind, die 1878 bei Bernissart in Westbelgien gefunden wurden (Öffnungszeiten: Di.–Fr. 9.30 bis 16.45, Sa. und So. 10.00–18.00 Uhr).

Der Parc du Cinquantenaire liegt einen kurzen Fußweg vom Palais Berlaymont entfernt. Er wurde 1880 zur 50-Jahr-Feier Belgiens angelegt und bekam als Herzstück den monumentalen Palais du Cinquantenaire, dessen zwei Flügel seit 1905 durch einen riesigen Triumphbogen verbunden sind. Im Park kann man in einem Pavillon von Victor Horta das Großrelief **»Passions Humaines«** (1897) von Jef Lambeaux bewundern. Er wurde kurz nach Eröffnung wegen der vermeintlich skandalösen Darstellung wieder geschlossen und erst vor wenigen Jahren öffentlich zugänglich gemacht.

★★ **Parc du Cinquantenaire**

Die Königlichen Museen für Kunst und Geschichte im Südflügel des Palasts präsentieren ihre Sammlungen in vier Bereichen: nationale Archäologie Belgiens, europäische angewandte Kunst, Antike sowie außereuropäische Kulturen. Prunkstücke sind: **in-situ-Rekonstruktion von acht merowingischen Gräbern**, die Schatzkammer mit herrlichen Beispielen maasländischer Metallkunst aus dem 11. und 12. Jh. wie dem **Tragaltar von Stavelot** sowie wunderbare Elfenbeinschnitzereien, eine überragende Sammlung **Brüsseler Wandteppiche**, eine Rekonstruktion des von Victor Horta entworfenen Juweliergeschäfts Wolfers, ein Modell des antiken Rom und schließlich das einzigartige **Jagdmosaik aus Apamea** in der römischen Provinz Syria (Öffnungszeiten: Di. – Fr. 9.30 – 17.00, Sa. und So. ab 10.00 Uhr).

★★ ◄ Musées Royaux d'Art et d'Histoire

Das Armee- und Militärgeschichtsmuseum im Nordflügel gibt einen Überblick über Waffentechnik und die militärischen Ereignisse auf belgischem Boden. Am beeindruckendsten sind die Flugzeughalle mit Originalflugzeugen vom Ersten Weltkrieg bis zur Gegenwart und die völlig neu gestaltete Halle zum Thema Zweiter Weltkrieg. Ein Aufzug führt zur **Aussichtsplattform auf dem Triumphbogen** (Öffnungszeiten: Di. – So. 9.00 – 12.00 und 13.00 – 16.45 Uhr).

★ ◄ Musée Royal de l'Armée et d'Histoire Militaire

Autoworld ist im Palais Mondial (1880) untergebracht, in dem zwischen 1902 und 1934 die Brüsseler Auto- und Motorradsalons abgehalten wurden. Heute sind hier über 300 Oldtimer aller großen Konstrukteure ausgestellt. Eine besondere Attraktion sind die Staatskarossen amerikanischer Präsidenten und anderer Staatsoberhäupter (Öffnungszeiten: tgl. 10.00 – 18.00, Okt. – März nur bis 17.00 Uhr).

★ ◄ Autoworld

Nordwestliche Stadtteile

Den Stadtteil Koekelberg überragt die gigantische Basilique National du Sacré Cœur, auf Anregung Leopolds II. 1905 zum 75-jährigen Bestehen Belgiens begonnen, doch erst 1970 vollendet. Entsprechend gemischt sind die Baustile, dennoch beeindruckt die Basilika durch ihre schiere Größe (141 x 107 m). Über dem Altar steht ein segnender Christus von Georges Minne. Von der Höhe der Kuppel genießt man eine prächtige Aussicht auf die Stadt (Métro: Simonis / 1 A, 2).

Basilique National

Im königlichen Schloss von Laeken hat der König seinen offiziellen Wohnsitz. Da es nicht besichtigt werden kann, lohnt ein Ausflug hier heraus eigentlich nur im April und Mai, wenn die unter Leopold II.

Laeken

★ Serres Royales ► errichteten Königlichen Treibhäuser dem Publikum geöffnet werden, das dann durch **die größte unter Glas gezogene Zierpflanzenlandschaft in Europa** wandeln darf.

Notre-Dame de Laeken ► Léopold I. beauftragte 1851 nach dem Tod seiner Frau Louise-Marie den Architekten des Justizpalasts, Josef Poelaert, mit dem Bau von Notre-Dame de Laeken als Grabkirche der belgischen Könige. Interessanter als die 1872 fertig gestellte Kirche ist allerdings der Friedhof, auf dem viele bedeutende Belgier begraben sind.

★★ **Atomium**
3D S. 226 ►
Abgesehen vom Manneken Pis ist das Atomium das bekannteste Wahrzeichen Brüssels. Die Stahl- und Aluminiumkonstruktion des Architekten André Waterkeyn wurde für die Weltausstellung von 1958 geschaffen und stellt in 165-milliardenfacher Vergrößerung ein Eisenmolekül dar (Métro: Heysel / 1 A).

Bruparck ► Der Bruparck in unmittelbarer Nachbarschaft besteht aus »Mini-Europe«, wo Bauten aus europäischen Metropolen im Maßstab 1 : 25 nachgebildet sind, dem Erlebnisbad »Oceadium«, dem Kinocenter »Kinepolis« und dem Laden- und Restaurantbereich »Le Village«.

Anderlecht

Anderlecht, Heimat von Belgiens berühmtestem Fußballklub RSC Anderlecht, ist ein typischer Industrie- und Arbeiterwohnbezirk.

★ **Musée Bruxellois de la Gueuze**
Der Titel »Museum« ist ein wenig irreführend, denn hier in der Rue Gheude produziert die Brasserie Cantillon als einzige in Brüssel noch Lambic, Faro und Gueuze nach traditionellem Verfahren. Wie das geht, erfährt man auf einem selbst geführten Rundgang (Öffnungszeiten: Mo. – Fr. 9.00 – 17.00, Sa. ab 10.00 Uhr).

Der RSC Anderlecht, Belgiens Fußballclub Nr. 1, hat treue Fans.

Saints-Pierre-et-Guidon

Die im 14. bis 16. Jh. entstandene Kirche des Anderlechter Augustinerklosters bildet mit dem Erasmushaus und dem Beginenhof ein sehr schönes Ensemble aus Gotik und Renaissance. Der Kirchenraum birgt einen Triumphbogen-Christus (14. Jh.) und gut erhaltene mittelalterliche Wandmalereien. In der fünfschiffigen Krypta (11. Jh.) unter dem Chor ist in einem Steinsarkophag der hl. Guido begraben, der Schutzpatron der Pferde. Vom 1252 gegründeten **Beginenhof** sind nur noch vier Gebäude aus dem 17. Jh. erhalten, in denen ein Museum über das Leben der Beginen informiert.

✶ ◀ Maison d'Erasme

Im Gästehaus des Klosters wohnte 1521 Erasmus von Rotterdam (1469 – 1536) fünf Monate lang. Zu sehen sind sein Arbeitszimmer und das ehemalige Schlafzimmer, in dem u. a. eine Erstausgabe seiner Schrift »Lob der Torheit« ausgestellt ist (Öffnungszeiten: Di. – So. 10.00 – 17.00 Uhr).

Südliche Stadtteile

Saint-Gilles ✶ ◀ Musée Horta

Victor Horta baute sich 1898 bis 1900 in der Rue américaine in der Gemeinde Saint-Gilles sein Wohnhaus, ein vollkommenes Meisterwerk des Art Nouveau (Öffnungszeiten: Di.– So. 14.00 – 17.30 Uhr).

Ixelles ✶ ◀ Musée des Beaux-Arts

Die Gemeinde Ixelles südöstlich der äußeren Boulevards war die **Wiege des Brüsseler Jugendstils**. Hauptachse ist die quirlige Chaussée d'Ixelles, die an der Place Flagey und den Teichen von Ixelles endet. In der Rue van Volsem zeigt das Musée des Beaux-Arts d'Ixelles eine exzellente Sammlung belgischer und französischer Malerei sowie eine fast komplette Sammlung der Plakate von Toulouse-Lautrec (Öffnungszeiten: Di. – Fr. 13.00 – 18.30, So. 10.00 – 17.00 Uhr).

Uccle ✶ ◀ Musée van Buren

Ein Ausflug nach Uccle lohnt wegen des 1928 gebauten Wohnhauses des Sammlerehepaares David und Alice van Buren (Av. Léo Errera, 41). Es ist dank seiner stilechten Art-Déco-Einrichtung schon ein Augenschmaus für sich, dazu kommt die hervorragende Kunstsammlung, darunter eine Version des »Sturz des Ikarus« von Brueghel d. Ä. (Öffnungszeiten: tgl. außer Di. 14.00 – 17.30 Uhr).

Umgebung von Brüssel

✶ Musée Royal de l'Afrique Centrale

Dieses Museum im Vorort Tervuren ist eine zweischneidige Angelegenheit. Denn einerseits bietet es **eine der weltgrößten ethnografischen Sammlungen zum Thema Afrika**, andererseits wird ihr Zustandekommen – sie ist Ergebnis der gnadenlosen Plünderung des Kongo durch Léopold II. – kaum thematisiert. Das aber wird sich ändern, denn es soll bis 2010 eine gänzlich neue Grundkonzeption umgesetzt werden. Dies im Hinterkopf, betrachtet man z. T. einzigartige Masken und Skulpturen, Waffen und Werkzeuge, Erinnerungsstücke und dazu präparierte Tiere und Dioramen (Öffnungszeiten: Di. – Fr. 10.00 – 17.00, Sa. und So. bis 18.00 Uhr).

ATOMIUM

★★ Vom 17. April bis 19. Oktober 1958 besuchten 42 Mio. Menschen die Weltausstellung in Brüssel. Sie bestaunten vor allem ein Bauwerk: das 102 m hohe Atomium, die 165-milliardenfache Vergrößerung eines Eisenmoleküls. Brüssel hatte von nun an ein neues Wahrzeichen – dabei sollte das Atomium nach Ende der Weltausstellung eigentlich wieder abgerissen werden.

1 Basiskugel
Aus ästhetischen Gründen wurde das Riesenmolekül auf eine Kugel gesetzt. Dies machte zusätzliche Stützen in Gestalt der drei Stahlträger und eine besonders stabile zentrale Röhre erforderlich.

2 Zentralröhre
Sie ist das Rückgrat des Atomiums und ruht auf 59 Stahlpfählen, die 17,50 m tief im Untergrund versenkt sind.

3 Stahlträger
Drei 36 m hohe und je 110 t schwere Stahlträger halten den Würfel in seiner Position.

4 Röhren
Die das Gitter darstellenden Röhren haben einen Durchmesser von 3 m (Zentralröhre: 3,30 m). Mit 29 m sind die Röhren der Außenkanten die längsten; die Diagonalröhren erreichen 23 m.

5 Kugeln
9 Kugeln mit einem Durchmesser von je 18 m stellen die Atome des Moleküls dar. Jede Kugel besteht aus zwei Besucher- und einer Technikebene. Von der obersten Kugel hat man einen fantastischen Blick auf Brüssel.

6 Parc des Expositions
Für die Weltausstellung 1958 wurde das Gelände der Weltausstellung von 1935 gewählt, um die dort bereits bestehenden Gebäude wie den Palais du Centenaire (links) nutzen zu können.

Der Mittelpunkt der Expo 58 war die Place de Belgique. Aber alle Besucher strömten zum Atomium – auch mit der Kabelbahn, deren Wagen auf dem Kreisbild rechts zu erkennen sind.

Rixensart Das Schloss von Rixensart, 10 km südöstlich, wurde zwischen 1631 und 1632 erbaut und gehört immer noch den Prinzen von Mérode. Von April bis Sept. kann es an Sonntagen ab 14.00 Uhr besichtigt werden: Gobelins, Louis-XV-Möbel, Gemälde (darunter von Nattier und Tischbein) sowie eine Sammlung orientalischer Waffen, die der französische Mathematiker Monge von Napoléons Ägyptenfeldzug mitbrachte.

Ottignies-Louvain-la-Neuve Die Universitätsstadt ist ein Produkt des flämisch-wallonischen Dauerzwists. Als dieser 1968 einem weiteren Höhepunkt entgegenstrebte, setzten die Flamen der Katholischen Universität von ►Leuven ihre wallonischen Kollegen vor die Tür. Diese fanden ein neues Zuhause 29 km südöstlich von Brüssel beim wallonischen Ottignies und gründeten das »neue Leuven«. Bis 1979 zogen alle französischsprachigen Fakultäten um mit Ausnahme der medizinischen, die im Brüsseler Vorort Woluwé-Saint-Lambert untergekommen ist. Heute leben in der für 35 000 Menschen konzipierten Stadt 9800 ständige Einwohner und 21 000 Studenten. In Louvain-la-Neuve wollten über 80 Architekten die Kleinteiligkeit mittelalterlicher Städte aufleben lassen, daher herrscht hier Backstein vor und Fußgänger haben Vorrang: Die Verkehrsinfrastruktur ist in den Untergrund verlegt. Am Hauptplatz stehen die Halles universitaires und das Museum der Universität. 2007 soll in Louvain-la-Neuve das **Musée Hergé** für den geistigen Vater von Tintin eröffnen, der im nahen Moriensart geboren wurde.

Walibi / Aqualibi ► Tief in die Tasche greifen muss, wer mit seinen Kindern ins 6 km nördlich liegende Wavre will zum Riesenfreizeitpark Walibi / Six Flags Belgium mit einer immensen Anzahl von Attraktionen und Fahrgeschäften oder in den nicht minder imposanten Wasserpark Aqualibi mit Rutschbahnen bis 140 m Länge, Wildwasserbahn, Strudeln und Wasserfällen

✶ Kasteel van Beersel Beersel liegt im Sennetal 10 km südlich von Brüssel und ist bekannt für sein Lambic, die Gueuze und das Kriek. Hier besucht man auf jeden Fall die um 1300 auf dreieckigem Grundriss mit drei Türmen erbaute Wasserburg, eine der schönsten in Belgien. In einem der Türme ist eine Folterkammer zu sehen (Öffnungszeiten: März bis Mitte Nov. Di. – Fr. 10.00 – 12.00 und 14.00 – 18.00 Uhr; übrige Zeit nur Wochenenden, Jan. geschl.).

✶ Kasteel van Gaasbeek 14 km südwestlich von Brüssel kommt man im sog. Payottenland zum im 13. Jh. angelegten Kasteel van Gaasbeek, dessen wichtigste Gebäude im 16. Jh. im Stil der Renaissance erbaut wurden. In seinen Räumen sind Möbel, Keramik, Porzellan, Kupferwaren, Gold- und Silberarbeiten, Waffen, Wandteppiche aus Brüssel und Tournai (15. – 17. Jh.), Elfenbeinschnitzereien aus dem 18. Jh. und Gemälde flämischer und spanischer Meister zu sehen (Öffnungszeiten: April bis Okt. tgl. außer Mo. 10.00 – 18.00 Uhr).

6
5
4
2
1
©Baedeker

Jede Kugel ist mit 48 dreieckigen, 10 bzw. 12 mm starken Aluminiumplatten verkleidet. Jede dieser Platten setzt sich wiederum aus 15 kleineren Dreiecken zusammen.

Im Inneren der Röhren steigt man hinauf zur obersten Kugel: zu Fuß auf Treppen oder auf Rolltreppen, deren längste 35 m lang ist.

Wer exotische Pflanzen mag, muss den Ort Bouchout 14 km nördlich Brüssels in der Nähe voni Meise besuchen. Hier wurde 1958 der Nationale Botanische Garten eröffnet, rund um ein aus dem 12. Jh. stammendes Wasserschloss, das im 19. Jh. Residenz der Schwester König Léopolds II. war, der Kaiserin von Mexiko (Öffnungszeiten: tgl. ab 9.30 Uhr).

✶ Nationaal Plantentuin van Bouchout

In Grimbergen, 12 km nördlich, wurde im 12. Jh. eine Abtei gegründet, die sehr wohlhabend werden sollte. Davon zeugt heute die 1660 bis 1700 erbaute Kirche, deren Barockausstattung eine der reichsten Belgiens ist.

Abtei von Grimbergen

Waterloo

►dort

Charleroi

J 13/14

Provinz: Hainaut
Einwohnerzahl: 201 300
Höhe: 40 – 200 m ü.d.M.

Im »Pays Noir«, wo einst Kohle und Stahl den Takt vorgaben und das industrielle Herz Walloniens schlug, rauchen die Schlote heute nicht mehr. Charleroi, die Hauptstadt des »Schwarzen Lands«, hat bis in die Gegenwart mit diesem Einschnitt zu kämpfen.

Von der Stahl- zur Comic-Kapitale

Das führen nicht zuletzt die Industriebrachen ringsum und manch heruntergekommener Straßenzug in der viertgrößten Stadt Belgiens deutlich vor Augen. So ist Charleroi alles andere als ein attraktives Ziel, aber man sollte auch nicht achtlos vorbeifahren, zumindest nicht, wenn man an Industrie- und Sozialgeschichte interessiert ist, die in den Museen der Stadt und der Umgebung aufgearbeitet wird. Oder man mag Ballett: Das Ballet Royal de Wallonie feiert internationale Erfolge. Und Comic-Fans müssen hier halten, denn Charleroi ist die Heimat von Spirou, Fantasio und des Marsupilamis, die bei Dupuis verlegt werden.

Geschichte

Um den territorialen Ambitionen des französischen Königs Ludwigs XIV. begegnen zu können, bauten die Spanier im Jahr 1666 über der Sambre eine Festung und benannten sie nach ihrem Infanten Karl. Doch schon 1667 eroberten die Franzosen die Feste, ließen sie bald von Vauban verstärken, nur um sie dann 1679 wieder an die Spanier zu verlieren. Erst der Friede von Rijswijk 1697 brachte ein wenig Ruhe. In der ersten Hälfte des 19. Jh.s setzte die Industrialisierung ein. Im Ersten Weltkrieg nahmen deutsche Truppen nach heftigen Kämpfen im August 1914 die Stadt ein. Das Ende der Kohle- und Stahlindustrie in den 1970er-Jahren bedeutete einen tief greifenden Strukturwandel für Charleroi.

CHARLEROI ERLEBEN

AUSKUNFT

Av. Eugène Mascaux, 100
B-6001 Charleroi
Tel. 071 86 61 52
Infokiosk am Südbahnhof
www.charleroi.be

ESSEN

► Fein & teuer

② ***Le Délice du Jour***
Chaussée de Philippeville, 195, in Gerpinnes
Tel. 071 21 93 43
Sehr gutes französisches Restaurant in einer modernen Villa. Spezialität: Hummer

► Erschwinglich

① ***La Machine***
Rue du Grand-Central, 16,
Tel. 071 30 75 33
Ungewöhnliche Einrichtung, fantasievoll-innovative Küche, vom nahen Frankreich beeinflusst.

FESTE

Rund um Charleroi haben ***Militärprozessionen*** Tradition. Eine der bekanntesten ist die Marche de la Madeleine im Vorort Jumet; viele halten aber die Tour St-Jean in Gosselies für authentischer (beide Ende Juli). In Gerpinnes findet ostermontags die Marche de Saint-Roland statt.

Sehenswertes in Charleroi und Umgebung

Hôtel de Ville

Wenn auch erst 1936 erbaut, zählt der 70 m hohe Belfried des monumentalen Rathauses im Zentrum der Oberstadt schon zum Weltkulturerbe der UNESCO. Jede Stunde ertönt das Glockenspiel. Zwei Museen sind hier zu Hause: das **Musée des Beaux-Arts** mit Kunst des 19. Jh.s und die Gedenkausstellung für den Anwalt, Minister und Schriftsteller **Jules Destrée** (1863 – 1936).

Mont-sur-Marchienne

★ Musée de la Photographie ►

Die südwestliche Vorstadt Mont-sur-Marchienne besitzt mit dem Musée de la Photographie, untergebracht im ehemaligen Karmeliterkloster, ein sher bemerkenswertes Museum zu diesem Thema, das alte Fotoapparate und die Geschichte der Fotografie sowie eine Sammlung alter und neuer Fotografien zeigt (Öffnungszeiten: Di. – So. 10.00 – 18.00 Uhr).

Marcinelle

★ Bois du Cazier ►

Marcinelle, eine südliche Vorstadt von Charleroi, hat in der Geschichte des Kohlereviers einen traurigen Klang: Hier verloren am 8. August 1956 bei einem Unglück in der Grube Bois du Cazier 262 Bergleute ihr Leben. An sie wird in einer Gedenkausstellung erinnert; das **Industriemuseum** in den Zechengebäuden erzählt die Geschichte der Industrialisierung im Revier. Außer Stahl wurde im Revier auch Glas produziert. Das von Charleroi hierher gezogene **Glasmuseum** zeigt Geschichte und Produktion von Glas in aller Welt und die Entwicklung der Glasindustrie in Belgien. Ausgestellt sind teils einzigar-

Charleroi Orientierung

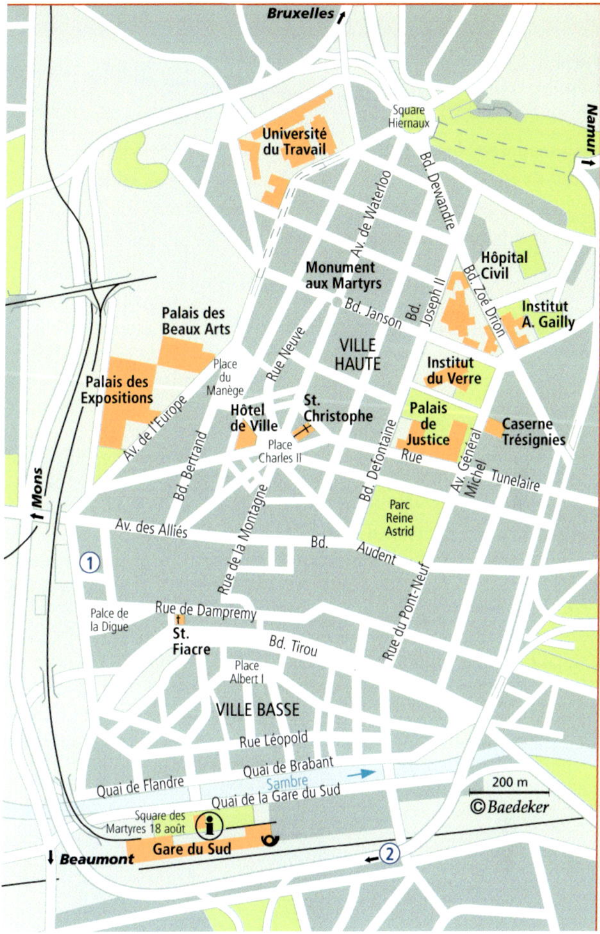

Essen

① La Machine
② Le Délice du Jour

tige Gläser von der Antike bis zur Gegenwart (Öffnungszeiten: Di. bis Fr. 9.00 – 17.00, Sa. und So. 10.00 – 18.00 Uhr).

✶ **Abbaye d'Aulne**

Die eindrucksvollen Ruinen der Abbaye d'Aulne 12 km südwestlich von Charleroi sind die Reste des im 7. Jh. von Landelinus von Lobbes gegründeten, 1147 von den Zisterziensern übernommenen und 1794 von französischen Revolutionären niedergebrannten Klosters. Erhalten sind der große Hof mit dem Empfangssaal der Fürstbischöfe sowie Querschiff und Chor (14. / 15. Jh.) der Kirche.

Chimay

L 12

Provinz: Hainaut
Einwohnerzahl: 9800
Höhe: 100 – 270 m ü.d.M.

Umgeben von ausgedehnten Wäldern liegt das Städtchen Chimay in der Region Fagne nahe der französischen Grenze. Zwei Dinge haben es bekannt gemacht und beide kommen aus der Trappistenabtei von Scourmont: Bier und Käse.

Sehenswertes in Chimay

★ **Château des Princes**

Die Familie de Croy baute im 16. Jh. das heutige Schloss der Prinzen von Chimay. Hier lebte **Thérèse Tallien** (1773 – 1835), die »Notre-Dame de Thermidor«. Die Ehefrau des Prokonsuls der Französischen Republik, Tallien, bestärkte ihren Mann darin, gegen den Tyrannen Robespierre aufzutreten, was schließlich zu dessen Sturz führte. Nach der Scheidung von Tallien heiratete sie 1805 François-Joseph de Caraman, Prinz von Chimay, und machte das Schloss zu einer Begegnungsstätte für Musik- und Theaterbegeisterte. Auf der Führung sieht man u. a. die Grand Hall mit einem Kamin aus dem 14. Jh. und Erinnerungsstücke an Madame Tallien und ihre Gäste, darunter das Taufkleid von Eugène, Sohn von Napoléon III. (Führungen: Ostern – Okt. tgl. 10.00, 11.00, 15.00, 16.00 Uhr).

Sts-Pierre-et-Paul

Die Stiftskirche Saints-Pierre-et-Paul an der Grand-Place wurde im 13. Jh. begonnen, doch war sie erst im 18. Jh. mit der Errichtung des Turms fertig gestellt. In einem prächtigen Grabmal ruht hier Charles de Croy, Kammerherr Karls V.; auch Madame Tallien und **Jean**

CHIMAY ERLEBEN

AUSKUNFT

Rue de Noailles, 4, B-6460 Chimay
Tel. 060 21 18 46, Fax 060 21 48 64
www.ville-de-chimay.be

ESSEN / ÜBERNACHTEN

► **Preiswert / Günstig**

Auberge de Poteaupré
Rue de Poteaupré, 5, B-6464 Chimay
Tel. 060 21 14 33, Fax 060 21 44 04
7 Z. Herberge auf dem Land bei der Abbaye de Scourmont. Gekocht wird mit Produkten aus Chimay. Diese – Bier und Käse – werden hier verkauft.

Froissart (ca. 1337 – ca. 1410), der Chronist des Hundertjährigen Krieges, der seine letzten Lebensjahre in Chimay verbrachte, sind hier begraben. Zum Kirchenschatz gehört ein wertvolles Kästchen mit byzantinischem Mosaik aus dem Besitz von Philippe de Croy.

Umgebung von Chimay

Abbaye de Scourmont

Das 1850 gegründete Trappistenkloster Scourmont liegt idyllisch inmitten des Forsts von Chimay 9 km südlich der Stadt. Hier wird das vielleicht berühmteste Trappistenbier Belgiens gebraut, das am besten zum Käse aus dem Kloster schmeckt.

Couvin

Im 11 km östlich gelegenen Couvin wurde 1824 der erste Kokerei-Ofen Europas errichtet. Sehenswert sind die in der Vorzeit bewohnten Grotten **Cavernes d'Abîme** sowie die **Grottes de Neptun**, die der Fluss Eau Noire in den Kalkfelsen geschnitten hat. Eine Führung dort endet mit einer unterirdischen Bootsfahrt.

Rance

★

◄ Musée National du Marbre

In den Brüchen von Rance, 12 km nordöstlich von Beaumont, wurde einst in ganz Europa begehrter (und z. B. in Versailles verwendeter) roter Marmor abgebaut. Seine Geschichte, Abbautechniken, Werkzeuge, Marmorgegenstände sowie eine Kollektion sämtlicher auf der Welt gewonnener Marmorarten zeigt das Musée National du Marbre (Öffnungszeiten: Mo. – Fr. 10.00 – 16.00, Sa. und So. bis 18.00 Uhr).

Beaumont

◄ Tour Salamandre

Beaumont, noch einmal 12 km weiter von Rance inmitten von Wäldern gelegen, war seit dem 12. Jh. von einer Mauer mit 30 Türmen umgeben, die im 16. Jh. abgebrochen wurde. Nur der Tour Salamandre ist stehen geblieben. Er wurde im 11. Jh. gebaut und beherbergt heute ein Museum, das Dokumente und Gegenstände zur Stadtgeschichte, Erinnerungen an Napoléon I. (der hier auf dem Weg nach Waterloo Halt machte) und regionales Kunsthandwerk zeigt (Öffnungszeiten: Mai, Juni und Sept. tgl. 9.00 – 17.00, Juli und Aug. tgl. 10.00 – 19.00, Okt. So. 10.00 – 17.00 Uhr).

Étang de Virelles

Der 3 km nördlich von Chimay gelegene See Étang de Virelles ist ein beliebtes Ausflugsziel. Flora und Fauna im See lernt man im Aquascope im Ort Virelles kennen, wo es auch noch eine Schmetterlingsschau (La Grange aux Papillons) gibt.

★

Barrages de l'Eau d'Heure

Von ganz anderen Dimensionen als der See von Virelles, nämlich das größte zusammenhängende Seengebiet Belgiens, sind die Barrages de l'Eau d'Heure 21 km weiter nördlich. Die ganze Ausdehnung überschaut man vom 107 m hohen Aussichtsturm auf dem längsten Staudamm im Land , der 790 m langen Barrage de la Plate-Taille. Das Informationszentrum enthält auch ein großes Aquarium und ein Reliefmodell des Seengebiets, das natürlich auch ein Paradies für Wassersportler ist (Öffnungszeiten: tgl. ab 10.00 Uhr).

Walcourt In Walcourt, wenig nördlich der Stauseen, wird eine wundertätige Madonnenfigur verehrt. Sie soll 1220, als die Kirche abbrannte, zu einer Birke geschwebt sein, wo der Graf von Rochefort sie fand, sie jedoch erst herabnehmen konnte, nachdem er den Bau einer neuen Kirche gelobt hatte. Diese Szene ist der Höhepunkt der jährlichen **»Grand Tour« am Sonntag Trinitatis**, wenn, begleitet von Soldaten in napoleonischen Uniformen, die Madonna umhergetragen wird.

★ Basilique Saint-Materne ► Die heutige Basilique Saint-Materne entstand vom 13. bis zum 15. Jh. in maasgotischem Stil. Der herrliche Lettner von 1531 war möglicherweise ein Geschenk Karls V; das Chorgestühl (1510) ist mit Fürbitteszenen und satirischen Motiven beschnitzt; auch das spätgotische Sakramentshäuschen ist von ausgesuchter Schönheit. Die mit Silberplatten verkleidete Madonnenstatue aus dem 11. Jh. steht im linken Querschiff. Zum außerordentlich wertvollen Kirchenschatz gehören ein Reliquienkreuz (13. Jh.), möglicherweise von Hugo d'Oignies, dem in Walcourt im 12. Jh. geborenen Silberschmied (nur auf Anfrage). Wer etwas für Eisenbahn übrig hat, sollte das Musée Communal von Walcourt nicht auslassen.

! *Baedeker* TIPP

Nostalgie

weht durch das **Gambrinus Drivers Museum**, denn hier sind Brauerei-Lastwagen samt Zubehör und allerlei Werbeartikel in einer alten Brauerei zusammengetragen (in Romedenne knapp 15 km östlich von Philippeville; April – Okt. Sa. und So. 11.00 – 19.00 Uhr, Juli und August täglich).

Das 13 km südöstlich von Walcourt gelegene **Philippeville** wurde 1555 auf Geheiß Karls V. gebaut als Antwort auf die Errichtung der französischen Festung Mariembourg. Es trägt den Namen des späteren spanischen Königs Philipp II. Trotz der starken Befestigungen wurde Philippeville 1660 von den Franzosen eingenommen und dann durch Vauban ausgebaut. 1860 wurden die Wälle geschleift, doch noch heute erkennt man die ursprüngliche Anlage als Festung an den auf die Place d'Armes konzentrisch zulaufenden Straßen. Von den gewaltigen Festungsbauwerken sind nur noch ca. 10 km unterirdische Gänge und ein ehemaliges Pulvermagazin aus dem Jahr 1600 (Chapelle de Notre-Dame des Remparts) erhalten..

★ Damme

D 6

Provinz: West-Vlaanderen **Höhe:** 8 m ü.d.M.
Einwohnerzahl: 10 900

Nur etwas mehr als 200 Jahre währte Dammes Blüte als Vorhafen von Brugge. Doch in dieser Zeit hat es das Städtchen zu Wohlstand gebracht, was sich heute noch an stattlichen Bauten ablesen lässt.

DAMME ERLEBEN

AUSKUNFT

Jacob van Maerlantstraat 3,
B-8340 Damme
Tel. 050 28 86 10, Fax 050 37 00 21
www.damme.be

ESSEN

▸ Erschwinglich

De Maerlant
Markt 21
Tel. 050 35 29 52
Ruhetag: Di., Mi.
Vater und Sohn Houtave setzen die Familientraditon fort und verarbeiten, in der Region verwurzelt, was in den Poldern wächst und gedeiht.

Siphon
Damse Vaart Oost 1
Tel. 050 62 02 02
Ruhetag: Do., Fr.
Ein sehr beliebtes, volkstümliches Restaurant in schöner Lage an der Kreuzung von Schipdonkkanaal und Brugge-Sluis-Kanaal außerhalb von Damme. Spezialität: Aal. Üppige Portionen.

SCHIFFSAUSFLÜGE

Fünf Mal täglich ab 9.15 Uhr nach Brugge mit der »Lamme Goedzak« ab Damse Vaart Zuid 12.

Heimat von Thyl Ulenspiegel

Die behagliche Atmosphäre einer im Kern mittelalterlichen flandrischen Stadt hat offenbar auch viele Köche angelockt, denn Damme ist dank guter Restaurants ein Ziel für Feinschmecker. Außerdem rühmt man sich, Flanderns Buchstadt Nr. 1 zu sein, gibt es doch genügend Antiquariate zum Stöbern. Das mag seinen Grund darin haben, dass hier der »Vader der Dietsche Dichters« **Jacob van Maerlant** (1235 – 1300) gelebt und seine wichtigsten Werke verfasst hat. Literarisch verewigt ist die Stadt jedoch als **Heimat von Thyl Ulenspiegel und Lamme Goedzak**, den Hauptfiguren aus dem Roman von Charles de Coster.

Brugges Vorhafen

Als Brugge im 11. Jh. zur Hafenstadt aufstieg, schüttete man am Ende des Meeresarms Zwin einen Abschlussdeich auf, an dem ein kleiner Ort, das heutige Damme, entstand. Es wurde bald Vorhafen Brugges und erhielt schon 1180 Stadtrechte, doch 1213 brannten es die Franzosen mitsamt einer Flotte von 400 Schiffen nieder. Unverdrossen machten sich die Bürger von Damme an den Wiederaufbau und bald wurde die Stadt wieder zum Handelszentrum, in dem alle wichtigen Nationen und Handelshäuser ihre Vertretung hatten. Bis zum Beginn des 15. Jh.s hatte es Damme zum Hauptumschlagplatz im nördlichen Europa für Wein aus Bordeaux und zum wichtigsten europäischen Handelsplatz für schwedischen Hering gebracht. Doch die Versandung des Zwin erreichte schließlich auch die Hafenbecken Dammes. Ein letzter Höhepunkt vor dem endgültigen Niedergang war 1468 noch einmal die Heirat von Karl dem Kühnen mit Margaretha von York.

Sehenswertes in Damme

★★ Grote Markt

Auf dem Grote Markt, dem Mittelpunkt Dammes, ehrt ein Denkmal Jacob van Maerlant. Ebenso stattlich wie schön erweist sich das 1464 bis 1468 von Gottfried von Bosschere erbaute gotische **Stadhuis**, dessen Fassade sechs Statuen flandrischer Grafen und Gräfinnen schmücken: Philipp von Elsaß, Johanna und Margaretha von Konstantinopel, Philipp von Thiette, Karl der Kühne und Margaretha von York. Wer hineingeht, sollte auf die mit historischen Szenen beschnitzten Türschwellen achten.

★ Ulenspiegel-Museum ►

Rechts vom Rathaus steht **»De Grote Sterre«** (»Großer Stern«), ein Bürgerhaus aus dem 15. Jh. und später Sitz des spanischen Gouverneurs. Hier stellt das Ulenspiegel-Museum die Figur des Schelmen, die literarischen Bearbeitungen des Stoffes und den soziokulturellen Hintergrund der Narrenliteratur vor (Öffnungszeiten: Mitte April bis Mitte Okt. Mo. – Fr. 9.00 – 12.00 u. 14.00 – 18.00, Sa. und So. 10.00 bis 12.00 und 14.00 – 18.00; Mitte Okt. – Mitte April bis 17.00 Uhr). Im **Sint-Janshuis** links neben dem »Großen Stern« feierten am 3. Juli 1468 Karl der Kühne und Margaretha von York ihre Hochzeit.

Sint-Janshospitaal

Das Sint-Janshospitaal an der Kerkstraat wurde 1249 von Margaretha von Konstantinopel gegründet und finanzierte sich aus dem Weinzoll. Heute noch ist es Altersheim; im mittelalterlichen Trakt werden Möbel, Silber und Bücher aus der Klosterbibliothek ausgestellt (Öffnungszeiten: April – Sept. tgl. 11.00 – 12.00 und 14.00 – 18.00 Uhr).

Onze-Lieve-Vrouwkerk

Weithin sichtbar in der Polderlandschaft ist der mächtige, 45 m hohe Turm der Onze-Lieve-Vrouwerk, ein 1230 begonnener Backsteinbau im Stil der Scheldegotik, dessen Chor Anfang des 14. Jh.s zu einem Hallenchor umgeformt wurde. 1578 steckten Truppen des Prinzen von Oranien die Kirche in Brand; 1725, als Damme verarmt war, brach man Turmspitze, Querschiff und Teile des Langhauses ab. Die Ausstattung besteht aus wertvollen, aus Eichenholz geschnitzten Apostelfiguren (um 1400), dem Annenaltar von 1555 sowie dem barocken Heilig-Kreuz-Altar von 1636. Im früheren Hauptportal unterhalb des Turms ist Jacob van Maerlant begraben. Vom Turm genießt man eine hervorragende Rundsicht, manchmal sogar bis zur Küste.

> ! *Baedeker* TIPP
>
> **Zum Stöbern**
>
> An jedem zweiten Sonntag im Monat ist Büchermarkt auf dem Grote Markt.

Weitere Museen

Im alten Schulgebäude in der Burgstraat zeigt das **Museum Delporte** Gemälde und Skulpturen des Künstlers Charles Delporte; in einem typisch flandrischen Haus nahe der 1867 erbauten Schellemolen kann man im **Museum Frans Wiro van Hinsberg** die Arbeit in einer Kunstschmiede mit Kupfergießerei verfolgen.

In Damme: Hier kommt gleich Thyl Ulenspiegel um die Ecke!

★ Dendermonde

E 11

Provinz: Oost-Vlaanderen
Einwohnerzahl: 43 000
Höhe: 25 m ü.d.M.

Wo die Dender in die Schelde mündet, liegt Dendermonde. Die Stadt ist reich geworden durch die Tuchmacherei, wovon stolze Häuser künden, bekannt geworden ist sie aber als Heimat des Rosses Bayard, das die Haimonskinder trug.

Die Geschichte des Rosses Bayard

Geschichte und Sage gehen hier Hand in Hand. Erster nachgewiesener Herr von Dendermonde war im 11. Jh. Reingot I.; sein sagenhafter Ahnherr war Haimon (Aymon), der im Streit mit Karl dem Großen lag. Um sich mit Haimon zu versöhnen, verheiratete Karl der Große seine Nichte Adelheid mit ihm. Das Paar bekam vier Söhne. Der älteste, Reinhold, war ebenso jähzornig wie stark. Er bezwang das Riesenpferd Bayard (ndl. Beiaard) und erschlug Karls Sohn Ludwig. Die vier Brüder flohen auf Bayard durch halb Europa vor Karls Zorn, ergaben sich aber schließlich. Bayard wurde auf Befehl Karls in Dendermonde, mit Steinen beschwert, in der Dender ertränkt, ohne dass Reinhold ihm half. Soweit die Legende.

DENDERMONDE ERLEBEN

AUSKUNFT

Grote Markt,
B-9200 Dendermonde
Tel. 052 21 39 56, Fax 052 22 19 40
www.dendermonde.be

ESSEN

► Fein & teuer

't Truffeltje
Bogaerdstraat 20
Tel. 052 22 45 90
Samstagmittag, Sonntagabend und Mo. geschlossen
Das »Trüffelchen«, erstes Haus am Platze, bietet eine gelungene Mischung aus belgisch-französischen und ostasiatischen Einflüssen.

► Erschwinglich

't Stoveken
Dijkstraat 35 in Zele
Tel. 052 44 73 73
Mo., Di. geschlossen
Angenehme Atmosphäre unter Ziegelsteinmauer und Holzpaneelen, Sommerterrasse an der Schelde. Spezialitäten: Aal, Seezunge, Grillfleisch.

FESTE

Ommegang: im Mai, nur alle 10 Jahre (nächster Termin: 2010). Im Mittelpunkt des Spektakels steht das Ross Bayard.
Reuzenommegang: jährlicher Umzug der Riesen am vierten Augustsonntag

1233 erhielt Dendermonde jedenfalls die Stadtrechte. 1566 schloss sich hier der »Bund der Edlen« zusammen, was letztlich in die Plünderung der Stadt durch die Spanier 1572 mündete. Auch bei der Einnahme durch deutsche Truppen 1914 litt Dendermonde sehr.

Sehenswertes in Dendermonde

★ Grote Markt

Der Grote Markt bietet das schöne geschlossene Bild eines flandrischen Marktplatzes des ausgehenden Mittelalters. Das **Stadhuis** wurde 1336 bis 1350 als Tuchhalle errichtet. Es brannte 1914 fast völlig nieder – nur der Belfried (1378) blieb stehen – und wurde in den 1920er-Jahren wieder aufgebaut.

Vleeshuis ►

Das zweite markante Gebäude am Platz, das Vleeshuis (Fleischhalle), zu erkennen an seinem achteckigen Turm, wurde 1460 bis 1462 erbaut. Im Erdgeschoss standen bis 1862 die Bänke, auf denen die Fleischer ihre Ware feilboten; im ersten Stock versammelte sich die Sint-Joris-Gilde, unter dem Dach tagte die Rhetorikergilde »De Leeuwerckenaers«. Heute erzählt hier das **Stedelijk Oudheidkundig Museum** die Geschichte der Stadt, wozu auch »der älteste Einwohner« gehört, ein 28 000 Jahre altes Mammutskelett (Öffnungszeiten: April – Okt. Di. – So. 9.30 – 12.30 und 13.30 – 18.00 Uhr).

★ Onze-Lieve-Vrouwkerk

Auf der Kerkstraat kommt man zur scheldegotischen Onze-Lieve-Vrouwkerk aus dem 14. / 15. Jh., die einige bemerkenswerte Kunstgegenstände besitzt. Zuallererst zu nennen ist ein in Tournai gefertigtes

romanisches Taufbecken aus Kalkstein aus der ersten Hälfte des 12. Jh.s, auf der das hl. Abendmahl sowie die Vision der Apostel Paulus und Petrus vor dem Paradies dargestellt sind. Unter den Gemälden ragen heraus zwei Werke von van Dyck (»Christus am Kreuz« und »Anbetung der Hirten«) und drei von Gaspar de Crayer. Der Hochaltar mit ist ein Werk von Hubert van den Eynde aus dem Jahr 1638; von Artus Quellin stammen Teile des Lettners, von Fayd'herbe die Muttergottesfigur am Westportal.

Begijnhof

Jenseits der Dender kommt man über den Vlasmarkt zum Sint-Alexiusbegijnhof. Er wurde um 1250 gestiftet und 1597 von den Geusen verwüstet. Die heute 61 Backsteinhäuser, die sich um den ruhigen Hof gruppieren, wurden bald danach erbaut. Haus Nr. 11 ist als kleine Beginenwohnung in der Ausstattung des 19. Jh.s belassen, u. a. mit originalen Möbeln und zwei Schlafzimmern mit typischen Beginenbetten. Nr. 25, die ehemalige Wohnung der 1975 als letzte Bewohnerin verstorbenen Grootjuffrouw Ernestine De Bruyne, ist wie zu deren Lebzeiten geblieben. Nebenan ist das Museum voor Volkskunde eingerichtet worden (Öffnungszeiten: April – Okt. tgl. außer Mo. 9.30 – 12.30 und 13.30 – 18.00 Uhr).

! Baedeker TIPP

Unter Dampf

Von Dendermonde über Sint-Amands nach Puurs (östl. von Sint-Amands) verkehrt zwischen Juni und Mitte Oktober an Wochenenden eine von einer 1907 gebauten Dampflok gezogene Museumsbahn. Näheres unter www.stoomtrein.be

Umgebung von Dendermonde

Sint-Amands

In Sint-Amands, 15 km nordöstlich an der hier 225 m breiten Schelde, wurde der große flämische Dichter Émile Verhaeren (1855 bis 1916) geboren. Sein Geburtshaus in der Verhaerenstraat 69 ist heute Museum (Öffnungszeiten: April – Okt. Sa. und So. 11.00 – 18.00 Uhr, Juli – Mitte Sept. tgl. außer Mo.).

★ Deutsch-Belgischer Naturpark

G – J 23 / 25

Belgische Provinz: Liège

Deutsche Bundesländer: Nordrhein-Westfalen, Rheinland-Pfalz

Auch das gibt es im ansonsten doch so zivilisierten Belgien: eine urwüchsige, fast einsame Landschaft, so recht geschaffen für Naturliebhaber und Wanderer. Die Rede ist vom Hohen Venn, einem ausgedehnten Hochmoor und Kerngebiet des sich bis in die Eifel erstreckenden Deutsch-Belgischen Naturparks.

Bei Frost und Schnee entfaltet das Hohe Venn einen besonderen Reiz.

Urwüchsige Natur

Der Naturpark entstand 1971 durch die Zusammenlegung des belgischen Parc Naturel Hautes Fagnes mit dem deutschen Naturpark Nordeifel. Das 2485 km² große Gebiet erstreckt sich östlich der Linie Eupen – Malmédy zwischen Aachen und der luxemburgischen Grenze und setzt sich aus sechs Gebieten zusammen: Vennvorland, Hohes Venn, Ourtal, Rureifel, Hocheifel und Kalkeifel. Auf Belgien entfällt knapp ein Drittel der Fläche im Vennvorland, dem Ourtal und dem Hohen Venn (von niederdt. »Fehn« = Sumpf, frz. fagnes).

Diese für Europa einzigartige Hochmoor- und Heidelandschaft entstand vor 7500 Jahren am Ende der letzten Eiszeit und erreicht im **Signal de Botrange** 694 Höhenmeter, der damit **der höchste Punkt Belgiens** ist. Eine Besonderheit sind die kreisrunden, teils mehrere Meter tiefen sog. Palsen, in denen sich das Wasser sammelt und Torfmoore bildet. Sie entstanden aus großen Eisblasen, die beim Schmelzen in die Erde sanken. Zu den charakteristischen Pflanzen gehören u. a. Pfeifengras, Moorbirken, Lungenenzian, Sonnentau und allerlei Beerengewächse; Birkhühner und Kornweihen sind die größten hier lebenden Vögel.

Unterwegs im Naturpark

Aussichtspunkte

Eindrucksvolle Rundblicke bieten sich vom Turm auf dem Signal de Botrange nördlich von ► Malmédy und vom Mont Rigi (672 m ü.d.M.) bei Baraque-Michel.

HOHES VENN ERLEBEN

AUSKUNFT

Verkehrsamt der Ostkantone
Mühlenstr. 12, B-4780 St. Vith
Tel. 080 22 76 64, Fax 080 22 65 39
www.eastbelgium.com

Centre Nature Botrange
Route de Botrange, 131,
B-4950 Robertville
Tel. 080 44 03 00,
Fax 080 44 44 29
www.centrenaturebotrange.be
(auch: www.naturpark-hohesvenn-eifel.de), tgl. 10.00 – 18.00 Uhr

ESSEN / ÜBERNACHTEN

► **Preiswert / Günstig**
Baraque-Michel
Rue des Fagnes, 36, B-4845 Jalhay
Tel. 0 80 44 48 01, Fax 080 44 56 65
Ruhetage: Jan. – Juni Di. und Mi., Juli – Dez. nur Mi.
13 Z. Rustikale Herberge seit 1829, regionale Küche.

Naturpark-zentrum Botrange

Anlaufstelle auf belgischer Seite ist das Naturparkzentrum Botrange bei Robertville. Dort führt ein »Zeittunnel« durch die Geologie der Landschaft; im zweiten Teil der Ausstellung geht es um den Einfluss des Menschen auf das Moor. Das Zentrum bietet **geführte Wanderungen** an (drei Wochen vorher reservieren!) und hält auch Informationsmaterial über Wanderwege und Langlaufloipen bereit.

Naturlehrpfade

Auf drei Naturlehrpfaden lernt man das Hohe Venn kennen. Der Pfad Neûr Lowè beginnt beim Naturzentrum und führt vor allem vor, wie der Mensch die Landschaft verändert hat; Trois Bornes startet bei Baraque-Michel und zeigt geschichtliche Aspekte im Grenzgebiet; der Poleûr-Pfad berührt verschiedene charakteristische Landschaften und beginnt am Mont Rigi.

★ Diest

E/F 17

Provinz: Vlaams Brabant
Einwohnerzahl: 22 400
Höhe: 23 m ü.d.M.

Wo das hügelige Hageland und das waldreiche Kempenland sich treffen, liegt in einer Schleife der Demer das schmucke Städtchen Diest, das auf eine große Vergangenheit als Residenz der Oranier zurückblicken kann.

Die Oranierstadt

Diest ist eng verbunden mit dem Hause Oranien-Nassau. Wie Breda in den Niederlanden, Dillenburg in Deutschland und Orange in Frankreich war Diest – von 1499 bis 1794 – Residenz dieses Fürstenhauses, dessen bedeutendster Spross Prinz Wilhelm I. von Oranien-

Nassau war, genannt Wilhelm der Schweiger, der die Revolte der Niederlande gegen die spanische Herrschaft anführte und dessen Sohn Philipp in Diest geboren wurde. Der heutige Warandepark gehörte zum Jagdrevier der Oranier. Ebenfalls in Diest zur Welt kam der hl. **Jan Berchmans** (1599 – 1621), Schutzpatron der Jugend. Sein Geburtszimmer im Haus »Gulden Maan« in der Sint Jan Berchmansstraat beim Grote Markt kann besichtigt werden.

Sehenswertes in Diest

✶ **Grote Markt**

Auch der Grote Markt von Diest beeindruckt durch die schönen Patrizierhäuser aus dem 16. bis 18. Jh. ringsum. Im vorklassizistischen, 1728 erbauten Stadhuis steigt man hinab in die gotisch-romanischen Gewölbe des Braukellers ins Stedelijk Museum und bewundert u. a. Rüstungen (darunter eine von Philipp von Oranien), herrliche Gold- und Silberschmiedearbeiten aus dem Besitz der Diester Schützengilde und feine Gemälde wie ein »Jüngstes Gericht« (um 1450) und das Doppelporträt von René von Oranien-Nassau und seiner Frau Anna von Lothringen (Öffnungszeiten: tgl. 10.00 – 12.00 und 13.00 – 17.00 Uhr; Okt. – Feb. So. geschlossen).

✶ Stedelijk Museum ►

Wo einst gebraut wurde – im Keller des Rathauses – zeigt heute das Städtische Museum von Diest seine Schätze.

✶ ◄ Sint-Sulpitiuskerk

Sint-Sulpitius, eines der schönsten Beispiele der Demergotik, wurde zwischen 1417 und 1534 aus dem für diese Bauweise charakteristischen rotbraunen Sandstein erbaut; der Chor allerdings stammt aus dem Jahr 1320. Vom fast winzigen Turm, »mostaardpot« (»Senftopf«) genannt, erklingt ein Glockenspiel aus 43 Glocken. Der Hauptaltar (18. Jh.) ist ein Werk von Michael van der Vorst; rechts davor eine »Anbetung der Könige« aus der Antwerpener Schule. Im Chor – mit einem prächtigen spätgotischen Gestühl von 1491 – ist der 1618 gestorbene Philipp von Oranien-Nassau begraben, auch das Taufbecken des hl. Jan Berchmans im rechten Seitenschiff sowie der Kirchenschatz verdienen Aufmerksamkeit.

Lakenhalle

Hinter der Kirche erhebt sich rechts die Lakenhalle von 1346, in der die Diester Tuche gehandelt wurden. Bei der Halle steht die »Holle Griet«, eine Steinschleudermaschine aus dem 15. Jahrhundert.

✶ Begijnhof

In der Nordostecke der Kernstadt liegt der 1252 gegründete und bis 1923 bewohnte Beginenhof, der zu den ältesten und wichtigsten in Belgien zählt. Ein herrliches Barockportal mit einem Bildnis der Madonna mit dem Kind schirmt die gut erhaltenen Häuser aus dem 17. Jh., die rund um einen Platz und in fünf Gässchen verteilt sind, vom

DIEST ERLEBEN

AUSKUNFT

Grote Markt 1, B-3290 Diest
Tel. 013 35 32 74,
Fax 013 32 23 06
www.toerismediest.be

ESSEN

► Erschwinglich

De Nieuwe Haan
Grote Markt 19
Tel. 013 33 51 06
Ruhetag: Mo., Di.
Im Neuen Hahn am Grote Markt wird modern belgisch gekocht und in frischem Ambiente serviert: Hummer, Fisch und Gegrilltes.

► Günstig

Herman's Eetcafé
s. Hotel de Fransche Croon

ÜBERNACHTEN

► Komfortabel

De Fransche Croon
Leuvensestraat 26, B-3290 Diest
Tel. 013 31 45 40, Fax 013 33 31 59
www.defranschecroon.be
22 hübsche und sehr individuell eingerichtete Zimmer. Dazu gehört *Herman's Eetcafé*, sehr beliebt wegen seiner regionalen Küche.

The Lodge
Refugiestraat 23–25, B-3290 Diest
Tel. 013 35 09 35, Fax 013 35 09 34
www.lodge-hotels.be
20 Z. Zentral, sehr gut und historisch: Das Hotel ist in »Het Spijker«, ehemals Refugium der Abtei von Tongerlo (16. Jh.), eingerichtet – allerdings nur sechs Zimmer im historischen Teil.

Rest der Stadt ab. In einigen der Häuschen leben und arbeiten heute Künstler; der Krankensaal ist zum Kulturzentrum umfunktioniert worden. Die Sint-Katharinakerk (14. Jh.) besitzt eine meisterliche Kanzel von 1671.

Stadtbefestigung Hinter dem Beginenhof verlaufen die ehemaligen doppelten Befestigungsanlagen von Brialmont aus dem 19. Jh. mit dem Schaffense Poort links sowie der Lindenmolen (18. Jh.) und dem Park »Halve Maan« rechts.

Umgebung von Diest

★ Abdij Averbode Nach wie vor von Mönchen bewohnt, die u. a. eine große Zeitungsdruckerei betreiben, ist die Norbertinerabtei von Averbode. Sie liegt malerisch von Wald und Feldern umgeben 6 km nordwestlich von Diest, wo die Provinzen Vlaams Brabant, Limburg und Antwerpen zusammentreffen. Ältester erhaltener Teil der 1134 gegründeten Abtei ist das gotische Torhaus aus dem 14. Jahrhundert. 1942 brannten einige Gebäude ab; verschont blieb die 1664 von Jan van Eynde erbaute barocke Kirche, die einzig zugänglich ist.

Westerlo Von Averbode sind es 12 km bis Westerlo, wo die Familie van Merode, die seit dem 14. Jh. hier wohnt, sich gleich zwei Schlösser baute. Das erste Kasteel van Westerloo geht auf das 11. Jh. zurück und erhielt um 1300 – mit Umbauten im 16. Jh. – seine heutige Gestalt. Das zweite Schloss entstand 1910 im neogotischen Stil und ist seit 1972 Gemeindehaus von Westerlo.

Abdij van Tongerlo Die Abtei von Tongerlo, noch 5 km weiter von Westerlo, wurde 1130 von Prämonstratensern der Sint-Michielsabdij von Antwerpen gegründet, nach der Französischen Revolution verlassen und erst 1840 neu bezogen und restauriert. Ihr ältester Teil ist das Torgebäude aus dem 14. Jh., auf das eine prachtvolle, 1676 gepflanzte Lindenallee zuführt. Zur Abtei gehört das **Museum da Vinci**, das eine **ausgezeichnete Kopie des »Letzten Abendmahls**« besitzt, kaum 20 Jahre gemalt, nachdem Leonardo das Original für die Kirche Santa Maria delle Grazie in Mailand geschaffen hatte. Die Kopie in Tongerlo wurde 1545 für die Abteikirche erworben.. Die mönche betreibenu. a. eine große Druckerei (Öffnungszeiten: Mai – Sept. tgl. 14.00 – 17.00 Uhr; März, April, Okt. nur So.).

Scherpenheuvel Scherpenheuvel, 6 km westlich von Diest, ist der bedeutendste Wallfahrtsort Belgiens. Sieben Wege haben die Pilger zur Auswahl, um hinauf zur Onze-Lieve-Vrouwkerk zu kommen und dort zum wundertätig geglaubten Marienbildnis zu beten. Die Kirche, nach italienischen Vorbildern mit mächtiger Kuppel, wurde 1609 bis 1627 nach Plänen von Wenceslas Coebergher errichtet und markiert den Beginn des barocken Stils im heutigen Belgien.

Diksmuide

E 4

Provinz: West-Vlaanderen
Einwohnerzahl: 15 500
Höhe: 0 – 10 m ü.d.M.

Diksmuide ist im Ersten Weltkrieg durch wochenlangen deutschen Artilleriebeschuss dem Erdboden gleichgemacht worden. Die Tatsache, dass bei den fürchterlichen Schlachten an der IJzerfront auf belgischer Seite vor allem einfache flämische Soldaten starben, während das Offizierskorps überwiegend aus Wallonen bestand und Französisch die Befehlssprache war, macht Diksmuide zu einem Ort von hohem Symbolwert für die Flamen.

Nach 1918 wurde die Stadt, 20 km von der Küste an der IJzer gelegen, im altflämischen Stil wieder aufgebaut und ist heute das Zentrum der hier intensiv betriebenen Milchwirtschaft, was sich u. a. in der örtlichen Spezialität, dem Butterkuchen, bemerkbar macht.

Diksmuide entstand im 9. Jh. um eine gegen die Normannen errichtete Burg. 985 verlieh Graf Balduin III. Markt- und Stadtrechte. Im Mittelalter war Diksmuide Seehafen und gelangte durch den Tuchhandel zu beträchtlichem Wohlstand, doch als die IJzer versandete, versank Diksmuide in der Bedeutungslosigkeit. Vom 16. Oktober bis zum 10. November 1914 verteidigten 6000 belgische und 5000 französische Soldaten die Stadt; die Überlebenden zogen sich hinter die IJzer zurück und überließen das völlig zerstörte Diksmuide den Deutschen. Nach dem Wiederaufbau wurde Diksmuide 1940 noch einmal von deutschen Flugzeugen bombardiert.

DIKSMUIDE

AUSKUNFT

Grote Markt 28,
B-8600 Diksmuide
Tel. 051 51 91 46,
Fax 051 51 91 48
www.diksmuide.be

ESSEN / ÜBERNACHTEN

► **Preiswert / Günstig**

De Polderbloem
Grote Markt 8, B-8600 D.
Tel. 051 50 29 05,
Fax 051 50 29 06
www.polderbloem.de
Nettes kleines Hotel direkt am Grote Markt mit ebenso nettem Restaurant (belgische Küche), Bar und Tea Room.

Sehenswertes in Diksmuide

Grote Markt

Am Grote Markt stehen das Rathaus von 1923 und die Butterhalle. Ein Denkmal ehrt General Baron Jacques, den Befehlshaber der belgischen Armee; ein bisschen Auflockerung verschafft der Anblick der Skulptur »t'Mannecke uit de Mane«. Hinter dem Rathaus steigen die

Türme der erst nach 1940 nach Plänen aus dem 12. Jh. wieder aufgebauten Sint-Niklaaskerk auf. An der vom Markt abzweigenden General Baron Jacquesstraat liegt das Städtische Museum.

Begijnhof Den im 12. Jh. gegründeten Beginenhof erreicht man jenseits des Handzamekanaals. Auch er ist in den 1920er-Jahren wieder aufgebaut worden. Am Eingang erinnert eine Figur an Thomas Becket, der sich auf der Flucht vor Heinrich II. hier aufgehalten haben soll.

✶ IJzertoren Die IJzerlaan führt zum weithin sichtbaren, am linken Ufer der IJzer sich erhebenden IJzertoren. Der Turm, ein 84 m hohes Kreuz, ehrt die mehr als 40 000 flämischen Soldaten, die im Ersten Weltkrieg getötet wurde und versteht sich zugleich als Mahnmal für den Frieden. Ebenso steht er für den Nationalstolz der Flamen, die im Ersten Weltkrieg annähernd 90 % der einfachen Soldaten der belgischen Armee stellten und die Hauptlast der Kämpfe zu tragen hatten. So sehen viele Flamen heute noch in dem Mahnmal mit den Buchstaben **A.V.V. / V.V.K.** (»Alles voor Vlaanderen« bzw. »Vlaanderen voor Kristus«) ein Symbol des Widerstands gegen die kulturelle und sprachliche Vorherrschaft der Wallonen. Das erste, 1928 errichtete Mahnmal wurde 1946 von Unbekannten gesprengt. Von ihm ist noch das Paxpoort (Friedenstor) erhalten.

Der heutige Turm wurde 1965 vollendet. Über seine 22 Stockwerke verteilt sich ein Museum, das Krieg, Frieden und die Flämische Bewegung zum Thema hat und sein besonderes Augenmerk auf den Ersten Weltkrieg richtet – u. a. mit der Installation »Schlamm«, die das Leben im Schützengraben für alle Sinne begreifbar machen will (Öffnungszeiten: tgl. 10.00 – 17.00, April – Sept. bis 18.00 Uhr).

Umgebung von Diksmuide

Dodengang Einen echten Schützengraben kann man 2 km nordwestlich am linken IJzerufer besichtigen, den Dodengang, die nördlichste Stellung der IJzerfront. Die deutschen Linien verliefen nur wenige Meter entfernt am anderen Ufer. Im neuen Besucherzentrum wird ausführlich über die Kämpfe informiert (Öffnungszeiten: April – Sept. tgl. 10.00 bis 12.30 und 13.00 – 17.30 Uhr, Okt. – März nur werktags).

! Baedeker TIPP

IJzerfrontroute

Diese 79 km lange, ausgeschilderte Route verbindet die wichtigsten Orte der IJzerfront und berührt u. a. den Dodengang, die Soldatenfriedhöfe Vladslo, Keiem und Houthulst sowie Nieuwpoort, wo das Hauptquartier der belgischen Armee war.

Auf dem Soldatenfriedhof Vladslo 3 km nordöstlich von Diksmuide sind 25 644 deutsche Soldaten begraben. Unter ihnen befindet sich auch der 1914 gefallene Peter Kollwitz, Sohn der Bildhauerin Käthe Kollwitz, die 1932 das ergreifende Skulpturenpaar »Trauernde Eltern« schuf und hier, direkt am Grab ihres Sohnes, aufstellen ließ.

Soldatenfriedhof Vladslo

★ Dinant

K 16

Provinz: Namur
Höhe: 90 m ü.d.M.
Einwohnerzahl: 12 800

Seiner schönen Lage unter schroff aufragenden Felsen im Oberen Maastal verdankt Dinant einen ausgesprochen lebhaften Fremdenverkehr, insbesondere an den Wochenenden, wenn die Maas von Ausflugsbooten und Paddlern bevölkert wird.

Die Stadt der Dinanderien

Die Stadt gehörte seit der Stauferzeit zum Bistum Lüttich und stand vom 13. bis 15. Jh. in hoher Blüte. Ihre getriebenen Messing- und Kupferwaren, die so genannten **Dinanderien**, waren im Mittelalter weit bekannt. Wie kaum eine andere Stadt Belgiens hat Dinant im Laufe seiner Geschichte Kriegszerstörungen hinnehmen müssen: 1466 wurde es von Karl dem Kühnen erobert und in Brand gesteckt, wobei Philipp der Gute 800 Einwohner zu Paaren aneinander binden und in der Maas ertränken ließ. Die Franzosen belagerten und zerstörten Dinant 1554; unter Ludwig XIV. eroberten sie Stadt und Festung erneut und hielten sie bis 1703. Im Ersten Weltkrieg war Dinant heftig umkämpft und auch im Zweiten Weltkrieg erlitt die Stadt bei Luftangriffen 1940 und 1944 starke Zerstörungen, so dass vom alten Dinant heute kaum mehr etwas erhalten ist.

In Dinant wurden die Maler Joachim Patinier (1485 – 1524) und Antoine Wiertz (1806 – 1865) sowie vor allen **Adolphe Sax** (► S. 85), der Erfinder des Saxofons, geboren. Daran erinnern ein Gedenkfenster an seinem Geburtshaus in der Rue Adolphe Sax 31 und ein goldenes Denkmal – natürlich in Gestalt eines Saxofons.

Sehenswertes in Dinant

Collégiale Notre-Dame

Ein schönes Bild vom jenseitigen Ufer gibt die Stiftskirche Notre-Dame am Fuß des Zitadellenfelsens ab. Der frühgotische Bau aus dem 13. Jh. ist Nachfolgerin der ursprünglich romanischen Basilika, die 1227 von herabstürzenden Felsen zerstört wurde; der Mittelturm mit birnenförmigem Helm kam erst 1566 hinzu. Einziger Rest der alten Kirche ist ein Sandsteinportal an der Nordseite. Innen findet man mit dem Taufbecken, den Osterleuchtern und dem Lesepult gute Beispiele für Dinanderien und im linken Querschiff das 1356 geschaffene Grabmal von Gérard de Blanmostier.

DINANT ERLEBEN

AUSKUNFT

Avenue Cadoux, 8, B-5500 Dinant
Tel. 082 22 28 70,
Fax 082 22 77 88
www.dinant-tourisme.be

ESSEN

► Erschwinglich

① ***Le Grill***
Rue des Rivages, 88
Tel. 082 22 69 35
Ruhetag: Montagabend, Di.
Sehr gute einheimische Küche, vor allem natürlich Fleisch. Geschmackvoll und originell eingerichtet.

► Preiswert

② ***Auberge de Bouvignes***
Rue Fétis, 112, in Bouvignes
Tel. 082 61 16 00
Ein familiäres, sehr angenehmes Restaurant, das auch sehr viele Einwohner von Dinant gerne ansteuern. Für Qualität ist garantiert: Geflügel und Lammfleisch kommen vom Hof der Schwester des Patrons.

ÜBERNACHTEN

► Günstig

① ***Les Jardins de la Moglinée***
Route de la Molignée,
B-5537 Anhée
Tel. 082 61 33 75,
Fax 082 61 13 72
www.jardins.molignee.com
26 Z. Einige Kilometer nördlich von Dinant an einem kleinen Park gelegenes, sehr hübsches ländliches Hotel mit Swimmingpool und Restaurant.

EINKAUFEN

Spezialitäten sind die »Couques«, mit Honig verfeinerte Biskuitkuchen in vielerlei Formen, sowie die »Flamiches«, ein aus Brot, Eiern und Käse hergestellter würziger Kuchen.
Die Kunst der Dinanderien lebt fort in den Werkstätten der Dinanderie Clabots, Rue du Moulin, 13, Tel. 082 22 36 37.

FAHRTEN AUF DER MAAS

Drei Reedereien bieten in der Saison Ausflugsfahrten auf der Maas an: nach Anseremme, Givet, Freÿr, Walsourt und Namur (Info: www.dinantourisme.com
www.ansiaux.be
www.bateaux-meuse.be).

Dinant *Orientierung*

Essen
① Le Grill
② Auberge de Bouvignes

Übernachten
① Les Jardins de la Molignée

Über der Collégiale thront die Zitadelle.

Als geschäftige Hauptstraße der lang gestreckten Stadt zieht sich die **Rue Grande** parallel zum rechten Maasufer von der Place Reine Astrid nach Süden. Kurz nach dem Platz folgt das Rathaus mit einem Denkmal für die 1914 umgekommenen Bürger der Stadt. **An der Maas**
Direkt am Ufer entlang kommt man am neuen Kasino von Dinant vorbei zum **Rocher Bayard**, einer 40 m hohen Felsnadel. Hier sollen die vier Haimonskinder auf dem Ross Bayard in gewaltigem Sprung über den Fluss gesetzt und die Hufe die Felsnadel abgespalten haben. Tatsächlich wurde 1698 an dieser Stelle ein Straßendurchgang in den Fels gesprengt.

★ Citadelle

Hoch über der Stadt thront die Zitadelle, zu der man am bequemsten mit der Kabinenseilbahn (Téléphérique) hinter der Stiftskirche hinauffährt. Die heutige Feste ist die unter der niederländischen Regierung 1821 erbaute Nachfolgerin der oft zerstörten bischöflichen. Auf einer Führung kommt man u. a. durch einen 1914 zwischen Deutschen und Franzosen heftig umkämpften Wehrgang, durch die Bäckerei und ein Waffenmuseum. Von der über die Stadt vorgeschobenen Bastion hat man einen herrlichen Blick auf die Maas. Auf der Höhe befinden sich auch ein Friedhof für französische und ein Denkmal für die deutschen Soldaten (Öffnungszeiten: April – Sept. tgl. 10.00 – 18.00; Okt. – März tgl. außer Fr. 10.00 – 16.30 Uhr).

Abbaye de Leffe In der nördlichen Vorstadt Leffe liegt am Eingang zu der Felsenschlucht Fonds de Leffe die 1152 gegründete Prämonstratenserabtei. Erhalten sind das Gästehaus, das Haus des Priors und das Refektorium, allesamt aus dem 17. und 18. Jahrhundert. Heute steht der Name Leffe vor allem für ein beliebtes Abteibier. Wie es gebraut wird, erzählt das **Musée Historie de la Leffe** in der Rue du Moulin (Öffnungszeiten: Juli / Aug. tgl. außer Mo. 13.00 – 18.00 Uhr, April bis Juni und Sept. / Okt. nur an Wochenenden).

Grotte La Merveilleuse Am linken Maasufer, westlich der Maasbrücke und 500 m vom Bahnhof an der Route de Philippeville liegt der Eingang zur Grotte de Raimpaine (La Merveilleuse). Die 500 m lange Höhle besitzt schöne Tropfsteinbildungen (Öffnungszeiten: April – Mai und Sept. – Okt. tgl. 11.00 – 17.00; Juli und Aug. 10.00 – 18.00, Nov. .– März nur Sa. und So. 13.00 – 16.00 Uhr).

Umgebung von Dinant

★ Château de Spontin Das Wasserschloss von Spontin im Tal des Bocq, 11 km nordöstlich von Dinant, gilt als eines der schönsten Belgiens. Es ging aus dem im 12. Jh. errichteten Donjon hervor, der im 14. Jh. zum befestigten Schloss ausgebaut wurde. Beim Rundgang kommt man u. a. in den Donjon mit gotischen Kaminen, in die Bibliothek mit Schachbrett-Fußboden, in den Renaissance-Salon und den überwiegend im neogotischen Stil gehaltenen Südflügel mit Speisezimmer und Ehrentreppe (Öffnungszeiten: tgl. 11.00 – 16.00 Uhr). Folgt man dem Bocq Richtung Maas, kommt man nach Purnode, wo man die **Familienbrauerei Bocq** besichtigen kann.

Celles Celles, 10 km südöstlich von Dinant, besitzt mit Saint-Hadelin eine Kirche im maasromanischen Stil mit einer schönen Krypta aus dem 9. Jh. und blockförmigen Westtürmen. Ihr frühgotisches Chorgestühl aus dem 13. Jh. ist das älteste in Belgien. Am Ortseingang markiert ein deutscher Panzer den weitesten Vorstoß deutscher Truppen in der Ardennenoffensive. Der eigentliche Grund aber, um nach Celles zu kommen, zeigt sich wenig südwestlich in Gestalt des Château de Veves, Sitz der Herren von Beaufort, gebaut im 15. Jh. mit großem Donjon und Seitentürmen mit Spitzdächern. Die Räume sind mit Möbeln aus Familienbesitz ausgestattet (Öffnungszeiten: April – Okt. tgl. außer Mo. 10.00 – 18.00 Uhr, Juli / Aug. auch Mo. geöffnet).

★ Château de Veves ►

Foy-Notre-Dame Das knapp 10 km östlich von Dinant gelegene Foy-Notre-Dame ist ein viel besuchter Wallfahrtsort zu einer für wundertätig gehaltenen Madonnenfigur, die 1609 angeblich in einer Eiche gefunden wurde. Sie steht in einer äußerlich unscheinbaren Kirche, deren Inneres jedoch umso prächtiger ist: hervorragende Holzschnitzereien und eine überwältigende **Kassettendecke mit ingesamt 145 biblischen Szenen**, im 17. Jh. von den Brüdern Goblet aus Dinant gemalt.

Beauraing, 20 km südlich von Dinant, hat 1932 und 1933 durch angebliche Marienerscheinungen von sich reden gemacht, die fünf Kindern widerfahren sein sollen. Der Ort steht ganz im Zeichen dieser Ereignisse: Geweihte Stätten, die 1954 gebaute Kapelle und die 1968 errichtete Kirche mit über 7000 Plätzen empfangen die Wallfahrer.

Beauraing

►Maastal, S. 335 ff.

Weitere Umgebungsziele

Eupen

H 23

Provinz: Liège **Höhe:** 300 m ü.d.M.
Einwohnerzahl: 17 700

Aachen und die Eifel sind nicht weit. Das hört man in Eupen, dem heimeligen Hauptort der deutschsprachigen Gemeinschaft, wo der etwas singende rheinische Dialekt allgegenwärtig ist. Doch Hochdeutsch spricht man natürlich auch und dazu können die meisten Eupener noch Französisch.

Mit seinen gut 17 000 Einwohnern ist das Städtchen am Zusammenfluss von Vesdre (Weser) und Helle (Hill) das Zentrum der Deutschbelgier: Rat und Exekutive der Deutschsprachigen Gemeinschaft Bel-

Größte deutschsprachige Stadt Belgiens

EUPEN ERLEBEN

AUSKUNFT

Marktplatz 7, B-4700 Eupen
Tel. 087 55 66 39,
Fax 087 55 34 50
www.eupen-info.be

ESSEN

► **Erschwinglich**

Brasserie Delcœur
Gospertstr. 22
Tel. 087 56 16 66
Ruhetag: Do., Samstagabend
Brasserie im Pariser Stil in altem Patrizierhaus, hübscher Innenhof. Die Küche mixt Französisches und Regionales mit asiatischen Einflüssen. Im 20 Personen fassenden Restaurant die edlere Variante.

ÜBERNACHTEN

► **Günstig**

Rathaus-Hotel
Rathausplatz 13, B-4700 Eupen
Tel. 087 74 28 12, Fax 087 74 46 64
www.rathaushotel.com
17 Z. Solide, am Eingang zum Altstadtkern. Italienisches Restaurant.

FESTE

Der *Karneval* orientiert sich an rheinischen Vorbildern; auch der *Martinstag* wird hier mit großem Aufwand begangen. Töpfer und Keramikkünstler wetteifern am zweiten Septemberwochenende beim EUREGIO-Keramikmarkt auf Burg Raeren um den EUREGIO-Keramikpreis.

Rheinischer Frohsinn auch in Belgien: der Karneval von Eupen

giens haben hier ihren Sitz, von hier sendet der deutschsprachige belgische Rundfunk und hier erscheint Belgiens einzige deutschsprachige Zeitung, das »Grenzecho«.

Schicksal einer Grenzstadt Das ursprünglich zum Herzogtum Limburg gehörende, 1213 erstmals erwähnte Eupen hat im Lauf der Geschichte viele Herren gesehen: Brabanter, Burgunder, Spanier, Österreicher, Franzosen und Niederländer. Besonders unter den Österreichern blühte die Stadt und hatte 1721 bereits 13 000 Einwohner. Die berühmte Eupener Tuchindustrie verschickte damals ihre Waren in die ganze Welt. Auf dem Wiener Kongress wurde Eupen Preußen zugeschlagen und war dann bis 1920 die westlichste deutsche Kreisstadt. Der Versailler Vertrag sprach die Stadt dem Königreich Belgien zu.

Sehenswertes in Eupen

Rathaus Das Bild der Eupener Oberstadt prägen Bauten aus der Blütezeit im 18. Jahrhundert. Dazu gehört das Rathaus in der Aachener Straße, das bis zur Französischen Revolution Teil eines Klosters war. Dessen ehemalige Kirche im Barockstil (1773) ist einen Blick wert.

Sankt-Nikolaus Bergab kommt man zum Marktplatz, wo die zweitürmige Sankt-Nikolaus-Kirche den Akzent setzt. Sie wurde nach Plänen des Aachener Stadtbaumeisters Mefferdatis 1724 bis 1729 als dreischiffige Hallenkirche errichtet; die Türme wurden 1898 vollendet. Innen sind besonders beachtenswert der Hochaltar von Couven (1750), die Kanzel von 1730 und Apostelfiguren aus der Kölner Minoritenkirche.

Unten angekommen, steht man auf der Klötzerbahn. Links am Ende des Platzes baute sich der Tuchfabrikant De Grand Ry sein herrschaftliches Domizil mit zur Straße offenem Hof – heute repräsentativ genug als Regierungssitz der Deutschsprachigen Gemeinschaft.

Klötzerbahn

Nahtlos geht es über in Eupens schönsten Straßenzug, die Gospertstraße. In Nr. 52, dem Haus eines Tuchhändlers (1697), dokumentiert das **Stadtmuseum** die wechselvolle Geschichte der Eupener Region. Highlight ist eine vollständig eingerichtete Goldschmiedewerkstatt (Öffnungszeiten: Di..–Fr. 9.30 – 12.00 und 13.00 – 16.00, Sa. 14.00 – 17.00, So. 10.00 – 12.00 und 14.00 – 17.00 Uhr).

✶ Gospertstraße

Die 1896 gegründete Chocolaterie Jacques in der Industriestraße zeigt in ihrem Firmenmuseum die Herstellung der braunen Köstlichkeiten (Öffnungszeiten: Mo. – Fr. 9.00 – 17.00, Sa. 11.00 – 17.00 Uhr).

Chocolaterie Jacques

Umgebung von Eupen

Im Süden und Südwesten reicht das Hohe Venn (Deutsch-Belgischer Naturpar) bis an die Stadtgrenze heran, während sich im Norden und Westen ein geschlossenes Wiesen- und Weideland vom Aachener Wald bis zur Maas erstreckt – beste Voraussetzungen für Radtouren und Wanderungen, etwa im **Hertogenwald**, um den Stausee **Barrage de la Gileppe** (8 km südwestlich) und natürlich im Hohen Venn.

✶ Wandergebiet

7 km westlich von Eupen kommt man ins Städtchen Limbourg, bis zur Schlacht von Worringen 1288 Hauptstadt des damaligen Herzogtums. Seiner strategischen Bedeutung wegen wurde es zur Festung ausgebaut und erlebte mehrere Belagerungen, besonders schwere durch Ludwig XIV. und 1703 durch den Herzog von Marlborough, die das Schloss der Herzöge in der Oberstadt, das schon um 1000 entstanden war, zerstörten. Ein Rundweg entlang der Stadtmauern eröffnet schöne Ausblicke. Aus der Schlosskapelle hervorgegangen ist die gotische Église Saint-Georges. Unweit von Limbourg überspannt der 1843 vollendete **Viadukt von Dolhain** die Vesdre in 20 m Höhe.

Limbourg

Wo Limburg, das Land von Herve und die Ausläufer der Ardennen zusammentreffen, liegt an den Hängen des Tals der Vesdre 15 km westlich von Eupen die Industriestadt Verviers. Sie geht auf die römische Siedlung Virovirus zurück. Verviers war der wichtigste Platz für Wollverarbeitung in Europa, doch die Weltwirtschaftskrise in den 1930ern bereitete dem Höhenflug ein Ende.

Verviers

Das klassizistische Rathaus an der Place du Marché zählt zu den elegantesten Bauten seiner Art in Belgien, doch ist es leider ewas

◄ Hôtel de Ville

Museen ► heruntergekommen. In der Rue des Raines stehen noch einige schöne Bürgerhäuser aus dem 16. bis 18. Jh.; Nr. 42, Maison Cornet, beherbergt das **Musée de l'Archéologie et du Folklore**. Dessen größter Schatz ist die wundervolle Sammlung von Spitzen aus ganz Belgien; kaum weniger schön jedoch Räume wie der Grand Salon im holländischen Stil oder der Salon Louis XIII mit drei kunstvollen Sekretären. Der zweite Stock widmet sich archäologischen Funden aus der Umgebung (Öffnungszeiten: Di. und Do. 14.00 – 17.00, Sa. 9.00 bis 12.00, So. 10.00 – 13.00 Uhr). In einem ehemaligen Altmännerhospiz (17. Jh.) an der von der Rue des Raines abzweigenden Rue Renier zeigt das **Musée des Beaux-Arts et de la Céramique** eine hervorragende Sammlung von Fayencen und Porzellanen sowie Gemälde, darunter ein feines Kinderporträt von Cornelis de Vos (Öffnungszeiten: Mo., Mi., Sa. 14.00 – 17.00, So. 15.00 – 18.00 Uhr).

* CTML ► Das Centre Touristique de la Laine et de la Mode, die jüngste museale Attraktion der Stadt, befasst sich mit der großen Zeit von Verviers als Wollestadt. Beim Rundgang »Vom Faden zur Mode« erlebt man alle Arbeitsschritte zur Herstellung von Wollstoffen sehr anschaulich mit (Rue de la Chapelle, 30; Öffnungszeiten: April – Okt. tgl. 10.00 bis 18.00; Nov. – März tgl. außer Mo. 10.00 – 17.00 Uhr).

*** Talsperre Eupen**

Die Talsperre Eupen (Vesdre-Talsperre, 5 km östlich) ist mit einem Fassungsvermögen von 25 Mio. m³ einer der größten Stauseen Belgiens – Segler wissen dies zu schätzen. Die Mauer hat eine Höhe von 58 m und eine Länge von 410 m.

Raeren

* Töpfereimuseum ► Das 9 km nordöstlich gelegene Städtchen Raeren ist ein Zentrum der Töpferei und Steinzeugherstellung, die auf eine bis ins Jahr 1400 reichende Tradition zurückblicken kann. Die Gefäße aus Raeren waren weltweit begehrt und machten den Ort wohlhabend. Auf Burg Raeren erzählt das Töpfereimuseum diese Erfolgsstory (Öffnungszeiten: Di. – So. 10.00 – 17.00 Uhr).

Bei **Henri-Chapelle** (15 km nordwestlich) sind 7992 in den Jahren 1944 / 1945 gefallene US-Soldaten in einem schlichten und gerade deshalb beeindruckenden Gräberfeld begraben.

Richtung Aachen und über Gemmenich erreicht man den **Drielandenpunt**. Hier stoßen Belgien, die Niederlande und Deutschland aneinander. Bei gutem Wetter blickt man vom 321 m hohen Vaalser Berg, dem höchsten Punkt der Niederlande, bis in die Eifel, nach Aachen und nach Maastricht.

! Baedeker TIPP

Patriotische Karotten

Von Eupen extra hinzufahren braucht man nicht, aber wer einen Hang für Skurriles hat und sowieso gerade in Raeren ist, kann einen Abstecher nach Eynatten-Berlotte machen: Dort betreibt der 1. Lokalpatriotische und Liberale Möhrenzuchtverein (!) in einem Trafohäuschen das weltweit einzige, zumindest aber das kleinste Möhrenmuseum.

★★ Gent

E 9

Provinz: Oost-Vlaanderen
Einwohnerzahl: 230 900
Höhe: 5 – 29 m ü.d.M.

Gent (frz. Gand) mag vielleicht »nur« die zweitschönste Stadt Flanderns sein – in Brugge ist alles viel herausgeputzter, ordentlicher und organisierter –, dafür geht es in der Stadt am Zusammenfluss von Schelde und Leie lebendiger zu, was man besonders am Abend merkt. Dafür sorgen nicht zuletzt die 26 000 Studenten der Universität. Und auch wenn es hier vielleicht etwas weniger museal anmutet – der historische Stadtkern unter dem Dreitürmepanorama sucht seinesgleichen in Europa.

Universitätsstadt mit Wirtschaftskraft

Insbesondere an Sommerabenden, wenn die Straßenzüge illuminiert werden und aus den Kneipen und Restaurants geselliger Lärm dringt, wird ein Spaziergang zum unvergesslichen Erlebnis. Dieses fröhliche Treiben und das kulturelle Leben basieren auf einer starken Wirtschaft, denn die Hauptstadt der Provinz Oost-Vlaanderen bildet mit den umliegenden Gemeinden das drittgrößte industrielle Ballungsgebiet Belgiens. War jahrhundertelang die Textilindustrie wichtigste Erwerbsquelle, findet man heute in und um Gent Elektro- und Elektronik-, Papier-, Chemie-, Automobil- und Maschinenbauindustrie und vor allem ein großes Stahlwerk. Den Gegenakzent dazu setzt der Garten- und Schnittblumenanbau: 80 % aller Grünpflanzen des Landes werden hier gezogen.

? WUSSTEN SIE SCHON ...?

- Gent ist nach Antwerpen und Zeebrugge drittwichtigster Seehafen Belgiens. Über den Gent-Terneuzen-Kanaal können ihn Schiffe bis 80 000 BRT anlaufen. 2004 wurden fast 25 Mio t Güter umgeschlagen.

Eine aufmüpfige Stadt

Im 7. Jh. missionierten der hl. Amandus und sein Schüler, der hl. Bavo, Stadtpatron von Gent, an Schelde und Leie und gründeten zwei dem hl. Petrus geweihte Abteien, zwischen denen sich Gent entwickelte. Der Bedrohung durch die Normannen begegnete man mit Befestigungen, aus denen um 1000 die Grafenburg hervorging.

◄ Mächtige Zünfte

Um 1100 regierte ein Rat aus elf Schöffen die Stadt, die dank der Tuchherstellung an Bedeutung gewann und nach Paris zur mächtigsten Stadt nördlich der Alpen wurde. 1228 übernahmen 34 Patrizier die weiteren Geschicke. Die Politik ihrer Nachfolger, die sich gemeinsam mit dem Grafen von Flandern an den französischen König anlehnten, erregte den Unmut der nach Unabhängigkeit strebenden Zünfte. Als die Einfuhr englischer Wolle, Lebensquell der Genter Tuchindustrie, gestoppt wurde, verbündeten sich die Genter unter **Jacob van Artevelde** 1337 mit England und stellten sich als Spitze

7. Jh.	Der hl. Amandus und der hl. Bavo gründen Abteien.
um 1000	Erste Grafenburg
1337–1345	Jacob van Artevelde führt Gent und die flandrischen Städte gegen Frankreich.
1382	Niederlage der flandrischen Städte in der Schlacht bei Rozebeke.
1500	Der spätere Kaiser Karl V. wird in Gent geboren.
1576	Genter Pazifikation
1800	Lieven Bauwens führt englische Baumwollspinnmaschinen ein.
1817	Gründung der Universität
1913	Weltausstellung
1999	Jan Hoet übernimmt die Leitung des S.M.A.K.

der flandrischen Städte gegen Frankreich. Artevelde herrschte jahrelang mit fast diktatorischer Gewalt, bis er 1345 vom Haupt der Weberzunft ermordet wurde. Die Niederlage des flämischen Heeres unter Arteveldes Sohn Philipp 1382 in der **Schlacht bei Rozebeke** setzte dem Selbstbehauptungswillen der Genter vorübergehend ein Ende.

Burgundische Herrschaft ►

1384 fiel Flandern an die Burgunder. Auch sie versuchten die Macht der Zünfte einzudämmen, was wiederum zum Aufstand führte. Nach der Schlacht bei Gavere an der Schelde am 23. Juli 1453, bei der Tausende Genter den Tod fanden, zwangen die Sieger die angesehensten Bürger und den Rat, im Hemd zum Tor hinauszuziehen und Philipp den Guten um Gnade bitten. Nach dem Tod Karls des Kühnen 1477 musste dessen Tochter Maria von Burgund den Gentern jedoch wieder größere Rechte zugestehen. Und trotz des allmählichen Rückgangs der Tuchindustrie durch die Konkurrenz aus England, Brabant und Holland brachte die burgundische Periode Gent auch das Aufblühen der Künste.

Habsburgische Herrschaft ►

Unter Kaiser Karl V., der 1500 im Prinsenhof zu Gent geboren wurde, versuchte man, den Niedergang der Tuchindustrie durch den Ausbau der Flussschiffahrt wettzumachen. Fast schon traditionell widersetzten sich die Genter ihrem Herrscherhaus; der Höhepunkt war erreicht, als die Geusen sich gegen die Spanier erhoben und diese 1567 mit der Entsendung von Truppen unter dem Herzog von Alba reagierten. 1576 wurde die **»Genter Pazifikation«** geschlossen, der Friedens- und Freundschaftsbund zwischen den Generalstaaten und den südlichen Provinzen der spanischen Niederlande. Nachdem 1584 Alexander Farnese Gent endgültig wieder unterworfen hatte, war der Niedergang der Stadt besiegelt.

Neuer Aufschwung ►

Ein neuer Aufschwung bahnte sich erst im 18. Jh. unter den Österreichern mit der Ansiedelung der Baumwollindustrie an; 1800, unter

Gent, die Stadt der Türme: Belfried und Sint-Baaf →

der französischen Besetzung, führte Lieven Bauwens englische Baumwollspinnmaschinen ein, was das das Gewerbe revolutionierte und Gent zum **»Manchester des Festlands«** machte. Im Verlauf des 19. Jh.s gelangte die Stadt mit dem raschen Aufblühen von Industrie und Handel wieder zu wirklichem Wohlstand, was sich auch in der Weltausstellung von 1913 niederschlug. In beiden Weltkriegen war Gent zwar von deutschen Truppen besetzt, blieb jedoch von großen Schäden verschont. Die Nachkriegszeit war geprägt von der wirtschaftlichen Neuorientierung.

GENT ERLEBEN

AUSKUNFT

Predikherenlei 2,
B-9000 Gent (Postanschrift)
Tel. 09 266 56 60,
Fax 09 266 56 73
www.visitgent.be
Stadtbüro im Belfort,
Botermarkt 17 A

SIGHTSEEING

Die Genter Altstadt kann an einem Tag gut zu Fuß erkundet werden. Mehrere Organisationen bieten Stadtführungen mit Start beim Fremdenverkehrsamt an.
Kanalfahrten: Von Anlegestellen an der Korenlei und der Graslei legen von März bis Anfang November tgl. im 10-Minuten-Takt Boote zu Kanalfahrten durch das Zentrum ab; in der übrigen Zeit nur an Wochenenden.
Kutschfahrten: ab Sint-Baafsplein von Ostern bis Oktober.
Parken: Günstig gelegene Parkmöglichkeiten sind Vrijdagmarkt, Wilsonplein (Tiefgarage), am Kouter und bei der Sint-Michielskerk.

SCHIFFSAUSFLÜGE

Außer Fahrten durch die Innenstadt werden auch Schiffsausflüge auf der Leie nach Sint-Martens-Latem angeboten (www.benelux-rederij.com).
Selbstfahrer (kein Bootsführerschein nötig!) können bei Minerva Boat Motorboote für Ausflüge auf der Leie mieten (www.minervaboten.be).

FESTE

Alle fünf Jahre (nächster Termin: 2010) zeigen bei den *Genter Floralien* die Gärtner des Umlands, was sie können.
Alljährlich Mitte Juli wird in der *Genter Festwoche (Gentse Feesten)* buchstäblich an allen Ecken der Stadt Musik gemacht und Theater gespielt.

ESSEN

► Fein & teuer

① ***Jan van den Bon***
Koning Leopold-II-laan 43
Tel. 09 221 90 85
Ruhetag: Samstagmittag, So.
Sternengeschmücktes Edelrestaurant. Französisch inspirierte Küche.

② ***The House of Eliott***
Jan Breydelstraat 36
Tel. 09 225 21 28
Ruhetag: Di., Mi. geschlossen
Überwiegend französische Küche, serviert in einem Wohnzimmer mit original 1920er-Jahre-Einrichtung.

► Erschwinglich

③ ***Belga Queen***
Graslei 10

Gent Orientierung

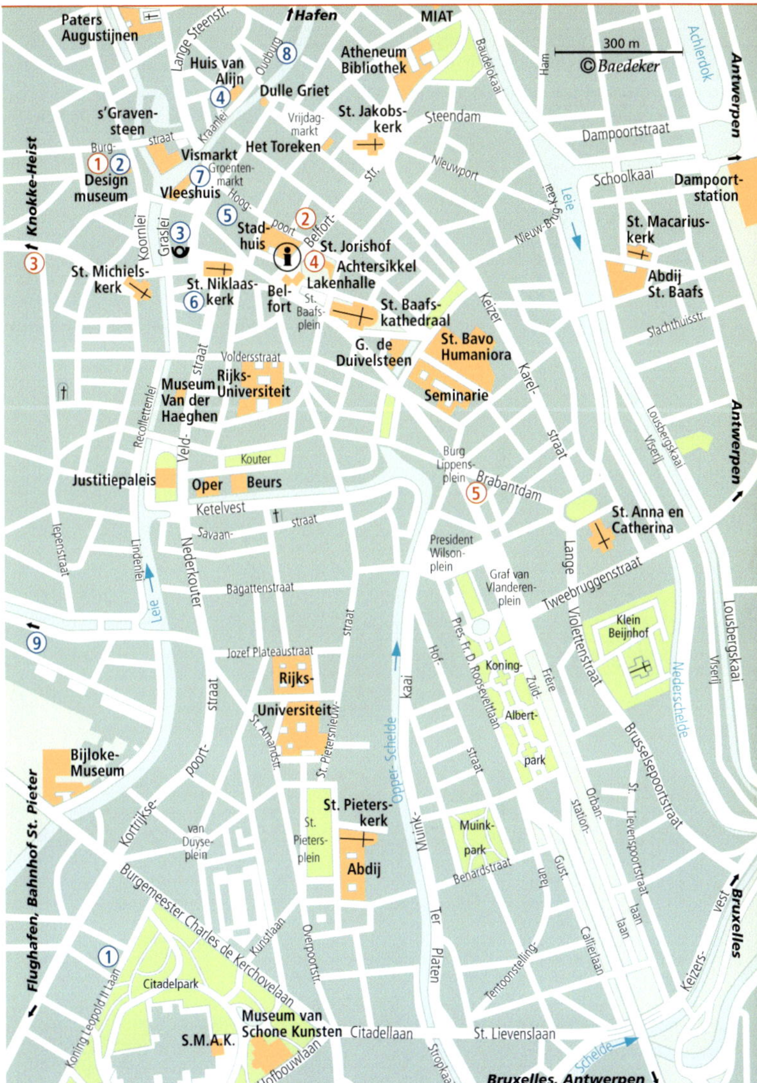

Essen
① Jan van den Bon
② The Eliott House
③ Belga Queen
④ Bij den Wijzen en dem Zot
⑤ Georges
⑥ Pakhuis
⑦ Chez Leontine/Waterhuis/ Galgenhuisje
⑧ Patiron
⑨ De Hopduvel

Übernachten
① Gravensteen
② Sofitel
③ Erasmus
④ Cour St.-Georges
⑤ Den Yzer

Tel. 09 280 01 00
Hinter der Fassade eines mittelalterlichen Kontorhauses offenbart sich eine ultramoderne Innenarchitektur aus Stahl, Aluminium und Ziegelstein. Der guten belgischen Küche tut das keinen Abbruch.

④ ***Bij den Wijzen en dem Zot***
Hertogstraat 42
Tel. 09 223 42 30
Ruhetag: So., Mo.
2004 gewann das Restaurant den Preis für das beste Fisch-Waterzooi der Stadt – also keine Frage, was man hier bestellt. Aber die anderen belgischen Küchenklassiker sind ihr Geld auch wert.

⑤ ***Georges***
Donkersteeg 23
Tel 09 225 191 8
Seit 1924 Spezialist für Meeresgetier und heute eines der besten Fischrcstaurants Flanderns. Favoriten sind Austern und Hummer auf mancherlei Weise; beides und noch viel mehr kann man auch im angeschlossenen Ladengeschäft erwerben.

⑥ ***Pakhuis***
Schuurkenstraat 4
Tel. 09 223 55 55
Ruhetag: So.
Brasserie unter den schmiedeeisernen Bögen eines ehemaligen Lagerhauses.

► Preiswert

⑦ ***Chez Leontine***
Groentenmarkt 10–11
Tel. 09 225 92 56
Viele Genter gehen hierher auf ein Bier und zur flämischen Küche auf der Terrasse am Kanal.

Nicht nur in Brugge, auch in Gent macht eine Grachtenfahrt Spaß.

⑧ ***Patiron Quicherie***
Sluizeken 30
Tel. 09 233 45 87
Ruhetag: Di., So.
Quiches in allen Variationen

ÜBERNACHTEN

▶ Luxus

① ***Gravensteen***
Jan Breydelstraat 35, B-9000 Gent
Tel. 09 225 11 50, Fax 09 225 18 50
49 Z. Altehrwürdige und noble Herberge in einem ehemaligen Stadtpalais beim Grafenschloss. Auch Zimmer unter 150 €.

② ***Sofitel Gent Belfort***
Hoogpoort 63, B-9000 Gent
Tel. 09 233 33 31, Fax 09 233 11 02
www.sofitel.com
171 luxuriöse, moderne Zimmer in einem Jugendstilgebäude bei Rathaus und Sint-Baafs – zentraler geht es kaum. Frühstück auch im Innenhof.

▶ Komfortabel

③ ***Erasmus***
Poel 25, B-9000 Gent
Tel. 09 225 75 91, Fax 09 233 42 41
www.erasmushotel.be
Das Familienhotel bietet 7 stilvolle Zimmer, verteilt auf zwei Patrizierhäuser im historischen Stadtkern. Besonders hübsch: der kleine Garten.

④ ***Cour St-Georges***
Botermarkt 2, B-9000 Gent
Tel. 09 224 24 24, Fax 09 224 26 40
www.courstgeorges.be
26 Z. Unterkunft mit Tradition – die Herberge im Herzen der Altstadt ist schon 1228 erwähnt worden und gilt als die älteste Europas.

▶ Günstig

⑤ ***Den Yzer***
Vlaanderenstraat 17, B-9000 Gent
Tel. 09 234 32 53, Fax 09 223 91 07
www.hoteldenyzer.be
17 Z. Solides, alteingesessenes Hotel, nettes Restaurant. Frühstücksbuffet inbegriffen.

SHOPPING

Entlang der ***Veldstraat*** reihen sich die großen Kaufhäuser; Modegeschäfte haben sich in ***Koestraat*** und ***Brabantdam*** niedergelassen. Bei Chocolatier L. van Hoorebeke am St. Baafsplein gibt es handgemachte Pralinen; Home Linen (Korenlei 3) ist eine gute Adresse für Leinen und Spitzen.
Märkte: Blumen auf dem Kouter (tgl.), Gemüse und Obst auf dem Groentenmarkt (tgl.), Vögel auf dem Vrijdagmarkt (So.), Flohmarkt Bij Sint-Jacobs (Fr., Sa., So.).

Rund um den Sint-Baafsplein

Sint-Baafsplein

Die historische Innenstadt Gents wird von der Leie und dem westlichen Scheldearm, der Opper-Schelde, umflossen. Mittelpunkt des alten Gent ist der Sint-Baafsplein mit dem Koninklijk Vlaams Theater an der Nordseite und dem Denkmal für Jan Frans Willems (1793 bis 1846), den Begründer der Flämischen Bewegung. Unter den Häusern sticht Nr. 10 besonders hervor, ein sehr schönes Herrenhaus von 1739 mit der Büste der Göttin Juno im Giebel. Es ist das **Haus der Familie Hamelinck**, die es an der Stelle des der Familie van Branteghem gehörenden Wirtshauses »Roosencransche« bauen ließ. Dieses

Highlights Gent

Sint-Baafskathedraal
Der Genter Altar ist das großartigste Werk der altflämischen Malerei.
► Seite 263

Belfried
Der Stolz der Genter Bürger
► Seite 266

Graslei und Korenlei
Pracht der Zünfte an Gents ältestem Hafen
► Seite 268

Gravensteen
Die Grafen von Flandern hinterließen eine der größten Wasserburgen Europas.
► Seite 270 / 272

S.M.A.K.
Die Sammlung des Museums für zeitgenössische Kunst gehört zum besten, was es weltweit auf diesem Gebiet gibt.
► Seite 276

beherbergte das älteste Theater in Gent. Den Platz beherrschen jedoch zwei Türme: der Glockenturm der Sint-Baafskathedraal und der Belfried.

★★ **Sint-Baafskathedraal**

Die Sint-Baafskathedraal, ein mächtiger Bau aus Backstein und Granit, hieß bis 1540 Sint-Jans, doch dann verlieh Karl V. ihr den heutigen Namen, nachdem er die alte Sint-Baafsabdij hatte abreißen lassen. Der hochgotische Chor stammt aus dem 13. / 14. Jh., der spätgotische Turm und das Hauptschiff aus dem 15. / 16. Jh., das Querschiff war 1559 vollendet (Öffnungszeiten: April – Okt. Mo. – Sa. 8.30 – 18.00, So. 13.00 – 18.00, übrige Monate bis 17.00 Uhr).

◄ Krypta

Die Krypta enthält neben Bischofsgräbern aus dem 15. und 16. Jh. den Kirchenschatz, darunter ein Evangeliar aus dem 9. Jh. und den Schrein des hl. Macarius von Hugo de la Vigne (1616) sowie das hervorragende Kalvarientriptychon des Joos van Wassenhove (1464).
Sint-Baafs kann sich einzigartiger Gemälde rühmen, vor allem **»Die Berufung des hl. Bavo« von Peter Paul Rubens** (1624) und **»Jesus unter den Schriftgelehrten« von Frans Pourbus** (1571), auf dem Philipp II., der Herzog von Alba, Thomas Calvin, Pieter Bruegel d. Ä. und Karl V. zu erkennen sind. Weitere sehenswerte Werke stammen u. a. von Gaspar de Crayer, Maarten de Vos und Otto Venius.

★★ ◄ Genter Altar

Das mit Abstand kostbarste Kunstwerk ist jedoch der Genter Altar, nach dem Bild der Mitteltafel auch »Lamm Gottes« genannt, **das großartigste Werk der altflämischen Malerei**. Die Tafeln, eine Auftragsarbeit des Genter Patriziers Josse Vijd für eine Kapelle im Chorumgang, sollen von Hubert van Eyck (um 1370 – 1426) um 1420 begonnen und von seinem Bruder Jan (um 1390 – 1441) um 1432 vollendet worden sein. Allgemein angenommen wird, dass der vierte der

← *Auch ohne den Genter Altar hinterließe Sint-Baafs einen grandiosen Eindruck.*

Sint-Baafskathedraal Orientierung

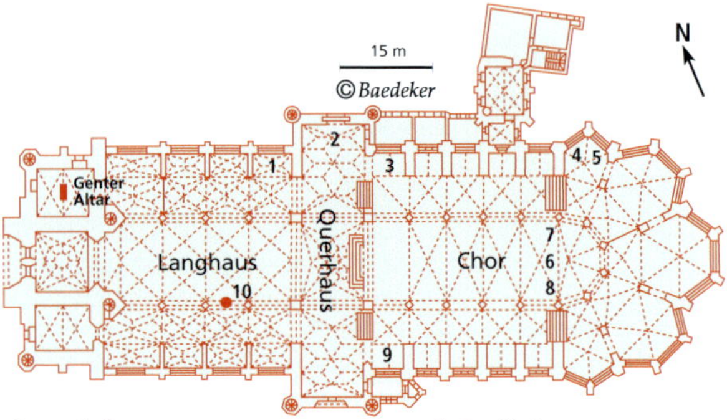

1 Gaspar de Crayer: »Mariä Himmelfahrt«
2 Maarten de Vos: »Ecce Homo«
3 Frans Pourbus oder Michiel o. Rafael Coxie: »Die Sieben Werke der Barmherzigkeit«
4 Peter Paul Rubens: »Berufung des hl. Bavo«
5 Otto Venius: »Erweckung des Lazarus«
6 Hauptaltar
7 Grabmal des Bischofs Antonius Triest
8 Grabmal des Bischofs d´Allamont
9 Frans Pourbus: »Christus unter den Schriftgelehrten«
10 Barockkanzel

Ritter Christi die Züge von Jan und der vordere die Züge von Hubert van Eyck trägt. Der große Flügelaltar, der als wichtigster Schritt weg von der ikonenhaften Malerei des Mittelalters hin zur realistischen Malweise gilt, gibt in feierlichen Teilbildern eine Darstellung des menschlichen Seelenheils vom Sündenfall bis zur Erlösung (Erläuterung s. S. 52). wieder. Albrecht Dürer, der ihn auf seiner Flandernreise besichtigte, nannte es »ein überköstlich hochverständig Gemäl«. Das schon bald zu großer Berühmtheit gelangte Werk erlebte eine wechselvolle Geschichte. 1566 konnte es mit Mühe vor den Bilderstürmern und 1640 aus Feuergefahr gerettet werden. Der österreichische Kaiser Joseph II. ließ 1781 die Tafeln mit Adam und Eva entfernen und durch »bekleidete« Kopien ersetzen, weil er deren Nacktheit anstößig fand. Die Mitteltafeln wurden 1794 nach Paris entführt und im Louvre ausgestellt; sechs Flügel gingen in den Kunsthandel, wurden vom preußischen König gekauft und in Berlin ausgestellt. 1815 kehrten die Mitteltafeln aus Frankreich zurück, 1861 erwarb das Brüsseler Museum die wiedergefundenen Tafeln mit Adam und Eva. Der Vertrag von Versailles schrieb die Rückgabe der Berliner Teile fest, sodass 1920 das ganze Werk, mit Ausnahme der schon 1550 verlorengegangenen Predella, wieder neu aufgestellt werden konnte. Doch 1934 wurden die zwei Tafeln des linken Flügels gestohlen. »Johannes der Täufer« kam zurück, doch »Die Gerechten Richter« sind bis heute nicht gefunden worden und daher nur als Kopie zu sehen. Im Zweiten Weltkrieg ließ man den Altar nach Pau in Südfrankreich

Genter Altar

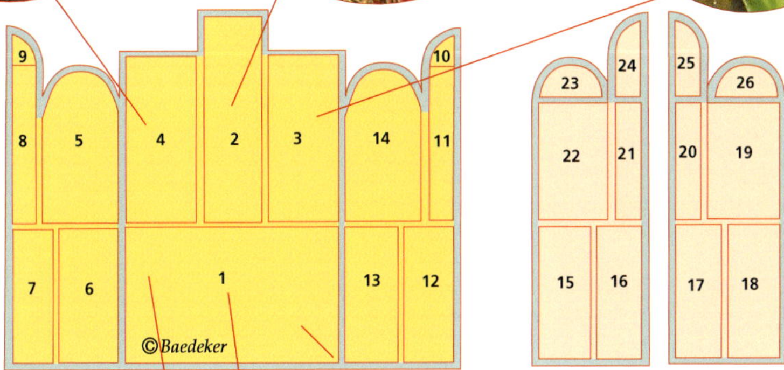

GEÖFFNET:

1 Anbetung des Gotteslammes
2 Christus
3 Johannes der Täufer
4 Maria
5 Singende Engel
6 Ritter
7 Gerechte Richter (Kopie)
8 Adam
9 Abels Opfer
10 Kain ermordet Abel
11 Eva
12 Hl. Christophorus und Pilger
13 Einsiedler
14 Musizierende Engel

GESCHLOSSEN:

15 Josse Vijd (Altarstifter)
16 Johannes der Täufer
17 Evangelist Johannes
18 Elisabeth Boorlut (Ehefrau von Josse Vijd)
19 Mariä Verkündigung
20 Zimmer mit Wasserbecken
21 Zimmer mit Stadtdurchblick
22 Erzengel Gabriel
23 Zacharias
24 Sibylle von Eritrea
25 Sibylle von Cumae
26 Michäus

Patriarchen und Propheten

Apostel und Klerus

auslagern, wo er jedoch 1942 von deutschen Truppen entdeckt und in ein Salzbergwerk beim Altaussee in der Steiermark gebracht wurde. Dort wiederum fanden ihn US-Truppen. Seit 1986 ist er im linken Seitenschiff der Sint-Baafskathedraal untergebracht und kann von allen Seiten betrachtet werden (Zugang: von 1 St. nach Öffnung bis 1 St. vor Schließung der Kathedrale).

Gerard de Duivelsteen

Hinter Sint-Bavo steht die 1245 am Ufer der Schelde erbaute Burg des Vogts der flandrischen Herzöge, Geraard de Duivel. Nachdem sie im Lauf der Zeit u. a. als Gefängnis, Irrenanstalt und Arsenal diente, beherbergt sie heute das ostflandrische Staatsarchiv.

✶✶ Belfried

Der 91 m hohe Belfried ist das Symbol der Unabhängigkeit der Stadt, denn hier wurden die Privilegienurkunden von Gent aufbewahrt. Er wurde um 1300 begonnen und war 1338 zum größten Teil fertig gestellt; die heutige Turmspitze wurde erst zu Beginn des 20. Jh.s nach Plänen aus dem 14. Jh. aufgerichtet und ersetzte den hölzernen Aufbau von 1380. Die Spitze krönt ein kupferner, vergoldeter Drache, der seit 1377 belegt ist. 1315 goss man die erste **Glocke Roeland** und hängte sie zehn Jahre später im Turm auf. Ihre Schläge riefen die Genter mehrmals zum Aufstand auf; 1659 schmolz man sie ein und goss aus dem Metall ein Spiel von 37 Glocken. Gleichzeitig wurden drei große Glocken, die »Triomfanten«, angefertigt, deren größte, wiederum Roeland genannt, 1950 abgenommen wurde. Sie steht auf dem Sint-Baafsplein. Die neue, 5 t schwere Roeland ist 1948 aufgehängt worden. Beim Aufgang zur Plattform kommt man durch den »Secreet«, in dem in einem Eisenkasten die Privilegien verschlossen waren, die Turmwächterkammer und das Glockenmuseum. Im fünften Stock sieht man die Mechanik der Turmuhr von 1670, eine der ältesten Belgiens, und das inzwischen auf 52 Glocken angewachsene Glockenspiel (Öffnungszeiten: Mitte März – Mitte Nov. tgl. 10.00 bis 12.30 und 14.00 – 17.30 Uhr).

! *Baedeker* TIPP

Für zwischendurch

Zwischendurch Käsewürfel mit Senf, dazu ein kühles Bier? Hier drei Adressen: Hopduvel ⑨, eine kleine Hausbrauerei mit ebenso kleinem Biergarten (etwas außerhalb: Rokerelsstraat 10); Het Waterhuis aan de Bierkant ⑦, beliebt bei Touristen und schön am Kanal (Groentenmarkt 9), und Het Galgenhuisje ⑦, die angeblich kleinste Kneipe in Gent (Groentenmarkt 5).

✶ Lakenhalle

Direkt an den Belfried schließt die Lakenhalle an, 1426 bis 1441 von Simon van Assche errichtet. Hier versammelten sich die Woll- und Tuchhändler, die »Halleheeren«. Im zweiten Stock befindet sich heute das Museum der Sint-Michielsgilde.

Mammelokker ►

1741 wurde aus der Lakenhalle das Stadtgefängnis. Das davor neu gebaute Haus des Gefängniswärters rechts vom Belfried trägt im Portal ein »Mammelokker« genanntes Relief: Es zeigt den zum Hungertod verurteilten Greis Cimon, dem seine Tochter die Brust gibt.

Rund um das Stadhuis

★ **Stadhuis**

Nördlich der Lakenhalle steht am Botermarkt das prächtige Stadhuis. Sofort fallen die sehr unterschiedlichen Baustile auf. An seine ältesten Teile an der nördlich verlaufenden Hoogpoort, die 1482 im Stil des Brugger Rathauses fertig gestellt wurden und den Ratssaal einschließen, bauten zwischen 1518 und 1539 Rombout Keldermans und Dominik de Waghemakere einen Flügel in herrlichster spätgotischer Ausformung mit reichstem Figurenschmuck an. Doch 1539 wurden die Arbeiten an diesem Teil, den man am besten von der Ecke Hoogpoort und Belfortstraat sieht, aufgrund der religiösen Auseinandersetzungen eingestellt, so dass nur der Pacificatiezaal (Friedenssaal; eigentlich der Gerichtssaal für die »Keure«, die Hüter der Stadtverfassung) und die Trauungskapelle eingerichtet werden konnten. Ende des 16. Jh.s begannen die Arbeiten erneut und so präsentiert sich der dem Botermarkt zugewandte Flügel mit dem Thronsaal im Stil der Renaissance. Im 18. Jh. schließlich entstanden die Conciergerie (flämischer Barock; Ecke Hoogpoort / Stadhuissteeg) und die Armenkamer (Rokoko, am Poeljemarkt). Besichtigung nur im Rahmen einer Stadtführung: Mai – Okt. Mo. – Do. 14.20 Uhr ab Belfort.

Gekrönte Häupter an der Rathausfassade

Sint-Jorishof

Dem Rathaus direkt gegenüber versammelte sich im 1477 gebauten Sint-Jorishof die Armbrustschützengilde. In diesen Räumen fanden die Verhandlungen statt, in denen Maria von Burgund den flämischen Städten wieder größere Freiheiten einräumen musste.

★ **Hoogpoort**

Auf den Sint-Jorishof folgen in der Hoogpoort Haus Nr. 50, »Grote« oder »Witte Moor« (15. Jh.) und Nr. 52, »Zwarte Moor« (15. Jh.), beide schöne Beispiele der Brabanter Gotik mit typischen Treppengiebeln. Nr. 54, »De Grote Sikkel« (14. Jh.), einst im Besitz der Familie van Sikkelen, beherbergt heute das Musikkonservatorium. An der Rückseite liegt an der Biezekapelstraat »De Achtersikkel« (16. Jh.) mit schönem Innenhof und Türmchen. In westlicher Richtung fallen auf Nr. 33, »De Samson« (1481; bis 1540 Gildehaus der Goldschmiede), Nr. 15, »De Draecke« (15. Jh.) und Nr. 10 (1732), »De Ram«, einst Apotheke. An der Fassade sieht man das Apothekerzeichen und eine Büste von Carolus Clusius, Stifter des Botanischen Gartens im niederländischen Leiden.

Groentenmarkt

Die Hoogpoort mündet auf den Groentenmarkt, ursprünglich Fischmarkt und seit dem 18. Jh. Gemüsemarkt, heute voller Kneipen und Cafés. Hier stand im Mittelalter auch die Schandbank. An seiner Westseite erstreckt sich das lange Groot Vleeshuis, der alte Fleischmarkt mit Zunfthaus und Kapelle, 1406 bis 1410 gebaut und nun Schauraum für die Produkte Ostflanderns. Im **»Penshuizeken«** (Kaldaunenhäuschen) am südlichen Ende wurden im Mittelalter die Eingeweide der geschlachteten Tiere an die Armen ausgegeben.

Groot Vleeshuis ►

Korenmarkt

Der Korenmarkt (Kornmarkt) südlich vom Groentenmarkt war das Handelszentrum des alten Gent. Die Zunft der Kaufleute und die Rhetorikerkammer »De Fonteyne« besaßen in der Sint-Niklaaskerk, einem ausgesprochen schönen Beispiel der Scheldegotik, eigene Kapellen. Das Haus der Rhetoriker steht hinter der Kirche am Goudenleeuwplein Nr. 7 (1539) und ist das älteste Renaissancegebäude der Stadt. Das Gebäude gegenüber vom Kirchenportal, die Post, ist nicht so alt, wie es aussieht, denn es wurde erst 1903 gebaut. Die Architekten Cloquet und Mortier versuchten, es im neogotischen Stil den historischen Giebeln der Umgebung anzupassen. Vom Kornmarkt zweigt das Sträßchen namens Klein Turkije ab. Hier wohnte 1523 im ältesten Haus am Platz, »De rode Hoed« (Der rote Hut) aus dem 13. Jh., **Albrecht Dürer** während seines Aufenthalts in der Stadt.

Sint-Niklaaskerk ►

Klein Turkije ►

✶ Blick von der Sint-Michielsbrug

Auf der Sint-Michielsbrug überquert man nun die Leie. Von der Brücke hat man sowohl auf die Flucht von Sint-Niklaas, den Belfried und Sint-Baafs als auch auf die Koren- und die Graslei mit dem Gravensteen im Hintergrund einen wunderschönen Blick.

Sint-Michielskerk

Die Sint-Michielskerk am anderen Ende der Brücke wurde 1440 begonnen und 1648 bis auf den Turm abgeschlossen. Sie ist reich mit Gemälden ausgestattet (de Crayer, van Oost, Otto Venius), unter denen **»Christus am Kreuz« von Anton van Dyck** herausragt.

Het Pand

Südlich an die Kirche schließt sich Het Pand an, ein ehemaliges Dominikanerkloster aus dem 13. Jh. und eines der ältesten Gebäude Gents. Die Universität Gent hat hier ihre medizinhistorischen, archäologischen und ethnografischen Sammlungen untergebracht.

Nordwestliche und nördliche Innenstadt

✶✶ Korenlei und Graslei

Von der Sint-Michielsbrug hinab kommt man auf die Korenlei. Sie und die Graslei am anderen Ufer bilden den ältesten Hafen Gents,

Von der Korenlei hat man den schönsten Blick auf die Häuser an der Graslei. Hinter diesen ragt der Turm des alten Postamts auf.

an dem viele Zünfte ihre prächtigen und berühmt gewordenen Häuser bauten. An der Korenlei stand nur eines, Nr. 7, das »Gildehuis der Onvrije Schippers« (Haus der Unfreien Schiffer), ein Barockbau von 1739. Nr. 9 ist »De Zwane«, eine ehemalige Brauerei mit schönen Schwanenmotiven im Giebel (16. Jh.); an Nr. 15 stand früher der »Hof van Gruuthuse«, das Haus der Grafen Egmont (1352). Nr. 24 schließlich, »Lintworm en Krocht«, war ein romanisches Schloss aus dem 12. Jh., das Anfang des 20. Jh.s wieder aufgebaut wurde.
Von der Korenlei zeigen sich **die noch schöneren Häuser der Graslei** von ihrer besten Seite. Es beginnt rechts mit dem »Gildehuis der Vrije Schippers« (Haus der Freien Schiffer), 1531 im Stil der Brabanter Gotik erbaut. Darauf folgt das zweite »Gildehuis der Graanmeters« (Haus der Getreidemesser) von 1698, ein spätes Barockgebäude mit Treppengiebel. Eingeklemmt wirkt das »Tolhuisje« (Zollhäuschen) von 1682 in flämischer Renaissance, daneben erhebt sich der romanische »Spijker« oder »Koornstapelhuis« (um 1200). Das folgende erste »Korenmetershuis« wurde 1435 gebaut; mit dem »Gildehuis der Metselaars« (Haus der Maurer) von 1527 in Brabanter Gotik ist diese einzigartige Reihe von Zunfthäusern abgeschlossen.

✱ **Design Museum**

Am Ende der Korenlei, wo die im 13. Jh. als erster Meereskanal gegrabene Lieve von der Leie abzweigt, geht links die Jan Breydelstraat ab. Haus Nr. 5 von 1755 war die Wohnung der Familie de Coninck, die sie teuer einrichtete, u. a. mit einem Sofa und zwei Sesseln aus dem Besitz der Zarin Katharina II. von Russland und dem Schreibtisch des französischen Königs Ludwig XVIII., der 1815 vor Napoléon I. nach Gent geflohen war. Dies, dazu Glas, Porzellan, Gemälde und Art Nouveau, Art Deco und Design bis in die Gegenwart ist im jetzigen Design Museum zu bewundern (Öffnungszeiten: Di. – So. 10.00 – 8.00 Uhr).

Abstecher

Der übliche Weg führt nun nach rechts zum Gravensteen. Wer mag, kann aber einen Abstecher zu geschichtsträchtigen Plätzen etwas abseits unternehmen. Vorbei am »Huis der Gekroonede Hoofden« von 1559 Ecke Gewad / Burgstraat (die gekrönten Häupter an der Fassade sind die Grafen von Flandern), erreicht man auf der Gewad den Prinsenhofplein. Hier steht das Donkere Poort (Dunkles Tor), Rest des seit 1353 von den Grafen von Flandern bewohnten Palasts, in dem im Jahr 1500 **Karl V. geboren wurde**. Noch weiter nordwestlich liegt der Rabot, ein 1489 über der Lieve errichtetes Schleusenhaus mit großen Rundtürmen. Hier widerstanden die Genter 1488 dem Belagerungsheer des deutschen Kaisers Friedrich III. Hübscher Rückweg zur Burgstraat: vom Rabot **entlang der Lieve auf dem Lievekaai**, eine romantische Ecke mit kleinen Giebelhäuschen.

Donkere Poort ►

Rabot ►

✱✱ **Gravensteen**
3 D S. 272

Der von der Lieve umspülte Gravensteen, **eine der gewaltigsten Wasserburgen in Westeuropa**, war neben der Brugger Burg bis Ende des 14. Jh.s Residenz der Grafen, danach blieben die gräfliche Verwaltung, die Münze und der Gerichtshof. Im 18. Jh. kaufte Jean-Denis Brismaille die Burg und richtete eine Baumwollspinnerei und Wohnungen für Arbeiter ein, nach Rückkauf durch die Stadt erfolgte zwischen 1894 und 1913 die umfassende Restaurierung.

! *Baedeker* TIPP

Mittelalter live

In der Sommersaison lebt an mehreren Wochenenden das Mittelalter wieder auf, wenn Ritter, Knappen, edle Damen, Spielleute und fahrende Händler den Burghof bevölkern. Ein hübsches Spektakel für Kinder! Denn kleine Ritter können dabei mal das Gewicht eines Schwerts testen und sich von kleinen Burgfräuleins bewundern lassen. Genaue Termine beim Genter Verkehrsamt.

Der **Sint-Veerleplein** vor der Burg ist wohl der älteste Platz von Gent, obwohl die umstehenden Häuser höchstens aus dem 17. Jh. stammen. Hier wurde Markt abgehalten, aber auch – vom 15. bis zum 18. Jh. – die Opfer der Inquisition hingerichtet. Das prächtige Barockgebäude Nr. 5, den ehemaligen Fischmarkt, entwarf Artus Quellin. Am Tor thronen Neptun und allegorische Darstellungen der Schelde (männlich) und Leie (weiblich). Am Abend ist der Platz ein stimmungsvoller Ort (Abb. S. 274).

Auch die Kraanlei säumen überaus schöne Häuser: gleich links Nr. 1, die »Craenenburgh«, dann die Hausreihe »De Lelye« (Nr. 3–11), um 1500 in Brabanter Gotik gebaut. Nr. 13, »In den Bliekenmarkt« (15./16. Jh.), war ein Fischgeschäft. ✶ **Kraanlei**

Nr. 65 verdient einen Besuch. Es ist das Huis van Alijn (Alijns Godhuis), 1363 als Kinderhospital gegründet und eines der letzten erhaltenen sog. Godshuizen. Diese Häuser waren Stiftungen wohlhabender Bürger für Bedürftige. Hier umstehen 18 typisch flämische Häuschen einen malerischen Hof; auf sie verteilt sich ein Museum, dessen Sammlung von Möbeln, Geräten, Dokumenten und Alltagsgegenständen ein **anschauliches Bild des Genter Volkslebens um 1900** bietet. Besonders gelungen sind die restaurierten Werkstätten und Wohnräume (Öffnungszeiten: Di. – So. 10.00 – 17.00 Uhr). ✶ ◄ Huis van Alijn

Der weitere Weg auf der Kraanlei führt zum Haus Nr. 75, »De Klok« (17. Jh), das durch seine vielen allegorischen Reliefs auffällt: Vorsicht und Mäßigkeit im Erdgeschoss, Liebe, Glaube und Hoffnung im ersten Stock sowie Gerechtigkeit und Stärke über dem Dachfenster. Nr. 77, »De Zeven Werken van Barmhartigheid«, und Nr. 79, »Het Vliegend Hert«, sind ebenfalls im 17. Jh. gebaut worden.

Die schönen Fassaden an der Kraanlei sollten nicht davon abhalten, durch die eng bebauten Gassen hinter ihr zu schlendern: Im Viertel **Patershol** findet man originelle Läden und hübsche Restaurants.

Dulle Griet

Über die Zuivelbrug hinweg sieht man schon auf den Grootkanonplein, wo die 5 m lange und 16 t schwere schmiedeeiserne »Dulle Griet« aus der Mitte des 15. Jh.s steht. Sie konnte 340 kg schwere Steinkugeln – allerdings nicht besonders treffsicher – verschießen.

Vrijdagmarkt

Anschließend öffnet sich der Vrijdagmarkt (Freitagsmarkt), Zentrum des politischen Lebens im mittelalterlichen Gent, wie das 1863 in seiner Mitte enthüllte Denkmal schon ankündigt: Es zeigt den Stadthelden Jacob van Artevelde. Hier mussten die flandrischen Grafen die Achtung der Genter Freiheiten geloben, hier kämpften auch die Zünfte untereinander und hier wurden 1477 zwei Berater und Gesandte der Statthalterin Maria von Burgund hingerichtet. Rundum wieder mehrere Gildehäuser: das Haus der Gerber »Het Toreken« von 1460, »Den Bonten Mantel« (Nr. 45) der Kürschner von 1675 und das »Lakenmetershuis« (Nr. 22). Aus dem Rahmen fällt das um 1900 entstandene »Ons Huis« der sozialistischen Arbeitervereine.

Sint-Jacobskerk

Die Sint-Jacobskerk östlich vom Vrijdagmarkt ist eine der ältesten Kirchen Gents, denn Vierungsturm und beide Westtürme sind romanisch; der Rest wurde überwiegend im 13. – 15. Jh. fertig gestellt.

✶ **MIAT**

Dieses Kürzel steht für Museum voor Industriële Archeologie en Textiel und wer sich für Industriegeschichte interessiert, sollte den Weg heraus zur Minnemeers 9 auf sich nehmen. Denn die Schau in der alten Tuchfabrik Desmet-Guéquier beleuchtet die Genter Tuch-

EINE BURG MITTEN IN DER STADT

✶✶ Der Gravensteen wurde 1180 bis 1200 auf Befehl von Philipp von Elsass, dem damaligen Grafen von Flandern, im Stil syrischer Kreuzritterburgen außerhalb der Stadt auf den Fundamenten eines Baus aus dem 9. Jh. errichtet.

Öffnungszeiten:
April – Sept. tgl. 9.00 bis 18.00;
Okt. – März bis 17.00 Uhr

1 Torbau
Im ersten Stock des Torbaus wurden in der »Suikerlade« (»Zuckerschublade«) Untersuchungsgefangene eingesperrt.

2 Ringmauer
24 Halbtürme, verbunden durch einen Wehrgang, umschließen Burghof und Donjon.

3 Kerker
Auch der Kerker diente als Untersuchungsgefängnis. Ursprünglich war dies der untere Saal des Vorgängerbaus.

4 Audienzsaal
Vom bogengesäumten sog. Audienzsaal gähnt ein Loch im Boden direkt hinab zum Kerker.

5 Großer Saal
Im prächtigsten Raum der Burg gab Philipp der Gute 1445 ein großes Bankett für die Ritter vom Goldenen Vlies. Heute zeigt hier das Waffenmuseum historisches Kriegsgerät, das der Genter Industrielle Adolphe Neyt im 19. Jh. zusammengetragen hat.

6 Aussichtsplattform
Aus 30 m Höhe genießt man großartige Aussichten auf Gent.

7 Verbindungsbau
Ein schmaler Bau verbindet Donjon und Grafenpalais.

8 Grafenpalais
Im sog. Grafenpalais stellt das Gerichtsmuseum seine Sammlungen aus.

industrie in all ihren Facetten und zeigt u. a. mit der »Mule Jenny« eine der ältesten noch funktionsfähigen Spinnmaschinen der Welt (Öffnungszeiten: Di. – So. 10.00 – 18.00 Uhr).

Östliches und südöstliches Stadtgebiet

Sint-Baafsabdij Jenseits der über die Leie führenden Slachthuisbrug liegt eine der beiden Abteien, die am Beginn der Entwicklung Gents standen. Die Sint-Baafsabdij wurde 630 vom hl. Amandus gegründet und nach Zerstörung durch die Normannen im 10. Jh. wieder aufgebaut. Nach der Niederschlagung des Aufstands der Genter gegen Karl V. löste dieser die Abtei auf und ließ 1540 an ihrer Stelle eine Zwingburg bauen, die wiederum im 19. Jh. abgerissen wurde. Erhalten sind noch eine Galerie des spätgotischen Kreuzganges, das Lavatorium, Teile des Kapitelsaals und des Refektoriums. Im Vorratskeller unter dem Refektorium zeigt das Museum für Steinmetz- und Bildhauerkunst Genter Skulpturen und Architekturfragmente.

Klein Begijnhof Johanna von Konstantinopel und ihre Schwester Maria gründeten 1234 den Klein Begijnhof in der Violettenstraat. Die heutige Anlage mit ihren um einen großen baumbestandenen Rasenplatz angeordneten Häuschen ist seit dem 17. Jh. unverändert geblieben. Die Beginenhofkirche Onze-Lieve-Vrouw ter Hoyen, 1658 begonnen und 1720 vollendet, besitzt ein prachtvolles Barockportal.

Südliches Stadtgebiet

Kouter Dieser Platz spielte jahrhundertelang eine zentrale Rolle als Versammlungs-, Fest-, Turnier-, Markt-, Truppeninspektions- und Schießplatz. Einige der alten Gebäude sind erhalten: die 1738 als Hauptwache gebaute Handelsbörse, das »Hotel Faligan« von 1775 in französischem Rokoko sowie die »Königliche Oper« (1837 bis 1840). Nördlich vom Kouter liegt der alte Campus der Universität.

Veldstraat In der Veldstraat wird heute wie früher eingekauft. Außer den Kaufhäusern fällt das große Palais D'Hane-Steenhuyse aus dem 18. Jh. mit prachtvoller Rokokofassade auf. Der französische König Ludwig XVIII. wartete hier 1815 die »Hundert Tage« neuerlicher napoleonischer Herrschaft ab und empfing u. a. Talleyrand, den Zaren von Russland und den Prinzen von Oranien.

Im Haus Veldstraat Nr. 82 wohnte 1815 der Herzog von Wellington. Hier zeigt heute das **Museum Arnold van der Haeghen** persönliche Gegenstände, die Bibliothek und

? WUSSTEN SIE SCHON ...?

- Wo heute in der Veldstraat C & A Kleider von der Stange verkauft, wohnten 1814 die amerikanischen Unterhändler, die mit den Briten den Genter Frieden zur Beendigung des Kriegs zwischen den Vereinigten Staaten und Großbritannien schlossen.

© Baedeker
6
7
5
4
8
3
2

Sieben Jahrhunderte Rechtsgeschichte präsentiert das Gerichtsmuseum.

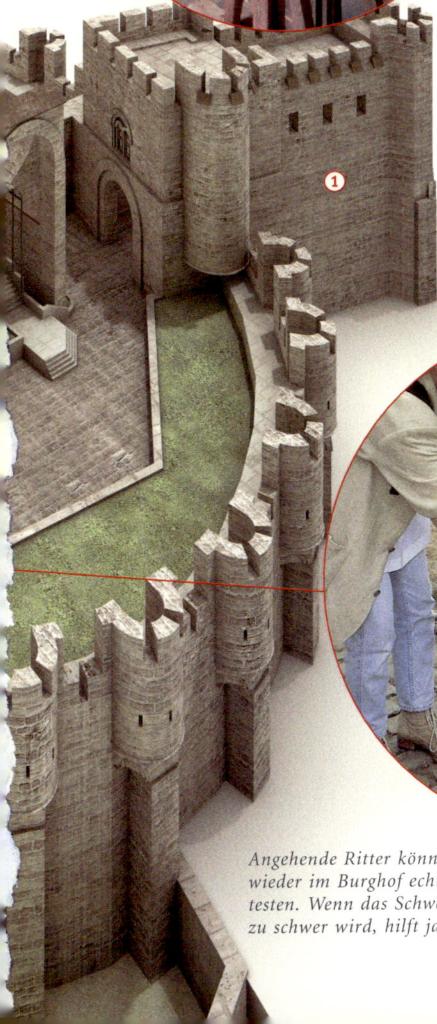

Angehende Ritter können hin und wieder im Burghof echte Rüstungen testen. Wenn das Schwert doch etwas zu schwer wird, hilft ja die Mama.

WIEZE

eine Sammlung von Manuskripten des Schriftstellers und Nobelpreisträgers Maurice Maeterlinck sowie Werke des Genter Grafikers Victor Stuyvaert (Öffnungszeiten: Mo. bis Fr. 9.30 – 12.00 und 14.00 – 16.30 Uhr).

✶ Bijlokemuseum

Jenseits der Leie liegt an der Godshuizenlaan die 1228 gegründete Zisterzienserinnen-Abtei von Bijloke. Hier zeigt das Bijlokemuseum (Museum van Oudheden) hervorragende Kunstgegenstände – Glas, Metalle, Keramik, Leder, Gemälde und Schmuck – in einzigartigem historischen Rahmen. So sieht man den Nachbau der »Armenkamer«, des Sitzungssaals dieser 1531 von Karl V. im Rathaus gegründeten Gesellschaft. Glanzvoller Mittelpunkt ist das Refektorium aus dem 14. Jh., 31 m lang und fast 14 m hoch, mit einem außergewöhnlichen Giebel aus Ziegelsteinen, dem Grabmal des 1232 gestorbenen Kastelans Hugo II. von Gent und Fresken (um 1325), darunter eine 10 m lange Darstellung des hl. Abendmahls. Das Haus der Äbtissin ist aufs schönste mit historischen Möbeln eingerichtet und enthält den Saal der Genter Gemeinde mit Silberinsignien Genter Musikergesellschaften aus dem 15. bis 18. Jh. (Öffnungszeiten: Do. 10.00 – 13.00 und 14.00 – 18.00, So. 14.00 – 18.00 Uhr).

✶ Museum voor Schone Kunsten

Das Museum der Schönen Künste besteht seit 1798. Sein Schwerpunkt ist die Malerei des 14. bis 20. Jh.s, zunächst aber bewundert man im zentralen Saal acht feine Brüsseler Wandteppiche: drei mit Motiven zur Geschichte des Darius (17. Jh.) und fünf mit dem Thema »Triumph der Götter« (1717).
In der Abteilung Alter Meister ragen **zwei Werke von Hieronymus Bosch** heraus: »Christus trägt das Kreuz« und »Hl. Hieronymus«. Des Weiteren begegnet man Adriaan Isenbrant (»Sitzende Madonna mit Kind«), dem Genter Miniaturisten Gerard Horenbaut, Frans Pourbus d. Ä., Rubens (»Auspeitschung Christi«), van Dyck, Jacob Jordaens und Frans Hals (»Porträt einer alten Frau«). Die italienische Malerei repräsentieren u. a. Tintoretto und Magnasco.
Vor allem belgische Künstler bestücken die Malerei des 19. und 20. Jh.s, allen voran Henri Evenepoel (»Spanier in Paris«), Emile Claus, James Ensor, Constant Permeke und die Gruppe Sint-Martens-Latem, u. a. mit Gustave de Smet. Der Expressionismus ist auch mit je einem Gemälde von Ernst Ludwig Kirchner bzw. Oskar Kokoschka vertreten (Öffnungszeiten: Di. – So. 9.00 – 17.00 Uhr).

i Noch zwei Museen

- Wer nicht genug bekommen kann von Museen, hier noch zwei spezielle, etwas außerhalb gelegene: Das **Museum für Wissenschaftsgeschichte** stellt u. a. Wissenschaftler aus Gent und Flandern vor, darunter Leo Baekeland, den Erfinder des Bakelits (Uni-Campus an der De Pintelaan, Di. – Fr. 10.00 – 12.00 und 14.00 – 17.00 Uhr). Die Psychiatrie ist Thema im **Museum Dr. Guislain**, gezeigt wird u. a. auch Kunst psychisch Kranker (Jozef Guislainstraat 43, Di. – Fr. 9.00 – 17.00, So. 13.00 – 17.00 Uhr).

Im S.M.A.K.: typisch Panamarenko

S.M.A.K. ★★ Das Stedelijk Museum voor actuelle Kunst im einstigen Kasino im Citadel Park hat es unter seinem ehemaligen Direktor Jan Hoet geschafft, zu den besten Museen zeitgenössischer Kunst in Europa aufzusteigen und wird bereits als »Louvre der Moderne« apostrophiert. Es versammelt moderne Kunst nach 1945 von belgischen Künstlern über internationale Größen wie Andy Warhol (»Marilyn Monroe«), Francis Bacon, David Hockney, Panamarenko und Joseph Beuys (»Wirtschaftswerte«) bis hin zu unbekannten jungen Künstlern (Öffnungszeiten: tgl. außer Mo. 9.30 – 17.00 Uhr).

Sint-Pietersabdij Die Sint-Pietersabdij nordöstlich vom Citadel Park wurde wahrscheinlich im 7. Jh. gegründet und unter der französischen Revolutionsregierung aufgelöst. Heute veranstaltet hier die Kunsthal Gent regelmäßig Kunstausstellungen. Die Sint-Pieterskerk, im 17. und 18. Jh. von den Gebrüdern Huyssens mit 57 m hoher Kuppel erbaut, kann ihr Vorbild, den Petersdom in Rom, nicht verleugnen.
Für Kinder mit Forscherdrang gedacht ist das Museum **»Wereld van Kina«** am Sint-Pietersplein 14. Hier geht es um Tiere, Pflanzen, Natur und Naturphänomene (Öffnungszeiten: Mo. – Fr. 9.00 – 17.00, So. 14.00 – 17.30 Uhr).

Umgebung von Gent

Sint-Amandsberg Als der Sint-Elisabeth-Beginenhof in Gent aufgegeben werden musste, entstand von 1872 in Sint-Amandsberg als Verkörperung des mittelalterlichen Idealtypus der aus 80 Häuschen bestehende Groot Begijnhof. Er gehört zu den wenigen in, denen noch Beginen leben.

Groot Begijnhof ▶

Den Park von Beervelde wenige Kilometer östlich von Gent ließen die Grafen de Kerchove 1873 im englischen Stil anlegen. In ihm kann man **eine der größten Azaleensammlungen Europas** bestaunen und alljährlich am jeweils zweiten Wochenende im Mai bzw. im Oktober führen bei den »tuindagen« die belgischen Gärtner hier ihre Meisterschaft dem Publikum vor.

Park von Beervelde

★ Kasteel van Laarne

Das Schloss von Laarne, 11 km östlich von Gent, wurde im 11./12. Jh. zur Verteidigung Gents errichtet und im 17. Jh. umgebaut. Heute präsentiert es sich mit zwei Innenhöfen und großem Bergfried, umgeben von Wassergräben, eingerichtet im Stil des 16. und 17. Jh.s mit französischen und Antwerpener Möbeln und außergewöhnlich schönen Brüsseler Wandteppichen (16. Jh.) mit Darstellungen der Jagden Kaiser Maximilians nach Kartons von Bernard van Orley. Dazu kommt die Sammlung Claude Dallemagne, die vor allem französisches und belgisches Silber vom 15. bis 18. Jh. umfasst, darunter eine von Rubens 1628 entworfene Platte aus dem Besitz der Zarin Katharina II. (Öffnungszeiten: Ostern – Okt. So. 14.00 – 17.30 Uhr; Juli und Aug. auch Di. – Do. und Sa.).

Leiestrek

Sint-Martens-Latem

Die Leie schlängelt sich südwestlich von Gent durch eine liebliche grüne Landschaft. Erster lohnender Stopp ist Sint-Martens-Latem, das den Namen für eine der bedeutendsten Schulen der belgischen bildenden Kunst hergab, denn 1897 ließ sich eine Künstlergruppe um George Minne und Gustav van de Woestijne hier nieder, der in den 1920ern eine zweite folgte, zu denen Albert Servaes, Constant Permeke, Gust de Smet und Frits van den Berghe gehörten. Was Wunder, dass heute gleich vier Museen dieses Erbe pflegen – in Sint-Martens-Latem das **Gemeentelijk Museum Gevaert-Minne** und im Teilort Deurle allein drei: **Haus und Atelier von Gust de Smet** (1877 bis 1943), **Haus und Atelier von Léon de Smet** (1881 – 1966), Bruder von Gust, und das **Museum Mevrouw Jules Dhondt-Daenens**. Es präsentiert wichtige Werke der Schule von Sint-Martens-Latem und der belgischen Kunst des 19. und 20. Jahrhunderts überhaupt, darunter Servaes, de Smet, Permeke, van den Berghe, Claus, Minne, de Saedeleer, Meunier, Evenepoel und Rik Wouters (Öffnungszeiten: Di. – Sa. 13.00 – 17.00, So. 11.00 – 17.00 Uhr; Dez. – Feb. geschl.).

◄ Deurle

★ Kasteel van Ooidonk

Von Deurle erreicht man über Bachte Maria-Leerne Schloss Ooidonk, das ein schöner Park umgibt, der sich in einen Bogen der Leie schmiegt. Das ursprüngliche Schloss wurde im 13. Jh. erbaut, aber im 15. Jh. in Brand gesteckt. So sieht man heute den Neubau von 1595 im flämisch-spanischen Stil mit Treppengiebeln und Türmchen mit birnenförmigem Abschluss. Noch heute wohnen die Barons de Nevele hier (Öffnungszeiten: April – Mitte Sept. So. 14.00 – 17.30 Uhr, Juli und Aug. auch Sa.).

★★ Grottes de Han · ★ Grotte de Rochefort

L 18

Provinz: Namur

Han-sur-Lesse wäre nichts als ein unbedeutendes Ardennendorf, gäbe es hier nicht eine der größten Tropfsteinhöhlen Europas. Das Flüsschen Lesse hat hier ein Höhlensystem in den Kalk geschaffen und fantastische, in ihrer Vielfalt einzigartige Tropfsteinbildungen geschaffen. Und gleich in der Nachbarschaft, bei Rochefort, gibt es noch eine weitere sehr schöne Höhle.

Rundum hat sich auf der »Domaine de Grottes de Han« ein rechter Ausflugsrummel mit Wildpark, Museum, Spielplatz etc. entwickelt. Dennoch – die Höhlen muss man gesehen haben, wenn auch nicht gerade an einem Sommerwochenende, wenn alles überlaufen ist.

Grottes de Han

Besichtigung

Die Höhlentour dauert nicht ganz zwei Stunden. In den Grotten herrscht eine beständige Temperatur von 13 °C und es ist feucht – man sollte sich also nicht zu leicht anziehen.

Schon in der späten Steinzeit waren die Grotten bewohnt. Erst 1804 wagten sich vier junge Männer tiefer hinein und bei weiteren Erkundungen in den folgenden Jahren entdeckte man die größeren Stalagmiten- und Stalaktitensäle; seit 1856 sind die Grotten für Publikum geöffnet. Das heute bekannte System besteht aus weit verzweigten Höhlen mit einer Gesamtlänge von 14 km, von denen nur 3 km zugänglich sind. Besonders eindrucksvoll sind die Salle des Scarabées, die Salle des Renards, die Salle du Vigneron, die Grotte du Précipice, Le Trophée, Le Styx, die Salle des Mystérieuses und die Salle des Draperies, alle mit prächtigen Tropfsteingebilden. In der Salle d'Armes, einem schönen Rundsaal, in dem die Lesse hervortritt, werden in einer Licht- und Tonschau die schönsten Tropfsteingebilde vorgeführt. Als Abschluss und Höhepunkt führt der Lauf eines Fackelträgers die gewaltigen Ausmaße der Salle du Dôme vor (154 m lang, 140 m breit, 129 m hoch). Per Boot geht es dann zum Ausgang, wo eine letzte Überraschung wartet.

Ins Dorf zurück sind es nur wenige Minuten zu Fuß. Der Weg führt durch die »Ferme« mit Spielplatz, Cafeteria und Minibauernhof.

Musée du Monde Souterrain

Im Ort kann man im Musée du Monde Souterrain das Gesehene vertiefen. Erklärt wird die Entstehung des Höhlensystems, dazu werden Funde aus der Höhle gezeigt, die von der Steinzeit bis zur Zeit der Merowinger reichen (Öffnungszeiten: Mitte März – Anfang Nov. tgl. 10.00 – 16.00; Juli und Aug. bis 17.30 Uhr).

HAN UND ROCHEFORT ERLEBEN

AUSKUNFT

Rue J. Lamotte, 2,
B-5580 Han-sur-Lesse
Tel. 084 37 72 12, Fax 084 37 77 12
www.grotte-de-han.be

Rue de Behogne, 5, B-5680 Rochefort
Tel. 084 21 25 37, Fax 084 36 79 30
www.valdelesse.be

ZUGANG ZU DEN GROTTEN

Grottes de Han: Vom Kassenzentrum bei der Ortskirche fahren Straßenbahnzüge aus den 1930ern zum Höhleneingang. Vom selben Platz und zu denselben Zeiten starten auch die Panoramazüge zum Wildtierpark. Abfahrtszeiten: Mai – Juni alle 30 Min. von 10.00 – 12.00 und 13.30 – 16.30 bzw. 17.30 an Wochenenden; Juli und Aug. alle 30 Min. von 10.00 – 12.00 und 13.30 – 17.30; April, Sept., Okt. stündlich 10.00 – 12.00 und 13.30 – 16.30; März, Nov., Dez. 11.30, 13.00, 14.30 und 16.00 Uhr.
Grotte de Rochefort: Parkplätze bei der Grotte. Führungen: April – Juni, Sept., Okt. tgl. außer Mi. 10.30 – 16.30; Aug. und Sept. tgl. 11.00 – 17.00 Uhr.

ESSEN

▶ Erschwinglich
Les Falizes
Rue de France, 90, Rochefort
Tel. 084 21 12 82
Ruhetag: Montagabend, Di.
Typischer Ardennegasthof, was vor allem gute Wildgerichte verheißt.
Auch sechs Fremdenzimmer.

▶ Erschwinglich / Preiswert
Trou Maulin
Rte. de Marche, 19, Rochefort
Tel. 084 21 32 40
Ruhetag: Di., Mi.
Hübsches Lokal nahe beim Ortszentrum, Küche mit regionalen Produkten.

Mit diesem Zug zuckelt man zum Eingang der Grotten von Han-sur-Lesse.

ÜBERNACHTEN

▶ Luxus
Château d'Hassonville
Rte. d'Hassonville, 105,
B-6900 Marche-en-Famenne
Tel. 084 31 10 25, Fax 084 31 60 27
www.hassonville.be
21 Z. Hochherrschaftliche Unterkunft in einem Schloss aus dem 17. Jh.,

Masion de la Vie Paysanne

Ausnahmsweise nicht um die Höhlen geht es im »Haus des Landlebens«. Hier wird das Leben der Bauern und Handwerker in früheren Zeiten nostalgisch verklärt (Öffnungszeiten: April – Okt. tgl. außer Mo. 10.00 – 18.00, Juli und Aug. auch Mo.).

Grottes de Han Orientierung

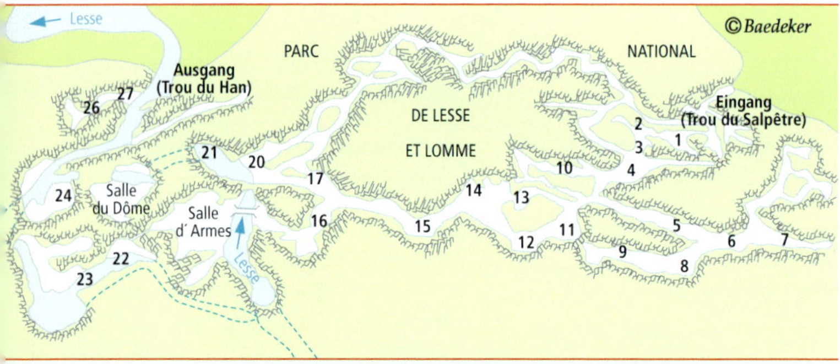

1 Salle des Scarabées
2 Salle des Renards
3 Grotte de la Grenouille
4 Salle du Vigneron
5 Grande Rue
6 Petite Rue
7 Salle de l'Escarpement
8 Salle Blanche
9 Grotte du Cocyte
10 Grotte du Précipice
11 Salle d'Antiparos
12 Salle des Priapes
13 Grotte de l'Hirondelle
14 Labyrinthe
15 Salle des Mamelons
16 Grotte Centrale
17 Le Trophée
18 Salle des Mystérieuses
19 Grotte des Aventuriers
20 Le Capitole
21 Le Styx
22 La Tamise
23 Salle des Draperies
24 Embarquement (Abfahrt der Boote)
25 Grotte des Petites Fontaines
26 Grotte de la Grande Fontaine
27 Débarquement (Ankunft der Boote)

★ **Wildtierpark**

Als anregender entpuppt sich da doch die Fahrt mit dem Panoramabus durch den Wildtierpark, wo einheimische Wildtiere – Hirsche, Wildschweine, aber auch Luchse, Wölfe und Bären – neben Nachzüchtungen ausgestorbener Tiere wie Wisente, Auerochsen und Tarpane gehalten werden.

Grotte de Rochefort (Grotte de Lorette)

Die Grotten von Rochefort findet man außerhalb des 6 km nordöstlich von Han-sur-Lesse gelegenen Städtchens Rochefort. Die vom Wasser der Lomme geschaffenen Grotten wurden 1865 entdeckt und stehen denjenigen von Han-sur-Lesse nur wenig nach, was ihre Schönheit und ihren Bekanntheitsgrad anbelangt. Sie sind wesentlich steiler, ihre Tropfsteine sind bizarrer, die Temperatur mit 8 °C niedriger als in Han. Die imposantesten Säle und Gesteinsformationen sind das Val d'Enfer (Höllental), die fast 90 m hohe Salle du Sabbat, in der eine beeindruckende Licht- und Klangschau geboten wird, und Les Arcades. Über der Grotte steht die 1620 erbaute Loreto-Kapelle, eine Kopie der gleichnamigen Kapelle bei Ancona.

? WUSSTEN SIE SCHON ...?

- Der Steinbruch von Rochefort lieferte einst Marmor für den Petersdom in Rom.

Das hübsche Städtchen **Rochefort** war Hauptstadt einer Grafschaft,

Rochefort hat außer seiner Grotte auch noch eine Burgruine zu bieten.

von der noch die Burgruine aus dem 12. Jh. zeugt. In der Abbaye de Saint-Rémy wenig außerhalb wird eines der sechs echten Trappistenbiere Belgiens gebraut. Die Geschichte streifte Rochefort 1792, als im Haus Rue Jacquet Nr. 8 der Marquis de La Fayette und Châteaubriand auf der Flucht vor dem jakobinischen Terror von österreichischen Soldaten verhaftet wurden.

◂ Malagne

Das zu Rochefort eingemeindete Malagne bietet **eine der größten gallo-römischen Ausgrabungsstätten Belgiens**. Multimedia-Installationen, Vorführungen an jedem Sonntag von Alltag und Handwerk erwecken die Römerzeit zum Leben (Öffnungszeiten: Ostern – Nov. tgl. 11.00 – 17.00, Juli/Aug. bis 18.00 Uhr).

Umgebung von Han-sur-Lesse und Rochefort

★ **Château de Lavaux-Sainte-Anne**

Das Wasserschloss von Lavaux-Sainte-Anne, 6 km südwestlich, ist im 14. und 15. Jh. mit drei Ecktürmen und dem Donjon gebaut worden. Um 1630 ließ Baron de Rouveroy zwischen den Türmen neue Wohnflügel im Renaissance-Stil hochziehen. Heute stellt hier das Jagd- und Naturschutzmuseum die Tiere und Pflanzen der Ardennen vor, die man auch auf dem neuen Lehrpfad kennen lernt (Öffnungszeiten: tgl. 9.00 – 18.00 Uhr).

Chevetogne

Chevetogne, 15 km nordwestlich von Rochefort, ist Sitz der 1925 von Lambert Beauduin in Amay gegründeten Benediktiner-Klostergemeinschaft »Exaltation de la Sainte-Croix« (Kreuzeserhebung), die

die Annäherung zwischen der katholischen und der orthodoxen Kirche betreibt. 1939 siedelten die Mönche nach Chevetogne um, wo sie 1957 die Église orientale nach dem Vorbild der russisch-byzantinischen Kirche in Nowgorod (11. Jh.) errichteten. Sämtliche Innenwände sind mit Fresken griechisch-orthodoxer Künstler geschmückt.

Marche-en-Famenne Das 13 km nordöstlich liegende Marche-en-Famenne ist der Hauptort der Landschaft Famenne und ein Zentrum der wallonischen Spitzenklöppelei. Hier unterzeichnete Don Juan d'Austria 1577 das Edikt zur ein Jahr zuvor geschlossenen Pazifikation von Gent, nach der die Spanier die niederländischen Provinzen verließen. Sehenswert sind das Musée de la Dentelle mit Klöppelarbeiten, das Musée de la Famenne sowie die Kirche Saint-Remacle (14. Jh.) mit ihrem sehr schönen Taufstein aus der gleichen Zeit.

Waha ► **Der älteste Weihestein aller belgischen Kirchen** ist in der Kirche Saint-Etienne im Vorort Waha zu sehen. Er befindet sich an einer Säule am Eingang zum Chor und gibt an, das am 23. Juni 1050 der Bischof von Lüttich diese Kirche geweiht hat. Sie bewahrt noch ein Reliquiar aus dem 13. Jahrhundert..

Halle

G 12

Provinz: Vlaams Brabant
Einwohnerzahl: 34 000
Höhe: 35 m ü.d.M.

Die schmucke Stadt Halle (frz. Hal) ist ein wichtiger Wallfahrtsort. Hier verehrt man die schwarze Marienstatue, die Aleydis von Avesnes, Gattin des Grafen von Hennegau, 1267 stiftete.

Sehenswertes in Halle

✶ Sint-Martinusbasiliek Diese Marienstatue hat ihren Platz in der Sint-Martinusbasiliek. Deren Bau begann 1341, um 1440 erhielt die Taufkapelle am mächtigen Turm ihr Zwiebeldach, das erste in den Niederlanden. Der in vier gotischen Spitzen endende Turm, in dem ein Glockenspiel mit 54 Glocken hängt, wurde ebenfalls Mitte des 15. Jh.s begonnen und erhielt erst 1776 die barocke Laterne aufgesetzt. Das große südliche Seitenschiff schmücken reiche plastische Dekorationen, unter denen die Darstellung Marias mit dem Kind im Tympanon des Portals, umgeben von musizierenden Engeln (14. Jh.), besonders gelungen ist.
Was die Außenansicht verspricht, löst der Kirchenraum ein, denn hier setzt sich die Reihe der hervorragenden plas-

HALLE

AUSKUNFT

Grote Markt 1, B-1500 Halle
Tel. 02 356 42 59,
Fax 02 361 33 50
www.halle.be

Halle Sint-Martinusbasiliek

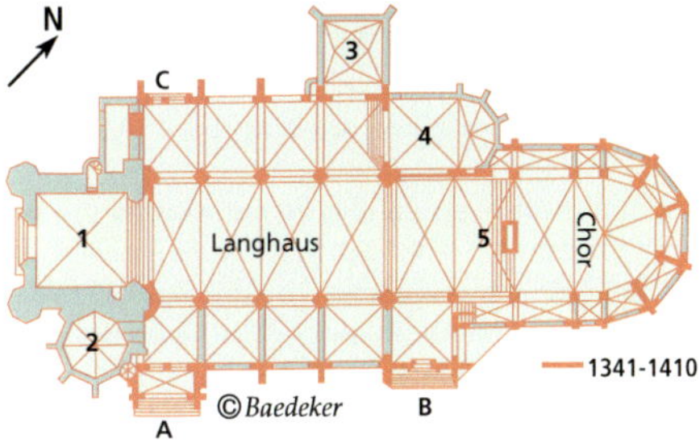

A Großes Südportal
B Kleines Südportal
C Nordportal

1 Glockenturm (vor 1300; Glockenspiel, Glockenmuseum
2 Taufkapelle (um 1440; Taufbecken von 1446)
3 Trazegnies-Kapelle (1467; Alabasteraltar von J. Mone, 1533)
4 Liebfrauenkapelle (vor 1335; Marmorgrab des Dauphins Joachim († 1460)
5 Hochaltar (oben die Schwarze Madonna von Halle)

tischen Arbeiten fort. So sieht man in der Trazegnies-Kapelle einen Alabasteraltar von Jean Mone (1533), Bildhauer Karls V., mit Reliefs der sieben Sakramente sowie Statuetten der vier Evangelisten, von Kirchenvätern und das Pelikanmotiv. In der rechts daneben liegenden Kapelle ist der 1459 geborene und im selben Jahr gestorbene Sohn Ludwigs XI. von Frankreich, Dauphin Joachim, unter einem Marmorgrabmal beerdigt. Von besonderer Güte ist die Apostelreihe über den Chorbögen, wohl aus dem 14. Jahrhundert. Im Chor schließlich steht das 95 cm hohe gotische **Bildnis der Schwarzen Madonna**, Maria auf dem Thron der Weisheit zeigend. Es wurde wahrscheinlich um 1200 angefertigt und gehörte der hl. Elisabeth von Ungarn. Die Taufkapelle neben dem Turm besitzt ein meisterliches Taufbecken, eine Tournaier Arbeit von 1446, dessen messinggetriebener Deckel Darstellungen der Apostel und anderer Heiliger trägt. Ein Reliquiar von Ludwig XI. von Frankreich und eine Monstranz von Heinrich VII. von England sind die wertvollsten Gegenstände im Kirchenschatz in der Krypta.

? WUSSTEN SIE SCHON ...?

- Die Legende will, dass die Schwärze der Madonna vom Pulverdampf der 32 Kanonenkugeln herrührt, die sie bei der Belagerung von Halle 1580 abgefangen haben soll und die in der Nordwand zu sehen sind. Jedoch: Es handelt sich um bloße Oxidation.

◄ Kirchenschatz

Grote Markt

Am Grote Markt steht das Stadhuis von 1616. Im ehemaligen Jesuitenkolleg ist das Zuidwestbrabants Museum untergebracht, das Leben und Kultur dieser region vorstellt.

Umgebung von Halle

Provinciaal Domein Huizingen

Die Domäne Huizingen, 4 km nordöstlich von Halle, zieht die Bewohner des Großraums Brüssel an: Freibad, botanischer Garten, Duft- und Tastgarten, Labyrinth und Kletterwand sind die Hauptattraktionen (Öffnungszeiten: tgl. 9.00 – Sonnenuntergang).

Braine-le-Château Braine-le-Château, 6,5 km südöstlich, gehörte einst den Grafen Hoorn, die sich im 17. und 18. Jh. hier ein Schloss errichten ließen. Auf dem Marktplatz steht noch der 1521 aufgestellte Pranger; in der Kirche ist Maximilian Hoorn, Kammerherr Karls V., unter einem prächtigen Grabmal von Jean de Mone aus dem Jahr 1542 begraben.

Rebecq In Rebecq, 10 km südwestlich im Tal der Senne wurden die Brüder Solvay geboren, die Begründer eines der größten belgischen Industriekonzerne. Als Zeugnis der belgischen Industriegeschichte zeigt die Moulin d'Arenberg aus dem 19. Jh. ihren Maschinensaal und ihre Schmiede, dazu ein Porphyrmuseum (Öffnungszeiten: März–Mitte Dez. Sa. und So. 13.00–18.00 Uhr).

Moulin d'Arenberg ►

Enghien Enghien, 18 km südwestlich von Halle an der Sprachgrenze, gehörte lange der Familie Arenberg, von deren Besitz noch der Schlosspark erhalten ist. 51 Mitglieder der Familie verewigte Servay de Couls in der Skulpturengruppe »Anbetung der Könige« auf dem Hauptaltar der Kirche des Kapuzinerkonvents. Jean de Mone schuf hier das Alabastergrabmal für Guillaume de Croy, Erzbischof von Toledo.

★ Hasselt

F 19

Provinz: Limburg **Höhe:** 39 m ü.d.M.
Einwohnerzahl: 68 900

Mit Hasselt verband man lange Zeit »nur« Genever und das zu Recht, denn der hier gebrannte Wacholderschnaps ist immer noch berühmt und noch immer gibt es eine Geneverroute. Doch hat sich die Hauptstadt der Provinz Limburg ein zweites, sehr junges Profil zugelegt, für das das Modemuseum und eine eigens eingeführte Moderoute stehen: Hierher kommt zum Einkaufen, wer trendige Kleidung, Accessoires und Design sucht. So wurde aus der »Hauptstadt des Genevers« auch die »Hauptstadt des Geschmacks«.

Geschichte Hasselt war im frühen Mittelalter Marktort in der Grafschaft Loon und erhielt im 12. Jh. Stadtrechte. 1356 fiel es wie die Grafschaft an das Bistum Lüttich, kam 1795 an Frankreich als Hauptstadt des Département Meuse-Inférieure und wurde 1813 schließlich Hauptstadt der niederländischen Provinz Limburg. Am 8. August 1831 fand westlich der Stadt bei Kermt eine Schlacht zwischen holländischen Truppen unter Kronprinz Wilhelm und der belgischen Maasarmee statt. 1839 wurde Limburg zwischen Belgien und den Niederlanden aufgeteilt und Hasselt wurde Hauptstadt der Provinz Belgisch Limburg. Kaum bekannt ist, dass die Stadt 1944 mit – wenn auch wenigen – V 1-Flugkörpern beschossen worden ist.

Papst Johannes Paul II. sprach 2003 den in Hasselt tätigen **Pater Valentinus Paquay** (1828 – 1905) heilig. In der Minderbroederstraat befinden sich seine Grabkapelle und ein Museum.

Sehenswertes in Hasselt

Grote Markt

Der Grote Markt ist fast eine einzige Ansammlung von Terrassencafés und auch am Ort des schönsten Hauses am Platz stand einst von 1452 bis 1659 ein Wirtshaus. Dann wurde an seiner Stelle die Apotheke »Het Sweert« gebaut, dessen Ecke zur Kapelstraat eine Maske mit Arm und gehobenem Schwert ziert.

Sint-Quintinuskathedraal

Über dem Grote Markt ragt 63 m hoch und mit großen goldenen Uhren geschmückt der Turm der im 15. und 16. Jh. gebauten Sint Quintinuskathedraal auf, der eines der wohlklingendsten Glockenspiele Belgiens trägt. In der Kirche sind an den Säulen des Hauptschiffs gotische Fresken erhalten; das Chorgestühl im Renaissancestil stammt von 1549.

Auch Genever gehört zu den Geschmäckern, die man in Belgiens »Hauptstadt des Geschmacks« kosten kann.

HASSELT ERLEBEN

AUSKUNFT

Lombaardstraat 23, B-3500 Hasselt
Tel. 011 23 95 44, Fax 011 22 50 23
www.hasselt.be

FESTE

Alle sieben Jahre im August wird in Hasselt eine *Prozession für die Madonna Virga Jesse* abgehalten. Dabei tritt auch der »Langeman« auf, eine über 7 m hohe Figur in spanischer Uniform, die seit dem 15. Jh. belegt ist (nächster Termin 2010).
Beim *Geneverfest* alljährlich Mitte Oktober sprudelt aus dem »Borrelmanneke«-Brunnen kein Wasser, sondern Genever.

ESSEN

► Erschwinglich

① ***Comerç 34***
Fruitmarkt 34
Tel. 011 22 81 33
Ruhetag: Mi.
Stylisch eingerichtetes Restaurant mit Fusionküche von Fisch und Fleisch bis zu ausgefallenen Pastagerichten wie »Spaghetti Peking«.

② ***'t kleine Genoegen***
Raamstraat 3
Tel. 011 22 57 03
Ruhetag: So., Mo.
Lichtes und trendiges Interieur hinter der Fassade eines Hospitals aus dem 17. Jh.; gekocht wird belgisch mit internationaler Rafinesse.

► Erschwinglich / Preiswert

③ ***Bouchon***
Fruitmarkt 24
Tel. 011 23 45 74
Ruhetag: Di., Sonntagmittag
Restaurant und Weinbar mit ausgefallener Karte, auf der sich Tapas ebenso finden wie Coq au vin.

ÜBERNACHTEN

► Günstig

① ***Parkhotel***
Genkersteenweg 350, B-3500 Hasselt
Tel. 011 21 16 52, Fax 011 22 18 14
29 Z. Modernes, gut ausgestattetes Hotel 3 km außerhalb des Zentrums.

② ***Portmans***
Minderbroedersstraat 12-14,
B-3500 Hasselt
Tel. 011 26 32 80, Fax 011 26 32 81
14 moderne Zimmer um einen Innenhof in einer stillen Ecke der Innenstadt.

SHOPPING

An der Fußgängerzone Demer-, Hoog- und Koning Albertstraat reihen sich die Filialen der Modeketten auf. Exklusiver geht es am Havermarkt, in Aldestraat, Kapelstraat und Lombaardstraat zu. Im ehemaligen Postamt am Havermarkt wird nun »Schöner-Wohnen-Design« verkauft. Mitbringsel: außer Genever der fast ebenso berühmte Spekulatius, wie ihn das Spekukatiusmännchen anbietet.

★ Onze-Lieve-Vrouwkerk

Die Onze-Lieve-Vrouwkerk ist einiges jünger als die Sint-Quintinuskathedraal – sie wurde 1728 bis 1740 erbaut –, doch ihre Kunstschätze sind wesentlich bedeutender, stammen sie doch aus der einstigen Zisterzienserabtei von Herkenrode. Allen voran die Virga-Jesse-Madonnenstatue aus dem 14. Jh. links vom Hauptaltar, eines der wichtigsten Werke von Jean Delcour aus Lüttich; A. Quellin d. J. schuf das barocke Grabmal für Anna-Catharina de Lamboy, 1653 bis 1675 Äbtissin von Herkenrode, L. Delvaux das Rokokograbmal für Barbara de Rivière d'Arschot, Äbtissin von 1738 bis 1744.

Stadsmus

Hinter diesem Namen verbirgt sich das Städische Museum zur Geschichte der Stadt und der Grafschaft Loon. Stolz ist man auf die älteste bekannte Monstranz der Welt von 1286 (Öffnungszeiten: April – Okt. Di. – So. 10.00 – 17.00, Juli und Aug. auch Mo.; Nov. – März Di. – Fr. 10.00 – 17.00, Sa., So. und Fei. 13.00 – 17.00 Uhr).

Z 33

Z 33 steht für Zuivelmarkt 33 und für Hasselts erste Adresse für Design, Medien und Kunst, die in wechselnden Ausstellungen präsentiert werden. Eine interessante Umwidmung, denn Z 33 ist im ehemaligen Beginenhof eingerichtet worden, der im 13. Jh. außerhalb der Stadt gegründet, 1567 völlig zerstört und bereits ab 1571 nun innerhalb der Stadtmauern wieder aufgebaut wurde.

Hasselt Orientierung

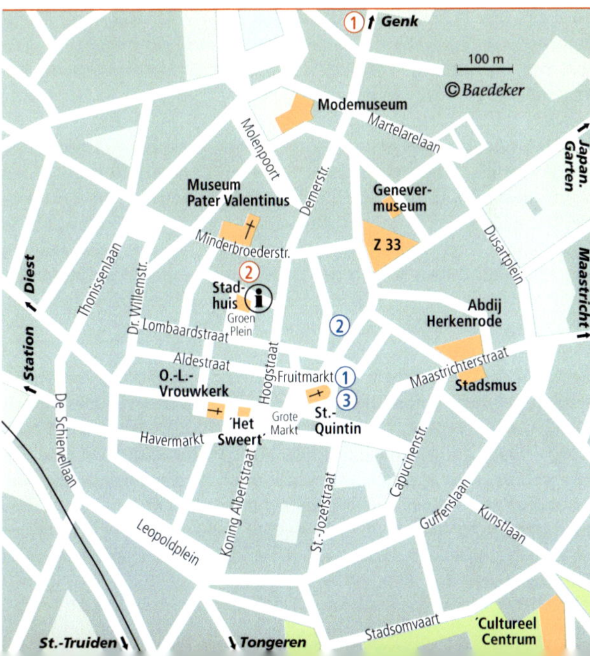

Essen

① Comerç 34
② t'kleine Genoegen
③ Bouchon

Übernachten

① Parkhotel
② Portmans

Nationaal Genevermuseum

Natürlich darf in einer für ihren Genever berühmten Stadt ein entsprechendes Museum nicht fehlen. In einer alten Dampfbrennerei aus dem 19. Jh. in der Witte Nonnenstraat geht es dabei nicht nur um die Geschichte des Wacholderschnapses, es wird auch die Herstellung vorgeführt. Zwei Gläschen zum Probieren sind im Preis inbegriffen (Öffnungszeiten: s. Stadsmus).

Stedelijk Modemuseum

Und selbstverständlich hat Hasselt auch ein Modemuseum. Es ist in der Gasthiusstraat 11 zu finden und besitzt zahlreiche und sehr schöne Beispiele für die Mode vom 18. bis 20. Jh., wobei die Zeit vor und nach dem Zweiten Weltkrieg den Schwerpunkt bildet (Öffnungszeiten: s. Stadmus; Juli / Aug. allerdings Mo. geschl.).

Japanischer Garten

Der Japanische Garten im Kapermolenpark ist der größte seiner Art in Europa (Öffnungszeiten: April – Okt. Di. – Fr. 10.00 – 17.00, Sa., So. 14.00 – 18.00 Uhr).

Umgebung von Hasselt

Zolder

Weit über die Grenzen Belgiens hinaus bekannt ist die Rennstrecke von Zolder 11 km nordwestlich von Hasselt – noch, denn schon lange finden hier keine Formel-I-Läufe mehr statt, sondern nur noch untergeordnete Auto- und Motorradrennen.

Houthalen-Helchteren

Ganz dem **Familientourismus** hat sich Houthalen-Helchteren 13 km nördlich von Hasselt verschrieben: Allein vier Freizeit- und Erholungsparks – Hengelhoef, Molenheide, Kelchterhoef und das Ferienzentrum De Bosberg – bieten allerlei Kurzweil wie Wasserpark, Robinsonpark, Tier- und Wildpark.

Provinciaal Domein Bokrijk

Freilichtmuseum, Spielplatz, Abenteuerpark, Arboretum, Rosen- und Kräutergarten, Streichelzoo etc. etc. – die Domäne Bokrijk, 8 km nordöstlich von Hasselt jenseits des Albertkanaals, ist ein Familienziel par excellence. Das Freilichtmuseum gehört zu den größten in Europa und versammelt Bauernhäuser und -gehöfte aus Flandern um 1900. Für Leben sorgen die Vorführungen alter Handwerke wie Müllerei, Bäckerei, Spitzenklöppelei und Brauerei (Öffnungszeiten: April – Sept. tgl. 10.00 – 18.00 Uhr).

Genk

Genk, 12 km nordöstlich von Hasselt, war lange vom Steinkohlenbergbau geprägt. Daran erinnern noch alte Zechengebäude wie das der Grube Winterslag. In der Stadt lebte der Maler **Emile van Doren** (1865 – 1949), in dessen Villa einige seiner Werke ausgestellt sind.

Europlanetarium ►

Was sich in Genk anzusehen wirklich lohnt, ist das Europlanetarium, das modernste Planetarium Belgiens. Außer zu einer Reise ins Weltall zu starten kann man hier auch die alte Volkssternwarte besichtigen und in der Domäne Kattenvennen auf dem Planetenpfad wandeln (Vorstellungen: Mo. ab 13.30, Fr. 20.00, So. ab 15.00 Uhr).

Noch einmal 20 km nach Nordosten sind es von Genk nach Maaseik. Das man hier, nur durch die Maas getrennt, direkt an die Niederlande grenzt, sieht man im September beim Knapkoefest: Ganz wie holländische Meisjes sehen die Mädchen in ihren Holzschuhen und Häubchen aus. Die Lage am Fluss zieht **Wassersportler** an, die sich in vielen Kajak-, Wasserski-, Segel- und Surfklubs ausleben können.

Maaseik

In Maaseik wurden die Maler Hubert und Jan van Eyck geboren, wie auch ihr Denkmal auf dem Grote Markt zeigt. Diesen Platz mit seinen vier Brunnen und doppelter Lindenreihe säumen einige sehr schöne Beispiele der maasländischen Renaissance, die sich hier in den Häusern »Stad Amsterdam« (1687) und »Drie Leliën« (1715) und in der vom Markt abgehenden Bosstraat am schönsten zeigt.

✶ ◄ Grote Markt

Im Minderbroedersklooster an der Boomgaardstraat widmet sich eine Ausstellung den Malerbrüdern van Eyck.

◄ Minderbroedersklooster

Gleich drei Museen versammeln sich in der Lekkerstraat Nr. 5 in einem schönen Gebäude von 1704. Es handelt sich um das Apothekenmuseum mit der ältesten Apotheke Belgiens (17. Jh.), das regionale Archäologiemuseum mit vorzeitlichen und römischen Funden, einer hervorragenden Elfenbeinsammlung und vielen Werkzeugen, einem Kräutergarten und im Keller das Bäckereimuseum mit einer alten Einrichtung (Öffnungszeiten: April – Sept. Di. – So. 10.00 – 17.00, Okt. – März 10.00 bis 12.00 und 14.00 – 17.00 Uhr).

✶ ◄ Museactron

Die Sint-Catharinakerk aus dem 19. Jh. bietet architektonisch wenig, doch besitzt sie einen außerordentlichen Kirchenschatz, dessen Prunkstücke der **Codex Eyckensis** – ein Evangeliar aus dem 8. Jh. (»Evangeliar der hl. Harlinde«) und damit **das älteste Buch in den Beneluxländern** – sowie ein Samtreliquiar aus dem 10. Jh. sind.

◄ Sint-Catharinakerk

✶ Huy

H 18

Provinz: Liège **Höhe:** 77 m ü.d.M
Einwohnerzahl: 19 600

»Vier Wunder« nannte die Stadt an der Mündung der Hoyoux in die Maas einst ihr eigen: Li Tchestia, Li Pontia, Li Rondia und Li Bassinia – das Schloss, die Brücke, die Fensterrose und den Brunnen. Geblieben sind zwei, gekommen ist die mächtige Zitadelle, unter der sich die Altstadt um die Kollegiatskirche drängt.

Stadt der Metallgießer

Das Schloss wurde 1717 zerstört, die Brücke durch die heutige Pont Roi-Baudouin ersetzt. Doch auch ohne diese zwei »Wunder« ist Huy berühmt geworden, denn von hier stammen die beiden bedeutendsten Meister der maasländischen Metallgusskunst: **Renier de Huy und Godefroid de Claire**, auch Godefroid de Huy genannt. In Huy lebte und wirkte auch **Pater Dominique Georges Pire** (1910 – 1969), der Gründer der Europadörfer und Friedensnobelpreisträger 1958.

Mit der Seilbahn geht es über die Maas hinweg hinauf zur Zitadelle von Huy.

Geschichte

Huy (ndl. Hoei) ist eine der ältesten Städte Belgiens, denn die erste Erwähnung datiert auf das Jahr 636. Im Hoch- und Spätmittelalter gelangte Huy, das bereits 1066 eine von Fürstbischof Theoduin ausgestellte freiheitliche Verfassung besaß, durch seine Gelbgießerei und Wollverarbeitung zu beträchtlichem Wohlstand und war ein blühendes Handelszentrum für Wein, Zinn- und Kupferwaren, das durch die Kriege zwischen den Fürstbischöfen von Lüttich und den Herzögen von Burgund seine Bedeutung verlor.

Sehenswertes in Huy

✶ **Collégiale Notre-Dame**

Dicht unter dem Zitadellenhügel, am rechten Ufer der Maas, erhebt sich die Collégiale Notre-Dame, **der bedeutendste hochgotische Kirchenbau Belgiens**, 1311 auf den Grundmauern einer romanischen Basilika begonnen und 1377 vollendet. Ungewöhnlich ist die etwas düster wirkende äußere Gestalt der Kirche mit zwei die Vierungskuppel flankierenden Türmen und dem gewaltigen Westturm, dessen Spitze 1803 ein Blitzschlag zerstörte. Dieser Turm trägt die außerordentlich prachtvolle, 9 m durchmessende Fensterrose »Li Rondia«. Durch sie und die 20 m hohen, schlanken Fenster im Chorraum fällt das Licht in den 72 m langen Kirchenraum. Dort sollte man zuerst das Netzrippengewölbe der polychrom ausgemalten Vierung bewundern, bevor man im rechten Seitenschiff zur Krypta aus dem 12. Jh. hinabsteigt.

✶✶ Kirchenschatz ▶

Hier befindet sich der Kirchenschatz, dessen Prunkstücke **vier außergewöhnliche Reliquienschreine** aus maasländischem Metallguss sind: der Schrein des hl. Mengold und der Schrein des hl. Domitian (die kostbarsten), beide um 1176 wahrscheinlich von Godefroid de Huy gefertigt; der Marienschrein entstand um 1260 und der Markusschrein mit reicher Emailierung wurde um 1200 geschaffen. Weitere Schätze sind das Reliquiar des Hl. Kreuzes, das Peter der Eremit vom ersten Kreuzzug mitbrachte, sowie Kelch und Grabkreuz des Fürstbischofs Theoduin von Bayern.

Nach Verlassen der Kirche geht man links durch den schmalen Gang zwischen Kirche und Zitadellenhügel in die Altstadt. An der Rückseite der Kirche noch einen Blick auf das **Bethlehemsportal** links von der Chorapsis werfen: Das Tympanon (14. Jh.) zeigt in meisterlicher Bildhauerarbeit die Geburt Christi, die Anbetung der Könige und der Hirten sowie den Bethlehemitischen Kindermord.

HUY

AUSKUNFT

Quai de Namur, 1, B-4500 Huy
Tel. 085 21 29 15, Fax 085 23 29 44
www.huy.be

ÜBERNACHTEN

► **Günstig**

Hôtel du Fort et sa Réserve
Chaussée Napoleón, 5–9,
B-4500 Huy
Tel. 085 21 24 03, Fax 085 23 18 42
www.hoteldufort.be
29 Z. Passable Unterkunft zwischen Maas und Zitadellenhügel.

Grand-Place

Über die ab und an zu Tage tretende Hoyoux und jenseits der Av. des Ardennes kommt man zur Grand-Place. Hier steht seit 1406 der Brunnen »Li Bassinia«, der einzige erhaltene gotische Bronzebrunnen Belgiens. Im Rathaus, einem schönen Bau im Stil Louis XV von 1766, ist auch eine kleine Gemäldesammlung zu sehen.

✶ Musée communal

Vor dem Rathaus links und dann die nächste Straße rechts kommt man zum 1244 gegründeten, in seiner heutigen Gestalt aus dem 17. Jh. stammenden Couvent des Frères Mineurs, in dem das Musée communal in zehn Sälen Zinn, Glas, Porzellan, Münzen und Medaillen, Fayencen, Zunftzeichen, archäologische Funde, Gemälde und religiöse Kunst zeigt. Highlights: das Siegel des Bischofs Theoduin (11. Jh.) und der um 1240 entstandene, bewegende Eichenholz-Christus »Beau Dieu de Huy« (Öffnungszeiten: Mai – Sept. tgl. 14.00 bis 16.00, Sa. und So. bis 18.00 Uhr).

✶ Le Fort

Vor der Collégiale verläuft an der Maas die Chaussée Napoléon. Von ihr geht ein Fußweg hinauf zur Zitadelle; bequemer ist die Fahrt mit der Seilbahn (Abfahrt vom linken Maasufer beim Maison de Batta von 1575, dem Refugium der Abtei Val-Saint-Lambert). Oben angelangt, genießt man zunächst die Aussicht aus 45 m Höhe und widmet sich dann der Geschichte: Die Festung wurde 1818 von den Holländern an Stelle des Schlosses angelegt; im Zweiten Weltkrieg durchliefen sie 7000 Gefangene, von denen viele von der Gestapo in die

Exotisch und romantisch: Schloss Jehay

Konzentrationslager abtransportiert wurden. Diese Zeit dokumentiert das Musée de la Résistance et des Champs de Concentration (Öffnungszeiten: April – Juni, Sept. Di. – Fr. 9.00 – 16.30, Sa. und So. bis 18.00; Juli / Aug. tgl. 11.00 – 19.00 Uhr).

Umgebung von Huy

Amay

Schon von Huy aus sieht man die Kühltürme des Atomkraftwerks von Tihange dampfen. Verlässt man die Stadt Richtung Osten, kann man sie bald aus allernächster Nähe betrachten. Am gegenüberliegenden Ufer der Maas liegt das Städtchen Amay. Hier entdeckte man 1977 in der Kirche Saint-George-et-Sainte-Ode einen Sarkophag aus dem 7. Jh. mit der Aufschrift »Santa Chrodoara«, möglicherweise der Sarg der heiligen Oda. Ihre und die Reliquien des hl. Georg enthält ein Schrein im Kirchenschatz. Dieses Meisterwerk der maasländischen Goldschmiedekunst wurde um 1230 aus goldbeschlagenem Kupfer angefertigt und zeigt an den Stirnseiten die beiden Heiligen und an den Seiten die 12 Apostel. Besonders beeindruckt die Darstellung des hl. Georg nach dem Idealbild des mittelalterlichen Ritters.

* Schrein der hll. Georg und Oda ▶

** **Château de Jehay**

In Amay steil bergauf, erreicht man nach einigen Kilometern das zauberhafte Schloss von Jehay. Seine Schokoladenseite – den von zwei Rundtürmen flankierten Osttrakt im »Leopardenmuster«-Mauerwerk – zeigt es vom Eingang an der Parkseite (vom Parkplatz rechts um das Schloss herum). Das Schloss entstand an Stelle einer romanischen Burg auf L-förmigem Grundriss. Den Park durchzieht auf ganzer Länge eine von Kaskaden eingefasste Allee; der letzte Schlossherr, Comte Guy van den Steen, modellierte eigenhändig die freizügigen Nymphen darauf. Er war es auch, der das Schloss der Provinz Liège vermachte und die Möbel und Kunstwerke sammelte, die man beim Rundgang besichtigen kann: Wandteppiche aus Brüssel, Gemälde (Sammetbruegel, Murillo), maasländische Goldschmiedearbeiten, Porzellan und auch der Spitzenbrautschleier der Frau des Herzogs von Marlborough (Öffnungszeiten: Mai – Sept. an Wochenenden 11.00 – 18.00; Juni auch Mi. 14.00 – 17.00, Sept. auch Mi. und Fr. 14.00 – 17.00; Juli / Aug. auch Di. – Fr. 14.00 – 18.00 Uhr).

★★ Château de Modave

Herrschaftlicher, aber auch kühler als Jehay gibt sich das Château de Modave 12 km südlich von Huy, zu dessen Besitzern der Kardinal von Fürstenberg, die Barons de Ville und die Familie Montmorency gehörten. Es liegt hoch über der Hoyoux, was man allerdings bei der Anfahrt durch den Park nicht bemerkt, sondern nur von Süden sieht. An den über dem Fluss thronenden Trakt baute der französische Architekt Jean Goujon 1667 ein Schloss in schönstem Louis-XIV-Stil und ebensolchem Park an. Dessen Wasserspiele speist eine hydraulische Maschine, die der Zimmermann Rennequin Sualem aus Lüttich konstruierte, um das Wasser von der Houyoux heraufzubefördern. 1669 konstruierte Sualem eine ähnliche Anlage in Marly für das Schloss von Versailles. Die glanzvollen Schlossräume sind mit Möbeln aus dem 17. und 18. Jh. ausgestattet; auch Sualems Maschine wird gezeigt (Öffnungszeiten: April – Mitte Nov. tgl. außer Mo. 10.00 bis 18.00 Uhr).

★★ Ieper (Ypern)

F 4

Provinz: West-Vlaanderen
Einwohnerzahl: 35 000
Höhe: 17 – 45 m ü.d.M.

Wie viele der stolzen Städte Flanderns besitzt auch Ieper einen prächtigen Marktplatz und dazu eine Tuchhalle, wie man sie weder in Brugge noch in Gent findet. Doch alles ist Kulisse, denn Ieper war zu Ende des Ersten Welkriegs vollkommen dem Erdboden gleichgemacht und wurde nach historischen Vorbildern wieder aufgebaut. Der Name der Stadt – deutsch: Ypern, engl./frz.: Ypres – ist Synonym für einige der fürchterlichsten und sinnlosesten Schlachten der Jahre 1914 bis 1918.

Stolze Tuchstadt

Doch auch wenn der Schrecken heute noch präsent ist: Ieper verströmt wieder die freundliche Atmosphäre der mittelalterlichen Tuchstadt und zieht viele Touristen an – nicht nur diejenigen, die

Ieper Orientierung

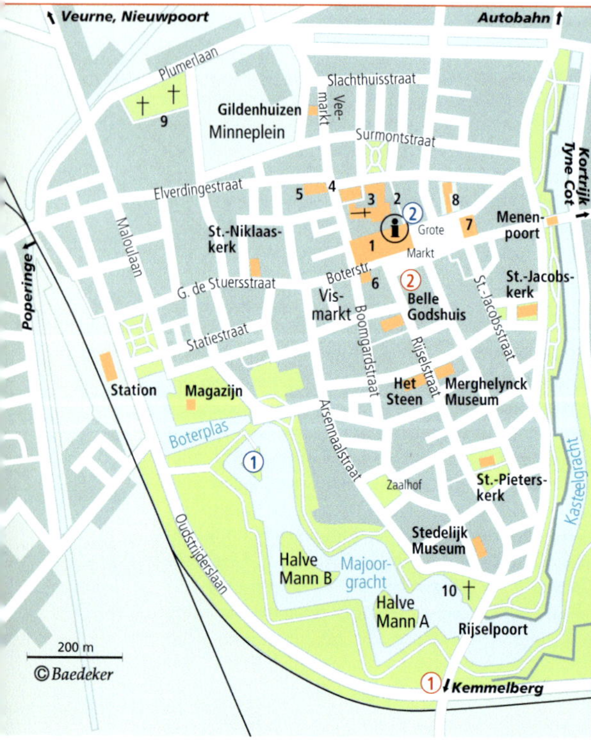

1 Lakenhalle
2 »Nieuwerck« (Stadhuis)
3 St.-Maartens-kathedraal
4 Schouwburg
5 St.-George's Memorial Church
6 Vleeshuis
7 Gerechtshof
8 Kasselrijgebouw
9 Ypres Reservoir Military Cemetery
10 Rampart Military Cemetery

Essen

① Pacific Eiland
② Klein Stadhuis

Übernachten

① Camalou
② Regina

die Kriegsgräber besuchen, sondern auch viele, die eine **ideale Basis für Fahrradausflüge in die Westhoek** brauchen, wie die umliegende Region sich nennt. Diese ist dafür bestens präpariert: meistens sehr flach und mit einem dichten Netz ausgeschilderter Radwege abseits der Straßen.

Geschichte Die im 10. Jh. gegründete Stadt gehörte im Mittelalter mit Gent und Brugge durch seine Tuchindustrie zu den drei bedeutendsten Städten Flanderns und zählte im 13. Jh. schon 40 000 Einwohner. Die Tuchhalle, Belgiens größte und schönste, ist das Symbol dieser Zeit. Als Ieper im Hundertjährigen Krieg die Partei Frankreichs gegen die mit England verbündeten Genter ergriff, wurde es 1383 belagert. Man hielt stand, aber die Verwüstungen im Umland zwangen viele Tuchweber zum Auswandern. Es folgten im 16. Jh. Verheerungen durch die Geusen und die Spanier und schließlich im 17. Jh. die Einnahme durch die Franzosen. Diese ließen Ieper von Vauban zu einer mächtigen Festung ausbauen, die 1852 geschleift wurde.

Das Inferno brach im Oktober 1914 in der ersten Flandernschlacht los, als die Deutschen Dünkirchen und Calais erobern wollten. Ieper lag in der Mitte des von den Briten als Rückzugslinie gehaltenen sog. Ypernbogens (»Ypres Salient«), gegen den Deutsche und Österreicher in dieser und in der zweiten Schlacht von 1915 vergebens anrannten, obwohl sie sogar im April 1915 beim nördlich gelegenen Steenstraat **erstmals in der Geschichte Giftgas** einsetzten. Die dritte Schlacht von Mai bis November 1917 war der Versuch der Alliierten, die deutschen Linien zu durchstoßen. Sie endete mit der Eroberung des Dorfs Passchendaele – für den Preis von 500 000 Toten auf beiden Seiten. Auch die deutsche Frühjahrsoffensive 1918 mit der Schlacht um den Kemmelberg brachte keine entscheidenden Ergebnisse. Während dieser vier Jahre mussten ca. 900 000 Soldaten beider Seiten ihr Leben lassen; Ieper, ständig in alliierter Hand, war ununterbrochen dem Artilleriebeschuss ausgesetzt, sodass 1918 nur noch ein Trümmerhaufen übrig blieb.

◄ Die Flandernschlachten

? WUSSTEN SIE SCHON ...?

- Eine fast vergessene Episode: An Weihnachten 1914 kletterten an der Ypernfront deutsche und alliierte Soldaten aus ihren Schützengräben, trafen sich im Niemandsland, tauschten Zigaretten und Verpflegung und feierten Weihnachten. Aus Furcht vor einer Ausbreitung dieser Gesinnung unterbanden Offiziere beider Seiten alsbald jegliche weiteren derartigen Aktionen.

Sehenswertes in Ieper

★★ Lakenhalle

Wenn auch »nur« ein Nachbau – die im Stil des 13. Jh.s wiedererrichtete, 132 m lange Lakenhalle (Tuchhalle) ist einer der schönsten und größten Profanbauten Europas und zeigt die Macht der Zünfte. Das im Ersten Weltkrieg völlig zerstörte Originalgebäude wurde um 1260 begonnen und war 1304 vollendet. Es stand an der Ieperlee, auf der die Tuche mit Kähnen angelandet wurde, um sie in der Halle zu lagern, zu prüfen und zu verkaufen. All das geschah unter den Augen der Schutzpatronin Onze-Lieve-Vrouw-van-Thuyne, deren Statue über dem Eingangstor zwischen denen des Grafen Balduin und Marias von Konstantinopel sowie von König Albert I. und Königin Elisabeth wacht. Genau in der Mitte ragt 70 m hoch der Belfried auf, der ein Glockenspiel mit 49 Glocken trägt.

◄ Belfried

★★ ◄ In Flanders Fields Museum

Dieses Museum im ersten Stock der Lakenhalle ruft die Erinnerung an den Stellungskrieg in Flandern wach. Im Mittelpunkt stehen dabei nicht die großen Schlachten und die Generäle, sondern die einfachen Menschen – Zivilisten wie Soldaten –, präsentiert mit modernster Museumstechnik per Computeranimation, Video, Toneinspielungen und natürlich vielen Originalgegenständen. Besonders bedrückend ist der Raum, in dem der Gaskrieg behandelt wird. Der selbst gewählte Anspruch, ein »Kriegsmuseum mit Friedensbotschaft« zu sein, wird hier durchaus eingelöst (Öffnungszeiten: April – Sept. tgl. 10.00 – 18.00; Okt. – März Di. – So. 10.00 – 17.00 Uhr).

Nieuwerck / Stadhuis An den Ostflügel der Tuchhalle wurde von 1619 an als Rathaus ein Neubau (Nieuwerck) im Stil der spanischen Renaissance angebaut. Ihn schmückt das Wappen des spanischen Königs Philipps II.

Grote Markt Gegenüber der Lakenhalle wurde an der Ecke zur Boomgaardstraat im **Nieuw Vleeshuis** (Fleischhalle), ursprünglich 1277 erbaut, bis 1947 samstags Fleisch verkauft. Am Nordostende des Markts steht zunächst links das **Kasselrijgebouw** (Altes Rathaus) mit Darstellungen der sieben Kardinalsünden in den Giebeln; an der Ostseite sieht man den **Gerechtshof** (Landgericht).

Sint-Maartens-kathedraal Die Tuchhalle wird noch überragt vom 100 m hohen Turm der ebenfalls wieder aufgebauten Sint-Maartenskathedraal (urspr. 13. Jh.; Südportal und Turm aus dem 15. Jh.), deren klare Proportionen sie an große französische Kathedralen annähern. Sie besitzt noch einige Kunstwerke, die den Krieg überstanden haben; dazu gehört ein Messingtaufbecken (um 1600) und das wundertätig geglaubte Bild der Onze-Lieve-Vrouw-van Thuyne. Die Glasgemälde sind ein Geschenk Großbritanniens zur Erinnerung an die Verluste des Krieges.

Saint-George's Memorial Church Am Vandenpeerboomplein ließ die Anglikanische Kirche von Sir Reginald Blomfield 1927 bis 1928 die Saint-George's Memorial Church zur Erinnerung an die in Flandern gefallenen Soldaten des Commonwealth errichten. Die gesamte Innenausstattung wurde aus Großbritannien und dem Commonwealth gespendet, so auch die schöne Georgsstatue und die Gedenktafel mit dem berühmten Gedicht »In Flanders Fields«. Neben der Kirche erinnert die Etonian Memorial School an die 342 gefallenen Studenten des Eton College.

✶✶ Menenpoort Vom Ostende des Grote Markt ist es nicht weit zum Menenpoort, das Sir Reginald Blomfield an Stelle des zerstörten mittelalterlichen Stadttors als Gedenkstätte erbaute. **Ein bewegender Ort**: Im Gewölbe sind die Namen von 54 896 verschollenen Briten eingemeißelt, Kränze mit roten Papiermohnblumen werden niedergelegt und seit 1928 wird allabendlich um 20.00 Uhr »The Last Post« geblasen nach wie vor unter den Augen sehr vieler Menschen.

Rijselstraat Die Rijselstraat verbindet den Grote Markt mit dem südlichen Stadttor Rijselpoort. Zuerst stößt man auf das Belle Godshuis, ein 1276 gegründetes, im 16. und 17. Jh. neu erbautes Armenspital, das schöne Gemälde, religiöse Gegenstände und Möbel aus dieser Zeit besitzt (Öffnungszeiten s. Stedelijk Museum, jedoch nur April – Sept.).

Belle Godshuis ►

Die Straße etwas weiter hinab kommt man zum 1774 erbauten Haus des Schatzmeisters der Kaiserin Maria Theresia, Frans Merghelynck. Ein Teil der Einrichtung im Stil Louis XV und Louis XVI überstand den Ersten Weltkrieg und wurde in das neu aufgebaute Haus verbracht (nach Voranmeldung Tel. 057 23 92 20). Das Steenhuis schräg gegenüber ist das einzige in Ieper erhaltene Steinhaus (urspr. 13. Jh.).

Museum Merghelynck ►

IEPER ERLEBEN

AUSKUNFT

Lakenhal, Grote Markt, B-8900 Ieper
Tel. 057 23 92 20, Fax 057 23 92 75
www.ieper.be

ESSEN

► Erschwinglich / Preiswert

① ***Pacific Eiland***
Eiland 2
Tel. 057 20 05 28
Ruhetag: Montagabend, Di.
Die Küche ist zwar nicht pazifisch, sondern sehr gut französisch / belgisch, aber das Restaurant liegt tatsächlich auf einem Inselchen im Festungsgraben. Kinderfreundlich; im Bistro günstiger.

► Preiswert

② ***In t'Klein Stadhuis***
Grote Markt 32
Tel. 057 21 55 42
Ruhteag: So. (nicht Juli / Aug.)
Solides Restaurant und Kneipe direkt an der Lakenhal. Auf der Speisekarte belgische Klassiker (Muscheln ...); auch ein wunderbarer Platz zum Draußensitzen am Abend.

ÜBERNACHTEN

► Günstig

① ***Camalou B & B***
Dikkebusseweg 351, B-8908 Ieper
Tel. 057 20 43 42, 057 21 78 62
www.camalou.com
Gastgeberin Annette Linthout hat ihre drei Zimmer liebevoll ausgestattet, bietet ein tolles Frühstück und weiß als offizielle Stadtführerin einiges zu erzählen. Nicht weit vom Dikkebusweiher ca. 4 km südlich von Ieper.

② ***Regina Hotel***
Grote Markt 45, B-8900 Ieper
Tel. 057 21 88 88, Fax 057 21 90 20
www.hotelregina.com
17 Z. Im Zentrum Iepers bei der Lakenhalle. Schöne Zimmer, die alle einen Künstler (Jacques Brel, Greta Garbo, René Magritte ...) zum »Paten« haben.

FESTE

Beim berühmten *Katzenfest* – alle drei Jahre am zweiten Maisonntag (nächste Termine: 2006, 2009) – laufen u. a. die Riesen Goliath, Robrecht der Friese und vor allem die Riesenkatze Cieper durch die Stadt. Als Höhepunkt werden vom Belfried Plüschkatzen herabgeworfen.
Alle drei Jahre im September findet in ***Poperinge*** das »Hopfenfest« mit der Wahl der Hopfenkönigin statt (nächster Termin: 2008).

Alle drei Jahre sind in Ieper die Katzen los.

IN FLANDERS FIELDS

Wer die Umgebung von Ieper durchstreift, stößt immer wieder auf die Zeugnisse der Flandernschlacht – die offensichtlichen wie die weiß aufleuchtenden Kreuzesreihen der zumeist britischen Soldatenfriedhöfe und die weniger auffälligen, die man erst beim genauen Hinsehen entdeckt, etwa einen idyllischen Ententeich, der sich als Granattrichter entpuppt.

Steht man auf dem **Kemmelberg** und schaut hinaus aufs Land, ist es unvorstellbar, wie es hier vor bald 90 Jahren ausgesehen hat: Tagtäglich vom Trommelfeuer aufs Neue umgepflügt lag hier eine einzige Kraterlandschaft, in der buchstäblich kein Baum mehr stand. Und tagtäglich fielen hunderte, an manchen Tagen gar zehntausende Soldaten auf beiden Seiten. Auf 170 Friedhöfen sind hier die Toten beerdigt. Die zahlreichen britischen Friedhöfe liegen dicht um Ieper verstreut; die Gräber für die deutschen Gefallenen wurden in Sammelfriedhöfen in Langemark, Menen-Wald, Hooglede und Vladslo-Praetbosch zusammengelegt. Auf den britischen Gräbern sieht man oft Kränze mit Mohnblumen (engl. »poppies«) aus Papier. Sie stammen von den Verwandten der gefallenen Soldaten und zitieren auf diese Art das Gedicht, das der britische Truppenarzt **John McCrae** am 8. Dezember 1915 in Boezinge zum Gedenken an seine Kameraden schrieb:

In Flanders fields the poppies blow,
between the crosses, row by row.
That mark our place; and in the sky
The larks, still bravely singing, fly
Scarce heard amid the guns below.....

Auf den Spuren des Krieges

Unter dem Motto »In Flanders Fields« steht auch eine ausgeschilderte Route, die zu den Gedenkstätten rund um Ieper führt.

Sie verlässt Ieper auf der N 389 nach Boezinge mit der **»Essex Farm«**-Stellung, wo John McCrae das Gedicht schrieb. Danach geht es nach Osten vorbei an der französischen Gedenk-

Links: Kampfpause auf dem Schlachtfeld zwischen Boesinghe und Paschendaele im Sommer 1917

Rechts: Jeden Abend wird am Menentor in Ieper der Toten der Flandernschlachten gedacht.

stätte **Carrefour des Roses** Richtung Langemark. In **Langemark** fanden 1914 tausende junger deutscher Kriegsfreiwilliger, meist Schüler und Studenten, den Tod, was bis ins Dritte Reich propagandistisch ausgenutzt wurde. Auf dem großen Soldatenfriedhof sind fast 45 000 deutsche Gefallene begraben. Man fährt weiter nach **Poelkapelle**, wo in der Ortsmitte ein Denkmal an den 1917 hier abgeschossenen französischen Flieger Georges Guynemer erinnert. Vorbei am **Canadian Forces Memorial**, das der 18 000 Kanadier gedenkt, die dem ersten deutschen Gasangriff am 22. April 1915 ausgesetzt waren, geht es nun nach Zonnebeke. Dort besucht man das **Paschendaele Memorial Museum** und den **Tyne Cot Cemetery**, den größten britischen Soldatenfriedhof auf dem europäischen Festland, von Sir Reginald Blomfield mit fast 12 000 Kriegsgräbern und einem Erinnerungsmal für etwa 35 000 nach dem 16. August 1917 vermisste Soldaten angelegt. Danach führt die Route wieder zurück nach Ieper, verlässt die Stadt dann auf der N 365 nach Süden und kommt nach **Wijtschate** und **Menen**, Schauplatz des berüchtigten Minenschlags vom 7. Juni 1917, bei dem die Briten 21 gigantische Minen unter den deutschen Linien zur Explosion brachten. Die Erschütterungen waren noch in London und Paris zu spüren; zehntausend Soldaten – fast die gesamte 3. bayerische Division – wurden innerhalb von Sekunden verschüttet. Von Menen fährt man zum **Kemmelberg**, im Frühjahr 1918 Schauplatz einer erbitterten Schlacht, bei welcher der Berg von den Granaten völlig abgeholzt wurde. An seiner Südflanke befindet sich ein Beinhaus für über 5000 französische Soldaten. Vom Kemmelberg geht es über Poperinge zurück nach Ieper. Wer noch mehr wissen will über die einzelnen Ereignisse: www.greatwar.be (englisch) ist recht informativ und detailliert.

Stedelijk Museum ► Kurz vor dem Rijselpoort geht es rechts ab zum Stadtmuseum in einem Armenspital aus dem 13. Jh. (Öffnungszeiten: April – Sept. Di. bis So. 10.00 – 12.30 und 14.00 – 18.00; Nov. – März bis 17.00 Uhr). Schließlich bleibt am Ende der Rijselstraat noch das **Ramparts War Museum** u. a. mit der Nachbildung eines Schützengrabens (Öffnungszeiten: tgl. außer Mi. 10.30 – 20.00 Uhr).

Spaziergang auf den Wällen

In den Kasematten des mächtigen Rijselpoort (Lilletor), das aus burgundischer Zeit erhalten geblieben ist, hatte der britische Generalstab zeitweilig seinen Sitz. Von hier sollte man unbedingt einen Spaziergang auf den Vaubanschen Festungswällen unternehmen – nach Norden zum Menenpoort und nach Westen am britischen Soldatenfriedhof Ramparts Cemetery vorbei bis zum Pacific Eiland.

Umgebung von Ieper

✶ Heuvelland

Südlich von Ieper erstreckt sich das wirklich lieblich zu nennende Heuvelland, dessen stille Dörfer man am besten mit dem Fahrrad erkundet. Die einzig ernsthafte Steigung geht auf den 156 m hohen **Kemmelberg** mit seinem Aussichtsturm hinauf. Auch der Rode Berg und der Zwarte Berg, mit einer Seilbahn verbunden, sind beliebte Ausflugsziele ebenso wie der **Dikkebuswijver**, der 1320 zur Wasserversorgung von Ieper angelegt wurde.

> **! Baedeker TIPP**
>
> **Het Labyrint**
>
> Kneipe, Restaurant, Museum, Spielplatz – das Labyrint in Kemmel sollte man sich nicht entgehen lassen, besonders, wenn man Kinder dabeihat und alte Brettspiele wie Kreisel, Solitär etc. liebt. Die stehen in der Kneipe in ausreichender Menge zur Verfügung (Di. geschlossen).

Zillebeke wenig östlich außerhalb von Ieper steht wieder ganz im Zeichen des Kriegs: an der als wichtige Artillerie-Beobachtungsstelle schwer umkämpften Höhe 60, im Hooge Crater Museum und im Sanctuary Wood Museum. Bellewaerde Park ► Der Bellewaerde Park bei Zillebeke kombiniert Nervenkitzel (Achterbahn, Freifallturm, »El Volador«) mit Wasserspaß (Rutsch- und Wildwasserbahnen), Zirkusatmosphäre und Kindervergnügen (Kettenkarussell, Tuff-Tuff-Bahn ...).

Poperinge

Poperinge, 12 km westlich von Ieper, war Etappe, denn es war nicht besetzt und daher wichtigste alliierte Nachschubbasis in Flandern. Hier konnten sich viele alliierte Soldaten erholen. Sie trafen sich im »Every Man's Club« im **Talbot House**, den 1915 der britische Feldgeistliche Philip »Tubby« Clayton in der Gasthuisstraat gegründet hatte; die Einrichtung ist bis heute unverändert geblieben (tgl. außer Mo. 9.30 – 17.00 Uhr). Weniger Glückliche – zumeist Deserteure – landeten in den Todeszellen im Stadhuis am Markt. Sie fanden keinen Platz auf dem **Lijssenthoek Military Cemetery** 3 km südlich, wo über 10 000 »ehrenvoll« gefallene britische Soldaten beigesetzt sind.

Doch Poperinge heißt nicht nur Krieg. Es ist auch der Hauptort des »Hoppelandes«, des wichtigsten belgischen Hopfenanbaugebiets. Dies gibt zum einen Anlass für das Hopfenfest und zum anderen für das Nationale Hopfenmuseum in der alten Stadtwaage (Stadsschaal) von 1579 in der Gasthuisstraat, in der u. a. der Hopfen gewogen wurde. Es zeigt Geschichte, Werkzeuge und Techniken des Hopfenanbaus und natürlich kann man hier auch ein Bier aus Poperinge kosten (Öffnungszeiten: Juli, Aug. und Sept. tgl. 14.00 – 18.00 Uhr; Mai und Juni nur So. und Fei.).

★ ◄ Nationaal Hopmuseum

★ Knokke-Heist

C 6

Provinz: West-Vlaanderen
Einwohnerzahl: 33 500

Meereshöhe

Knokke-Heist ist wohl das eleganteste belgische Seebad, sofern man dies von den belgischen Seebädern an sich behaupten mag – was nicht abschätzig gemeint ist, denn an Belgiens 67 km langer Küste setzt man eher auf Familienferien. Hier aber, genauer in Het Zoute, zeigt sich die Brüsseler und Antwerpener Schickeria.

Ein Doppelname, fünf Orte

Der Ferienort hat sich seit 1880 explosionsartig aus dem Polderdorf Knokke, dem Villenvorort Het Zoute und dem neueren Stadtteil Albertstrand entwickelt und war bis in die 1930er-Jahre als eines der mondänsten Seebäder Europas fest in britischer Hand. Dann wurden auch die Küstengemeinden Heist und Duinbergen vom Tourismusfieber gepackt und bauten, sodass die gesamte Agglomeration heute pro Jahr das Fünffache ihrer Einwohnerzahl als Gäste begrüßt. Der gewaltigen Bettenkapazität entsprechen eine fast ausufernde gastronomische Szene und ein breit gestreutes Freizeitangebot, das keine Wünsche offen lässt – außer vielleicht dem nach Ruhe.

Der westlichste Teil des Ferienorts, **Heist**, droht allmählich von ► Zeebrugge verschluckt zu werden. Besuchen kann man hier das **Museum »Sincfala«** über die Geschichte von Fischerei, Handwerk und Alltagsleben an der Küste und in den Poldern.

In **Knokke** bummelt man über die Lippenslaan. Westlich anschließend

Sooo interessant ist der Strand von Knokke nun auch wieder nicht ...

KNOKKE-HEIST ERLEBEN

AUSKUNFT

Zeedijk 660, B-8300 Knokke-Heist
Tel. 050 63 03 80, Fax 050 63 03 90
www.knokke-heist.be

ESSEN

► Erschwinglich

① *'tKantientje*
Lippenslaan 103, Knokke
Tel. 050 60 54 11
Spezialist für Fisch und Meeresfrüchte, vor allem Muscheln. Locker, keine Reservierungen – also rechtzeitig kommen.

② *Panier d'Or*
Zeedijk 659, Knokke
Tel. 050 60 31 89
Auch hier vor allem Fisch und Meeresfrüchte, aber auch Fleisch und belgische Klassiker wie Waterzooi.

► Erschwinglich / Preiswert

③ *Tête à Tête*
Zeedijk 167, Heist
Tel. 050 53 94 44
Auch das gibt es in Knokke-Heist: bezahlbare belgische Küche, dazu kinderfreundlich.

ÜBERNACHTEN

► Komfortabel

① *St-Yves*
Zeedijk 204, Heist

beginnt **Albertstrand mit dem berühmten Casino** (Kursaal), in das man durchaus hineinschauen sollte, da es außer Roulette und anderen Glücksspielen auch Kunst zu bieten hat. So steht schon vor dem Gebäude die Skulptur »Le poète« von Ossip Zadkine. Im Foyer hängt ein 7 t schwerer Lüster aus 22 000 Teilen Muranoglas, der manchen

Knokke-Heist Orientierung

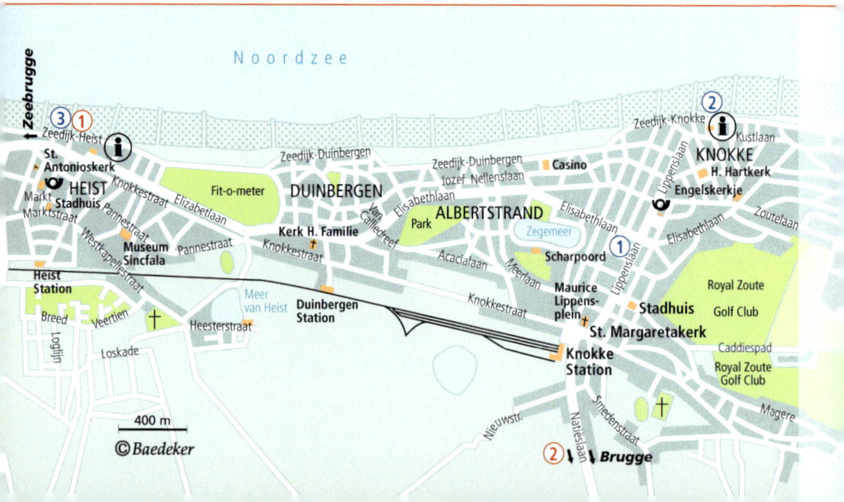

Tel. 050 51 10 29,
Fax 050 51 63 87
8 Z. Das kleine Hotel auf dem Deich nahe dem Naturschutzgebiet Zwin ist so recht etwas für Urlauber, die häusliche Atmosphäre gepaart mit hohem Komfort und guter Küche suchen – denn der Chef kocht hier selbst.

► Günstig
② ***Ter Zaele***
Oostkerkestraat 40, Heist
Tel. 050 60 12 37,
Fax 050 61 19 73
www.hotelterzaele.be
18 Z. Kinderfreundliches Apartmenthotel mit Garten, Schwimmbad, Sauna und Solarium ca. 4 km landeinwärts.

STRAND

Der breite Sandstrand ist 12 km lang – das ist schon fast ein Fünftel der gesamten belgischen Küste. Während man in Zoute exklusiv unter sich in teuren Clubs bleiben will, tummeln sich Familien in Albertstrand, Duinbergen und Heist.

SHOPPING

Knokke-Heist bietet die besten Shoppingmöglichkeiten an der Küste, vor allem am Zeedijk, an der Lippenslaan in Knokke und an der Kustlaan in Zoute.

KUSTTRAM

Fünf Haltestellen zwischen Heist und Knokke.

als der größte Europas gilt. Die Wände sind von namhaften Künstlern gestaltet worden, darunter Keith Haring und René Magritte mit »Le Domaine enchanté«. Die wechselnden Kunstausstellungen im Casino haben einen sehr guten Ruf. Am Zegemeer stehen das Kulturzentrum Scharpoord und das **Thalasso & Beauty Center**.

Essen
① t'Kantientje
② Panier d'Or
③ Tête à Tête

Übernachten
① St.-Yves
② Ter Zaele

Het Zoute

Het Zoute mit seinen eleganten, teils in den Dünen versteckten Villen und dem abendlichen Treffpunkt Albertplein hat Knokke-Heist vor allem seinen Ruf als mondäner Badeort zu verdanken. Dies findet seinen Ausdruck auch im Royal Golf Club de Zoute, mit zwei 18-Loch-Plätzen einer der größten Europas. Für Kinder: Im Vlindertuin flattern in einem 425 m² großen Glashaus exotische und einheimische Schmetterlinge umher.

◄ Vlindertuin

★★ **Het Zwin** Ab dem Ortsende von Het Zoute und etwas über die belgisch-niederländische Grenze hinaus erstreckt sich auf 150 ha das Naturschutzgebiet Het Zwin. Es handelt sich dabei um den versandeten Meeresarm, der einst ► Brugge zu einem der reichsten Häfen Europas gemacht hatte. Heute lebt in der von Dünen und Deich begrenzten Landschaft eine **einzigartige Pflanzen- und Tierwelt**, allein über 100 Vogelarten wie Stelzvögel, Entenvögel, der silberne Regenpfeifer und Sumpfschnepfen. Die besten Besuchszeiten sind der Frühling, um die Vögel zu beobachten, sowie Juli und August, wenn der Boden vom malvenfarbigen Blütenmeer der »Zwinnebloem« bedeckt ist. Man kann auf eigene Faust – natürlich auf den Wegen – oder mit Führern das Gebiet durchwandern (Öffnungszeiten: Ostern – Sept. tgl. 9.00 bis 19.00, Okt. bis Ostern bis 17.00 Uhr; Nov. – März Mi. geschlossen).

Koksijde · De Panne

E 2

Provinz: West-Vlaanderen
Einwohnerzahl: 20 400
Meereshöhe

Koksijde setzt auf Familienurlaub, was sich bemerkbar macht in zivilen Hotelpreisen, neun Campingplätzen rundum und einem breit gefächerten Freizeitangebot am kilometerlangen, flachen und breiten Strand. Dazu kommt etwas Einmaliges: die Krabbenfischerei zu Pferd im Ortsteil Oostduinkerke.

Familienbad Wie alle Seebäder an der belgischen Küste begann auch Koksijde (frz. Coxyde) als Fischerdorf. Heute setzt sich der Ort aus den Teilen Koksijde-Dorp / Koksijde-Bad, Oostduinkerke, Sint-Idesbald und Wulpen zusammen.Koksijde ist stolz auf die höchste und flächenmäßig größte Düne der belgischen Küste: den 33 m hohen und 42 ha großen **»Hoge Blekker«**. Die Schipgatdünen mit seltenen Tieren und Pflanzen, die Norddünen sowie die Naturreservate Doornpanne und Kerkepanne kann man in Begleitung von Führern kennen lernen.

★ Naturerlebnis ►

Sehenswertes in Koksijde

Koksijde Ein Bummel auf der Hauptpromenade **Koninklijke Baan**, die die Teilorte verbindet, gehört dazu, schließlich stehen hier u. a. das Casino und das denkmalgeschützte Hotelschiff Normandie.

★★ Abdijmuseum Ten Duinen 1138 ►

Die Ruinen der Duinenabdij gehören zu den bemerkenswertesten Sakralbauten an der belgischen Küste. Die Abtei wurde 1107 von Benediktinern gegründet und 1138 von den Zisterziensern übernommen, die durch Anlegen von Deichen dem Meer größere Landstriche abgewannen und eine große Domäne bewirtschafteten. Die Zerstörung des Klosters 1578 vertrieb die Mönche; sie fanden Zuflucht im 1184 angelegten **Hof Ten Bogaerde** 4 km südlich. Auch die Ruinen lassen die Größe des Klosters noch erahnen: der Narthex und das 129 m lange Kirchenschiff von 1214, der Kreuzgang, das Refektorium sowie Teile der Klosterküche. Mit dem neuen interaktiven Museum hat Koksijde eine Attraktion ersten Ranges bekommen. Hier wird mit modernster Museumstechnik einerseits das Leben in einem mittelalterlichen Kloster vorgeführt und andererseits mit der Silbersammlung Maldague de la Héry Herstellungsweise und Typen religiöser Silbergegenstände erklärt. Zum Komplex gehört auch die Abteimühle von 1773 (Öffnungszeiten: Feb. – Dez. Di. – Sa. 10.00 bis 18.00, So. 14.00 – 18.00 Uhr).

◀ Onze-Lieve-Vrouw-ter-Duinenkerk

Der Gründer der Abtei, der hl. Idesbald, ist in der Kirche Onze-Lieve-Vrouw-ter-Duinen begraben, einer Schöpfung des Brugger Architekten Langsoght von 1965, die mit ihrem wellenförmigen Dach und der blauen Bemalung die Bewegung des Meeres ausdrücken will.

Sint-Idesbald

◀ Museum Paul Delvaux

Paul Delvaux, der neben René Magritte berühmteste belgische Surrealist, lebte in Sint-Idesbald. In seiner Villa in der Paul Delvauxlaan 42 wird eine beachtliche Sammlung seiner Bilder und Zeichnungen ausgestellt (Öffnungszeiten: April und Sept. Di. – So. 10.30 – 17.30 Uhr; Juni – Aug. auch Mo.; Okt. – Dez. nur Do. – So.).

KOKSIJDE ERLEBEN

AUSKUNFT

Leopold II-laan 2,
B-8670 Oostduinkerke
Tel. 058 53 21 21, Fax 058 53 21 22
www.koksijde.be
Büros auch in Koksijde-Bad, Oostduinkerke-Bad und Sint-Idesbald.

ESSEN

▶ Fein & teuer

Le Fox
Walckiersstraat 2, De Panne
Tel. 058 41 28 55
Eines der besten Restaurants an der belgischen Küste. Hier sollte man den Hummer oder die Jakobsmuscheln probieren.

▶ Erschwinglich

Bistro Pinot Blanc
Mariastraat 2, Koksijde-Bad
Tel. 058 51 53 10
Ruhetag: Di., Mi.
Kleines Restaurant mit ungezwungener Atmosphäre in einer Villa aus den 1930ern. Saisonale Gerichte, vieles aus dem Meer.

ÜBERNACHTEN

▶ Günstig

Le Régent
Bliecklaan 10, B-8670 Koksijde
Tel. 058 51 21 10,
Fax 058 51 66 47
10 Z. Angenehmes Familienhotel im Zentrum von Koksijde-Bad. Gutes Restaurant mit einfallsreicher Karte, auf der Fisch und Meeresfrüchte den Ton angeben.

FEST

Krabbenfest in Oostduinkerke alljährlich Ende Juni mit Kür der Krabbenkönigin »Mieke Garnaal«.

KUSTTRAM

15 Haltestellen zwischen Oostduinkerke und De Panne.

Oostduinkerke

Krabbenfischerei zu Pferd ►

In Oostduinkerke betreibt man eine auf der Welt einzigartige Form des Krabbenfangs: Bei Ebbe reiten die Fischer auf schweren Ardenner Kaltblutpferden durch das seichte Wasser. Gemächlich ziehen die Tiere Schleppnetze hinter sich her und von Zeit zu Zeit entleert der Reiter den Fang in die Körbe auf dem Pferderücken. Die Krabbenfischer zu Pferd sind stolz: Sie haben einen eigene Orden und sind Ehrenbürger der Stadt. Deutlich in ihrem Schatten stehen die Krabbenfischer, die ihrer Arbeit zu Fuß nachgehen.

Nationaal Visserijmuseum ►

Krabbenfischerei ist auch eines, aber nicht nur das einzige Thema im Nationaal Visserijmuseum: Es widmet sich der Geschichte und Technik des Fischfangs und zeigt u. a. schöne Modelle von Fischerbooten sowie Gemälde (Öffnungszeiten: Di. – So. 10.00 – 12.00 und 14.00 bis 18.00 Uhr; Juli / Aug. auch Mo.).

! *Baedeker* TIPP

Nicht verpassen

Um ganz sicher zu gehen: Wann die Krabbenfischer mit ihren Pferden auf Fang gehen, steht in einem Kalender, den man bei der Touristeninformation bekommt.

Umgebung von Koksijde

✶ **De Panne**

De Panne (frz. La Panne) liegt hübsch in einem Dünental (daher der Name = Pfanne) nahe der französischen Grenze und wird deshalb von vielen Urlaubern aus dem Nachbarland gerne aufgesucht. Weil es unbesetzt geblieben war, machten König Albert und Königin Elisabeth es im Ersten Weltkrieg zu ihrer Residenz; das militärische Hauptquartier des Königs befand sich in ►Veurne. De Panne besitzt **den breitesten Strand der belgischen Küste**: 400 m sind es bei Ebbe. Nicht von ungefähr konstruierten hier die Gebrüder Dumont vor mehr als 90 Jahren ihren ersten **Segelwagen** (»zeilwagen«) und riefen damit eine Sportart ins Leben, für deren Ausübung der Strand von De Panne geradezu prädestiniert ist.

✶ Dünenlandschaft ►

Westlich von De Panne erstrecken sich die unter Schutz stehenden **Dünen von Westhoek**, die wohl schönste Dünenlandschaft Belgiens, in der Hermeline, Marder, Sumpfohreulen und Kaninchen leben und die in ihrem Zentrum entfernt, aber durchaus an die Sahara erinnert. Ausgeschilderte Wanderwege erschließen sie. Dies gilt auch für die Oosthoek und den angrenzenden Calmeynbos.

Melipark

Was 1935 als Verkaufshalle für Honig begann, hat sich zum Vergnügungspark großen Stils entwickelt: Melipark in Adinkerke bietet Vogelpark, Piratenlandschaft, eine 520 m lange Wasserrutschbahn etc. Der Honig wird nun in ►Veurne verkauft.

★★ Kortrijk

F/G 6

Provinz: West-Vlaanderen **Höhe:** 19 m ü.d.M.
Einwohnerzahl: 74 300

Kortrijk war und ist immer noch wohlhabend. Das zeigt sich in den stolzen alten Gebäuden um den völlig aufgefrischten Grote Markt, aber auch in einigen sehr unkonventionellen Neubauten wie dem Justizgebäude. Was noch auffällt, sind ungewöhnlich viele Geschäfte mit allerlei Designprodukten – Kortrijk ist Belgiens heimliche Designhauptstadt.

Wohlstand durch Weben

Aus dem 14. Jh. hat Kortrijk seine (frz. Courtrai) Tradition der Textilherstellung und -verarbeitung (einst hauptsächlich Leinen) als eine der wenigen flandrischen Städte in die Gegenwart herübergerettet, erweitert um die Produktion von Kunstfasern. Der Flachs wird in der Umgebung angebaut und in vielen Betrieben verarbeitet.

Geschichte

Schon zur Zeit der Römer war »Cortoriacum« ein wichtiger Knotenpunkt an der Kreuzung zweier Römerstraßen. In der Merowingerzeit erhielt der Ort Münzrechte. Er wurde Sitz einer flandrischen Burggrafschaft und im Jahr 1189 zur Stadt erhoben. Ihre Blüte erlebte die Stadt dank der Tuchherstellung im Spätmittelalter, nach deren Niedergang im 16. Jh. kam Ersatz durch die Leinenweberei. Sowohl während der Kriege Ludwigs XIV. als auch in beiden Weltkriegen wurde Kortrijk stark beschädigt, was die jeweiligen Wiederaufbauarbeiten nicht kompensieren konnten.

Kortrijk Orientierung

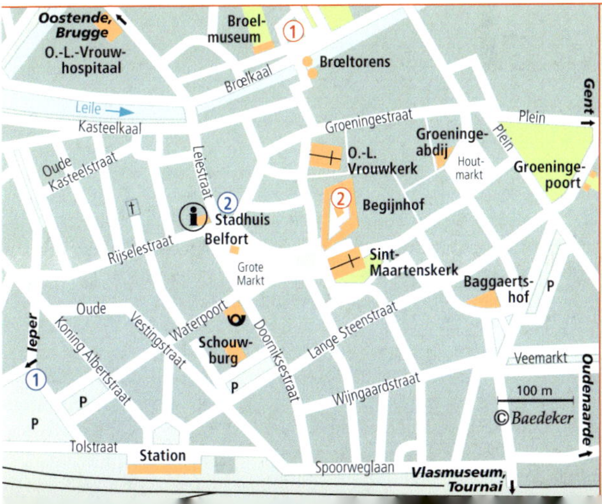

Essen

① Eddy Vandekerckhove
② Brasserie César

Übernachten

① Broel
② Begijnhofkamers

KORTRIJK ERLEBEN

AUSKUNFT

Sint-Michielsplein 5, B-8500 Kortrijk
Tel. 056 27 78 40, Fax 056 27 78 49
www.kortrijk.be

ESSEN

► Fein & teuer

① ***Gastronomisch Dorp Eddy Vandekerckhove***
Sint-Anna 5
Tel. 056 22 47 56
Ruhetag: Sonntagabend, Mo.
Sehr elegantes Gourmet-Restaurant mit französischer Küche. Großer Garten um ein nobles Landhaus, auch Gästezimmer. Südlich außerhalb Richtung Autobahn.

► Erschwinglich

② ***Brasserie César***
Grote Markt 2
Tel. 056 22 20 60
Ruhetag: Di.
Sehr gute Brasserieküche, serviert von sehr freundlichem Personal.

ÜBERNACHTEN

► Komfortabel

① ***Broel***
Broelkaai 8, B-8500 Kortrijk
Tel. 056 21 83 51, Fax 056 20 03 02
www.hotelbroel.be
70 Z. Das beste Hotel der Stadt liegt im Grachtenviertel bei den Broeltürmen. Klare, helle Inneneinrichtung mit mittelalterlichem Touch, schönes Schwimmbad.

► Günstig

② ***Begijnhofkamers***
Begijnhof 23, B-8500 Kortrijk
Tel. 056 22 83 74, Fax 056 52 03 66
http://users.belgacom.net/begijnhof-kortrijk
Wer schon immer wie eine Begine nächtigen wollte – hier ist der Ort dafür. Unschlagbare Atmosphäre im Beginenhof. Allerdings: Es gibt nur zwei (große) Zimmer – früh reservieren!

Die Sporenschlacht ►

Am 11. Juli 1302 fand auf dem Groeningekouter vor den Toren der Stadt (Denkmal beim Groeningepoort) die berühmte Sporenschlacht statt. Es siegten die Flamen, hauptsächlich Bewaffnete zu Fuß aus Brugge und Ieper, über ein französisches Ritterheer unter Robert, Graf von Artois. Die Schlacht war in zweierlei Hinsicht von welthistorischer Bedeutung: Zum einen sicherte der Sieg den mit den Flamen verbündeten Engländern wichtige Landeplätze, zum anderen war **zum ersten Mal in der Geschichte ein Ritterheer von Fußvolk besiegt** und damit der Mythos der Ritter schwer beschädigt worden. Die Sieger sammelten über 700 Sporen der unterlegenen Ritter ein und hängten sie als Zeichen des Triumphs in der Onze-Lieve-Vrouwkerk auf. Dort blieben sie bis 1382, als die Franzosen bei Rozebeke den Flamen eine vernichtende Niederlage bereiteten. Eine ihrer ersten Taten danach war, die Schmach von 1302 zu tilgen und die Sporen wieder zu entfernen. Der 11. Juli blieb für die Flamen der wichtigste Tag ihrer Geschichte und ist seit dem 19. Jh. Nationalfeiertag.

Sehenswertes in Kortrijk

Grote Markt

Fünf Spitztürmchen krönen den Belfried auf dem Grote Markt. Er ist der einzige Rest der 1307 erbauten Tuchhallen. Die Uhr schlagen die Kupfermännchen »Manten« und »Kalle«.

✶ ◄ Stadhuis

Das gotische Stadhuis wurde 1418 bis 1420 erbaut, im 16. Jh. vergrößert und zeigt im Giebel die Statuen der Grafen von Flandern. Ist gerade kein offizieller Termin, kann man den historischen Schöffensaal im Erdgeschoss mit seinem überaus prächtigen gotischen Kamin (1527) bewundern, den Statuen der Jungfrau, Ortsheiligen und allegorische Szenen zur Justiz schmücken. Ähnlich schön ist der Kamin im alten Ratssaal im Obergeschoss, auf dem Karl V. und die Laster sowie darüber ausdrucksstarke Szenen zum Thema »Der unselige Einfluss der Frauen auf die Männer« dargestellt sind, darunter **Aristoteles, auf dessen Rücken eine Frau reitet.**

Sint-Maartenshoofdkerk

Das Gegenüber vom Belfried, die Sint-Maartenshoofdkerk, stammt aus der zweiten Hälfte des 13. Jh.s, wurde 1382 von den Franzosen zerstört und danach wieder aufgebaut. Im Hauptschiff stehen die aus Holz geschnitzte Spätrenaissance-Kanzel und im Chor das 6,5 m hohe, sechseckige Sakramentshäuschen, ein Werk von Henrik Mauris (1585); weiterhin sehenswert schöne Goldschmiedearbeiten und Gemälde (de Crayer, Karel van Mander, J. Ykens, F. Francken) aus dem 16. bis 18. Jahrhundert.

✶✶ **Begijnhof**

Direkt an die Kirche grenzt der 1242 von Johanna von Konstantinopel gestiftete Beginenhof, wo auf engstem Raum 42 weiß getünchte Beginenhäuschen versammelt sind: eine Oase der Ruhe und **der schönste Beginenhof Belgiens**. Ein Spaziergang führt zur Kapelle von 1465, zur Bleiche und zur Kapelle der Hl. Jungfrau vom Schnee. Das Haus der Grootjuffrouw (Beginenälteste) unterscheidet sich von allen anderen Häuschen durch seine Größe und den doppelten Treppengiebel. Einige Räume sind in ihrer originalen Einrichtung erhalten geblieben; andere sind angefüllt mit Erinnerungsstücken zur Geschichte des Beginenhofs (Öffnungszeiten des Museums: tgl. 14.00 – 18.00 Uhr).

Dass nicht nur der Adel, sondern auch reiche Bürger an die Armen dachten, zeigt der **Baggaertshof** in der Sint-Jansstraat, wo 1638 Jossine Baggaert 13 Häuschen für bedürftige Frauen bauen ließ.

Belgiens schönster Beginenhof

Onze-Lieve-Vrouwkerk

✶ Van-Dyck-Gemälde ►

In einem Viertel mit engen Gassen an der Begijnhofstraat findet man die von Balduin IX. gegründete Onze-Lieve-Vrouwkerk, deren Fassade und Türme Anfang des 13. Jh.s und der Chor um 1300 vollendet waren. Der flämische Dichter Guido Gezelle war hier jahrelang Kaplan. Im linken Querschiff hängt eine »Kreuzaufrichtung« von Anton van Dyck im Stile Rubens'. Die Grafenkapelle auf dem Grundriss eines Parallelogramms ließ Ludwig von Male anlegen und mit den Porträts der flandrischen Grafen ausmalen. Die ersten 32 dieser Fresken waren 1378 vollendet und stammen von Johann van der Asselt; im Lauf der Zeit fügten verschiedene Künstler die übrigen hinzu. Die Statue der hl. Katharina mit der Märtyrerkrone (um 1380) schuf André Beauneveu.

Broeltorens

Die Guido Gezellestraat führt von hier zu den Broeltorens, zwei mächtigen Türmen der ehemaligen Stadtbefestigung aus dem 12. (südlich: »Speyetoren«) und 13. Jh. (nördlich: »Ingelborchtoren«).

Stedelijk Museum

Das städtische Museum präsentiert seine Schätze an zwei Orten. Am Ufer der Leie (Broelkaai 6) sind in einem der schönsten Patrizierhäuser (17. Jh.), nun **Broelmuseum**, die Keramikabteilung und die Gemäldesammlung überwiegend Kortrijker Maler zu sehen, darunter Werke von Roeland Savery (1576 – 1639); in der **Groeningeabdij** am Houtmarkt geht es um die Stadtgeschichte, insbesondere auch um die Sporenschlacht (Öffnungszeiten: Di. – So. 10.00 – 12.00 und 14.00 – 17.00 Uhr).

Nationaal Vlasmueum

Etwas außerhalb, in einem Flachsbauernhof aus dem 19. Jh. in der Etienne Sabbelaan 4, führt das Nationaal Vlasmuseum (Nationales Flachsmuseum) in 26 Dioramen Anbau und Verarbeitung des Flachses vor. Was man aus dem Leinen alles machen kann, zeigt das Spitzen- und Leinenmuseum (Öffnungszeiten: März – Nov. Di. – Fr. 9.00 – 12.30 und 13.30 – 18.00; Sa. und So. 14.00 – 18.00 Uhr).

Umgebung von Kortrijk

Wervik

Über Menen erreicht man 17 km südwestlich von Kortrijk Wervik. Hier hält das **Nationale Tabaksmuseum** allerlei zur Geschichte von Rauch-, Schnupf- und Kautabak bereit (Öffnungszeiten: März – Okt. Di. – Fr. 9.00 – 12.00 und 13.30 – 17.30 Uhr; Sa., So. nur nachm.).

Izegem

Wer ausgefallene Museen liebt, sollte auch nach Izegem 13 km nordwestlich von Kortrijk fahren, denn hier gibt es das **Nationale Schuh- und Bürstenmuseum** von Belgien (Öffnungszeiten: März – Okt. Di. bis Sa. 10.00 – 12.00 und 14.00 – 17.00 Uhr).

Roeselare

Roeselare, 21 km nordwestlich von Kortrijk, ist Heimat des Dichters Albrecht Rodenbach und des blinden Staatsmannes Alexander Rodenbach. Am Polenplein erinnert das Heimatmuseum an diese und andere Söhne der Stadt. Auch das in Roeselare gebraute Bier, ein saures, »rotes« Bräu, trägt ihren Namen. Hauptanziehungspunkt am Polenplein aber ist das **Nationale Fahrradmuseum** (Öffnungszeiten: April – Okt. Di. – Sa. 10.00 – 12.00 und 13.30 – 17.00 Uhr). Der Roeselarer Vorort Rumbeke besitzt ein sehr schönes Wasserschloss (16./18. Jh.) mit sieben Achtecktürmen; in der Sint-Pieter-Paulskerk kann man einen romanischen Taufstein aus dem Jahr 1200 bewundern.

★★ Leuven

F 15

Provinz: Vlaams Brabant
Einwohnerzahl: 89 600
Höhe: 20 – 40 m ü.d.M.

Leuvens Universität ist weltberühmt und bis heute begehrt bei den Studierenden Europas. Sie bringen Leben in die Stadt an der Dijle – abzulesen an der Zahl der Kneipen, Restaurants und der Musik- und Kunstfestivals. Aber auch wer es ruhiger braucht, ist in Leuven (frz. Louvain, dt. Löwen) richtig: Trotz schwerer Beschädigungen in beiden Weltkriegen geben die über die ganze Stadt verteilten Gebäude der Universität einen guten Überblick über die architektonischen Epochen vom 15. Jh. an.

Alte Universitätsstadt

Die 1425 gegründete Katholische Universität wurde bald eine der bedeutendsten Hochschulen Europas. Hier lehrten der große Humanist **Erasmus von Rotterdam** und Justus Lipsius, der Geograf Gerhard Mercator zählte zu ihren Studenten und einer ihrer Rektoren wurde 1459 als Adrian VI. zum Papst gewählt. Die Universitätsbibliothek, die ihresgleichen suchte, wurde 1914 und 1940 von den deutschen Besatzern in Brand gesteckt. Infolge des flämisch-wallonischen Streits wurde die Universität 1968 geteilt: Die frankophonen Lehrer und Studierenden gründeten in der neu erbauten Universitätsstadt Louvain-la-Neuve die »Université Catholique de Louvain« (► 228). Heute sind wieder 25 000 Studenten eingeschrieben und trichtern sich das Wissen ein, wie die Brunnenfigur des »Fons Sapientiae«, genannt **»Fonske«**, auf dem Grote Markt humorvoll illustriert. Ist es Zufall, dass in einer solchen Stadt Belgiens größte Brauerei, Stella Artois, und damit verbunden der weltgrößte Brauereikonzern, InBev, zu Hause sind?

»Fonske« trichtert sich allerlei Lernstoff ein.

Geschichte Die erste Siedlung hat ihren Namen vom niedergermanischen »Loo« (»buschige Anhöhe«) und »Veen« (»Sumpf«). Die Normannen, die diese erobert hatten, wurden Ende des 9. Jh.s wieder verjagt und um das neue Schloss der Grafen von Leuven entstand eine Stadt. 1106 erhielten die Grafen die Herzogswürde von Niederlothringen und nannten sich seit 1190 Herzöge von Brabant. Die Stadt entwickelte sich rasch zur Hauptstadt von Brabant und lebte von der Tuchweberei. Im 14. Jh. war Leuven mit über 100 000 Einwohnern eine der größten Städte Europas, in der 2500 Webstühle geklappert haben sollen. Zwistigkeiten, die im Aufstand der Zünfte gegen die Patrizier 1379 ausuferten und, nachdem die Führer der Patrizier aus dem Rathaus auf aufgepflanzte Piken geworfen worden waren, mit einem empfindlichen Strafgericht durch den Herzog von Brabant endeten, die allmähliche Verschiebung der Handelswege sowie die Verlegung des brabantischen Hofs nach Brüssel führten den Niedergang herbei. Dennoch entstand gerade in dieser Zeit mit dem Rathaus eine der stolzesten Manifestationen des bürgerlichen Selbstbewusstseins in den Niederlanden. Im 15. und 16. Jh. brachte die Universität, die ein **Bollwerk der katholischen Orthodoxie** wurde, neues Leben in die Stadt. In beiden Weltkriegen wurde Leuven stark getroffen.

? WUSSTEN SIE SCHON ...?

- Bei der Teilung der Universität Leuven 1968 stand man vor der Frage, was mit der Bibliothek geschehen sollte. Nun – die einen bekamen die Bücher mit den geraden, die anderen die mit den ungeraden Signaturen. Ein wahrlich aberwitziges Unterfangen, was manche als »dritte Zerstörung« der Bibliothek empfanden.

Am Grote Markt

**** Stadhuis**

Öffnungszeiten: April – Sept. Mo. – Fr. 11.00 u. 15.00, Sa., So., Fei. nur 15.00; Okt. – März tgl. 15.00

Sulpitius van Vorst begann 1439 das Stadhuis am Grote Markt, Matthaeus de Layens vollendete es nach Vorsts Tod von 1448 bis 1468. Sie schufen nichts weniger als einen der schönsten spätgotischen Profanbauten Europas, in seinen Details weitaus reicher als die vergleichbaren Rathäuser von ►Brugge, ►Brüssel, ►Gent und ►Oudenaarde. De Layens gab diesem Gebäude, das wie ein Reliquienschrein anmutet, seine entscheidende architektonische Note, indem er auf einen hohen Mittelturm verzichtete und dafür an den beiden Giebelseiten je drei schlanke, kleinere Türme anbrachte. Der Skulpturenschmuck zieht sich in drei Reihen über die Fassaden. Insgesamt 236 Figuren, die erst Ende des 19. Jh.s aufgestellt wurden, stellen bedeutende Persönlichkeiten der Stadt dar, während die Kragsteine und Sockel der Nischen schon im 15. Jh. mit Reliefdarstellungen aus dem Alten und Neuen Testament bestückt wurden.

Innen betritt man zunächst die Eingangshalle mit den Fahnen der sieben Patriziergeschlechter Leuvens; dahinter drei im 19. Jh. einge-

Schlank, filigran und farbenfroh: Leuvens Rathaus →

richtete Salons, von denen der dritte mit je einem Gemälde von Otto Venius bzw. de Crayer ausgestattet ist. Im Obergeschoss befinden sich der Große Gotische Saal (Gemeinderatssaal) mit geschnitzter Balkendecke (15. Jh.) und Kamin sowie der Kleine Gotische Saal, der ein sehr schönes gotisches Deckengewölbe aus Holz aufweist. Auch auf den Dachboden kann man klettern, wo ausgetauschte Teile des Skulpturenschmucks aufbewahrt werden.

Tafelrond

Das Gebäude links vom Rathaus wurde 1921 rekonstruiert. Es entspricht dem von de Layens erbauten Versammlungshaus der Gilden der Rhetoriker und der Schützen, der »Tafelrond«.

✶✶ Sint-Pieterskerk

Die Sint-Pieterskerk in der Mitte des Grote Markt zählt zu den Hauptwerken der brabantischen Gotik. Auch sie wurde von van Vorst begonnen, von Keldermans und de Layens fortgeführt und durch Joost Massys beendet. Ursprünglich war ein Westwerk mit drei Türmen vorgesehen, von denen **der Hauptturm 170 m hoch werden sollte**. Der sandige Baugrund verhinderte jedoch die Ausführung. Auf dem Sockel des nicht verwirklichten Mittelturms schlägt der vergoldete »Meister Jan« mit seinem Hammer die Stunden.

Innenraum ►

Das Hauptschiff zeichnet sich durch die gerade Linienführung der Bündelpfeiler und hohe, spitze Fensterbogen aus. Unter den Kunstschätzen hier fallen die prachtvoll geschnitzte Barockkanzel von 1742 auf und eine Madonna »Sedes Sapientiae« (1441), die Schutzheilige der Katholischen Universität, im linken Querschiff. Chor und Hauptschiff trennt ein überaus reich gestalteter spätgotischer Lettner (1488), der eine Kreuzigungsgruppe von Jan Borreman (um 1500) trägt. Unter dem Chor liegt die achteckige romanische Krypta der ursprünglichen Kirche des 10. Jahrhunderts.

Museum für religiöse Kunst (Schatzkammer) ►

Der gesamte Chorraum ist in das Museum für religiöse Kunst umgewandelt. Links vom spätgotischen Chorgestühl steht das herrliche 12,5 m hohe Sakramentshäuschen von de Layens (1450); in der Mitte des Chors ruht Herzog Heinrich I. von Brabant († 1235), seine Frau Mathilde († 1211) und seine Tochter Maria († 1260) sind im Chorumgang in der Andreaskapelle begraben. Einziger Rest eines 1914 verbrannten Kreuzes aus dem 12. Jh. ist ein hölzerner Christuskopf mit bewegendem Ausdruck. Herausragend ist jedoch das »Heilige Abendmahl«, **das Hauptwerk des Dirk Bouts**, der seit 1450 in Leuven lebte und arbeitete. Er hat die 1464 bis 1468 geschaffene Szene in einen gotischen Raum verlegt und die Figuren um Christus angeordnet; es steht jedoch nicht – wie bei vielen ähnlichen Darstellungen – der Verrat des Judas im Vordergrund, sondern die auch in den Seitentafeln wiedergegebene Symbolik der Eucharistie. Ebenfalls von Bouts stammt das Triptychon mit dem »Martyrium des hl. Erasmus« als Mitteltafel (1465); die Kopie eines Meisterwerks seines Lehrers Rogier van der Weyden ist die »Kreuzabnahme« (Öffnungszeiten: Di.–Fr. 10.00 – 17.00, Sa., So. 14.00 – 17.00; Mitte März – Okt. auch Mo. geöffnet).

Leuven Orientierung

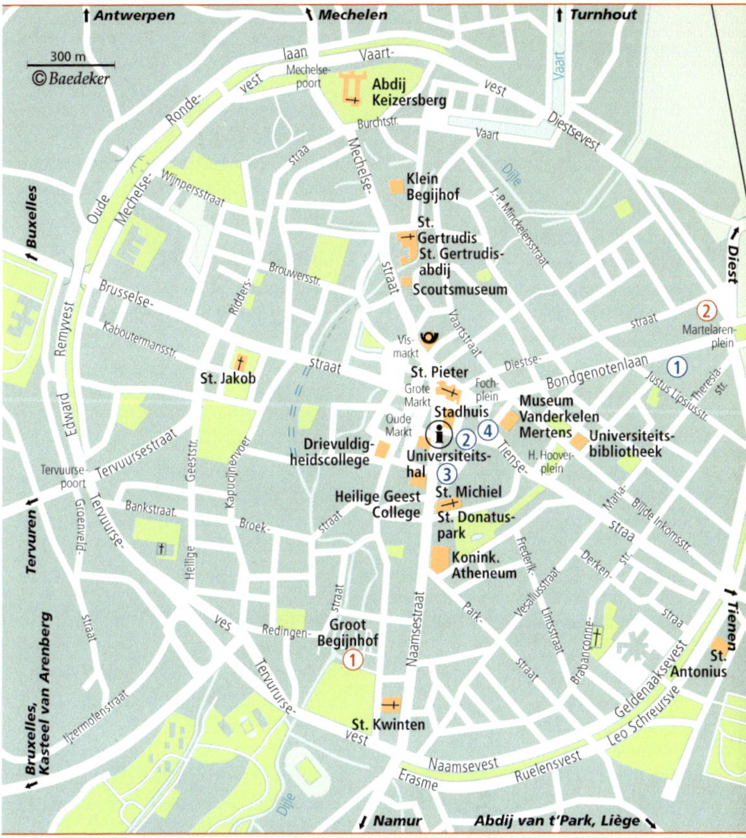

Essen
① Belle Epoque
② Oesterbar
③ De Clijne Tafel
④ Domus

Übernachten
① Begijnhof
② La Royale

Entlang der Naamsestraat

Rechts am Rathaus vorbei führt die Naamsestraat, an der vom 15. bis 18. Jh. so manch Mäzen ein Kollegiengebäude bauen ließ.

Lakenhall/ Universiteitshal

Gleich rechts stehet das Hauptgebäude der Katholischen Universität, ein Nachbau der 1317 bis 1345 errichteten Lakenhalle (Tuchhalle), die nach dem Untergang der Tuchindustrie 1432 Sitz der Universität

LEUVEN ERLEBEN

AUSKUNFT

Stadthuis, Grote Markt 9,
B-3000 Leuven
Tel. 016 21 15 39, Fax 016 21 15 49
www.leuven.be

ESSEN

► **Fein & teuer**

① ***Belle Epoque***
Bondgenotenlaan 94
Tel. 016 22 33 89
Ruhetag: So., Mo.
Erste Adresse für die Feinschmecker Leuvens, mit einem Stern belohnt.

► **Erschwinglich**

② ***Oesterbar***
Muntstraat 23
Tel. 016 20 28 38
Ruhetag: So., Mo.
Sehr klein, sehr gut und das beileibe nicht nur, was Austern betrifft, sondern auch bei perfekten Fischgerichten.

► **Preiswert**

③ ***De Clijne Tafel***
Naamsestraat 47
Tel. 016 22 77 18
Steakhouse auf zwei Etagen mit sehr guten Steaks und besten Fritten.

④ ***Domus***
Tiensestraat 8
Tel. 016 20 14 49
Ruhetag: Mo.
Erste Adresse für diejenigen Leuvener, denen der Sinn nach Hausmannskost und hausgebrautem Bier steht.

ÜBERNACHTEN

► **Luxus**

① ***Begijnhof Congreshotel***
Tervuursevest 70, B-3000 Leuven
Tel. 016 29 10 10, Fax 016 29 10 22
www.begijnhofcongreshotel.be
67 Z. Das Hotel erweckt die altehrwürdige Stimmung des benachbarten Beginenhofs. Vom spartanischen Leben der Beginen spürt man allerdings nichts mehr. Sehr schöner Wintergarten, noch schönerer Garten.

► **Günstig**

② ***La Royale***
Martelarenplein 6, B-3000 Leuven
Tel. 016 22 12 52, Fax 016 29 52 52
www.laroyale.be
34 Z. Ordentliches Hotel am Bahnhof, die Besitzerin spricht recht gut deutsch. Leicht plüschige Atmosphäre, sehr hübscher Frühstücksraum, nettes Restaurant.

wurde. Hier befand sich auch die Universitätsbibliothek, bis sie 1914 die deutschen Besatzer in Brand setzten; heute ist hier die Universitätsverwaltung untergebracht.

✶ **Oude Markt**

Der lebendige Mittelpunkt Leuvens, besonders an Sommerabenden, ist der Oude Markt. Zwar brannten seine historischen Backsteingiebelhäuser 1914 fast völlig nieder, doch wurden sie sehr schön wieder aufgebaut und geben das ideale Umfeld für eine Unzahl von Kneipen und Restaurants ab. Eine Bronzeskulptur ehrt die »Kottmadams« von Leuven, die Vermieterinnen der Studentenbuden. An der südlichen Schmalseite des Platzes steht das Collegium Vauxianum (Heilig Drievuldigheidscollege), das mit seiner barocken Fassade aus dem Jahr 1657 gefällt.

✶ Sint-Michielskerk

Die 1650 bis 1666 von Willem Hesius errichtete Sint-Michielskerk schräg gegenüber vom Heiliggeistkolleg wurde 1442 gestiftet, das Gebäude stammt jedoch aus dem 18. Jahrhundert. Sie ist dank ihrer mächtigen Fassade eine der glänzendsten Schöpfungen des Barock in Belgien. Auf der vor der Kirche links abgehenden Gasse kommt man zum Hogeschoolplein mit dem Pauscollege (Päpstliches Kolleg), 1523 von Papst Adrian VI. gestiftet.

Kollegien

Nach der Sint-Michielskerk folgen mehrere Kollegiengebäude: zuerst das Koningcollege (Nr. 59), 1579 von Philipp II. von Spanien gestiftet; dann das College van Promonstreit (Nr. 61), 1571 gestiftet; das 1508 vom späteren Bischof von Arras gestiftete Arrascollege (Nr. 63); das Huis Van 't Sestich (Nr. 69, gotisch) mit dem anschließenden College van de Hoge Heuvel; das College van Dale (Nr. 80), 1579 gestiftet und das älteste Renaissancegebäude der Stadt; schließlich das Amerikanische Kolleg (Nr. 100), 1659 für Zisterzienser gegründet und seit 1857 von amerikanischen Studenten belegt.

✶ Groot Begijnhof

Wenig westlich der Naamsestraat liegt der malerische, von einem Arm der Dijle durchflossene Groot Begijnhof. Er wurde zu Beginn des 13. Jh.s gebaut und umfasst heute mehr als 100 Häuser mitsamt Kirche; früher waren hier auch ein Spital und ein Bauernhof zu finden. Im 18. Jh., als noch 300 Beginen hier wohnten, wurden die Häuser im flämischen Renaissancestil erneuert, doch bedeutete die Französische Revolution das vorläufige Ende; nur wenige Beginen kehrten danach zurück. 1962 wurde die Anlage von der Universität gekauft, um Studentenwohnungen und Versammlungsräume einzurichten. Nur das zweite Häuschen rechts nach dem Eingang ist noch so eingerichtet, wie es die letzte, 1988 verstorbene Begine bewohnt hat. Die frühgotische Beginenkirche Sint-Jan-de-Doper, im 13. / 14. Jh. gebaut, dient heute als Kirche der Universität Leuven.

> ! *Baedeker* TIPP
>
> **Wohin?**
>
> In einer Universitätsstadt muss man natürlich abends um die Häuser ziehen. Außer dem Oude Markt bieten sich dafür die Tiensestraat (Domus), die Muntstraat und der Vismarkt an. An letzterem ist De Blauwe Schuit auch wegen seiner schönen Gartenterrasse eine gute Adresse. Jazz und Blues live gibt es im Blauwe Kater (Hallengang 1), Nostalgiker sollten ins Café Gambrinus am Grote Markt schauen.

Sint-Kwintenkerk

Am Ende der Naamsestraat kommt man zur Sint-Kwintenkerk, deren Turm um 1200 begonnen und erst im 16. Jh. vollendet wurde. Sie ist mit einigen Gemälden der Rubensschule ausgestattet.

Weitere Sehenswürdigkeiten in Leuven

★ **Museum Vander Kelen-Mertens**

Das Städtische Museum Vander Kelen-Mertens (Savoyestraat 6) gliedert sich in vier Bereiche: Malerei mit guten Bildern aus der Leuvener Schule (Quentin Massys: »Beweinung Christi«; Pieter Coecke van Aalst: »Hl. Familie«; Michiel Coxie) und weiteren Gemälden verschiedener Epochen; Skulpturen, darunter eine Madonna »Sedes Sapientiae« aus dem 12. Jh., ein außerordentlicher Alabaster-Retabel (16. Jh.) und das Fragment eines Passionsretabels aus Antwerpen (um 1525); die archäologische Abteilung und Kunsthandwerk, präsentiert im Rahmen des Herrenhauses ausdem 19. Jh. (Öffnungszeiten: Di.–Sa. 10.00–17.00, So. und Fei. 14.00–17.00 Uhr).

Antwerpener Passionsretabel im Museum Vander Kelen-Mertens

Am heutigen Ladeuzeplein baute der US-Architekt Whitney Warren von 1921 bis 1928 die **Universitätsbibliothek**, die ein 85 m hoher Glockenturm überragt. Über eine Million Bände gingen unwiederbringlich verloren, als nach den deutschen Einmärschen 1914 und 1940 die Bibliothek brannte; sie wurden mit US-Hilfe und durch Reparations- und Wiedergutmachungsleistungen deutscher Bibliotheken zumindest teilweise ersetzt.

Sint-Gertrudiskerk

Nördlich vom Grote Markt liegt die im 14. und 15. Jh. erbaute Sint-Gertrudiskerk. Ein britischer Luftangriff 1944 zerstörte sie bis auf den Turm und eine Kapelle, wobei auch das prächtige Chorgestühl, im Übergangsstil von der Gotik zur Renaissance gearbeitet, unter den Trümmern begraben wurde. Es ist rekonstruiert worden und steht in der 1953 neu aufgebauten Kirche. In der Kapelle erzählt das **Scoutsmuseum** die Geschichte der belgischen Pfadfinder (Öffnungszeiten: Mai–Okt. So. 14.00–18.00 Uhr).

Klein Begijnhof ►

Etwas weiter nördlich kommt man zum Kleinen Beginenhof, im 13. Jh. gestiftet. Die heutigen Häuser im traditionellen Back- und Sandsteinstil wurden im 17. und 18. Jh. gebaut.

Abdij van 't Park

In der 1129 von Gottfried dem Bärtigen gestifteten Abdij van 't Park südöstlich vor der Stadt leben heute noch einige Prämonstratenser. Da der Orden die Anlage alleine nicht mehr halten kann, hat die Stadt Leuven große Teile davon erworben. Sie werden in einen öffentlichen Park umgewandelt und in der Abtei soll ein Museum für religiöse Kunst eingerichtet werden.

Umgebung von Leuven

Kessel-Lo

Beim heutigen Kessel-Lo, 4 km östlich von Leuven, wurde 1127 die **Benediktinerabtei Vlierbeek** gegründet. Die Soldaten Wilhelms von Oranien zerstörten sie 1572 und erst Jahrzehnte später erfolgte der Wiederaufbau: Die Haupt- und Nebengebäude wurden 1642 bis 1730 errichtet, die Kirche von 1776 bis 1794. Die **Provinzialdomäne** von Kessel-Lo bietet das ganze Jahr über mannigfache Spiel- und Sportmöglichkeiten.

Aarschot

★

◄ Onze-Lieve-Vrouwkerk

In Aarschot an der Demer, im Hageland an der Grenze zum Kempenland 18 km nordöstlich von Leuven gelegen, besichtigt man die Onze-Lieve-Vrouwkerk, deren Bau 1337 mit der Errichtung des Chors durch den französischen Baumeister Jacques Piccart begann und um 1400 mit dem 85 m hohen Turm vollendet war. Die Sandsteinkirche ist ein hervorragendes Beispiel der Demergotik, einer regionalen Spielart der Brabanter Hochgotik. Schönstes Ausstattungsstück ist der im Flamboyant-Stil ausgeführte Lettner aus dem 16. Jh., den ein spätgotisches Kruzifix krönt. Das Chorgestühl (16. Jh.) mit satirischen Szenen (u. a. »Der Wolf und der Storch«) wird Jan Borchmans aus Eindhoven zugeschrieben. Rechts vom Chor hängt das Gemälde »Die Jünger von Emmaus« des aus Aarschot gebürtigen Pieter Joseph Verhaegen (1788). Im Beginenhof, 1251 gegründet und 1635 neu erbaut, ist in Haus Nr. 25 das **Stedelijk Museum voor Heemkunde en Folklore** eingerichtet (Öffnungszeiten: Mo. – Fr. 9.00 – 12.00 und 13.30 – 16.30, Aug. auch Sa. und So.13.30 – 16.30 Uhr). Den Grote Markt prägt der Sint-Rochustoren aus dem 14. Jh., einst Teil der Tuchhalle. An der Demer sind noch die herzoglichen Mühlen aus dem 13. bis 16. Jh. erhalten.

◄ Begijnhof

◄ Kasteel van Horst

Sint-Pieters-Rhode liegt 6 südlich von Aarschot. Das dortige Wasserschloss Horst geht auf eine mittelalterliche Anlage zurück, von der noch ein imposanter Turm existiert. Die heutige Gestalt des Schlosses aus Backstein mit weißen Sandsteinverzierungen rührt von Um- und Neubauten aus dem 16. bis 17. Jh. her.

Kasteel van Arenberg

In Leuvens südwestlichem Vorort Heverlee laden das an der Dijle gelegene Kasteel van Arenberg (16. Jh.) und dessen schöner Park zu einem Besuch ein. Das Schloss mit seinen beiden großen Ecktürmen mit Dachzwiebel wurde in traditionellem spätgotischen Stil mit Renaissance-Elementen gebaut und gehört heute der Universität.

Tal der IJse

Die IJse, ein Nebenfluss der Dijle, durchfließt im Südwesten von Leuven eine lieblich-grüne Landschaft, in der Gemüse – vor allem Chicorée – angebaut wird: ein hübscher Ort zum Wandern und Radfahren. Dabei lernt man die Kirche von **Korbeek-Dijle** kennen, die ein hervorragendes Altarschnitzbild mit der Darstellung des Lebens des hl. Stephan von 1522 besitzt und kommt durch **Overijse**, den Geburtsort des Humanisten Justus Lipsius (1547 – 1606).

★★ Liège (Lüttich)

G / H 20

Provinz: Liège
Einwohnerzahl: 184 500
Höhe: 70 m ü.d.M.

Lüttich schön zu nennen, kommt einem wahrlich nicht in den Sinn; erst recht nicht, wenn man sich durch die kilometerlange, teils brach liegende Schwerindustrielandschaft entlang der Maas zum Stadtzentrum vorkämpft. Dort angekommen wird man feststellen, dass die Verwüstungen, die die Stadt erlebt hat, nur wenige historische, ansehnliche Bauten übrig gelassen hat. Man wird aber auch bemerken, dass Lüttich quicklebendig und eine Shoppingstadt ersten Ranges ist. Die große Vergangenheit dokumentiert sich in einigen von Zerstörungen verschont gebliebenen Kirchen und in Museen, die mit zu den ersten Belgiens zählen.

Eine geschäftige Stadt

Die drittgrößte Stadt Belgiens (fläm. Luik, dt. Lüttich), liegt am Zusammenfluss von Maas und Ourthe, ist Hauptstadt der gleichnamigen Provinz, Universitätsstadt und Bischofssitz. Und nach wie vor, auch wenn die Industrie schwer gelitten hat, ist Lüttich Mittelpunkt eines bedeutenden Industriereviers mit einem der größten Binnenhäfen Europas. Die Wasserwege von Rhein und Ruhr, der Albertkanal von Antwerpen und die den Hennegau durchziehenden Kanäle aus Frankreich vereinigen sich hier mit den aus den Niederlanden von Rotterdam kommenden. Freizeitkapitäne ankern im Jachthafen.

Geschichte

Die Überlieferung will wissen, dass der hl. Hubert, Bischof von Tongeren-Maastricht, im Jahr 705 am Ort der Ermordung seines Vorgängers, des hl. Lambert, eine Kapelle errichten ließ: die Keimzelle von Lüttich. 721 verlegte Hubert seinen Bischofssitz dorthin, doch erst unter **Bischof Notker** (972 – 1008), der dem Bistum den Rang eines **weltlichen Fürstentums des Hl. Römischen Reichs Deutscher Nation** erstritt, begann der Aufstieg von Stadt und Region. Im Gegensatz zu den flandrischen Städten mussten die Bürger des Fürstbistums vor allem im 13. bis 15. Jh. teilweise erbittert mit dem Bischof um ihre Freiheiten kämpfen, war dieser doch zuallererst der katholischen Kirche verpflichtet. In dieser Zeit der Wirren begann jedoch auch die Herausbildung des Metallhandwerks.

Die Burgunder zerstören die Stadt ►

Die Katastrophe brach über die Stadt herein, als die Herzöge von Burgund sich des Fürstentums zu bemächtigen suchten. 1467 nahmen die Truppen Karls des Kühnen Lüttich ein und schleiften die Festung; 1468 erstürmten sie die Stadt noch einmal und steckten sie in Brand. Die sieben Wochen währende Feuersbrunst überstanden auf Karls Befehl nur die Kirchen und Klöster; erst 1475 erhielten die Bürger die Erlaubnis, ihre Stadt wieder aufzubauen. Der Tod des Burgunders gab ihnen dann 1477 ihre Unabhängigkeit zurück.

Fürstbischof Erard de la Marck (1505 – 1538) brachte eine neue Blütezeit. Noch im selben Jahrhundert begann ein neuer Aufschwung infolge des Steinkohleabbaus und auch die Waffenproduktion gewann an Bedeutung. Abermalige Streitigkeiten zwischen dem durch die Industrie mächtig gewordenen Bürgertum und den Fürstbischöfen endeten mit dem Sieg der Bischöfe: Mehrere Bürgermeister mussten im 17. Jh. das Schafott besteigen. Erst 100 Jahre später beendete die Französische Revolution die geistliche Herrschaft.

◄ Blüte und Ende der geistlichen Herrschaft

Im 19. Jh., besonders seit der Gründung Belgiens, war der Weg frei zum endgültigen Aufstieg zur bedeutenden Industriemetropole, für die als Symbol die 1889 gegründete Waffenfabrik Fabrique Nationale gelten kann. Den Vormarsch des deutschen Heeres im Ersten Weltkrieg hielten belgische Regimenter in der Festung Lüttich lange genug auf, um den französischen und übrigen belgischen Truppen Zeit zu verschaffen, sich zu formieren. Der Zweite Weltkrieg brachte zunächst wenig Zerstörungen, doch nach dem Abzug der deutschen Besatzer war Lüttich von November 1944 bis Januar 1945 Ziel von über 1500 V 1- und V 2-Raketen, die mehr als 23 000 Gebäude beschädigten oder vernichteten. Die Krise der Stahlindustrie erforderte in der Nachkriegszeit eine wirtschaftliche Neuorientierung.

◄ Industriemetropole

Bei Nacht sieht Lüttich richtig weltstädtisch aus.

Liège Orientierung

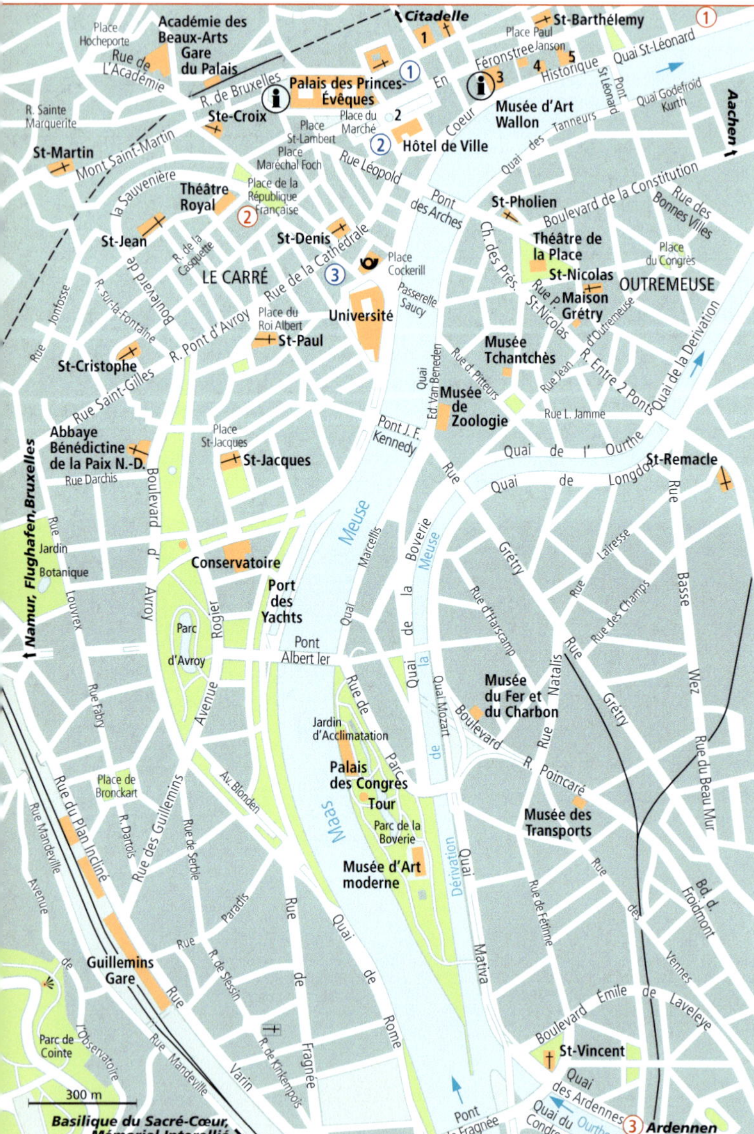

Essen
① As Ouhès
② Bistrot d'en Face
③ La Parmentière

Übernachten
① Bedford
② Ibis Opéra
③ Le Val d'Ourthe

1 Musée de la Vie Wallonne
2 Fontaine du Perron
3 Musée d'Ansembourg
4 Musée d'Armes
5 Musée Curtius

LIÈGE ERLEBEN

AUSKUNFT

En Féronstrée, 92, B-4000 Liège
Tel. 04 221 92 21, Fax 04 221 92 22
www.liege.be. Das Büro der Tourismusinformation der Provinz liegt an der Place St-Lambert

SIGHTSEEING

Die wichtigsten Sehenswürdigkeiten liegen nicht sehr weit auseinander und können gut zu Fuß ereicht werden. Parken in der Innenstadt kann man u. a. in Parkhäusern unter der Place St-Lambert und der Place de l'Opéra. Wer auf das rechte Ufer der Maas will, nimmt am besten die Fußgängerbrücke Passerelle Saucy. Die *besten Ausblicke auf die Stadt* hat man von der Zitadelle und vom Parc de Cointe im Süden der Stadt.

SHOPPING

Ein großer Teil der Innenstadt ist Fußgängerzone. Die meisten Geschäfte findet man zwischen Place St-Lambert und Place de la République Française und vor allem im »*Carré*« zwischen Rue de la Cathédrale und Rue de la Casquette. Hier sollte man unbedingt durch *die erste gedeckte Einkaufspassage Belgiens, die Passage Lemonnier von 1839* bummeln. Ebenfalls ein Muss ist der *Sonntagsmarkt »La Batte«* am Maasufer, wo es eigentlich alles gibt: Lebensmittel, Kitsch, Kleider, Antiquitäten... (ab 8.00 Uhr).

ESSEN

► Erschwinglich

① ***As Ouhès***
Place du Marché, 21
Tel. 04 223 32 25
Austern und Lütticher Küche wie Nieren sind die Spezialitäten dieser »Institution« direkt am Perron.

② ***Le Bistrot d'en Face***
Rue de la Goffe, 8-10
Tel. 04 223 15 84
Gemütlich, eng, voll, auch laut, tolles Essen (vor allem Fleischgerichte franzöisch-belgisch) – unbedingt reservieren!

③ ***La Parmentière***
Place Cockerill, 10
Tel. 04 222 43 59
Ruhetag: So., Mo., donnerstagabend
Belgische Klassiker wie Kaninchen in Biersauce, aber auch Hummer vom Grill werden hier in gelockerter Atmosphäre serviert.

ÜBERNACHTEN

► Luxus

① ***Bedford***
Quai St-Léonard, 36, B-4000 Liège
Tel. 04 228 81 11, Fax 04 227 45 75
www.hotelbedford.be
149 Z. Großes Haus mit allem Komfort am Maasufer wenige Gehminuten von der Innenstadt. Gartenterrasse an der Rückseite; Restaurant im Gewölbekeller aus dem 17. Jh.

► Günstig

② ***Ibis Opéra***
Pl. de la République Française, 41, B-4000 Liège
Tel. 04 230 33 33, Fax 04 223 04 81
78 Z. Das Hotel gehört zum Shoppingzentrum Opéra im Herzen der Stadt, also richtig für diejenigen, die mitten im Geschehen sein wollen. Trotzdem ruhige Zimmer.

③ ***Le Val d'Ourthe***
Route de Tilff, 412, B-4031 Angleur
Tel. 04 365 91 71, Fax 04 365 62 89
15 Z. Kleines Hotel mit großen Zimmern im grünen Ourthetal; in Autobahnnähe.

Cœur historique

★ **Place Saint-Lambert**

Archéoforum ►

In Lüttich dreht sich alles um die weitläufige Place Saint-Lambert. Auf ihr stand bis 1796 die Cathédrale Saint-Lambert, die damals größte Kathedrale der Niederlande. Sie wurde von den französischen Revolutionären zerstört. Im »Archéoforum« unter dem Platz sieht man ihre Grundmauern, das Heizungsgewölbe einer römischen Villa und andere Grabungsfunde. Das Viertel östlich der Place Saint-Lambert ist das »historische Herz« der Stadt.

★ **Palais des Princes-Evèques**

An Stelle der Kathedrale dominiert heute der ehemalige Palast der Fürstbischöfe den Platz. Schon Notker ließ hier einen ersten, bescheidenen Bischofssitz erbauen, der Ende des 15. Jh.s zerstört wurde. Erard de la Marck zeichnte verantwortlich für den Neubau, der 1526 bis 1540 nach Plänen Arnold van Mulckens im Übergangsstil von der Gotik zur Renaissance entstand. 1734 bis 1740 wurde die neue (südliche) Hauptfassade angebaut, 1848 bis 1856 der neogotische Westflügel hinzugefügt. Heute hat hier die wallonische Regierung ihren Sitz. Zugänglich ist der erste Hof, an dessen Säulen Narrenmasken und Fratzen prangen – die Künstler ließen sich von Sebastian Brants »Narrenschiff«, Erasmus' »Lob der Torheit« und den Nachrichten aus der Neuen Welt inspirieren.

Der Fürstbischöfliche Palast hat die 1796 zerstörte Kathedrale ersetzt.

✶ **Place du Marché**

In ihrer Südostecke geht die Place Saint-Lambert in die baumbestandene, von barocken Häusern umgebene Place du Marché über.

◄ Perron

In ihrer Mitte versinnbildlicht der Perron die für die Gemeinden des Fürstbistums erkämpften und verbrieften Freiheiten. 1697 anstelle eines wesentlich älteren Vorgängers erbaut, steht er inmitten eines von Jean Delcour geschaffenen Brunnens, von drei Grazien gekrönt.

◄ Hôtel de Ville

Das 1714 bis 1718 erbaute barocke Rathaus an der Südseite des Marktplatzes wird nach dem ersten Versammlungsraum für den Stadtrat »La Violette« genannt. Dieses ließ 1468 Karl der Kühne verwüsten, die Franzosen taten es ihm 1691 gleich.

✶✶ **Musée de la Vie Wallonne**

Vor der Ferronstrée die erste Straße links führt zum im 17. Jh. im Stil der Maasländer Renaissance erbaute Minoritenkloster. Hier zeigt das Musée de la Vie Wallonne in neuen Räumen Leben und Kultur Walloniens. Modernste Technik macht es zu einem der sehenswertesten Museen des Landes. Die Themen sind breit gestreut, so z. B. Volksfrömmigkeit, Magie, Feste, Hausarbeiten, Heizung und Beleuchtung, Handwerk. Man sieht u.a. Marionetten, Werkstätten (Wachszieher, Pfeifenmacher, Küfer, Zinngießer) und eine außergewöhnliche Sammlung alter Sonnenuhren. Landwirtschaftliches Gewerbe wie Käserei und Korbmacherei werden ebenso vorgestellt wie der Bergbau der Wallonie, wozu auch der nachgebildete Stollen einer Kohlengrube um 1900 gehört. Im angrenzenden Maison Chamart werden nach alter Tradition und mit alten Marionetten Puppenspiele aufgeführt (Öffnungszeiten für beide: Di. – Sa. 10.00 – 17.00, So. bis 16.00 Uhr).

? WUSSTEN SIE SCHON ...?

- Am Rathaus erinnert eine Tafel an Alfred Maigret. Maigret? Richtig – Georges Simenon wählte für seinen berühmten Pariser Kommissar den Namen des Fahrers des damaligen Lütticher Polizeichefs.

Musée d'Art Religieux Mosan

Daran schließt in der Rue Mère-Dieu das Museum der religiösen maasländischen Kunst an, das ehemalige Diözesanmuseum. Es wird in den Museumskomplex Grand Curtius umziehen (s. S. 326).

✶ **Hinauf zur Zitadelle**

Von der Straße En Hors Château vor den Museen steigt nach kurzem Weg links der Treppenaufgang **Montagne de Bueren** hinauf zur Zitadelle. Wer nicht ganz hinauf will: Am Beginn der Treppe führt links ein Weg in den Beginenhof zum Hl. Geist und vorbei an der alten Poststation zu einem Aussichtspunkt am Zitadellenhang. Von hier treppab kommt man unten hinter dem Fürstbischöflichen Palast wieder an. Wen die 374 Stufen des Montagne de Bueren nicht schrecken, erreicht den Parc de la Citadelle im 158 m ü.d.M. und wird dort mit einem schönen Blick über die Stadt belohnt. Der Park umschließt Vorgelände und Bastionen der im 18. Jh. erbauten Zitadelle.

En Féronstrée

Diese Straße beginnt an der Ostseite des Marktplatzes. Ihr Name erinnert daran, dass im Mittelalter hier die Schmieden, Eisengießereien, die Kontore der Metallhändler und die Zünfthäuser lagen. Heute zeigt sie sich als Sammelsurium von (billigen) Läden, Kneipen und mehr oder weniger hässlichen Neubauten.

Musée de l'Art Wallon ►

Deren größter ist der 1977 erbaute Ilôt Saint-Georges, in dem das Musée de l'Art Wallon Gemälde, Skulpturen und Zeichnungen wallonischer Künstler ausstellt (Öffnungszeiten: Di. – Sa. 13.00 – 18.00, So. 11.00 – 16.30 Uhr).

★ Musée d'Ansembourg ►

Kurz darauf steht man vor der roten Fassade des 1735 bis 1740 für den Patrizier Michel Willems erbauten Hauses, dessen Enkelin einen Grafen Ansembourg heiratete. Zum Museum umgewandelt, ist es heute beredtes Beispiel für die großbürgerlich-adelige Wohnkultur des 18. Jahrhunderts. Man bewundert u. a. in der Eingangshalle eine hölzerne Madonna von Delcour, im Speisesaal die Ledertapeten aus Córdoba, die Stuckdecke und einen repräsentativen Geschirrschrank, im Salon des Tapisseries Wandteppiche aus ►Oudenaarde und einen prächtigen Intarsientisch aus dem Fürstbischöflichen Palast sowie im Obergeschoss einen monumentalen Kamin, darüber das Porträt des Hausherrn, und einen großen Intarsienschrank aus Lüttich (Öffnungszeiten: Di. – So. 13.00 – 18.00 Uhr).

Saint-Barthélemy

Die Kirche Saint-Barthélemy schräg gegenüber wurde im 11. und 12. Jh. ursprünglich dreischiffig gebaut und im 18. Jh. um zwei Schiffe und ein Seitenschiff vergrößert. Charakteristisch für diesen rheinisch-maasländischen Kirchenbau ist das Westwerk mit seinen beiden Türmen. Die Kirche besitzt sehenswerte Gemälde von Bertholet Flémalle (1614 – 1675) und Englebert Fisen (1655 – 1733), beide aus Lüttich; der mit Abstand bedeutendste Kunstschatz ist jedoch das zwischen 1107 und 1118 von Renier de Huy aus Messing gegossene Taufbecken, das, auf zwölf die Apostel symbolisierenden Stieren ruhend, fünf vortreffliche Reliefs mit Taufszenen zeigt (nähere Beschreibung S. 49). Es stand ursprünglich in der während der Französischen Revolution zerstörten Kirche Notre-Dame-aux-Fonts.

★★ Taufbecken des Renier de Huy ►

Le Grand Curtius

Am Musée Ansembourg vorbei kommt man zu den Uferstraßen an der Maas. Hier wird sonntags der berühmte Markt **»La Batte«** abgehalten. Am Quai de Maestricht sticht der Stadtpalast des einsitgen Armeelieferant der Spanier Jean Curtius (1551 – 1628) ins Auge. Er ließ sich zwischen 1600 und 1610 dieses repräsentative Backsteingebäude mit seiner markanten rotweißen Fassade erbauen. Es ist Namensgeber für einen bis 2007 geplanten Museumskomplex.

★★ Musée Curtius ►

Dessen Kernstück, das Musée Curtius, vereint Stücke aus vorgeschichtlicher, römischer und fränkisch-mittelalterlicher Zeit sowie Möbel und Kunstgegenstände vom Mittelalter bis zur Französischen Revolution. Die wichtigsten: römische Bronzen, eine römische Keramikmaske und ein einzigartiges römisches Glasservice, merowingische Alltagsgegenstände, wunderbare frühromanische Elfenbeinschnitzereien wie ein segnender Christus aus Amay und das **Evangeliar des Bischofs Notker** (um 1000, das Glanzstück des Museums),

Das Musée Curtius fällt schon durch seine außergewöhnliche Fassade auf.

die feine Madonna des Dom Rupert (um 1140), das hölzerne Tympanon mit dem »Mysterium des Apollon« (um 1150), prächtige Renaissancesäle; schließlich eine Sammlung Lüticher Münzen.

Das Musée du Verre beschäftigt sich mit Glaskunst und besitzt Gläser vom 5. vorchristlichen Jahrhundert bis zur Gegenwart, darunter auch sehr eigenwillige Jugendstilwerke. ◄ Musée du Verre

Das Musée d'Armes belegt mit einer großen **Sammlung von Handfeuerwaffen** die seit dem 14. Jh. bestehende Tradition der Waffenherstellung in Lüttich. Paradestücke sind die Prunkwaffen. * ◄ Musée d'Armes

Zum Grand Curtius zählen auch das Musée d'Ansembourg (s. S. 326) und das Museum der religiösen maasländischen Kunst. ◄ Weitere Museen

Von der Place Saint-Lambert zur Kathedrale

Einkaufen!

Durch die neue Hochglanz-Shoppingpassage Galereies Saint-Lambert an der Südseite der Place Saint-Lambert und dann rechts kommt man auf die Place de la République Française und ist schon im Herzen des Einkaufsviertels: Geradeaus geht es in die Fußgängerpassagen des »Carré«, rechts hinauf zur Place de l'Opéra, die ihren Namen dem 1818 bis 1822 nach dem Vorbild des Pariser Odéons erbauten **Théâtre Royal** verdankt, der Bühne der Opéra Royal de la Wallonie. Wer nicht nur shoppen will: In diesem Viertel gibt es einige sehenswerte Kirchen.

Sainte-Croix Dazu gehört Sainte-Croix (Heiligkreuzkirche) nördlich der Oper, 979 von Bischof Notker geweiht und eine der wenigen Kirchen Belgiens mit zwei Chorapsiden: Der romanischeWestchor entstand um 1175, der gotische Ostchor im 14. Jahrhundert. Im Westchor steht das merkwürdige, mit Hieroglyphen bedeckte Grabmal des Kanonikers Millemans (1558). Der Kirchenschatz prunkt mit dem **»Triptychon vom Wahren Kreuz«**, wahrscheinlich von Godefroid de Huy, in dem vier Stücke des Kreuzes Christi, ein Stück vom Schädel Johannes' des Täufers und ein Zahn des hl. Vinzenz eingearbeitet worden sein sollen, sowie mit dem 37 cm langen sog. **»Clef de Saint-Hubert«** (Hubertusschlüssel), den Papst Gregor II. 722 dem hl. Hubert schenkte gemäß dem Brauch, großen Kirchenmännern einen Schlüssel zum Petrusgrab in Rom zu überreichen, in den ein Stück der Kette Petri eingefügt worden war. In Europa gibt es nur noch in Maastricht in St-Servatius einen solchen Schlüssel.

★ Kirchenschatz ►

Saint-Jean Nur wenig hinter dem Théâtre Royal liegt die Église Saint-Jean, 980 von Notker gestiftet. Vorbild war die Pfalzkapelle in Aachen, zu erkennen am oktogonalen Grundriss des Zentralbaus. Zur Ausstattung gehören zwei sehr schöne Skulpturen: eine Madonna »Sedes Sapientiae« (um 1230) aus Eichenholz und aus gleicher Zeit »Maria und Johannes der Täufer«.

★ **Cathédrale Saint-Paul** Die Pont d'Île, die Hauptstraße des »Carré«, mündet auf den dreieckigen Platz Vinâve d'Île mit einem Brunnen von Delcour. Der Platz geht über in die Place de la Cathédrale mit der 971 von Bischof Heraclius gegründeten Stiftskirche Saint-Paul, seit 1801 als Nachfolgerin von Saint-Lambert bischöfliche Kathedrale. Ihr 90 m hoher Turm trägt ein Glockenspiel aus der alten Kathedrale, das die wallonische Hymne »li Tchant dès Wallons« spielt. Die ursprüngliche romanische Kirche wurde zu Beginn des 13. Jh.s zerstört und durch die heutige frühgotische Kirche 1232 bis 1289 ersetzt. Die Ausstattung des 85 m langen, 34 m breiten und 24 m hohen Kirchenraums umfasst Kunstwerke wie die Marmorskulptur der Grablegung Christi von Delcour im linken Seitenschiff, ein großes Glasfenster von Hans von Köln (1530) im rechten Querschiff und andere sehr kunstvolle Glasfenster von 1557 bis 1587 in der Chorapsis. Im Kreuzgang wird der Kirchenschatz ausgestellt, der – neben zwei Elfenbeinarbeiten aus dem 11. Jh. – zwei hervorragende Stücke besitzt: das 1,50 m hohe **Büstenreliquiar des hl. Lambertus**, 1506 bis 1512 von Hans von Reutlingen, dem in Aachen ansässigen Goldschmied der Kaiser Maximilian und Karl V. im Auftrag Erards de la Marck geschaffen, und das **goldene Reliquiar von Karl dem Kühnen**, das den Burgunderherzog mit einem Reliquienbehälter des hl. Lambert kniend zeigt, während hinter ihm der hl. Georg steht, der ebenfalls die Züge des Herzogs trägt. Das 1467 von Gérard Loyet geschaffene Werk soll Karl 1471 aus Reue über die von ihm befohlene Zerstörung von Lüttich der Stadt geschenkt haben (Öffnungszeiten: tgl. außer Mo. 14.00 – 17.00 Uhr).

★ ★ Kirchenschatz ►

Zur Maas zurück führt die die Rue de la Cathédrale und passiert dabei Saint-Denis, 987 ebenfalls von Bischof Notker gestiftet und 1011 geweiht. Sie besitzt einen schönen gotischen Passionsaltar.

Saint-Denis

Ein Abstecher in die entgegengesetzte Richtung für Kirchenfreunde: Auf der Rue St-Remy erreicht man Saint-Jacques, im 11. Jh. gegründet und 1513 bis 1538 spätgotisch umgestaltet. An der Westseite blieb die romanische Vorhalle von 1170 erhalten; das herrliche Nordportal gestaltete Lambert Lombard 1558 bis 1560 im Stil der Renaissance, beließ aber das **Relief mit der Marienkrönung** (1380) unter dem Bogen, ein Meisterwerk der maasländisch-gotischen Bildhauerkunst.

★ **Saint-Jacques**

Auf dem rechten Ufer der Maas

Am raschesten kommt man auf dem Fußgängersteg Passerelle Saucy auf das rechte Maasufer nach Outremeuse, dem volkstümlichsten Viertel der Stadt, als Insel ingeklemmt zwischen der Maas und der Maasableitung. Dort haben sich 1927 die – nicht ganz ernst gemeinten – »Freistaaten« République Outremeuse und die Commune de Saint-Pholien ausgerufen. Dort hört man ab und an noch unverfälschten Dialekt und dort ist **»Tchantchès«** zuhause (François), die angeblich 760 geborene trinkfeste Symbolfigur der Lütticher, Berater Karls des Großen und Gefährte Rolands, die als Marionette erstmals 1836 zusammen mit »Polichinellle« und »Guignol« im Puppentheater auftauchte. An der Place d'Yser wurde ihm 1936 ein Denkmal gesetzt. Nicht weit davon, in der Rue des Récollets, wurde der Komponist André-Ernest-Modeste Grétry (1741 bis 1813) geboren

Outremeuse

Mehr über Tchantchès erfährt man in der Rue Surelet im Musée Tchantchès (Musée Libre d'Outre-Meuse). Zu sehen sind hier auch einige der über 200 ihm verliehenen Kostüme und eine Marionettensammlung (Öffnungszeiten: Di. und Do. 14.00 – 16.00 Uhr). **Marionettentheater** gibt es von Okt. bis Ende April Mi. 14.30 und So. 10.30 Uhr.

◄ Musée Tchantchès

! *Baedeker* TIPP

Auf den Spuren von Georges Simenon

Georges Simenon wurde zwar in der Rue Léopold 24 auf dem linken Maasufer geboren, seine Kindheit und Jugend verlebte er aber im Kleineleuteviertel Outremeuse. Nicht umsonst heißt sein erster Roman »Pont d'Arches«. Beim Verkehrsamt kann man sich einen Audioguide ausleihen und mit dessen Hilfe 27 Stationen aus der Lütticher Zeit Simenons aufsuchen. Eine davon ist auch sein Denkmal an der Place du Congrès.

Musée de Zoologie mit Aquarium

Zum Zoologischen Institut der Universität gehört das Musée de Zoologie, eine klassische Sammlung von Skeletten und Präparaten. Etwas interessanter ist das Aquarium im Keller (Öffnungszeiten: Mo. – Fr. 9.00 – 17.00, Sa.und So. Fei. 10.30 – 18.00 Uhr).

Parc de la Boverie

Bis zur Ourthemündung erstreckt sich der Parc de la Boverie mit dem Palais des Congrès und dem Tour cybernétique, einem 52 m hohen, bizarren Stahlgerüst. Von hier aus sieht man auch gut das über dem linken Maasufer aufragende Mémorial interallié mit der Kuppelkirche Sacré Cœur (1935 / 1936). Der Park war 1905 Schauplatz der Weltausstellung. Dazu baute man den Palast der Schönen Künste, heute Museum für moderne und zeitgenössische Kunst. Es bietet eine gute Sammlung von Gemälden seit 1850, darunter Picasso, Pissarro, Monet, Kokoschka, Chagall und vor allem Belgier wie Evenepoel, de Smet und Delvaux. Angeschlossen ist das Cabinet des Estampes mit Grafiken aus allen Perioden seit dem 16. Jh. (Öffnungszeiten: Di. – Sa. 13.00 – 18.00, So. 11.00 – 16.30 Uhr).

✶ Musée d'Art moderne ►

Musée de la Métallurgie und Musée des Transports

Wer an Technikgeschichte interessiert ist, findet im Viertel jenseits der Maasableitung zwei Museen: Das Musée de la Métallurgie (Blvd. Poincaré) befasst sich mit Bergbau und Metallverarbeitung in Wallonien und zeigt u. a. einen Hochofen von 1693 sowie hydraulische Schmiedehämmer aus dem 18. Jh. (Öffnungszeiten: Mo. – Fr. 9.00 bis 17.00; Sa. und So. 14.00 – 18.00 Uhr; Nov. – Mitte März an Wochenenden geschlossen). Etwas weiter an derselben Straße zeigt das Musée des Transports alte Fahrzeuge, Ausrüstung und Dokumente aus dem Nahverkehr der Stadt (Öffnungszeiten: Mo. – Fr. 10.00 bis 12.00 u. 14.00 – 17.00, Sa. u. So. 14.00 – 18.00 Uhr).

Umgebung von Liège

Réserve naturelle de Sart Tilman

Ganz im Süden der Stadt liegt über dem linken Ufer der Ourthe die der Universität gehörende große Domäne von Sart Tilman. Man findet hier einen botanischen Garten, das Château de Colonster (17. Jh.) mit der Stiftung Georges Simenon sowie ein Freilichtmuseum mit Skulpturen und Objekten vor allem belgischer Künstler.

Val Saint-Lambert

Im Vorort Seraing kann man im Schloss den **Glasbläsern** der Manufaktur von Val Saint-Lambert bei der Arbeit zuschauen, eines der schönen Kristallgläser erwerben und im Museum die herrliche Glassammlung besichtigen (Öffnungszeiten: April – Sept. tgl. 10.00 bis 17.00 Uhr; März und Okt. / Nov. nur an Wochenenden.)

Fort de Lantin und Fort de Loncin

1888 wurde ein Festungsring rund um Lüttich gebaut, zu dem die nördlich gelegenen Forts von Lantin und Loncin gehörten. Beide sind seither unverändert geblieben; in Loncin gibt es das Fort und ein Museum zu besichtigen, in Lantin wird man per Multimediaschau durch die Anlage geführt.

Im 20 km nordöstlich von Liège gelegenen Bergarbeiterstädtchen Blégny kann man unter fachkundiger Führung die alte Kohlenmine besichtigen und danach das Gesehene im Bergwerksmuseum vertiefen (Öffnungszeiten: April – Okt. tgl. ab 10.00 Uhr).

Blégny

Visé liegt dicht an der belgisch-holländischen Grenze 20 km nördlich von Liège und ist damit die nördlichste Stadt Walloniens. Hier feiert man den **»Karneval der Gänse«** nach einer Legende aus dem Jahr 1334. Damals sollen die Gänse von Visé durch ihre Fresssucht den Belagerern der Stadt das Eindringen ermöglicht haben, indem sie die Riegel der Tore auffraßen.

Visé

Doch nicht der Gänse wegen fährt man hierher, sondern um in der Stiftskirche Saints-Martin-et-Hadelin, gegründet 780 von Berta, Tochter Karls des Großen, den Hadelinusschrein zu bewundern. Als **ältester Reliquienschrein des Maasgebiets** enthält er die Gebeine des im 7. Jh. hier predigenden hl. Hadelinus. Die Giebelfronten entstanden wohl im 10. Jh. und zeigen zum einen Christus, die hll. Remaclus und Hadelinus krönend, zum anderen sieht man eine äußerst seltene Darstellung von Christus als Überwinder von Tod und Teufel (Kampf mit Aspis und Basilisk). Die Seitenteile (um 1150) mit Szenen aus dem Leben Hadelinus' erinnern an Arbeiten von Renier de Huy. Der Schrein wird an jedem dritten Septembersonntag in einer Prozession durch die Stadt getragen.

★ ◄ Hadelinusschrein

In Visé sind drei altehrwürdige Schützengilden zu Hause: die 1310 gegründete »Guilde des Ancien Arbalétriers«, ihre Nachfolgerin, die 1579 gegründete »Compagnie Royale des Anciens Arquebusiers« und die 1909 ins Leben gerufene »Compagnie Royale des Francs Arquebusiers«. Jeder dieser Gilden feiert zweimal im Jahr ein Fest und jede betreibt ein Museum, die jeweils in den Sommermonaten an Sonntagvormittagen geöffnet haben und Waffen und Dokumente zur Geschichte ihrer Gilde zeigen.

◄ Gildenmuseen

9 km nordwestlich von Visé liegt Fort Eben-Emael, eine Schlüsselstellung am Albertkanal, die im Mai 1940 von deutschen Fallschirmjägern eingenommen wurde.

◄ Eben-Emael

★ Lier

E 14

Provinz: Antwerpen
Einwohnerzahl: 32 700
Höhe: 4 – 13 m ü.d.M.

Lier (frz. Lierre), das Tor zum Kempenland, nennt sich »die Pallieterstadt an der Nete«, denn Felix Timmermans hat mit seinem berühmten Roman »Pallieter« das Städtchen als sehr lebenslustig in der Weltliteratur verewigt. Von der Nete und ihren Ableitungskanal umflossen, bietet es eine hübsche Altstadt.

Viehmarkt oder Universität? Nicht ganz so gern werden die Lierer hören, dass sie den Spitznamen »Schapskoppen« haben. Und das kam so: Einst soll der Herzog von Brabant die Bürger gefragt haben, ob sie lieber einen Viehmarkt oder eine Universität hätten. Man entschied sich für den Markt, was der Herzog mit den Worten kommentiert haben soll: »Was für Schafsköpfe!«. Trotzdem herscht hier keine geistige Diaspora, denn mit Felix Timmermans (1886–1947) ist einer der bedeutendsten flämischen Schriftsteller in Lier geboren und auch der Maler Isidoor Opsomer ist zumindest in Belgien eine Größe.

Geschichte Die Anfänge von Lier liegen in einer im Jahr 760 vom hl. Gummarus gegründeten Klause. Der Ort wurde schon im frühen Mittelalter wegen seiner Tuchherstellung (und seines Viehmarkts!) bekannt und erhielt 1212 Stadtrechte. Im Spätmittelalter wurde Lier befestigt. Die Wehranlagen hielten bis 1784 allen Angriffen stand, bis sie geschleift, aber 1830 neu errichtet wurden. Während des Ersten Weltkriegs stand Lier häufig unter schwerem Beschuss.

Sehenswertes in Lier

Grote Markt Auch wenn der Grote Markt 1914 bei der Beschießung Antwerpens schwer in Mitleidenschaft gezogen wurde, sind die wichtigsten Gebäude doch erhalten. Dazu gehört an erster Stelle das Stadhuis aus dem 18. Jh. mit einem hübschem Rokokotreppenhaus und schön ausgestatteten Räumen. Der mit dem Rathaus verbundene gotische Belfried (1369) ist Rest der mittelalterlichen Tuchhalle. Nördlich vom Stadhuis stehen das 1418 erbaute Vleeshuis (Fleischhalle) sowie das Bakkershuis (1717) und das Huis d'Eyckenboom (1721). Die hinter dem Rathaus liegende Sint-Jacobskapel, auch »Spanische Kapelle« genannt, stammt aus dem Jahr 1383.

> **!** *Baedeker* TIPP
>
> **Lierse Vlaaikes**
>
> ... sehen ein bisschen aus wie Muffins, sind aber mit Lebkuchenteig hergestellt und das traditionsreichste Gebäck im Kempenland. Unbedingt probieren!

Museum Wuyts van Campen en Baron Caroly In der Cauwenberghstraat Nr. 14 zeigt das Museum Wuyts van Campen en Baron Caroly (Stedelijk Museum) neben Möbeln, Textilien, Silber etc. vor allem Werke holländischer und flämischer, aber auch spanischer und französischer Meister, darunter Jan und Pieter Bruegel d. J., Rubens, van Dyck, Floris (»Familie Berchem«), Poussin, Lorrain und Murillo; die Moderne repräsentieren u. a. die aus Lier stammenden Künstler Opsomer und de la Haye (Öffnungszeiten: Di. – So. 10.00 – 12.00 und 13.00 – 17.00 Uhr).

★★ Zimmertoren Zum Wahrzeichen von Lier geworden ist der Zimmertoren am Zimmerplein, den man am Gevangenenpoort von 1375 betritt. Einst als

Liers Wahrzeichen, der Zimmertoren, verbirgt ein Wunderwerk der Mechanik.

Corneliusturm zur Stadtbefestigung gehörig, verdankt der Turm seinen heutigen Namen dem Astronomen und Uhrmacher Louis Zimmer (1880 – 1970). Er hat sich hier 1930 mit seiner Jubiläumsuhr verewigt, die auf 13 Zifferblättern und Skalen Greenwichzeit, Tag- und Nachtgleichen, Tierkreiszeichen, Sonnenzyklus, Wochentage, die Meridiane, Monate, Datum, Jahreszeiten, Gezeiten, Mondalter, Mondphasen und Mondzyklus anzeigt. An der rechten Seite defilieren täglich um 12.00 Uhr Figuren lokaler und nationaler Größen. Im Turm sieht man das Uhrwerk und ein astronomisches Studio mit 57 Skalen. In einem Pavillon ist die Uhr ausgestellt, die Zimmer für die Brüsseler Weltausstellung 1935 konstruierte und die auch auf der Weltausstellung von New York 1939 gezeigt wurde: Ihre 93 Zifferblätter und Skalen machten ihn weltberühmt (Öffnungszeiten: tgl. 9.00 – 12.00 und 13.30 – 17.30 Uhr).

★ Begijnhof

Der Beginenhof von Lier gehört mit seinen niedrigen Häuschen, engen Gassen und einem Kreuzweg zu den malerischsten in Belgien. Er wurde im 13. Jh. gegründet und, wie die meisten Beginenhöfe, im 16. Jh. zerstört. Die der hl. Margarete geweihte Kirche entstand im 17. Jh. und besitzt u.a. eine Kanzel von Scheenmaeckers.

Museum Timmermans-Opsomer

Über die Sint-Jansbrug – hübscher Ausblick! – geht es hinüber über die Nete und gleich rechts zum Museum Timmermans-Opsomer. Es

LIER ERLEBEN

AUSKUNFT

Grote Markt 57, B-2500 Lier
Tel. 03 8000 393,
Fax 03 488 12 76
www.lier.be

ESSEN

► **Erschwinglich**

't Cleyn Paradijs
Heilige Geeststraat 2
Tel. 03 480 78 57
Ruhetag: Di., Mi. samstagmittag
Hier wird ehrliche französische Küche geboten, Fisch und Schalentiere bevorzugt.

ÜBERNACHTEN

► **Günstig**

Hof van Aragon
Mosdijk 5, B-2500 Lier
Tel. 03 491 08 00, Fax 03 491 08 10
www.hofvanaragon.be
20 Z. Gutes Preisleistungsverhältnis und angenehme Atmopshäre in diesem Patrizierhaus an der Kleinen Nete nur wenige Schritte vom Grote Markt. Flämische Küche.

MARKT

Sonntags von 6.00 bis 12.00 Uhr ist Taubenmarkt auf dem Grote Markt.

erinnert an vier Lierer Künstler: an den Schriftsteller Felix Timmermans, der sich dazu auch als Musiker und Maler betätigte; den Maler Baron Opsomer, an den Kunstschmied van Boeckel und an den Komponisten Renaat Veremans, für den auch Felix Timmermans Texte verfasste (Öffnungszeiten: Di. – So. 10.00 bis 12.00 und 13.00 bis 17.00 Uhr).

✶ **Sint-Gummaruskerk**

Die 1425 bis 1540 erbaute Sint-Gummaruskerk, **ein Hauptwerk der Brabanter Spätgotik**, entstand unter Mitwirkung der Baumeister Keldermans und de Waghemakere. Der achteckige Turm wurde allerdings schon 1377 begonnen. In dieser Kirche heiratete 1496 Philipp der Schöne Johanna die Wahnsinnige von Kastilien.
Sint-Gummarus besitzt einige bemerkenswerte Kunstwerke. Zu ihnen zählt in erster Linie der aus hellem Sandstein gehauene spätgotische **Lettner** der Mechelener Bildhauer Mynsheeren und Wischavens (1536 – 1539) mit Darstellungen der Passionsgeschichte, von Evangelisten und Kirchenvätern. Noch großartiger die spätgotischen **Kirchenfenster**: im rechten Seitenschiff die »Marienkrönung« aus dem 15. Jh., in der Chorapsis drei von Kaiser Maximilian 1516 gestiftete Fenster, ihn selbst und seine Gemahlin Maria von Burgund darstellend, an gleicher Stelle noch ein Fenster mit den hll. Gummarus und Rumoldus (1475). Unter den Gemälden ragen heraus in der ersten Chorkapelle links ein Triptychon, dessen Flügel wohl Rubens schuf; in der vierten Chorkapelle das »Colibrant-Triptychon« (1517) mit einer Marienhochzeit auf der Mittel- und Verkündigung bzw. Beschneidung auf den Seitentafeln, wohl von Goswyn van der Weyden, dem Enkel von Rogier van der Weyden; schließlich im rechten Seitenschiff ein Triptychon von Otto Venius

(»Herabkunft des hl. Geistes«; 1612). Die romanische Sint-Pieterskapel (um 1225) gegenüber ist das älteste Bauwerk der Stadt.

◄ Sint-Pieterskapel

Umgebung von Lier

Herentals

15 km östlich von Lier liegt Herentals, im 14. und 15. Jh. eine florierende Tuchmacherstadt. Verkauft wurde die Tuche im heutigen Stadhuis, das zu Beginn des 15. Jh.s errichtet und 1534 nach einem Brand umgebaut wurde. Der schlanke Belfried kam 1590 dazu.

◄ Sint-Waldetrudiskerk

Die Sint-Waldetrudiskerk, schönes Beispiel für die Brabanter Hochgotik, besitzt mit dem Retabel des Martyriums der hll. Crispinus und Crispinianus, den Schutzheiligen der Schuhmacher und Gerber, ein hervorragendes Werk von Pasquier Borreman (16. Jh.). Chorgestühl und die Beichtstühle haben hier den Bildersturm überstanden. Der Beginenhof, 1266 gegründet und damit der älteste im Kempenland, wurde 1578 zerstört, doch ab 1590 wieder aufgebaut.

◄ Begijnhof

★★ Maastal (Vallée de la Meuse)

G–K 15–21

Provinzen: Namur und Liège

Auf einer Länge von 192 km durchfließt die Maas Belgien. Dabei formt sie zwischen dem französischen Givet und Namur eine der schönsten Kulturlandschaften Europas.

Von Frankreich in die Nordsee

Die Maas (frz. Meuse) entspringt 456 m ü.d.M. auf dem Plateau von Langres in der Champagne. Sie durchfließt auf 450 km französisches Gebiet, legt nach dem Übertritt nach Belgien bei Givet, ab hier schiffbar, 192 km zurück, erreicht bei Maastricht die Niederlande und mündet nach weiteren 258 km in die Nordsee. Zwischen Givet und Namur hat sie ein tiefes Tal in das Ardennen-Plateau geschnitten und strömt zwischen teils schön bewaldeten, teils felsig kahlen Hängen nach Norden. Im Schatten der schroffen Höhenzüge liegen hübsche Dörfer im Flusstal, die recht gut vom Tourismus leben.

Eine europäische Kulturlandschaft

Schon in der Steinzeit bewohnten Jäger und Sammler die Höhlen; in späteren Zeiten wählten Mönche die Flussniederungen zum Bau von Klöstern, während sich die weltlichen Herren imposante Burgen und Festungen ans Ufer und auf die Höhen stellten, die im 17. und 18. Jh. teilweise zu herrlichen Schlössern umgebaut wurden. Doch schon von Namur an, wo der Fluss sich nach Osten wendet, spätestens aber hinter Huy ändert sich das Bild: Breit strömt die Maas nun durch das stark industrialisierte Untere Maastal, vorbei an zahlreichen meist stillgelegten Hochöfen, Hüttenwerken und Fabriken, und nur vereinzelt geben Burgruinen, Schlösser und Felspartien dem Strom einen gewissen Reiz, bis er schließlich Lüttich erreicht.

DAS MAASTAL ERLEBEN

AUSKUNFT

Fédération du Tourisme de la Province de Namur
Av. Reine Astrid, 22, B-5000 Namur
Tel. 081 74 99 00,
Fax 081 74 99 29

Fédération du Tourisme de la Province de Liège
Blvd. de la Sauvenière, 77,
B-4000 Liège
Tel. 04 237 95 26,
Fax 04 237 95 78

ESSEN

► Preiswert

Le Jardin d'en bas
Rue d'en bas, 1, Hun / Annevoie-Rouillon
Tel. 082 61 37 06
Ruhetag: Di., Mi.
Sehr gemütliches, rustikal-ländlich eingerichtetes Restaurant in altem Steinhaus mit sehr schönem Garten. Gekocht wird regional.

Le Mosan
Rue Dufrenne, 2, Anseremme
Tel. 082 61 37 06
Ruhetag: Di., Mi.
Auch hier herrscht die regionale Küche, was auch Wild und Forellen bedeutet.

ÜBERNACHTEN

► Günstig

Le Val des Colverts
Route de Blaimont, 8,
B-5541 Hastière-par-Delà
Tel. 082 65 57 84, Fax 082 64 57 84
7 Z. Typische Dorfherberge mit netten Zimmern. Mit Café und Restaurant.

FAHRTEN AUF DER MAAS

Von Dinant, Namur, Huy und Liège aus werden Fahrten maasauf- und maasabwärts angeboten. Sportliche Naturen können auf dem Unterlauf der Lesse (►Dinant, Umgebung) Kajakfahrten unternehmen.

Oberes Maastal: von Hastière nach Namur

Grottes du Pont d'Arcole

Eine Fahrt entlang der Maas – auch mit dem Fahrrad sehr vergnüglich und ohne Steigungen – beginnt in der Doppelgemeinde Hastière nahe der französischen Grenze. Etwas außerhalb von Hastière-Lavaux auf dem rechten Maasufer liegen die Grotten von Pont d'Arcole, durch die ein unterirdischer Fluss fließt.

Hastière-par-Delà ►

In Hastière-par-Delà am linken Ufer gründeten zu Beginn des 11. Jh.s irische Mönche ein Kloster, von dem die rein romanische Pfarrkirche mit wuchtigem Turm geblieben ist. Der Chor wurde 1264 angefügt; aus gleicher Zeit stammt das Chorgestühl, eines der ältesten Belgiens. In der Krypta stehen zwei merowingische Sarkophage.

Château-Thierry

Man bleibt auf dem linken Ufer und kommt in einer Flussschleife nach Waulsort. Etwas flussabwärts thront über dem anderen Ufer die Ruine des Schlosses Château-Thierry malerisch auf dem Rocher du Chien (»Hundefelsen«).

In sanften Terrassen fallen die Gärten von Freÿr zur Maas ab.

Kurz darauf folgt das herrliche Schloss von Freÿr. Es wurde im 16. bis 18. Jh. erbaut und vereint den Stil der maasländischen Renaissance mit dem Rokoko des Louis XV. 1675 nahm Ludwig XIV. während der Belagerung Dinants hier Quartier. Die Räume, die er bewohnte, sind im Originalzustand belassen, ebenso wie die übrigen Salons, unter denen der Speisesaal mit Renaissancemöblierung und Ledertapeten aus Córdoba sowie das Vestibül mit Jagdszenen eine Sonderstellung einnehmen. Ein großer Balkon zeigt auf die wunderbaren Gärten, die sich in drei Terrasen längs der Maas erstrecken. Sie wurden unter den Herzögen von Beaufort-Spontin von 1760 an nach den Prinzipien von Le Nôtre angelegt (Öffnungszeiten: April – Juni und Sept. Sa. und So. 10.30 – 12.45 und 14.00 – 17.45; Juli – Aug. tgl. außer Mo. selbe Zeiten; Okt. – März nur So. um 14.30 Uhr).

★★ **Château de Freÿr**

Die imposante Kulisse zu Schloss und Park geben die am rechten Maasufer aufragenden Felsen von Freÿr ab, die der belgische Alpinistenklub als Trainingsgelände benutzt.

★★ **Rochers de Freÿr**

Wieder beschreibt die Maas einen Bogen. An dessen Scheitel liegt **Anseremme** an der Mündung der Lesse. Der Ort ist ein guter Ausgangspunkt für Wanderungen in diesem Teil der Ardennen. Hier kann man Kajaks mieten und wird dann per Bus oder Bahn nach Gendron oder Houyet gebracht, wo die Paddeltour auf dem Unterlauf der Lesse beginnt. Sie führt durch das Naturschutzgebiet von Furfooz (Parc

★ **Unterlauf der Lesse**

Naturel de Furfooz) und vorbei an den Schlössern von Walzin (13. Jh.) und Pont-à-Lesse zurück nach Anseremme (12 km / 3 St. von Gendron, 21 km / 4,5 St. von Houyet).

Château de Poilvache

In ► Dinant überquert man die Maas. Hoch über dem Dorf Houx liegen die überwucherten Ruinen des Tour de Géronsart und der Burg von Poilvache, die der Sage nach die Haimonskinder erbaut haben sollen. Tatsächlich stammt sie aus dem 10. Jh. und wurde 1430 von den fürstbischöflichen Soldaten aus Lüttich zerstört. »Schloss Kuhhaut« hat seinen Namen nach einer Legende, der zufolge sich die belagerten Insassen in Kuhhäute verkleidet fortschleichen wollten, jedoch entdeckt wurden. Die Belagerer aus Dinant streiften selbst die Kuhhäute über und gelangten so in die Burg.

✶ **Vallée de la Molignée**

Wenige Kilometer darauf folgt mit **Yvoir** ein vor allem wegen seiner Maasinsel beliebter Ferienort. Für den Abstecher durch das grüne Tal der Molignée muss man noch vor Yvoir den Fluss hinüber nach Anhée überqueren, wo die Molignée mündet. Folgt man deren Lauf, sieht man nach 9 km links die Ruinen von **Château du Montaigle**, im 13. Jh. erbaut und 1554 von den Franzosen zerstört.

Kurz nach dem Schloss biegt eine Straße nach **Falaën** ab. Im dortigen Schlossgut aus dem 17. Jh. kann man die lokalen Spezialitäten – Brot und dunkles Bier – kosten.

Zurück auf der Hauptstraße erreicht man bald die Benediktinerabtei von **Maredsous**. Sie wurde 1872 von einem aus dem Kloster Beuron gekommenen belgischen Mönch gegründet. Bekannt ist Maredsous heute für seinen Käse, sein Brot und sein Bier, das allerdings nicht im Kloster, sondern von Moortgat in Breendonk gebraut wird.

> **! *Baedeker* TIPP**
>
> **Mit Muskelkraft**
>
> Sie wollten schon immer mal Draisine fahren? Im Tal der Molignée zwischen Warnant und Falaën geht es für max. vier Personen (Reservierung unter Tel. 082 69 90 79, Fax 082 69 90 80, www.molignee.be).

Furnaux ►

In Furnaux ist der Ausflug in das Tal der Molignée zu Ende. Hier sollte man der Kirche einen Besuch abstatten, besitzt sie doch ein höchst kunstvolles Taufbecken aus schwarzem Marmor. Es wurde um 1135 geschaffen und zeigt auf dem von vier Löwen getragenen Becken die Taufe Christi.

Château d'Annevoie

✶ ✶ Gärten ►

Auf dem linken Maasufer liegt das 1627 begonnene Schloss von Annevoie; von 1758 an ließ Charles Alexis de Montpellier diesen Backsteinbau um einen Rokokoflügel vergrößern. Die eigentliche Attraktion von Annevoie sind jedoch die Gärten, gleichzeitig mit der Vergrößerung des Schlosses angelegt. Aufs harmonischste vereint sind hier die Auffassungen französischen Gartenbaus – sichtbar in der geometrischen Anlage und den vielen Wasserspielen wie der Kaskade »Buffet d'Eau« – mit denen italienischer (der Statuenschmuck aus

Die Prinzipien des französischen, italienischen und englischen Gartenbaus vereinigen sich harmonisch in den Gärten von Annevoie.

Carrara-Marmor) und englischer Gartenanlagen, die in den der Natur angepassten Partien zum Ausdruck kommen. Die herrlichen Blumenschauen – im Frühjahr Narzissen, Hyazinthen und Tulpen, im Sommer Rosen und Begonien – sind eine Attraktion ersten Ranges im Maastal (Öffnungszeiten: April – Juni und Sept. – Okt. tgl. 9.30 bis 17.30, Juli und Aug. bis 18.30 Uhr).

Rochers de Frênes

Auf dem rechten Ufer bleibend, sieht man bald die massigen Formationen der Rochers de Frênes. Vom Aussichtspunkt genießt man einen weiten Blick über die Maas und erkennt am gegenüberliegenden Ufer Profondeville, einen der wichtigsten Ferienorte im Tal.

Wépion

Nach den Felsen überquert man zum letzten Mal die Maas, um in Wépion, Zentrum eines großen Erdbeeranbaugebiets, das originelle Erdbeermuseum anzusteuern. Die Fahrt durch das Obere Maastal endet in ►Namur.

Unteres Maastal: von Namur nach Huy

Vallée du Samson

Verlässt man Namur auf dem rechten Maasufer, sieht man bald am linken Ufer den **Rocher Albert I**, wo am 17. Februar 1934 König Albert I. tödlich abstürzte. Die Maas beschreibt einen weiten Bogen nach Süden, in dessen Scheitel das Flüsschen Samson mündet. In seinem malerischen Tal warten die **Grotten von Goyet** mit eindrucksvollen Tropfsteinbildungen auf.

Andenne Andenne, an der Grenze zum Condroz, entstand bei einem von der hl. Begga um 700 gegründeten Kloster, von dem heute nichts mehr vorhanden ist. Begga war die Tochter Pippins I., Schwester der hl. Gertrudis von ►Nivelles und Mutter Pippins II. und damit **Stammmutter der Karolinger**. Ihr Enkel Karl Martell ist angeblich in Andenne geboren; an ihn erinnert der Bärenbrunnen, der eine seiner ersten Heldentaten illustriert, als er im Alter von neun Jahren mit einem Hammer einen wilden Bären erschlug. Deshalb wird in Andenne auch alljährlich ein »Bärenkarneval« abgehalten, bei dem als Höhepunkt kleine Teddybären vom Rathausbalkon geworfen werden. In Andenne begann um 1273 der **»Krieg der Kuh«**. Er wurde ausgelöst von einem Bauern, der einem Bürger aus Ciney eine Kuh gestohlen hatte, auf dem Markt von Andenne aber wiedererkannt wurde. Trotzdem verweigerte er die Rückgabe der Kuh und wurde daraufhin in Ciney aufgehängt. Sein Herr, der Graf von Namur, belagerte nun mit luxemburgischer Hilfe Ciney. Dessen Besitzer, der Fürstbischof von Lüttich, eilte mit Unterstützung aus Dinant herbei. Es folgte ein zweijähriger Krieg, der das Condroz verwüstete.

Collégiale Sainte-Begge ► Sehenswert in Andenne ist die der hl. Begga geweihte Kirche Sainte-Begge. Sie wurde 1770 bis 1775 an Stelle von sieben Klosterkapellen gebaut, deren Modell in der Kirche zu sehen ist. In der Kirche befinden sich die Grabtumba der hl. Begga und ihr silberner Reliquienschrein. Im 18. und 19. Jh. besaß Andenne eine florierende Keramik- und Porzellanindustrie, an die das **Musée de la Céramique** erinnert. Von Andenne sind es noch 11 km bis ►Huy.

Malmédy

J 23

Provinz: Liège
Einwohnerzahl: 11 500
Höhe: 330 m ü.d.M.

Wo Warche und Warchenne zusammenfließen, liegt Malmédy richtig hübsch an der Südabdachung des hier dicht bewaldeten Hohen Venns. Etwa 90 % seiner Einwohner sind Wallonen, rund 10 % sprechen deutsch.

Wanderer willkommen Malmédy ist vor allem beliebt wegen der Wandermöglichkeiten ringsum. Vor der Türe liegen der ►Deutsch-Belgische Naturpark mit dem Naturparkzentrum Botrange und die Seen von Bütgenbach und Robertville. Eine kurze Wanderung Richtung Stavelot führt zum **Rocher de Falize**, einer über der Warche aufragenden Felsnadel.

Geschichte Malmédy war eine Zeitlang Zankapfel zwischen Frankreich, den Niederlanden und dem Deutschen Reich. Die Stadt entstand aus der 648 vom hl. Remaklus, Bischof von Maastricht, gegründeten Fürstabtei Malmundarium (= vom Bösen gereinigt) und lebte in ständiger Rivalität mit Stavelot im ►Amblèvetal um die Vorrangstellung in diesem reichsunmittelbaren Fürstentum. 1690 zerstörten die Franzosen die Stadt beinahe völlig, 1795 wurde sie dann Frankreich einverleibt. Nach der Niederlage Napoléons wurde Malmédy 1815 preußisch und kam erst 1925 an Belgien. 1940 von Deutschen besetzt, griffen 1944 US-Bomber irrtümlich die schon von eigenen Truppen befreite Stadt an und zerstörten große Teile.

Sehenswertes in Malmédy

Maison Cavens

In Malmédy trifft man sich auf der Place Albert Ier / Place de Rome. Das 1830 als Waisenhaus errichtete Maison de Cavens beherbergt heute außer dem Verkehrsamt das **Nationale Papiermuseum** und das Karnevalmuseum **Musée du Cwarmê** (Öffnungszeiten: Di. – Fr. 14.00 – 17.00, Sa. und So. 10.00 – 12.00 und 14.00 – 17.00 Uhr).

Cathédrale Saints-Pierre, Paul et Quirin

Westlich des Platzes sieht man die Doppeltürme der Cathédrale Saints-Pierre, Paul et Quirin. Sie wurde 1775 bis 1784 als Abteikirche erbaut und 1920, als Malmédy Bischofsitz wurde (bis 1925), zur Ka-

MALMÉDY ERLEBEN

AUSKUNFT

Place Albert Ier, 29,
B-4960 Malmédy
Tel. 080 33 02 50,
Fax 080 77 05 88
www.malmedy.be

FEST

Berühmt ist der *Karneval*, der »Cwarmê«. Während der vier tollen Tage, »Grandes Haguètes« genannt, finden große Umzüge statt und treten traditionelle Figuren wie die »Haguètes« oder der »Sotê« auf.

ESSEN

► **Erschwinglich**

Au Petit Louvain
Chemin-Rue, 47
Tel. 080 33 04 15
Ruhetag: Montagabend, Mi.
Hier wird gehobene Kochkunst – v. a. Wild – zu für diese Qualität noch moderaten Preisen geboten.

ÜBERNACHTEN

► **Komfortabel**

Bütgenbacher Hof
Marktplatz 8, B-4750 Bütgenbach
Tel. 080 44 42 12, Fax 080 44 48 77
www.hotelbutgenbacherhof.com
24 Z. Dieses großzügige Landhotel in Bütgenbach, 15 km östlich von Malmédy, bietet neben einem gepflegten Aufenthalt ein sehr gutes Restaurant und einen ebensolchen Weinkeller. Die Talsperre von Bütgenbach liegt quasi vor der Haustür.

Hôtel des Bains
Rue de Lac de Robertville,
B-4950 Robertville
Tel. 080 67 95 71, Fax 080 67 81 43
www.eastbelgium.com/hotelbains
15 Z. Das ländliche Hotel direkt am See von Robertville 10 km östlich von Malmédy ist ein idealer Standort für Ausflüge in den Naturpark Hohes Venn und in die Ostkantone.

Sagenumwoben: Burg Reinhardstein

thedrale erhoben. Aus der Ausstattung ragen eine Delcour zugeschriebene »Jungfrau mit Kind« und der Reliquienschrein des hl. Quirinus heraus.

Schieferhäuser In der Rue devant les Religieuses, in der Rue de la Tannerie und an der Place de la Fraternité stehen noch die für Malmedy typischen schieferverkleideten Häuser. Bei genauem Hinsehen erkennt man Muster und Inschriften.

Calvaire Will man Malmédy von oben betrachten, bietet sich der Parc de Livremont an. Hinauf kommt man auf dem 1728 gebauten Kalvarienberg, der am Fuß des über der Stadt aufragenden Hügels beginnt.

Umgebung von Malmédy

✶ Lac de Bütgenbach Das Dorf Bütgenbach, 15 km östlich, gehörte einst zum Herzogtum Limburg und den Herren von Valkenburg. Burg und Schloss wurden 1689 von den Franzosen zerstört. 1932 staute man hier die Warche mit einer 23 m hohen Mauer zu einem See von 120 ha Fläche und 11 Mio. m^3 Fassungsvermögen auf, der heutzutage Wassersportler und Camper in großer Zahl anlockt.

Ardenner Center Von Bütgenbach weiter nach Westen erreicht man direkt an der Grenze Hergersberg und Losheim. Hier zeigt das Ardenner Center ganzjährig Europas größte Krippenschau **Krippana**, dazu eine Puppenausstellung und eine große Modelleisenbahnanlage. Den dazugehörige Möbelmarkt kann man ja auslassen.

✶ Lac de Robertville Auch Robertville, 10 km nordöstlich von Malmédy, ist dank seines Stausees und seiner unmittelbaren Nähe zum Deutsch-Belgischen Naturpark sowie zum Skigebiet Ovifat ein sehr beliebtes Ferien- und

Freizeitziel. Der 63 ha große und 8 Mio. m³ fassende See wurde zwischen 1925 und 1929 mit einer 54 m hohen und 128 m langen Mauer aufgestaut, über die die Straße zur noch knapp 2 km entfernten Burg Reinhardstein führt. Man kann von hier aber auch in ca. einer Dreiviertelstunde durch den Wald zur Burg wandern, die geradezu verwunschen in einer Talsenke liegt. Reinhardstein wurde 1354 für Wenzel von Luxemburg gebaut und gehörte lange den Grafen von Nassau, bis sie durch die Ehe von Anna von Nassau mit Wilhelm von Metternich an die Ahnen des österreichischen Staatsmanns **Klemens Wenzel Fürst von Metternich** kam. Im 19. Jh. verfiel die Burg, wurde aber ab 1969 wieder aufgebaut. Um Reinhardstein ranken sich Legenden wie die von den vier Haimonskindern oder von der schönen Melusine (Führungen: Mitte Juni – Mitte Sept. So. und Fei. 14.15 – 17.15; Juli und Aug. Di., Do. und Sa. 15.30 Uhr).

★ ◄ Burg Reinhardstein

Sankt Vith

Dicht an der deutschen Grenze, 22 km südlich von Malmédy, liegt Sankt Vith, im 12. Jh. gegründet, von 1815 bis 1919 preußisch und an Weihnachten 1944 durch einen alliierten Bombenangriff fast völlig zerstört. Einziger Rest der alten Bebauung ist der Büchelturm aus dem Jahr 1350. Im Heimatmuseum in der Heckingstraße werden Geschichte und Eigenarten der Landschaft »zwischen Venn und Schneifel« dargestellt. Im Teilort Poteau gibt es eines der nicht wenigen Museen zur Ardennenoffensive.

Burg Reuland

Wiederum 12 km südlich von Sankt Vith liegt der Ort Burg Reuland, der seinen Namen der die Umgebung kontrollierenden Burg aus dem 10. Jh. verdankt.

★★ Mechelen

E 13/14

Provinz: Antwerpen
Einwohnerzahl: 76 800
Höhe: 7 m ü.d.M.

So beschaulich sich Mechelen gibt, es hat eine große Vergangenheit als Hauptstadt der spanischen Niederlande und ist heute noch (gemeinsam mit Brüssel) das geistliche Zentrum Belgiens, denn hier hat seit dem 16. Jh. der Erzbischof-Primas seinen Amtssitz. Die einstige Größe hat im ganzen Stadtbild ansehnliche Spuren hinterlassen. Außerdem: In Mechelen ist die einzige Glockenspielerschule der Welt zu Hause und es ist das Spargelzentrum Belgiens.

Geschichte

Schon 915 gehörte die Siedlung zum Bistum Lüttich, bis Bischof Adolf van der Marck sie 1332 an die Grafen von Flandern verkaufte. Seit 1369 burgundisch, wurde Mechelen 1473 Sitz des Großen Rats, des höchsten Gerichts der Niederlande. Nach dem Tod Karls des

Kühnen zog sich dessen Witwe Margarete von York nach Mechelen zurück. Unter der Statthalterschaft Margaretes von Österreich (1507 bis 1530), der Tante Karls V., erreichte die Stadt als Residenz ihre höchste Blüte und sah viele Größen wie Erasmus von Rotterdam

Mechelen Orientierung

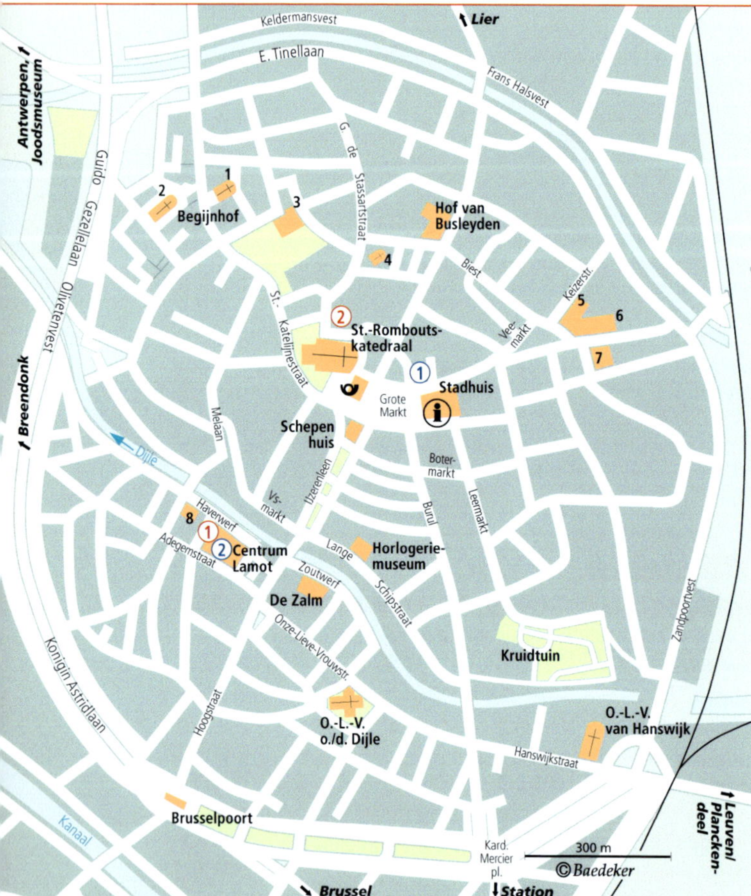

- **1** St.-Katelijnekerk
- **2** Begijnhofkerk
- **3** Manufactuur de Wit
- **4** St.-Janskerk
- **5** St.-Pieter en Pauluskerk
- **6** Paleis van Margareta van York
- **7** Paleis van Margareta van Ostenrijk
- **8** Pradijs, Duivelshuis, St.-Josefhuis

Essen
① D'Hoogh
② Grand Café Lamot

Übernachten
① Novotel
② Den Wolsack

und Albrecht Dürer in ihren Mauern. Nachdem Maria von Ungarn 1546 den Amtssitz nach Brüssel verlegt hatte, wurde Mechelen 1559 durch die Stiftung des Erzbistums mit dem Primat über die ganzen Niederlande entschädigt. Hoch geschätzt waren zu jener Zeit die hier produzierten Teppiche, Spitzen und vor allem Goldledertapeten. **1835 fuhr die erste Eisenbahn auf dem europäischen Festland von Mechelen nach Brüssel**. Die Schäden des Ersten und Zweiten Weltkriegs sind seit langem wieder behoben.

✶✶ Grote Markt

Ein Standbild auf dem Grote Markt ehrt Margarete von Österreich, die Förderin der Stadt; im Pflaster um das Denkmal ist die Größe der Zifferblätter von Sint-Rombouts eingearbeitet.

✶ **Stadhuis**

Das Stadhuis besteht aus zwei Teilen: rechts die Lakenhal, 1320 bis 1326 nach dem Vorbild der Brugger Hallen mit unvollendetem Belfried errichtet und nach einem Brand 1342 erneuert; links der hochgotische, von Karl V. in Auftrag gegebene und von Rombout Keldermans 1529 entworfene Sitz des Großen Rats, der jedoch seinerzeit unvollendet blieb und erst im 20. Jh. fertig gestellt wurde.

Museum Schepenhuis

Das Schepenhuis am Übergang zum IJzerenleen wurde 1288 erbaut und 1374 zum Rathaus umgebaut. Von 1473 bis 1616 war es Sitz des Großen Rats. Heute lebt hier in den ausgestellten Skulpturen und Reliefs die »Goldene Zeit« Mechelens wieder auf (Öffnungszeiten: Di. – So. 10.00 – 17.00 Uhr).

✶ **Sint-Rombouts kathedraal**

Die Sint-Romboutskathedraal wurde im 13. Jh. begonnen und 1342, als ein Brand ausbrach, bis auf den Chor fertig gestellt. 1375 war der Wiederaufbau beendet, 1452 begann der Bau des Turms, der der höchste der Christenheit werden sollte, war er doch auf 168 m Höhe berechnet. Als 1578 jedoch Wilhelm von Oranien das Baumaterial für die Festung Willemstad requirierte, wurden die Arbeiten bei 97 m eingestellt und nie wieder aufgenommen. Die Zifferblätter der Turmuhr (1708) haben einen Durchmesser von 13,7 m; zwei Glockenspiele mit je 49 Glocken und insgesamt 80 t Gewicht **erklingen im Sommer Mo. 11.30, Sa. 11.30 und So. 15.00 Uhr**.
In Sint-Rombouts ist der im Ersten Weltkrieg als Widersacher der deutschen Besatzer hervorgetretene Kardinal Mercier (1851 – 1926) im linken Seitenschiff neben der Marienkapelle begraben. Den barocken Hochaltar (1665) aus weißem Marmor schuf der Mechelener Luc Fayd'herbe. In der Sakramentskapelle an der Turmbasis sieht man eine Kommunionsbank von Artus Quellin d. J. und in der zweiten Kapelle rechts die Wappen der Ritter vom Goldenen Vlies, die in Sint-Rombouts 1491 ein Ordenskapitel abhielten. Im rechten Querschiff hängt das hervorragende Gemälde **»Christus am Kreuz« von Anton van Dyck**.

Auch wenn es nicht zum höchsten Turm der Christenheit gereicht hat, ist Sint-Rombouts mächtig genug, um die Häuser am Grote Markt klein erscheinen zu lassen.

Nördliche Innenstadt

Sint-Katelijnekerk

Von der Kathedrale führt die Sint-Katelijnestraat (vorbei am »Vliegend Peert« mit einer Ausstellung zu Gemälden von und im Stil von Hieronymus Bosch) zur gotischen Sint-Katelijnekerk. Die im Stil der Schelde- und Dendergotik zwischen dem 13. und 15. Jh. entstandene Kirche besitzt einen Josefsaltar von Fayd'herbe und ein barockes Chorgestühl.

Begijnhof

Sint-Katelijne liegt zwischen dem Kleinen und dem Großen Beginenhof. Der Große Beginenhof wurde um 1350 gestiftet. In der barocken Beginenhofkirche (1629 – 1647) findet man Gemälde von de Crayer, den barocken Hochaltar von Jan van der Steen (17. Jh.) sowie zwei Statuen von Fayd'herbe.

Koninklijke Manufactuur de Wit

Am Kleinen Beginenhof vorbei kommt man zum Refugium der Abtei von Tongerlo. Hier restauriert die Manufaktur de Wit wertvolle Wandteppiche und ist stolz auf Kundschaft aus aller Welt. Samstags um 11.30 Uhr (nicht im Juli) kann man die Werkstatt, die Sammlung und das Refugium besichtigen.

Sint-Janskerk

Die gotische Sint-Janskerk (15. Jh.) besitzt mit dem Flügelbild **»Anbetung der Könige« von Rubens** (1617 – 1619) eines schönsten Wer-

MECHELEN ERLEBEN

AUSKUNFT

Hallestraat 2-4, B-2800 Mechelen
Tel. 015 29 76 55, Fax 015 29 76 53
www.mechelen.be

ESSEN

▶ Fein & teuer

① ***D'Hoogh***
Grote Markt 19
Tel. 015 21 75 53
Ruhetag: Samstagmittag, Sonntagabend, Mo.
Mechelen ist bekannt für seinen grünen Spargel und hier wird er aufs allerbeste und zu entsprechenden Preisen zubereitet. Auch außerhalb der Spargelsaison natürlich sternengekrönte französisch-belgische Küche.

▶ Erschwinglich

② ***Grand Café Lamot***
Van Beethovenstraat 8 / 10
Tel. 015 20 95 30
Neu: im alten Brauereisaal im Lamot-Kulturzentrum serviert Fernsehkoch Christer Elfving Fusionküche.

ÜBERNACHTEN

▶ Komfortabel

① ***Novotel Mechelen***
Van Beethovenstraat 1,
B-2800 Mechelen
Tel. 015 40 49 50, Fax 015 40 49 51
www.novotel.com
122 Z. Mechelens jüngstes Hotel gehört zum Lamot-Zentrum. Sehr gestylt, gute Lage zum Stadtzentrum und zum gegenüberliegenden idyllischen Vismarkt.

② ***Den Wolsack***
Wollemarkt 16, B-2800 Mechelen
Tel. 015 56 95 20, Fax 015 56 05 05
14 Z. Gediegene Unterkunft direkt an der Romboutskathedrale. Restaurant mit Terrasse im Hof.

ke des Antwerpener Malers, zu dem ihm seine Frau Isabella Brant für die Maria Modell saß. Beachtenswert sind ferner Holzschnitzwerke von Theodoor Verhaegen (17. Jh.) an der Kanzel, im Chor und am Kirchengestühl sowie der Wandschrein für die Johannesreliquien von Fayd'herbe.

★ Hof van Busleyden

Den Hof van Busleyden ließ sich Hieronymus van Busleyden, Mitglied des Großen Rats, 1507 bauen. Das Stadtmuseum von Mechelen zeigt hier die große kunsthandwerkliche Tradition der Stadt anhand von Möbeln, Skulpturen, Gemälden und – einzigartig – im **Goldlederzimmer**. Auch das Mechlener Stadtmaskottchen »Op Signoorke« ist hier zu Hause (Öffnungszeiten: Di. – So. 10.00 – 17.00 Uhr). Das kleine Haus an der Ecke ist die **Glockenspielerschule**.

Paleis van Margareta van York

Die vom Museum ostwärts führende Straße Biest mündet auf den Veemarkt mit der Sint-Pieter-en-Pauluskerk, der Klosterkirche der Jesuiten. Rechts davon steht der spätgotische Palast der Margarete von York, 1480 errichtet und später Wohnsitz von Philipp dem Schönen und Karl V. (bis 1516); heute Stadttheater.

Paleis van Margareta van Ostenrijk ✶ Die große Gebäudegruppe gegenüber bezog Statthalterin Margarete von Österreich. Später lebte hier der Kardinal de Granville, von 1616 bis 1794 tagte hier der Große Rat und seit 1796 der Gerichtshof. Die ältesten Teile rund um den Hof wurden 1503 bis 1507 von Rombout Keldermans errichtet, die Partie entlang der Keizerstraat stammt ebenfalls von ihm sowie von Guyot de Beaugrant und ist **eines der frühesten Beispiele der Renaissance in Belgien**.

Südliche Innenstadt

IJzerenleen Hinter dem Schepenhuis erstreckt sich der IJzerenleen, so benannt nach den eisernen, einen jetzt überwölbten Kanal flankierenden Schranken (1531 – 1534). Er mündet auf die dreibogige **Grootbrug** (13. und 16. Jh.), die mittlere Dijlebrücke. Kurz vorher liegt rechts der kleine, idyllische Vismarkt mit einigen netten Kneipen; links geht es zum **Horlogeriemuseum** (Uhrenmuseum; Öffnungszeiten: Mo. bis Sa. 10.00 – 12.00 u. 14.00 – 18.00 Uhr).

Häuser an der Dijle ✶ Jenseits der Brücke säumen einige sehr schöne Häuser die Dijle. Links steht das **De Zalm** (Nr. 5, 1530 – 1534), das frühere Zunfthaus der Fischhändler mit schöner Renaissancefassade. Rechts, am Haverwerf Ecke Kraanstraat, sieht man mehrere Häuser teils mit Holzfassaden, darunter das sog. **Paradies** (16. Jh.) mit der Darstellung von Adam und Eva im Türbogen, daneben links das **Duivelshuis** (Holzhaus des 16. Jh.s) und Nr. 20, das **Huis Sint-Josef** (1669).

Centrum Lamot ► Dazwischen wurde die ehemalige Brauerei Lamot zu Mechelens neuem Kongress- und Kulturerbezentrum um- und ausgebaut. Hier wird in Wechselausstellungen das flämische Kulturerbe gepflegt.

Brusselpoort Das Südende der Innenstadt markiert das doppeltürmige Brusselpoort, das einzig gebliebene der zwölf mittelalterlichen Stadttore, in dem das Stadtmuseum seine stadtgeschichtliche Sammlung zeigt (Öffnungszeiten: Di. – So. 10.00 – 17.00 Uhr).

Onzwe-Lieve-Vrouw over de Dijle Der Grundstein für die Kirche Onze-Lieve-Vrouw over de Dijle wurde 1255 gelegt, sie entstand in ihrer jetzigen Gestalt jedoch größtenteils im 14. und 15. Jahrhundert. **Rubens** malte für sie im Auftrag der Fischhändlergilde das Gemälde **»Der Wunderbare Fischzug«** (im linken Seitenschiff).

Onze-Lieve-Vrouw van Hanswijk Die barocke Basilika Onze-Lieve-Vrouw van Hanswijk ist ein Werk des Mechelener Luc Fayd'herbe aus den Jahren 1663 bis 1678, der auch die großen Fresken der Zentralkuppel schuf. In der Kirche wird eine wundertätige Marienstatue von 988 verehrt.

Joods Museum van Deportatie en Verzet Die deutschen Besatzer bestimmten 1942 die Mechelener Dossin-Kaserne zum Sammellager für die Deportation der belgischen Juden. Über 25 000 Menschen wurden von hier nach Auschwitz verschleppt.

An ihr Schicksal erinnert dieses Museum (Goswin de Stassartstraat, Öffnungszeiten: So. – Do. 10.00 – 17.00, Fr. bis 13.00 Uhr).

Weitere Attraktionen und Museen

Flanderns erstes interaktives Wissenschafts- und Technologiezentrum, **Technopolis**, liegt südwestlich der Innenstadt und bietet Wissenschaft zum Anfassen. Weiter östlich jenseits der Bahnlinie zeigt das **Speelgoedmuseum** (Nekkerspoelstraat 21) altes und neues Spielzeug sowie Volkskunstobjekte.

Umgebung von Mechelen

★ **Dierenpark Planckendael**

1956 kaufte die Königliche Zoologische Gesellschaft von Antwerpen bei der 5 km südöstlich von Mechelen liegenden Ortschaft Muizen die Domäne Planckendael, um hier für den Zoo von Antwerpen eine Aufzuchtstation zu schaffen. Daraus wurde ein veritabler Zoo – Abwechslung für Kinder (Öffnungszeiten: tgl. ab 10.00 Uhr).

★ **Fort Breendonk**

Fort Breedonk, 12 km westlich von Mechelen bei Willeborek, verbinden viele Belgier mit dem Terror der deutschen Besatzung im Zweiten Weltkrieg. Es wurde 1906 bis 1914 gebaut und ergab sich als letzte Verteidigungsstellung Antwerpens im Oktober 1914. Nach dem neuerlichen deutschen Einmarsch funktionierte die SS es zum Konzentrationslager um, das bis 1944 ca. 3500 Häftlinge durchlaufen mussten, von denen etwa die Hälfte hier starb, davon 185 durch Hinrichtung. Der Rundgang führt u. a. in Zellen und Folterkammer und wird von Toneinspielungen mit Berichten ehemaliger Häftlinge begleitet (Öffnungszeiten tgl. 9.30 – 17.30 Uhr).

Mons

J 10

Provinz: Hainaut
Höhe: 29 – 105 m ü.d.M.
Einwohnerzahl: 90 800

Im flachen Hennegau genügt schon die Lage auf einem kaum mehr als 100 m hohen Hügel, um einer Stadt zum Namen Mons (fläm. Bergen) zu verhelfen. Mons ist Hauptstadt der Provinz Hainaut. Das schlägt sich u. a. in einer stattlichen Anzahl von Museen nieder.

Hauptstadt des Hennegaus

Obwohl im alten Kohlerevier Borinage zwischen den Flüsschen Haine und Trouille gelegen, war Mons nie Industriestadt, sondern ist immer das Verwaltungszentrum des Reviers gewesen. Im Hafen, mit der Schelde und dem Canal du Centre verbunden, wurde die Kohle umgeschlagen. Heute setzt man darauf, dass Freizeitkapitäne im neuen Jachthafen »Grand-Large« ankern. Mons wird oft im Zusammenhang mit dem 10 km nordöstlich gelegenen Casteau genannt, denn dort hat die NATO ihr militärisches Hauptquartier SHAPE.

MONS ERLEBEN

AUSKUNFT

Grand-Place, 22, B-7000 Mons
Tel. 065 33 56 90, Fax 065 65 63 36
www.mons.be

FESTE

Am Sonntag nach Pfingsten findet das »*Lumeçon*«-Fest statt, das auf ein seit Ende des 14. Jh.s bekanntes Prozessionsspiel zurückgeht. Es nehmen teil der hl. Georg in Kürassieruniform, der Drache »Doudou«, zehn »Chinchins«, die zu Georg halten, sowie auf der Gegenseite acht Teufel, sieben »Wilde« und zwölf »Weiße Männer«. Alle formieren sich zu einem Zug, der um 12.30 Uhr von Ste-Waudru zur Grand-Place losmarschiert. Der über 9 m lange Drache, von den »Weißen Männern« getragen, lässt seinen Schwanz mit Hilfe der »Wilden« über die Zuschauer kreisen, die versuchen, die daran befestigten Glücksbänder zu ergreifen. Auf der Grand-Place beginnt der Kampf zwischen Georg und dem Drachen und auch die Teufel und die »Chinchins« schlagen sich. Schließlich siegt der Heilige – durch zwei Pistolenschüsse! Am selben Morgen werden bei der Prozession des »*Car d'Or*« die Reliquien der hl. Waltrudis herumgeführt.

ESSEN

► Erschwinglich

① ***Le Pastissou***
Rue des Fripiers, 14
Tel. 065 31 92 60
Ruhetag: So., Mo.
Nicht belgisch, sondern französisch wird hier gekocht und das mit dem würzig-rustikalen Einschlag des Südwestens. Deswegen ist es hier meist recht voll.

► Preiswert

② ***Combo Art Resto***
Rue de Houdain, 6
Tel. 065 22 88 40
Ruhetag: So., Mo.
Originell in jeglicher Hinsicht: die Ausstattung, das Personal (aber flink und gut) und nicht zuletzt die Küche.

ÜBERNACHTEN

► Günstig

① ***St-James Hotel***
Place de Flandre, 8, B-7000 Mons
Tel. 065 72 48 24, Fax 065 72 48
hotelstjames@hotmail.com
Hinter der Backsteinfassasde aus dem 18. Jh. verbergen sich 21 frisch renovierte und modern eingerichtete Zimmer.

Geschichte

Mons geht auf die erstmals 642 erwähnte Burg und ein wenig später von der Schutzpatronin der Stadt, der hl. Waltrudis (frz. Waudru), gegründetes Kloster zurück und hieß bis zum 12. Jh. »Castri Locus«. Nach einer Zeit höchster Blüte im 13. bis 15. Jh. – 1295 stieg Mons zur Hauptstadt der Grafschaft Hennegau auf – hatte die Stadt besonders unter den Kriegen des 17. und 18. Jh.s schwer zu leiden. Sie kam nacheinander unter französische, spanische und österreichische Herrschaft und erduldete mehrere Belagerungen, so 1691 durch 80 000 Franzosen unter Ludwig XIV., die nach ihrem Sieg Mons sein heutiges Erscheinungsbild gaben. Während des Zweiten Weltkriegs

Drache »Doudou« lässt sich von den »Weißen Männern« auf die Grand-Place tragen.

war die Stadt immer wieder Ziel schwerer Bombenangriffe und wurde als erste größere belgische Stadt im September 1944 von den Alliierten befreit. Bedeutendster Sohn der Stadt ist der Komponist **Orlando di Lasso** (1532 – 1594), der es zum Hofkapellmeister in München brachte.

Sehenswertes in Mons

Grand Place

Mittelpunkt von Mons ist die Grand Place, an deren Westseite das stattliche **Hôtel de Ville** steht, dessen Fassade Matthaeus de Layens 1458 gestaltete. Das Rathaus rahmen das Haus Toison d'Or (1615) und die Chapelle Saint-Georges (1604) ein. Links vom Haupteingang sieht man eine bronzene Affenskulptur mit blank poliertem Kopf, den »Singe du Grand Garde«: Ihn zu streicheln bringt Glück. Durch den Rathaushof kommt man in den Garten des Bürgermeisters mit einem Brunnen, der einen Straßenjungen aus Mons darstellt. Links liegt die Conciergerie, das Gefängnis von 1512 mit Folterkammer.

◀ Jardin du Mayeur

Museen in Rathausnähe

In der Umgebung des Rathauses versammeln sich mehrere sehenswerte Museen. Das Musée des Beaux Arts an der Rue Neuve zeigt Gemälde, Grafiken und Skulpturen vorwiegend französischer und belgischer Künstler aus dem 19. und 20. Jahrundert (Öffnungszeiten: Di. – Sa. 12.00 – 18.00, So. 10.00 – 18.00 Uhr).

◀ Musée des Beaux Arts

Mons Orientierung

★ Musée de la Vie montoise ► Das Musée de la Vie Montoise links vom Kunstmuseum beschreibt sehr anschaulich das Leben der Menschen von Mons. Es ist im Maison Jean Lescarts, einem Konventsgebäude von 1632, eingerichtet und zeigt Alltags- und Kunsthandwerksgegenstände (Öffnungszeiten: Di. – Sa. 10.00 – 18.00, So. 10.00 – 12.00 und 14.00 – 18.00 Uhr).

Musée d'Histoire militaire ► Im militärgeschichtlichen Museum wird an den Ersten Weltkrieg erinnert, vor allem an die britischen Regimenter, die im August 1914 die auf Paris vorrückenden deutschen Truppen bei Mons aufhielten; sowie an den Zweiten Weltkrieg und die Befreiung von Mons durch die Amerikaner am 2. September 1944 (Öffnungszeiten wie zuvor).

Musée d'Histoire naturelle ► Schließlich bietet das naturgeschichtliche Museum nordwestlich des Rathauses Erhellendes aus Geologie, Zoologie, Botanik und weiteren naturwissenschaftlichen Disziplinen (Öffnungszeiten: Mo. – Fr. 8.30 bis 12.00 und 13.00 – 17.00 Uhr).

Maison Losseau In die Welt des Jugendstils gerät man im Maison Losseau. Rechtsanwalt Léon Losseau ließ es sich 1899 an bauen und beauftragte für die Glasarbeiten **Emile Gallé** (Rue de Nimy, 37;Tel. 065 35 17 65).

★ **Beffroi**

Von der Grand Place bergauf geht es auf den ehemaligen Burghügel. Hier erhebt sich heute das Wahrzeichen von Mons, der 87 m hohe Belfried. 1661 errichtet, ist er **der einzige rein barocke Glockenturm Belgiens** und trägt ein Glockenspiel mit 47 Glocken.

◄ Chapelle St-Calixte

Gräfin Richilde von Hennegau ließ 1051 diese Kapelle für die Gebeine des hl. Calixtus errichten. Nun dokumentiert hier ein kleines Museum die Geschichte des Burghügels. Auch die Krypta aus dem 11. Jh. gehört dazu (Öffnungszeiten: tgl. außer Mo. 10.00 – 20.00, Mitte Sept. – April bis 18.00 Uhr).

★ **Collégiale Sainte-Waudru**

Wenig unterhalb des Burghügels wurde von 1450 an nach Plänen von Matthaeus de Layens an der Kollegiatskirche Ste-Waudru gebaut. Ältester Teil ist der vierjochige Chor (1450 – 1502), das Querschiff entstand 1525 bis 1527, das dreischiffige Langhaus mit sieben Jochen von 1529 bis 1589. Geplant war auch ein Turm von 187 m Höhe, dessen Bau jedoch 1689 aufgegeben wurde.

◄ Innenraum

Im eindrucksvollen Kirchenraum (115 m lang, 32 m breit, 24 m hoch) fallen zunächst die Mittelschiffpfeiler auf, die ohne Unterbrechung durch Kapitelle ins Deckengewölbe übergehen. Beim Hauptportal links steht der **»Car d'Or«**, der 1780 gebaute Prozessionswagen für den Schrein der hl. Waltrudis. Dieser befindet sich am Hauptaltar und wurde 1887 aus vergoldetem Kupfer gearbeitet; er enthält den Leichnam der 682 gestorbenen Heiligen, in eine Hirschhaut eingenäht. Ihr Kopf allerdings wird in einem Kästchen in einer der Kapellen aufbewahrt. Im Chor (sieben Statuen) bzw. im linken Querschiff (Flachreliefs) sieht man Reste des 1535 bis 1548 von **Jacques Dubroecq** aus Mons angefertigten und 1792 von den Franzosen zerstörten Lettners, eines der bedeutendsten und am stärksten italienisch beeinflussten Werke der Renaissance in Belgien. Vom selben Künstler stammen im rechten Seitenschiff (Kapelle 6) ein Christus am Kreuz, im Querschiff eine Verkündigungsgruppe aus Alabaster und im Chorumgang (Kapelle 12) ein Altar. Die **Schatzkammer** besitzt u. a. das Reliquiar des hl. Vincentius aus der Schule von Hugo d'Oignies (13. Jh.).

Musée du Chanoine Puissant

Dieses Museum wenig nördlich der Collégiale verteilt sich auf das »Vieux Logis«, einen Ziegelsteinbau um 1550, und die Chapelle Ste-Marguerite (13. Jh.). Gezeigt wird die Kunstsammlung des Edmont Puissant: Gemälde, Möbel und seine Bibliothek, zu der auch eine Gutenbergbibel gehört (Öffnungszeiten wie Musée montoise).

★ **Musée François Duesberg**

In diesem Haus am Sq. Franklin Roosevelt wird neben Kunsthandwerk eine **außergewöhnliche Kollektion feuervergoldeter Kaminuhren** des Empire gezeigt (Öffnungszeiten: Di. – So. 13.30 – 18.00 Uhr).

Umgebung von Mons

Soignies

Soignies, 19 km nordöstlich von Mons, entstand um eine 650 vom hl. Vincentius gegründete Abtei. Der Bau der heutigen ihm geweih-

★ Collégiale Saint-Vincent ► ten Kirche im Stil der Schelderomanik wurde um 965 begonnen und war im 13. Jh. abgeschlossen. Die beiden Joche des Chores bergen **das älteste Kreuzrippengewölbe Belgiens** (11. Jh.). Unter den Kunstgegenständen fallen besonders die Skulpturen auf: der Renaissancelettner aus Marmor und Stuck, eine Grablegungsszene im Chorumgang (15. Jh.) und eine »Stillende Jungfrau« (14. Jh.). Im Chor steht der große Schrein des Heiligen (19. Jh.).

Le Borinage

Südlich von Mons erstreckt sich die Borinage. Zeugen des eingestellten Bergbaus sind Fördertürme und Arbeitersiedlungen, die »terrils«.

Maison de Van Gogh in Cuesmes ► In Cuesmes lebte vom Sommer 1879 bis zum Herbst 1880 Vincent van Gogh als Arbeiterpriester unter den Kumpeln des Borinage, bevor er sich endgültig der Malerei zuwandte. Er bewohnte in einem Bergarbeiterhäuschen am Waldrand ein Zimmer. Hier kann man heute Dokumente und Reproduktionen seiner Gemälde anschauen (keine Originale! Öffnungszeiten: tgl. außer Mo. 10.00 – 18.00 Uhr).

★ Grand-Hornu ► Hornu liegt 10 km westlich und ist der älteste Bergbauort des Borinage. Hier ließ der Industrielle Henri de Gorge von 1814 bis 1832 eine für damalige Zeiten revolutionäre Idee verwirklichen: die Einheit von Arbeit und Wohnen. Es entstand der heute denkmalgeschützte Werkskomplex »Grand-Hornu« aus Bergwerk, Eisengießerei, Büros, Schulen, Krankenhaus und 400 Arbeiterwohnungen. Die Arbeiterhäuser hatten jedes einen Garten; selbst eigenes Geld wurde ausgegeben. Per Audioguide kann man die Anlage erkunden und sieht dabei auch das neue Museum für zeitgenössische Kunst (Öffnungszeiten: tgl. außer Mo. 10.00 – 18.00 Uhr). Dass hier schon in der Steinzeit nach Kohle gegraben wurde, beweist das zum Weltkulturerbe erklärte Bergwerk **Camp à Cayaux** bei Spiennes, 6 km südöstlich von Mons.

! Baedeker TIPP

PASS

Ein etwas anderer Freizeitpark – keine Achterbahn, keine Wasserrutschen, dafür ein 64 m hoher Förderturm und ein 210 m langes Laufband in 17 m Höhe. Sie verbindet symbolisch das Alte in Gestalt einer Kohlenzeche mit dem neuen Wissenschaftszentrum, wo Interaktivität Trumpf ist! Bei Frameries 4 km südlich von Mons; Di. – Fr. 10.00 – 17.00, Sa. und So. bis 18.00 Uhr.

★ Namur

J 16

Provinz: Namur
Höhe: 83 m ü.d.M.
Einwohnerzahl: 105 800

Namur (fläm. Namen) liegt an der Mündung der Sambre in die Maas und ist Ausgangspunkt für den Besuch des attraktiven Oberen ►Maastals.

Die Hauptstadt der Provinz und der Region Wallonien hat in ihrer Geschichte viele Zerstörungen erlitten, sodass ein zusammenhängendes, attraktives Stadtbild heute nicht mehr existiert. Ein Besuch lohnt sich jedoch allemal der Zitadelle und der Museen wegen.

Zentrum des Oberen Maastals

Der Zitadellenhügel war schon für die Römer von militärischer Bedeutung. Manche Historiker vermuten hier den Sitz der Aduatuker, von denen Caesar im »Gallischen Krieg« spricht. Unterhalb des Hügels entstand an der Sambre eine Siedlung, die seit dem 10. Jh. Hauptort einer Grafschaft war, 1421 an Burgund kam und 1559 zum Bischofssitz erhoben wurde. Seit dem 15. Jh. ist die Geschichte Namurs eine Abfolge von Belagerungen, deren berühmteste 1692 unter Ludwig XIV. und Vauban stattfand und mit dem Einzug der Franzosen endete; 1695 jedoch mussten sie Wilhelm III. von Oranien weichen. 1746 standen die Franzosen wieder in Namur, wurden 1748 von den Österreichern vertrieben, die ihrerseits 1792 vor den französischen Revolutionären den Rückzug antraten, die Stadt im selben

Alte Festungsstadt

Namur Orientierung

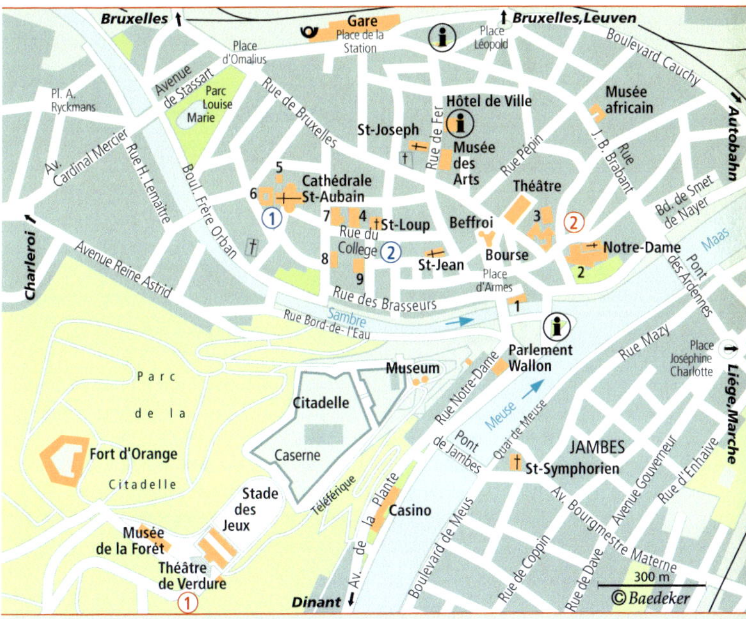

Essen
① Brasserie Henry
② Le Pâthantrope

Übernachten
① Château de Namur
② Les Tanneurs

1 Musée Archéologique
2 Hospice d'Harscamp
3 Maisons des Soeurs
4 Athénée Royal
5 Musée diocésain
6 Palais de Justice
7 Gouvernement Provincial
8 Musée de Groesbeeck de Croix
9 Musée Félicien Rops

NAMUR ERLEBEN

AUSKUNFT

Hôtel de Ville, B-5000 Namur
Tel. 081 24 64 49, Fax 081 24 71 28
www.namurtourisme.be

ESSEN

► Erschwinglich

① ***Brasserie Henry***
Pl. St-Aubain, 3
Tel. 081 22 02 04
Große, klassisch eingerichtete, sehr beliebte und für ihre Küche sehr gelobte Brasserie.

② ***Le Pâthantrope***
Pl. Chanoine Descamps, 15
Tel. 081 22 80 43
Ruhetag: So., Mo.
Umgeben von Ziegelsteinarchitektur gemixt mit moderner Kunst isst man hier eine Mischung aus italienisch-französisch-belgischer Kochkunst.

ÜBERNACHTEN

► Luxus / Komfortabel

① ***Château de Namur***
Av. de l'Ermitage, 1, B-5000 Namur
Tel. 081 74 26 30, Fax 081 74 23 92
www.chateaudenamur.com
29 Z. Das Hotel garantiert eine stilvolle Unterkunft und sehr gute Küche im ***Restaurant l'Ermitage*** in einer großen, schlossähnlichen Gründerzeitvilla hoch über der Stadt in unmittelbarer, ruhiger Nachbarschaft zur Zitadelle.

► Luxus / Komfortabel / Günstig

② ***Les Tanneurs***
Rue des Tanneries, 13 B,
B-5000 Namur
Tel. 081 24 00 24, Fax 081 24 00 25
www.tanneurs.com
28 Z. So erstaunlich wie ungewöhnlich: Das in einem Gebäude aus dem 17. Jh. eingerichtete Hotel bietet vom kleinen Doppelzimmerchen für 55 € bis zur stilvollen zweistöckigen Suite mit Jacuzzi für über 200 € – und alle Preislagen dazwischen – Unterkunft für jeden Geldbeutel. Gute Brasserie. Und das auch noch zentral in der Altstadt.

FLUSSFAHRTEN

Von Namur aus werden Fahrten auf der Maas bis nach ►Dinant und auf der Sambre angeboten. Ablegestelle ist auf der Pointe de Grognon, der Landzunge an der Sambremündung.

Jahr zurückgewannen und sie zwei Jahre später wieder den Franzosen übergaben. Diese wurden 1816 durch die Holländer abgelöst. Im Königreich Belgien waren die 1889 bis 1902 errichteten vorgeschobenen Forts Hauptpunkte der belgischen Maaslinie, die jedoch 1914 und 1940 von deutschen Truppen genommen wurden.

Altstadt

★ **Musée Archéologique**

Ein guter Ausgangspunkt zum Spaziergang durch die Altstadt ist die Landzunge an der Sambremündung, die Pointe de Grognon. Man überquert die Sambre auf der Pont Musée und sieht schon rechts die Backsteinfront der ehemaligen Fleischhalle (1590). Hier stellt das Ar-

Kaum ist es Frühling, bevölkern sich in Namur die Straßencafés.

chäologische Museum seine Sammlung von Altertümern aus der römischen, fränkischen und merowingischen Periode (1.–7. Jh.) aus, die zu den besten Belgiens zählt. Vor allem die Goldschmiede- und Glasarbeiten sind einzigartig (Öffnungszeiten: tgl. außer Mo. 10.00 bis 17.00 Uhr).

Place d'Armes

Gleich darauf folgt die Place d'Armes, deren Nordseite die ehemalige Börse einnimmt; dahinter erhebt sich der **Belfried**, dessen Fundament ein Rest des Tour Saint-Jacques ist, einst Teil der zweiten Stadtmauer aus dem 14. Jahrhundert.

Maisons des Sœurs de Notre-Dame

★ ★

◀ Klosterschatz von Oignies

Nach rechts und am Theater vorbei kommt man zum ehemaligen Kloster der Schwestern von Notre-Dame, in dem einer der großartigsten Kirchenschätze des Landes aufbewahrt wird: der 1818 in den Besitz der Schwestern gelangte Schatz des Klosters Oignies, dessen schönste Stücke von Pater Hugo von Oignies stammen. Er lebte im 12./13. Jh. in Oignies und steht in der Tradition der großen maasländischen Meister Renier und Godefroid de Huy und Nikolaus von Verdun. Die in Namur ausgestellten herausragenden Stücke sind zwei mit Emailarbeiten aus Trier verzierte Deckel eines Evangeliars von 1230 und der Kelch des Gilles de Walcourt von 1238 (Öffnungszeiten: Di.–Sa. 10.00–12.00 und 14.00–17.00 Uhr, So. nur vormittags). Die Klosterkirche enthält in der Krypta die Grabdenkmäler der Grafen Wilhelm I. und Wilhelm II. von Namur († 1391 bzw. 1418).

★ **Musée des Arts anciens du Namurois**

Zurück und wiederum am Theater sieht man Ecke Rue de Fer das Hôtel de Gaiffier d'Hestroy aus dem 17. / 18. Jh., in dem das Musée des Arts anciens du Namurois Kunsthandwerk aus Mittelalter und Renaissance aus der Gegend von Namur zeigt, vor allem Goldschmiedekunst, Dinanderien, Skulpturen sowie Elfenbeinstücke. Die Gemäldeabteilung besitzt u. a. vier Werke des aus Bouvignes an der Maas stammenden Malers Henri Blès (1510 – 1555; Öffnungszeiten: tgl. außer Mo. 10.00 –18.00 Uhr).

Saint-Loup

Auffallendstes Merkmal von Saint-Loup, der architektonisch interessantesten Kirche von Namur, ist die Stuckfassade mit ihren zwölf dorischen Säulen. Pieter Huyssens lieferte die Pläne für die 1621 bis 1645 gebaute Kirche und das Kolleg der Jesuiten, heute Gymnasium.

Saint-Aubain

Von Saint-Loup geradeaus öffnet sich weit die Place Saint-Aubain mit dem rechts liegenden Sitz der Provinzialregierung, dem weiß strahlenden ehemaligen Bischofspalast. Auf dem Platz erhebt sich die Cathédrale Saint-Aubain, ein stattlicher klassizistischer Kuppelbau (1751 – 1767) des Mailänder Baumeisters Gaetano Pizzoni. Der großzügige Innenraum enthält u. a. Statuen aus der Abtei Floreffe von Laurent Delvaux und hinter dem Hochaltar eine Gedenktafel für Don Juan d'Austria, der 1578 bei Namur starb und dessen Leichnam 1579 in den Escorial bei Madrid gebracht wurde. In die Tafel eingearbeitet ist ein Behälter mit dem Herz des Siegers von Lepanto.

Musée diocesain et trésor de la cathédrale ►

Das Renaissancegebäude rechts neben dem Chor enthält die Schatzkammer der Kathedrale. Höhepunkte sind ein tragbarer Altar der Grafen von Namur (12. Jh.), ein merowingischer Reliquienschrein (8. Jh.) aus Andenne und die Reliquiarkrone Philipps des Edlen von Namur, die angeblich Dornen aus der Passionskrone Christi trägt (nur nach Anmeldung zwei Tage vorher unter Tel. 081 44 42 85).

★ **Musée de Groesbeeck de Croix**

Richtung Sambre liegt der im 18. Jh. im Stil Louis XV erbaute Stadtpalast der Familie Groesbeeck de Croix. Die Räume sind prächtig im Geschmack der Zeit mit handbemalten Tapeten, Gemälden und chinesischem Porzellan ausgestattet. Die Küche mit ihrem großen Abzug ist voll mit altem Hausgerät (Öffnungszeiten: tgl. außer Mo. 10.00 – 12.00 und 13.30 – 17.00 Uhr).

Musée Felicien Rops

Der in Namur geborene Felicien Rops (1833 – 1898) wurde vor allem als Radierer berühmt-berüchtigt, da seine Werke für viele Zeitgenossen pure Pornografie waren. Das Museum in der Rue Furnal zeigt eine (überwiegend harmlose) Auswahl (Öffnungszeiten: tgl. außer Mo. 10.00 – 18.00; Juli und Aug. auch Mo.).

Auf dem Zitadellenhügel

★★ **Citadelle de Namur**

Die Zitadelle über der Stadt, **eine der mächtigsten Festungen Europas**, blickt auf eine 2000-jährige Geschichte zurück. Schon die Römer befestigten den Felsvorsprung zwischen Sambre und Maas, auf dem die Grafen von Namur dann ihre Burg bauten. Im 15. Jh. begann der Ausbau zur Zitadelle, der von Vauban und dem Holländer Coehoorn im 17. und 18. Jh. vollendet wurde. Fünf medial aufbereitete, **farbig markierte Rundgänge** unterschiedlicher Dauer (40 Min. bis 2 St. 45 Min.) erschließen die Zitadelle. Sie unterteilt sich in vier Abschnitte. Nächst dem Eingang beim Stadion befindet man sich im Hornwerk (»Ouvrage à cornes«) mit dem von den Holländern errichteten Pulvermagazin.

Öffnungszeiten: tgl. 8.00 – 17.00; Museen und Führungen nur April – Okt.

Der Weg führt hinab zur holländischen Kaserne in dem von Vauban und Coehoorn erbauten Abschnitts »Terra Nova«. Zu dessen Schutz wiederum entstand 1691 das Fort d'Orange außerhalb der eigentlichen Zitadelle. Unterhalb der Kaserne führt eine Brücke, von der sich ein eindrucksvoller Blick auf die Stadt eröffnet, über einen tiefen Graben hinweg zum aus dem 16. Jh. stammenden Festungsabschnitt »Médiane«; hier findet man auch die Schau-Parfümerie Delforge. Im Zentrum des ältesten Abschnitts »Château« steht der alte Herzogspalast mit einer Ausstellung zur Geschichte der Zitadelle.

! *Baedeker* TIPP

Europas Termitenhügel

So bezeichnete Napoleon die Zitadelle von Namur. Weshalb, erschließt sich auf einer Führung durch die unterirdischen Gänge (April – Okt. tgl. 11.00 – 17.00 Uhr).

Parc de la Citadelle

Im Parc de la Citadelle gehen die Kinder in den Spielpark »Reine Fabiola«, die Erwachsenen ins Stadion oder ins Freilichttheater.

Zitadelle Namur Orientierung

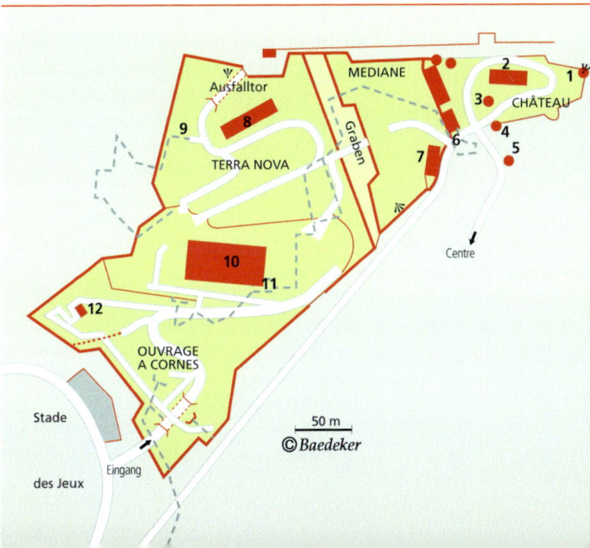

1 Tour des Guetteurs
2 Logis Comtal
3 Tour au four
4 Tour aux Chartes
5 Tour Joyeuse
6 Chapelle St-Pierre
7 Parfumerie Delforge
8 Lafettenschuppen (1835)
9 Circuit des Caponnières
10 Kaserne (1815)
11 Galéries Boufflers (Unterirdische Gänge)
12 Pulvermagazin (1815)

- - - Unterirdische Gänge

Unterhalb der Zitadelle

Unterhalb der Zitadelle erstreckte sich am linken Maasufer die älteste Siedlung der Stadt. Aus dem Hospice Saint-Gilles (16./17. Jh.) ist mittlerweile der Sitz des wallonischen Parlaments geworden.

Umgebung von Namur

✶ **Abbaye de Floreffe**

Die Prämonstratenserabtei Floreffe, 10 km westlich von Namur an der Sambre, gehört zu den am besten erhaltenen Klöstern Belgiens. Sie wurde 1121 vom hl. Norbert gegründet und im 17. und 18. Jh. ausgebaut. Die Französische Revolution beendete das Klosterleben. Von der 90 m langen Abteikirche stammen Querschiff und Sakristei noch aus der Anfangsphase; der Innenraum wurde Ende des 18. Jh.s von Dewez umgestaltet. Hier hinterlässt besonders das reich beschnitzte Chorgestühl von Pieter Enderlin großen Eindruck. Das Brauereigebäude, zugleich Mühle, stammt aus dem 13. Jh.; in ihm wird das in ganz Belgien beliebte süffige Klosterbier ausgeschenkt.

Fosses-la-Ville

Von Floreffe sind es noch 10 km bis Fosses-la-Ville. Der irische Missionar Feuillen (Follianus) gründete hier um 650 ein Kloster, das im 10. Jh. zerstört wurde; doch im 11. Jh., als man die Reliquien des Heiligen hierher brachte, wurde eine neue Kirche begonnen. Von dieser existieren noch Turm, Chor und Krypta, die älteste Belgiens. Sehenswert sind das Chorgestühl von 1524 und das Reliquiar des Heiligen (16. Jh.). Im Musée »Le Petit Chapitre« sind über 800 handgearbeitete Puppen versammelt, die belgische Volkstypen darstellen.

✶ Karneval ►

Auf dem berühmten Karneval von Fosses-la-Ville tanzen die **»Chinels«** wie Marionetten; kaum weniger berühmt ist der Militärumzug **»Marche de Saint-Feuillen«**, der alle sieben Jahre im September stattfindet (nächster Termin: 2012).

Gembloux

Benediktinerabtei ►

Der hl. Guibert gründete im 10. Jh. die Abtei von Gembloux, 19 km nordwestlich von Namur. Die heutigen Gebäude stammen zumeist aus der Zeit nach 1779, als ein Neubau nach Plänen des Architekten Dewez auf einem Felssporn über der Orneau begonnen wurde; nur der alte Kreuzgang wurde restauriert. Besonders eindrucksvoll ist der Ehrenhof mit dem Palast des Abts. Seit 1861 sind die Klostergebäude vom Staatlichen Landwirtschaftlichen Institut belegt. Im Städtchen selbst bietet das **Maison du Bailli** (Vogtshaus, heute Rathaus) einen hübschen Anblick. Es ist seit dem 12. Jh. bekannt; das heutige Gebäude stammt aus dem 16. Jahrhundert.

✶ **Corroy-le-Château**

Corroy-le-Château, 6 km südwestlich von Gembloux, verdankt seinen Namen der Burg aus dem 13. Jh., einer der am besten erhaltenen mittelalterlichen Wasserburgen in Belgien. Die Feste mit schwerem Torgebäude, Zugbrücke und sieben massiven Türmen wurde auf Geheiß Philipps von Vianden erbaut als Teil des Verteidigungsrings von Brabant (Öffnungszeiten: Mai – Sept. Sa. und So. 10.00 – 12.00 und 14.00 – 18.00 Uhr).

Das Schloss von Franc-Waret, 13 km nordöstlich von Namur, wurde im 18. Jh. im Stil Louis XV umgebaut. In den wertvoll ausgestatteten Räumen sieht man Brüsseler Wandteppiche, eine Porzellansammlung und niederländisch-flämische Gemälde (Öffnungszeiten: Juni – Sept. Sa., So. und Fei. 14.00 – 17.30 Uhr).

Franc-Waret

★ Nieuwpoort

E 3

Provinz: West-Vlaanderen
Einwohnerzahl: 10 500
Meereshöhe

Nieuwpoort gehört zu den angenehmen Erscheinungen an der belgischen Küste. Zwar wurde das Städtchen im Ersten Weltkrieg fast völlig zerstört, doch dann nach alten Plänen wieder aufgebaut. So hat es heute noch etwas vom Charme eines alten Fischerhafens, zumal die Fischereiflotte von Nieuwpoort kein folkloristisches Beiwerk ist, sondern tatsächlich noch jeden Tag ausläuft.

Flaneure und Krabbenfischer schätzen die Mole von Nieuwpoort gleichermaßen.

Fischer- und Freizeithafen Ihren zusätzlichen Reiz erhält die Stadt durch ihre Lage an der Mündung der IJzer in die Nordsee: 3 km lang zieht sich die »Hafenrinne« von Nieuwpoort-Stad bis zum Badeort Nieuwpoort-Bad, Platz genug für den größten Jachthafen an der Nordsee.

Geschichte Am Anfang von Nieuwpoort stand Lombardsijde, hervorgegangen aus einer schon im 5. Jh. nachgewiesenen angelsächsischen Siedlung, die sich im 11. Jh. zur bedeutenden Hafenstadt entwickelte. Verheerende Sturmfluten 1116 und 1134 zerstörten die Stadt fast völlig und änderten den Lauf der IJzer, sodass Graf Philipp von Flandern den »neuen Hafen« für ►Ieper gründete. Im Ersten Weltkrieg war Nieuwpoort der Schlüssel der IJzerstellung, auf die sich die alliierten Armeen zurückgezogen hatten. Am 29. Oktober 1914 öffnete man die Schleusen der IJzer und überflutete die Polder, um den deutschen Vormarsch aufzuhalten. Das verhinderte jedoch nicht, das Nieuwpoort 1918 fast völlig zerstört wurde.

NIEUWPOORT

AUSKUNFT

Marktplein 7,
B-8620 Nieuwpoort
Tel. 058 22 44 44,
Fax 058 22 44 28
www.nieuwpoort.be

ESSEN

Täglich frischer Fisch kommt in den Restaurants am Fischerhafen auf die Tische.

KUSTTRAM

Sieben Haltestellen im Stadtgebiet inkl. Lombardsijde

Sehenswertes

Ein hübsches Bild bietet der **Grote Markt** mit dem Belfried, dem alten Renaissancerathaus (1924 neu aufgebaut) und der ursprünglich spätgotischen Kornhalle von 1280 (1923 wieder aufgebaut). Hinter dem Rathaus erhebt sich die Onze-Lieve-Vrouwkerk, die in beiden Weltkriegen zerstört, aber 1922 und 1946 in ihrem ursprünglichen gotischen Stil des 15. Jh.s wieder hergestellt wurde. Im frei stehenden Turm hängt ein Glockenspiel mit 67 Glocken.

✶ Fischerhafen Achterhaven Die Cafés am Vismijnkaai bieten sich an, um dem Treiben im Fischerhafen zuzusehen. Täglich werden ab 7.00 Uhr die Fänge versteigert. Rechts der IJzerbrücke münden sechs Kanäle in den Achterhaven, von ebenso vielen Schleusen reguliert. Am Nordufer umringt ein großes, aus 20 Säulen bestehendes Rondell das **Reiterdenkmal von König Albert I.**

IJzermündung Rechts der Hafenrinne gegenüber von Nieuwpoort-Bad finden viele Watten- und Wasservögel ihre Nistplätze im **Naturschutzgebiet IJzermonding** (nur mit Führern, Juli und Aug. So. 10.30 Uhr). Am rechten Ufer kurz vor der Mündung steht der 29 m hohe, 1949 gebaute

Leuchtturm. Seine Vorgänger wurden 1914 durch Beschuss bzw. 1944 durch Sprengung von deutschen Truppen zerstört.

★ ◄ Molen

Zwei Molen, 1865 gebaut, »begleiten« die IJzer noch weit ins Meer hinaus: die 490 m lange West- und die 543 m lange Ostmole, beide sehr beliebt bei Spaziergängern und Anglern.

Oostduinkerke

►Koksijde, Umgebung

Nivelles

H 13

Provinz: Brabant wallon **Höhe:** 99 m ü.d.M
Einwohnerzahl: 24 000

Nivelles, im Agrargebiet südlich von Brüssel gelegen, hatte schwer unter dem Bombenhagel des Zweiten Weltkriegs zu leiden. Auch kunsthistorische Schätze von immensem Wert gingen verloren, doch ist die romanische Kollegiatskirche Ste-Gertrude wieder aufgebaut worden.

Geschichte

Pippin d. Ä., Haushofmeister des merowingischen Königs Dagobert I., besaß in dieser Gegend umfangreiche Ländereien. Nach seinem Tod zog seine Witwe Itta mit Tochter Gertrud hierher und gründete um 650 das erste Nonnenkloster auf heute belgischem Gebiet. Erste Äbtissin war Gertrud, die 659 starb. Ihr Grab wurde zu einem Wallfahrtsziel, um das herum der Ort entstand. Im 11. Jh. hatte das Kloster den Gipfel seines Wohlstands erreicht, der sich im Bau der Kollegiatskirche manifestierte. Der Niedergang setzte 1789 mit der Auflösung des Klosters ein. Im Ersten Weltkrieg blieb die Stadt verschont, doch der deutsche Bombenangriff im Mai 1940 zerstörte 20 % aller Gebäude.

Sehenswertes in Nivelles

★ Collégiale Sainte-Gertrude

Die 1046 im Beisein des deutschen Kaisers Heinrich III. geweihte Collégiale Sainte-Gertrude **gehört zu den kostbarsten Zeugnissen ottonischer Romanik in Belgien**. Ihr Ursprung war die merowingische Klosterkirche Saint-Pierre, die Anfang des 11. Jh.s abbrannte, sodass man beschloss, eine neue Kirche zu errichten. Beim Bombenangriff 1940 wurde auch sie schwer getroffen; vor allem war der Kirchenschatz unwiederbringlich verloren. Der Wiederaufbau war erst 1984 abgeschlossen, im Wesentlichen in der Gestalt aus dem 11. Jahrhundert. Deren Besonderheit liegt im Grundriss mit zwei Querschiffen und zwei gegenüberliegenden Chören. Das mächtige Westwerk mit oktogonalem Glockenturm und zwei Seitentürmen aus dem 12. Jh. geht wohl auf einen ottonischen Vorgängerbau zurück; im rechten Turm schlägt die Figur des Jean de Nivelles aus dem 15.

Jh. mit einem Hammer die Stunde. Von den Skulpturen der Portale am Westwerk blieben nur die Türpfosten mit Szenen der Samsonlegende (Nordportal) und dem Erzengel Michael (Südportal) erhalten.

Kirchenraum ► Der Kirchenraum beeindruckt durch seine Größe (102 m lang, 20 m hoch), sodass – bedingt durch die Verluste des Krieges – die Schlichtheit der Ausstatttung weniger ins Auge fällt. Bemerkenswert sind die Barockkanzel von Laurent Delvaux mit reichem Figurenschmuck sowie ein Renaissance-Chorgestühl. Der berühmte Schrein der hl. Gertrud, eines der kostbarsten Werke gotischer Goldschmiedekunst, wurde 1940 zum großen Teil zerstört. In der Kirche stehen heute eine Replik von Félix Roulin. Über dem Chor im Westbau liegt **die 19 m hohe Salle impériale**, die offiziellen Empfängen der Äbtissin

✶ diente. Die dreischiffige Krypta (um 1100) unter dem Ostchor ist

Krypta ► mit einer Fläche von über 230 m² die größte Belgiens. Von ihr gelangt man zu den Fragmenten der Vorgängerkirchen und zu den freigelegten Gräbern der hl. Gertrud und deren Eltern sowie der 1001 gestorbenen Ermentrude, Enkelin von Hugo Capet, des ersten Königs von Frankreich. Der **Kreuzgang** ist ein Übergangswerk vom Beginn des 13. Jh.s; aus dieser Zeit blieb nur die Nordgalerie erhalten. Hier sind Grabsteine und Teile des alten Geläuts aufgestellt.

Fontaine du Perron

Die Straßenkreuzung gegenüber vom Westwerk ziert die Fontaine du Perron, ein von der Äbtissin Adrienne de Moerbeke 1523 gestifteter Brunnen mit dem Bildnis des Erzengels Michael.

Musée d'Archéologie, d'Art et d'Histoire

Das Museum für Archäologie, Kunst und Geschichte ist im weinumrankten Refugium der Trinitariumsbrüder von Orval (1763) zu Hause. Ausgestellt sind u. a. aus Sainte-Gertrude gerettete Kunstschätze, darunter die Reste des Gertrudenschreins.

Umgebung von Nivelles

✶ **Abbaye de Villers-la-Ville**

Die Ruinen der 17 km östlich von Nivelles liegenden Zisterzienserabtei von Villers-la-Ville sind die größten Klosterruinen Belgiens. Das 1146 von Bernhard von Clairvaux nach dem Vorbild von

NIVELLES ERLEBEN

AUSKUNFT

Rue de Saintes, 48, B-1400 Nivelles
Tel. 067 84 08 64, Fax 067 21 57 13
www.tourisme-nivelles.be

FEST

Zu Ehren der hl. Gertrud findet alljährlich am Sonntag nach dem Michaelstag eine große *Prozession* statt. Die Gläubigen, gekleidet in historische Kostüme, begleiten den aus dem 15. Jh. stammenden Prozessionswagen mit den Reliquien der Heiligen auf einem 14 km langen Marsch rund um die Stadt. Dazu gesellen sich das Riesenpaar Argayon und Argayonne sowie deren Sohn Lolo und das Pferd Godet.

Bernhard von Clairvaux gründete die Abtei von Villers-la-Ville, heute die größte Klosterruine Belgiens.

Cîteaux gegründete Kloster entstand im 12. und 13. Jh. und wurde mehrfach verwüstet, doch bis ins 18. Jh. immer wieder erneuert. Schließlich zerstörten französische Revolutionstruppen die Gebäude. Die Besichtigung des im klassischen Stil der Zisterzienser errichteten Klosters folgt einem bezeichneten Rundgang und berührt den Klosterpalast, den im 14. Jh. erbauten und im 16. Jh. restaurierten großen Kreuzgang, umgeben von Kapitelsaal mit dem Schlafsaal der Mönche darüber, Wärmestube, Refektorium, Küche und den Schlafräumen der Laienbrüder. Die Klosterkirche aus dem 13. Jh. folgt den französischen Vorbildern mit Ausnahme der halbkreisförmigen Apsis (sonst gerader Abschluss bei Zisterzienserkirchen) und der runden Dachfenster. Von den Wirtschaftsgebäuden ist die große Brauerei aus dem 13. Jh. am besten erhalten (Öffnungszeiten: April – Okt. tgl. außer Di. 10.00 – 18.00, Nov. – März bis 17.00 Uhr).

Ophain-Bois-Seigneur-Isaac

Auch im 6 km nördlich von Nivelles liegenden Ophain-Bois-Seigneur-Isaac findet man ein Ensemble klösterlicher Bauten aus dem 14. – 16. Jahrhundert. In der Klosterkirche wird in einem Reliqienbehälter von 1555 ein Stück Leintuch bewahrt, das mit dem Blut Christi benetzt sein soll.

Seneffe

Das dreiflügelige Schloss von Seneffe, 9 km südlich von Nivelles, ist im Louis-XVI-Stil erbaut und von einem sehr schönen Park umgeben. Es beherbergt ein Silbermuseum (Öffnungszeiten: tgl. außer Mo. 10.00 – 18.00 Uhr).

Schiefe Ebene von Ronquières

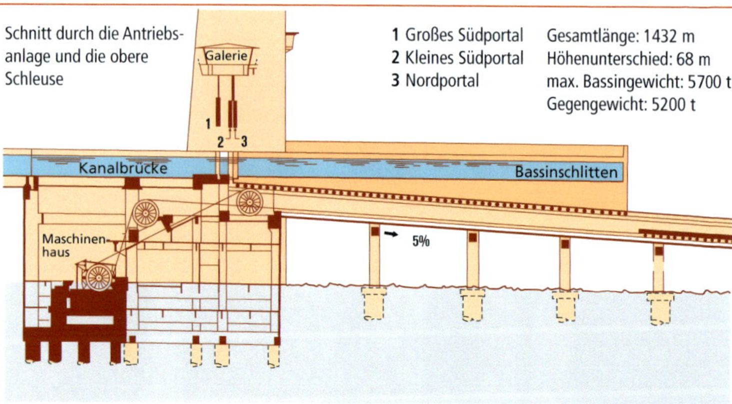

★★ **Schiefe Ebene von Ronquières**

Ein technisches Schauspiel der besonderen Art lässt sich 10 km westlich von Nivelles verfolgen: die Schiefe Ebene von Ronquières (Plan incliné de Ronquières), **ein gigantisches Schiffshebewerk** am Kanal von Charleroi nach Brüssel. Der Höhenzug zwischen dem Tal der Sambre und der Senne stellte lange Zeit ein unüberwindliches Hindernis für einen Kanal zwischen dem Süden und dem Norden Belgiens dar, bis man es 1832 geschafft hatte: mit **55 Schleusen auf nur 60 km Strecke!** 1937 wurde die grundlegende Modernisierung beschlossen, die dann von 1947 bis 1968 verwirklicht wurde. Sie reduzierte die Schleusen auf zehn und hatte als Herzstück die Schiefe Ebene von Ronquières. Dort fahren die Schiffe in eines von zwei Bassins von 91 m Länge und 12 m Breite ein (Wassertiefe 3,70 m; max. Gewicht 5700 t), das auf 59 Achsen an 8 Stahltrossen über eine Schienenstrecke gezogen bzw. hinabgelassen wird. Die Becken werden unabhängig voneinander bewegt, da sie durch 5200 t schwere Gegengewichte gesichert sind. Dabei wird auf einer Gesamtstrecke von 1432 m ein Höhenunterschied von 68 m in ca. 90 Minuten bewältigt. Die Anlage überragt der 154 m hohe Kontrollturm mit einer Aussichtsplattform in 139 m Höhe. Im »Erlebnisparcours« wird der Alltag der Schiffer vorgestellt und die Technik der Schiefen Ebene erläutert. Mit der »Hainaut« kann man bis zur Schleuse von Ittre schippern (inkl. Schleusung auf der Schiefen Ebene; Öffnungszeiten: April – Okt. tgl. 10.00 – 19.00 Uhr; Fahrten nach Ittre Di., Do., Fr., Sa.; Schleusung nur So.; nach 15.45 Uhr keine Kombitickets mehr).

Ecaussinnes-Lalaing

Ecaussinnes-Lalaing liegt 4 km weiter westlich. Es ist alljährlich am Ostermontag **Schauplatz eines Heiratsmarkts**, bei dem die Heiratswilligen auf der Grand-Place bewirtet werden. In der Ortskirche sind Blandine Rubens, die Schwester des großen Malers, und Michel de Croy (schöne Liegefigur) begraben.

Das Schloss von Lalaing stammt aus dem 12. Jh., wurde im 14. ausgebaut und ist fast unverändert geblieben. Die Besichtigung führt u. a. durch Waffensaal, Küche, Krankenzimmer, Prunksaal und Kerker; in einigen Räumen werden Glas, Skulpturen, Keramik und Porzellan gezeigt (Öffnungszeiten: April – Juni, Sept., Okt. Sa., So. und Fei., Juli / Aug. tgl. außer Fr. 10.00 – 12.00 und 14.00 – 18.00 Uhr).

✶ ◄ Château d'en Haut

Oostende

D 4

Provinz: West-Vlaanderen
Einwohnerzahl: 68 000
Meereshöhe

Oostende, das größte belgische Seebad, kann auf eine mondäne Vergangenheit zurückblicken, als sich hier gekrönte Häupter und andere Prominenz der Belle Époque tummelten. Reminiszenzen daran tauchen im Stadtbild immer wieder auf; ansonsten aber hat sich Oostende baulich und touristisch seinem Schicksal ergeben, das da heißt: Massenbetrieb.

Belgiens größtes Seebad

Seit 1933 darf sich die Stadt auch Thermalbadeort nennen. Doch der Tourismus ist nicht die einzige Einnahmequelle: Oostende (frz. Ostende) ist Heimathafen der größten Hochseefischereiflotte Belgiens und der bedeutendste See- und Fährhafen des Landes. Der Ärmelkanaltunnel und die Konkurrenz der hochmodernen Verladekais von Zeebrugge allerdings machen sich negativ bemerkbar.

Schön ist es in Oostende nicht unbedingt ... aber der Strand!

Geschichte Oostende wurde erstmals 814 erwähnt und erhielt 1267 Stadtrechte. Im 15. Jh. wurde ein neuer Hafen gebaut und 1583 neue Festungsanlagen, denn als letzter Stützpunkt der Holländer in den südlichen Niederlanden attackierten es die Spanier heftig: Erzherzogin Isabella tat 1601 gar das Gelübde, ihr Hemd erst wieder zu wechseln, wenn diese Bastion gefallen wäre – man kann nur hoffen, dass sie es nicht erfüllte, denn die Belagerung dauerte drei Jahre und forderte 72 000 Todesopfer. Bald nach der Gründung Belgiens trafen die ersten Briten zum Badeurlaub ein und es begann Oostendes Aufstieg zum weltläufigen Seebad. Im Ersten Weltkrieg war Oostende wie Zeebrugge deutscher U-Boot-Stützpunkt; der Zweite Weltkrieg brachte mehrfache Bombardements.

Sehenswertes in Oostende

Strandpromenade Wenn auch von teils fast grausig zu nennenden Betonkästen verschandelt, bietet die Albert-I-Promenade immerhin einige Hinterlassenschaften der großen Zeit. Dazu gehört, zwar völlig verjüngt, der **Kursaal**, ursprünglich von 1875 und nach Zerstörung im Zweiten Weltkrieg 1953 wieder aufgebaut, dessen Spielsaal Paul Delvaux mit Fresken ausschmückte. Weiter auf dem Zeedijk, der bis zum 15 km entfernten Westende reicht, trifft man auf die »Venezianische Galerie« mit der ehemaligen Königlichen Villa und etwas weiter auf die »Königlichen Galerien«, unter deren Arkaden die Königliche Familie geschützt von ihrer Residenz zur Wellington-Rennbahn promenieren konnte. Dazwischen liegen die Thermen, heute Luxushotel.

★ Königliche Galerien ►

★ **Hafen** Am Oostender Hafen lässt es sich gut aushalten, denn hier ist immer etwas geboten. Zwei Seestege (Staketsel) schützen die Hafeneinfahrt, wobei der 625 m lange westliche Steg einen idealen Aussichtspunkt abgibt. Am Visserskaai war der alte Fischereihafen; heute kann man hier den **Fischmarkt** (Vistrap) und das – allerdings sehr bescheidene – **Nordzeeaquarium** besuchen. Es folgt der Fährhafen, wo 1846 die erste Englandfähre ablegte. Der neue Fischereihafen liegt jenseits des Hafenbeckens am Visserijdok; in der **Fischauktionshalle** (Vismijn) beginnt jeden Werktag außer Do. um 7.00 Uhr die Auktion, ab 9.00 Uhr werden Krabben versteigert. Noch weiter östlich ragt 65 m hoch der Leuchtturm »Lange Nelle« auf. Wenig dahinter liegen das 1810 erbaute und nun renovierte Fort Napoléon (Öffnungszeiten: April bis Okt. tgl. außer Mo. 11.00 – 13.00 und 14.00 – 18.00 Uhr, Juli auch Mo.; übrige Zeit nur an Wochenenden) und Earth Explorer, eine virtuelle Erlebniswelt, die die vier antiken Elemente der Erde zum Thema hat (Öffnungszeiten: tgl. 10.00 – 18.00 Uhr).

Fort Napoléon ►

Earth Explorer ►

Der Innenstadt zu kommt man zum Mercatorhafen, wo an der Schleuse der Islandfahrer (Fischerboot) **»Amandine«** besichtigt werden kann; dann folgt der Yachthafen, wo das ehemalige Schulschiff der belgischen Handelsmarine, die »Mercator«, vor Anker liegt. Der Dreimaster ist nun Museum, in dem Mitbringsel von seinen 41 Rei-

★ »Mercator« ►

Oostende Orientierung

1 Venetiaanse Gaanderijen
2 Koninklijke Gaanderijen

Essen
① Villa Maritza
② Ostend Queen

Übernachten
① Thermae Palace
② Glenn
③ Du Parc

sen ausgestellt sind (Öffnungszeiten: April – Juni und Sept. – Nov. tgl. 10.00 – 12.30 und 14.00 – 18.00, Juli und Aug. 10.00 – 17.30 Uhr; ansonsten nur an Wochenenden).

Stadtzentrum

Auf der Kapellestraat, der Haupteinkaufsmeile, kommt man vom Mercatorhafen zur **Sint-Petrus-en-Pauluskerk** (1905). Nur der Backsteinturm »Peperbus« aus dem 15. Jh. ist von der alten Kirche erhalten; an den Hauptchor wurde die Grabkapelle der 1850 in Oostende gestorbenen ersten belgischen Königin Louise-Marie angebaut. Weiter nördlich steht am Wapenplein das **Feestpaleis**, 1957 an Stelle des

OOSTENDE ERLEBEN

AUSKUNFT

Monacoplein 2, B-8400 Oostende
Tel. 059 70 11 99, Fax 059 70 34 77
www.toerisme-oostende.be

FESTE

Bekanntestes Fest ist der »*Ball der toten Ratte*« im Karneval, 1896 von James Ensor (1860 – 1949) und dessen Freunden begründet, die sich im Cabaret »Au Rat Mort« auf dem Pariser Montmartre kennen gelernt hatten. Auch das karnevalistische *Krabbenfest* und die *Segnung des Meeres* im Juli ziehen viele an.

ESSEN

► Fein & teuer

① ***Villa Maritza***
Albert-I-Promenade 76
Tel. 059 50 88 08; Ruhetag: Mo.
Ambitioniertes Gourmetrestaurant in einer herrlichen Belle-Époque-Villa.

► Fein & teuer / Erschwinglich

② ***Ostend Queen***
Kursaal, Monacoplein
Tel. 059 29 50 55
Ruhetag: Montagmittag, Di., Mi.
Konrad Steenkiste, Schüler des Meisterkochs Pierre Wynants, will die Kursaalgastronomie wieder nach oben bringen: mit Fisch und Schalentieren vom feinsten Hummer bis hin zum traditionellen Fischergericht »Smeus«. Günstigere Alternativen im Kursaal sind das *Coffeehouse* (Steaks, Salate) und die Snackbar *Ok*.

ÜBERNACHTEN

► Luxus

① ***Thermae Palace***
Koningin Astridlaan 7,
B-8400 Oostende
Tel. 059 80 66 44, Fax 059 80 52 74
www.thermaepalace.be
153 Z. Badehotel, das an die glanzvolle Epoche Oostendes anbindet und den Geist der Jahrhundertwende atmet, ohne dass man auf höchsten zeitgemäßen Komfort verzichten muss. Bistro und Gourmetrestaurant.

► Günstig

② ***Glenn***
Aartshertogstraat 78,
B-8400 Oostende-Mariakerke
Tel. 059 70 26 72, Fax 059 70 50 26
www.hotelglenn.be
20 Z. Familiengeführtes Hotel im etwas ruhigeren Mariakerke mit plüschig dekorierten Stilmöbelzimmern. Sehr hübscher Garten; der Sohn des Hauses kocht.

③ ***Du Parc***
Marie-Joséplein 3, B-8400 Oostende
Tel. 059 70 16 80, Fax 059 80 08 79
43 Z. Als günstige Alternative stellt sich dieses Hotel zwischen Strand und Kursaal dar. Schöne Art-Déco-Bar.

STRÄNDE

Fünf Badestrände bieten allen Komfort: Kleinstrand zwischen Deich und Hafeneinfahrt, Weststrand zwischen Kursaal und Rennbahn, die Strände von Mariakerke und Raversijde westlich der Rennbahn und Oststrand.

SCHIFFSAUSFLÜGE

Im Juli und August werden Schiffsausflüge angeboten: mit der »Franlis« stündlich ab Weststaketsel aufs Meer vor Oostende (Tel. 059 70 62 94), mit der »Seastar« tgl. um 12.30 und 17.00 Uhr ab Visserskaai an der flämischen Küste entlang (Tel. 058 23 24 25).

KUSTTRAM

Zwölf Haltestellen zwischen Domäne Raversijde und Earth Explorer im Zweiten Weltkrieg zerstörten Rathauses von 1711 errichtet. Zwei Straßen weiter nördlich wurde im Haus Vlaanderenstraat Nr. 27 James Ensor geboren. Hier kann man den Souvenirladen seiner Mutter und deren Schwester, persönliche Gegenstände, Entwürfe, Wohnzimmer und Atelier des Malers besichtigen (Öffnungszeiten: Mitte Feb. – Dez. tgl. außer Di. 10.00 – 12.00 und 14.00 – 17.00 Uhr). Nahebei, in der Lange Straat, berichtet das **Heimatmuseum »De Plate«** über das Seebad und die Fischerei von Oostende (nur. Sa.)

★ ◄ James-Ensorhuis

Richtung Westen, vorbei am alten Postamt (zukünftig Museum für Bildende Kunst) und durch den Leopoldpark mit Oostendes Wahrzeichen, der **Blumenuhr** von 1933, geht es zur Romestraat, wo das Provinciaal Museum voor Moderne Kunst zeitgenössische belgische Kunst vorstellt (tgl. außer Mo. 10.00 – 18.00 Uhr).

◄ PMMK

In der **Domäne Raversijde** lebte der Bruder König Léopolds III., Prinz Charles, Regent von 1944 bis 1950. Er sorgte dafür, dass die Stel-Bunker des deutschen Atlantikwalls als Mahnmal und Museum erhalten blieben (Öffnungszeiten: April – Mitte Nov. tgl. 14.00 – 17.00, Juli und Aug. 10.30 – 18.00 Uhr).

! *Baedeker* TIPP

Selbst auf Krabbenfang

Auf der »Crangon« kann man für 30 € pro Person zu einem dreistündigen Krabbenfangtörn hinaus auf die Nordsee mitfahren. Informationen unter Tel. 0476 75 63 57, www.crangon.be

Umgebung von Oostende

Wesentlich beschaulicher geht es in De Haan zu, 6 km nordöstlich. Die Bauaufsicht achtet darauf, dass hier keine Betonburgen, sondern nur ansehnliche Häuschen und Villen gebaut werden dürfen. So zeigt De Haan heute noch das schönere Gesicht der Belle Époque.

★ **De Haan**

In Gistel, 10 km südlich, wurde um 1045 die hl. Godelieve geboren. Ihr Ehemann ließ sie 1070 erwürgen und in einen Teich werfen, dessen Wasser fortan wundertätige Wirkung zugeschrieben wurde. Am Teich steht heute die hübsche, weiß gekalkte Abtei von Ten Putte.

Gistel

★ Orval (Abtei)

O 19

Provinz: Luxembourg **Höhe:** 280 m ü.d.M.

Inmitten der stillen und malerischen Wälder der Landschaft Gaume, dicht an der Grenze zu Frankreich, liegt eines der weitläufigsten und schönsten Klöster Belgiens, die Trappistenabtei Notre-Dame d'Orval. Die Mönche betreiben eine florierende Landwirtschaft und sind berühmt für ihr Bier und ihren Käse.

ORVAL

GOTTESDIENSTE

Wer sich ca. 10 Minuten vor Beginn an der Pforte meldet, kann an den täglichen Gottesdiensten teilnehmen: *Laudes*: tgl. 7.00; *Terz*: Mo. – Sa. 9.00; *Eucharistie*: Mo. – Fr. 7.00, Sa. 11.30, So. 9.30; *Sext*: tgl. außer Sa. 12.00; *Non*: Sa. und So. 14.15; *Vesper* tgl. 17.40; *Complet* tgl. 20.00 Uhr.

Im goldenen Tal Um den Namen Orval (frz. »val d'or« = goldenes Tal) rankt sich eine Legende. Sie erzählt, dass Gräfin Mathilde von Chiny, Herzogin von Niederlothringen, bei einer Rast an einer Quelle ihren Ring ins Wasser fallen ließ. Betrübt betete sie in einer nahen Kapelle und das Wunder geschah: Eine Forelle brachte den Ring zurück, worauf sie ausrief, dieser Ort sei tatsächlich ein goldenes Tal, denn schon die Römer hatten es als solches bezeichnet. Das Wappen des Klosters zeigt deshalb auch einen blauen Bach, aus dem die Forelle mit dem Ring im Maul emporsteigt. Das erste Kloster sollen um 1070 Benediktiner aus Kalabrien gegründet haben. Ihnen folgten 1132 Zisterzienser, die mit dem Bau der Kirche begannen und bis zum 16. Jh. das Kloster aufbauten. 637 brandschatzten die Franzosen das Anwesen. Wieder fingen die Mönche an und schon um 1700 war die Abtei, die 1683 die »strikte Observanz« der Trappisten übernommen hatte, eines der wohlhabendsten Klöster Europas. Und wieder waren es Franzosen, diesmal die Revolutionäre, die das Kloster 1793 zerstörten. Erst 1926 wagte man einen erneuten Anlauf und begann auf den alten Fundamenten zu bauen, bis schließlich 1948 das heutige Kloster, von Henri Vaes im Sinne der zisterziensischen Bauweise geplant, geweiht werden konnte.

Neue Klosteranlage Das neue Kloster kann nicht besichtigt werden, doch hat man von denRuinen hat man von einem Türmchen in der Mauer gleich hinter dem Almosenhof einen schönen Blick auf die weitläufige Anlage. Deren Mitte nimmt der Ehrenhof ein, von dem eine breite Freitreppe zur neuen Klosterkirche hinaufführt, die von einer monumentalen, 17 m hohen Marienstatue von Lode Vleeshouwers beherrscht wird.

★ Abteiruinen Kurz nach dem Eingang geht man durch den Laden, wo Souvenirs, Bier, Käse und Brot verkauft werden, und kommt in das alte Empfangshaus, wo eine audiovisuelle Schau über das Leben der Mönche

Abbaye Notre-Dame d'Orval Orientierung

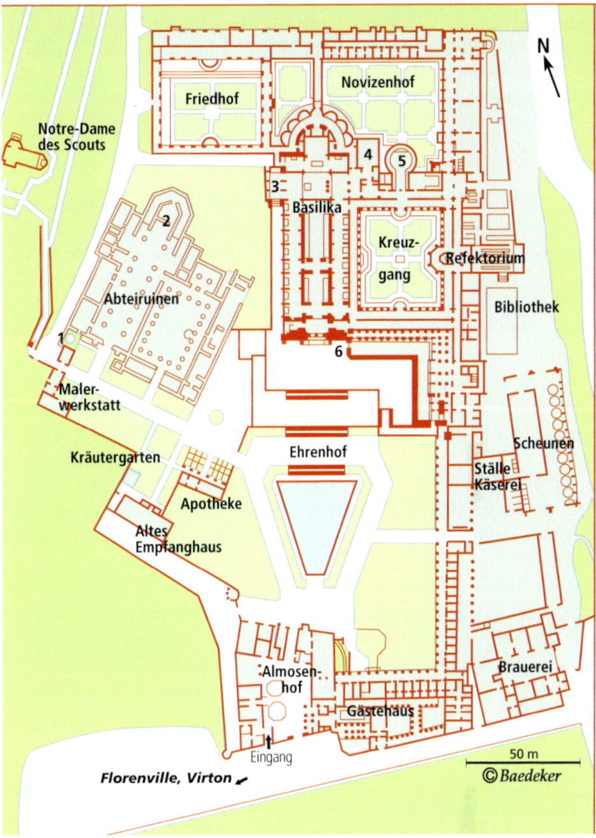

1 Fontaine Mathilde
2 Grabmal des Wenceslas
3 Königskapelle
4 Scriptorium
5 Kapitelsaal
6 Museum

informiert. Vor den Ruinen steht links ein Geräteschuppen – einst Werkstatt des als »Malermönch Abraham von Orval« bekannten Laienbruders Jean-Henri Gilson (1741 – 1809) – und daneben sieht man die **Fontaine Mathilde**, um die sich die Legende des verlorengegangenen Ringes rankt. Von der frühgotischen Klosterkirche sind die Mauern und Bögen der Schiffe, von Chor und Apsis sowie der Querschiffe erhalten, dazu die romanischen und gotischen Säulenkapitelle. Inmitten des Chors steht die Nachbildung des Grabmals des 1383 gestorbenen ersten Herzogs von Luxemburg, Wenceslas. An das rechte Seitenschiff schließen die Klostergebäude an; man betrat sie einst über eine Treppe, an deren Fuß der bekannteste Abt von Orval, Bernard de Montgaillard, 1628 begraben wurde. Der äußerste, lang gestreckte Raum war der Lesesaal, in dem einst 15 000 Bücher bereitstanden; von hier gelangt man in die Kellergewölbe aus dem 18. Jh.

unter der Freitreppe, die heute ein **Museum zur Geschichte des Klosters** enthalten. Auf dem Rückweg zum Eingangsgebäude sollte man noch einen Blick in den Kräutergarten und in die alte Apotheke werfen (Öffnungszeiten: Juni – Sept. tgl. 9.30 – 18.30; April, Mai, Okt. 9.30 – 18.00; Nov. – Feb. tgl. 10.30 – 17.30 Uhr).

Umgebung von Orval

Virton

Das Städtchen Virton liegt 19 km südöstlich der Abtei am Zusammenfluss von Vire und Ton. Es ist Hauptort der »lieblichen Gaume«.

★ Musée gaumais ►

Dessen Geschichte und Kultur stellt im ehemaligen Rekollektenkloster (17. Jh.) das Musée gaumais vor. Zu sehen sind Erzeugnisse der Eisengussindustrie, darunter über 150 Herd- und Kaminplatten, Öfen und Feuerböcke; Funde aus gallo-römischer Zeit, typische Wohnungseinrichtungen und Alltagsgegenstände, Boch-Steingut aus dem 18. Jh. sowie Holzschnitzereien vom 16. bis 18. Jh., Aquarelle von Nestor Outer, einem Freund Henri de Toulouse-Lautrecs, und u. a. »Adam und Eva beweinen Abel« von Frère Abraham aus der Abtei von Orval (Öffnungszeiten: April – Nov. tgl. außer Di. 9.30 – 12.00 u. 14.00 – 18.00 Uhr).

Buzenol ►

Das Museum unterhält Filialen in der Umgebung. Bei Buzenol (13 km nördlich) sind auf einem 340 m hohen Berg Reste römischer Festungsmauern erhalten und im angegliederten Museum gallo-römische Reliefs ausgestellt, darunter ein Nachbau der schon bei Plinius d. Ä. erwähnten **gallischen Mähmaschine**.

Montquintin ►

In Montquintin (4 km südöstlich von Virton) zeigt in einem Hof aus dem 18. Jh. das »Musée de la Vie paysanne« das alte Bauernleben.

Latour ►

Schließlich Latour (7 km östlich), wo das Musée Ballet-Latour die Geschichte des örtlichen Schlosses, die Grenzschlacht vom 22. August 1914 sowie das Geschehen in beiden Weltkriegen schildert.

★ Oudenaarde

F 8

Provinz: Oost-Vlaanderen
Höhe: 14 m ü.d.M.
Einwohnerzahl: 28 000

Oudenaarde, ein stilles Städtchen an der Schelde, war und ist in ganz Europa berühmt für seine Wandteppiche, »Verdüren« genannt. Damit wurde man reich und konnte sich ein herrliches Rathaus und eindrucksvolle Bauten im Stil der Scheldgeotik leisten.

Web- und Braukunst

Oudenaardes Teppiche unterscheiden sich von den Konkurrenzprodukten aus Brüssel durch die Betonung floraler Motive und der Vorliebe für Grün und Blau in allen Schattierungen. Noch heute spielt

Ein stolzes Rathaus leisteten sich die Bürger von Oudenaarde. →

die Textilindustrie eine wichtige Rolle. Für Bierfreunde hat der Name der Stadt ebenfalls einen guten Klang, denn hier hat man die Kunst der »braunen« und der Fruchtbiere hoch entwickelt, auch wenn von einst 17 Brauereien nur noch vier vorhanden sind.

Geschichte

Um eine im 11. Jh. von Balduin von Flandern gebaute Festung entwickelte sich Oudenaarde als Leinenweberstadt, die im 13. und 14. Jh. mehrmals – vor allem von den Gentern – belagert wurde. Nach dem Niedergang der Leinenindustrie verlegten sich die Oudenaarder auf die Herstellung der berühmten Verdüren und konnten drei Jahrhunderte lang sehr gut davon leben. Dazwischen lagen Zerstörungen und Belagerungen während des Streits der flandrischen Städte, im niederländischen Befreiungskrieg und bei den Eroberungsfeldzügen Ludwigs XIV. In die Geschichte eingegangen ist Oudenaarde durch die **Schlacht am 11. Juli 1708**, als Truppen des Herzogs von Marlborough, zu dessen Befehlshabern auch Prinz Eugen zählte, im Spanischen Erbfolgekrieg die Franzosen unter dem Duc de Vendôme und dem Duc de Bourgogne schlugen. Oudenaarde ist Geburtsort von Margarethe von Parma, Statthalterin der Spanischen Niederlande von 1559 bis 1567, und des Malers Adriaan Brouwer (1605 – 1638).

Am Markt

** Stadhuis

Mittelpunkt des Stadtlebens ist der von historischen Gebäuden eingerahmte Markt. Den delfingeschmückten Brunnen vor dem Stadhuis schenkte Ludwig XIV. 1671 der Stadt. Das wunderbare Stadhuis entstand 1526 bis 1537 nach Plänen des Brüsseler Stadtbaumeisters Hendrik van Pede. Er orientierte sich an den spätgotischen Rathäusern von ► Brüssel und ► Leuven, ließ aber auch Elemente der Renaissance einfließen. So erhebt sich nun über den Arkaden 25 m hoch die vielgliedrige Hauptfassade, mit Figuren, Pilastern und Bögen geschmückt und vom 40 m hohen Uhrturm in zwei Hälften getrennt. Auf dessen Spitze wacht **»Hanske de Krijger«** (Hänschen der Krieger) symbolisch über die Stadt. Der äußere Glanz setzt sich innen fort: Durch die Gewölbesäle kommt man zunächst in den Großen Saal (Volkszaal), dessen Balkon zum Markt schaut und der mit einem großen spätgotischen Kamin des Oudenaarder Bildhauers Pauwel van der Schelden beheizt wurde. Von ihm stammt auch der einzigartige hölzerne Windfang von 1536 an der Tür des Schöffensaals. Dieser ist noch mit dem originalen Eichenfußboden ausgelegt und besitzt auch noch die alte Eichendecke; die Gemälde zeigen u. a. Karl V. und Ludwig XIV.

! *Baedeker* TIPP

Souvenir aus Oudenaarde

Eine Flasche Bier als Souvenir? Natürlich – wenn es ein Liefmans Goudenband ist, das typische braune Bier Oudenaardes, abgefüllt in Champagnerflaschen und eingewickelt in Seidenpapier.

Oudenaarde Orientierung

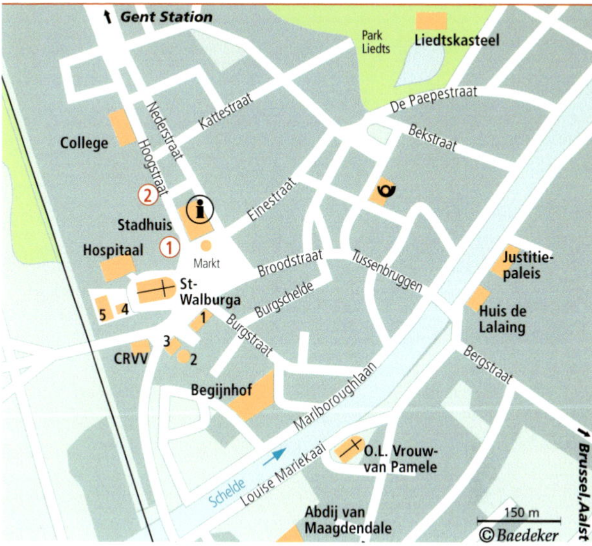

1 Vleeshuis
2 Boudewijn-toren
3 Huis van Margaretha van Parma
4 Bisschops-kwartier
5 O.-L.-Vrouwe-ziekenhuis

Übernachten

① Pomme d'Or
② De Zalm

◄ Stedelijk Museum

Im Rathaus stellt das Städtische Museum aus, u. a. Gemälde von Adriaan Brouwer, Jan van Ruysdael und Jan Bruegel d. Ä. sowie eine Silber- und Metallsammlung mit den berühmten **zwölf »Presentkannen«** aus Zinn, die zu Ehren eines hohen Besuchers mit Wein gefüllt wurden: zwei für einen Prinzen, sechs für einen König und alle zwölf für den Kaiser (Führungen durch Rathaus und Museum: April – Okt. Mo. – Fr. 11.00 und 15.00, Sa. und So. 14.00 und 16.00 Uhr).

Lakenhalle

★

◄ Wandtapijten-museum

Direkt an das Rathaus schließt die Lakenhalle an, die alte Tuchhalle aus dem 13. Jahrhundert. Ihr Dach wird von einer ungewöhnlichen Balkenkonstruktion getragen. Hier zeigt das Wandteppichmuseum 30 herausragende Beispiele Oudenaarder Verdüren (Öffnungszeiten: April – Okt. Mo. – Fr. 9.00 – 17.30, Sa. und So. ab 10.00; Nov. – März Mo. – Fr. 9.30 – 12.00 und 13.30 – 16.00; Sa. 14.00 – 17.00 Uhr).

Sint-Walburgakerk

Die Sint-Walburgakerk wendet ihre Chorseite dem Markt zu und besteht aus zwei sehr verschiedenen Teilen: dem eher schlanken dreischiffigen Chor (Seitenchöre um 1150; Chorapsis 1406), typisch für die Scheldegotik, und dem massiven Hauptschiff, über das sich der 90 m hohe Turm erhebt. Apostelfiguren an den Säulen des Hauptschiffes und einige schöne Verdüren schmücken den Kirchenraum.

Bisschops-kwartier

Hinter der Kirche kommt man zum Bischofspalais, um 1600 erbaut, dessen Hauptgebäude allerdings von 1722 stammt. Unmittelbar daneben steht das 1382 erbaute **Liebfrauenspital**.

OUDENAARDE ERLEBEN

AUSKUNFT

Markt 1, B-9700 Oudenaarde
Tel. 055 31 72 51, Fax 055 30 92 48
www.oudenaarde.be

FEST

Alljährlich in der letzten Juniwoche wird das *Bierfest* zu Ehren des Malers Adriaan Brouwer veranstaltet.

ÜBERNACHTEN / ESSEN

► Komfortabel / Erschwinglich

① ***La Pomme d'Or***
Markt 62, B-9700 Oudenaarde
Tel. 055 31 19 00, Fax 055 46 04 46
www.pommedor.be
Der »Goldene Apfel« bietet in einem im 15. Jh. gebauten Haus 10 gemütliche Zimmer und ein Restaurant mit belgisch-französischer Küche, die auch im Innenhof serviert wird. Günstigere Alternative ist das Bistro.

► Günstig / Preiswert

② ***De Zalm***
Hoogstraat 4, B-9700 Oudenaarde
Tel. 055 31 13 14, Fax 055 31 84 40
www.hoteldezalm.be
7 Z. Solide Unterkunft in einem Haus von 1530 ebenfalls direkt am historischen Rathaus, gutes Restaurant mit belgisch-flämischer Küche.

Vleeshuis

Zurück auf dem Markt, sieht man rechts die einstige Fleischhalle (Stadtbibliothek). Der Bau (1779) ersetzte einen Vorgänger von 1584, der wiederum die erste Fleischhalle von 1338 abgelöst hatte.

Huis van Margaretha van Parma

Im benachbarten spätgotischen Haus wurde angeblich Margarethe von Parma geboren. Der Boudewijntoren aus dem 12. Jh. dicht daneben ist wohl ein Rest der Stadtbefestigung.

✶ CRVV

Radsportfans kommen nicht um das Centrum van de Ronde van Vlaanderen herum. Hier werden in einem interaktiven Museum **Leiden und Helden der Flandern-Rundfahrt** vorgestellt, im Shop kann man sich das nötige Equipment kaufen und in der Brasserie in entsprechendem Ambiente fachsimpeln (Öffnungszeiten: tgl. außer Mo. 10.00 – 18.00 Uhr).

Begijnhof

Vom Markt auf der Burgstraat Richtung Schelde kommt man zum Beginenhof, der seit 1367 besteht. Die heute 32 Häuschen sind im 17. Jh. gebaut worden.

Am rechten Scheldeufer

✶ Onze-Lieve-Vrouw-van-Pamele

Auf der Tussenbruggen überquert man den Fluss. Rechts liegt Onze-Lieve-Vrouw-van-Pamele, ein weiteres Beispiel der Scheldegotik, erbaut von **Arnulf von Binche, erster namentlich bekannter Baumeister Flanderns**. Die Kirche zeichnet sich aus durch ihre hohen, schmalen Chorfenster, die Chorecktürmchen und den achteckigen

Vierungsturm; das nördliche Querhaus wurde im 14. Jh. umgebaut, die beiden südlichen Seitenkapellen 1524 hinzugefügt. Innen findet man u. a. das Grabmal des 1620 verstorbenen Philipp de Locqenghien, Baron von Pamele und Herr von Oudenaarde, sowie ein Triptychon von Jan Snellinck.

Abdij van Maagdendale

1232 ließen sich am rechten Ufer der Schelde Zisterzienserinnen nieder, die ihre Gemeinschaft bald zu einer der reichsten Flanderns machten. Die Klostergebäude wurden mehrmals zerstört; die heutigen Gebäude stammen aus dem 17. und 18. Jh., nur die gotische Kapelle hat die Stürme überstanden.

★ Huis de Lalaing

Von der Tussenbruggen links geht es zum Huis de Lalaing, einem hübschen Rokokohaus. Hier werden im **Wandteppichzentrum** die Herstellung der Verdüren gelehrt und Teppiche restauriert (Öffnungszeiten: April – Okt. Di. – Fr. 9.00 – 12.00 u. 13.30 – 16.00 Uhr).

★ Flämische Ardennen

Zwalmstrek

Eine liebliche Landschaft so recht zum Wandern und Entspannen sind die Flämischen Ardennen. Dazu bietet sich der Zwalmstrek an, ein hübscher Landstrich östlich von Oudenaarde, bestimmt vom Tal des Scheldenebenflüsschens Zwalm, wo man noch manche Wassermühle findet und in schmucken Dörfern wie Brakel, Horebeke oder Kortsele, der sog. »Geuzenecke«, einkehren kann. In der ganz am Ostrand des Zwalmstrek gelegenen **»Egmontstadt«** Zottegem sind Lamoraal Graf von Egmont und seine Frau Sabina van Beierens in der Krypta der Ortskirche begraben. Das heutige Schloss der Egmonts beherbergt nun die moderne Stadtbibliothek. Das örtliche Museum besitzt Erinnerungsstücke an den Grafen.

◄ Zottegem

Ronse

In Ronse (frz. Renaix), hart an der Sprachgrenze 11 km südlich von Oudenaarde, wird ein ausgelassener **Karneval** (»Bommelfeesten«) gefeiert und am ersten Sonntag nach Pfingsten die Prozession **»Fiertelommegang«** begangen. Dabei trägt man die Reliquie des hl. Hermes, eines römischen Märtyrers, durch die Dörfer. Sie wird in der Kollegiatskirche Sint-Hermes aufbewahrt, die eine bemerkenswert große Krypta besitzt. Weiterhin sehenswert sind das Heimatmuseum, das Textilmuseum in der ehemaligen Weberei Cambier-Robette sowie das von Victor Horta erbaute Jugendstilhaus »La Bruyère«.

◄ Kluisberg

Wenige Kilometer westlich der Stadt hat man vom 141 m hohen Kluisberg, dem höchsten Punkt Ostflanderns, auf der Grenze zwischen Hainaut und Oost-Vlaanderen und damit auf der Sprachgrenze gelegen, eine weite Sicht in die Landschaft.

Geraardsbergen

Geraardsbergen (frz. Grammont), 23 km östlich von Oudenaarde an der Dender, hat bei Radrennfahrern einen mehr als schlechten Ruf. Denn hier wartet auf sie die **»Mauer von Geraardsbergen«**. Gemeint

Eine Quälerei sondergleichen: die »Mauer von Geraardsbergen«

BELGIENS RADSPORTKNEIPEN

Nirgendwo auf der Welt trifft man auf so viele Radsportexperten wie in Belgien, wenn Toprennen wie Flandern-Rundfahrt, Flèche wallone oder Tour de France ein ganzes Land in Atem halten. Und nirgendwo auf der Welt wird so leidenschaftlich darüber diskutiert wie an den Theken der Radsportcafés.

In den legendären **Supportercafés** schlägt das Herz einer radsportverrückten Nation. Hier lernt man Belgien von einer ganz anderen Seite kennen; sie gehören zum Land wie die Biergärten zu Bayern, die Pubs zu Irland und die Bistros zu Frankreich. Ihr Ursprung geht zurück auf die Gründerzeit des Radsports zum Ende des vorletzten Jahrhunderts, als dieser Sport in Belgien so populär wurde wie sonst in Europa nur Fußball. Die meisten Supportercafés entstanden zwischen den Weltkriegen, besonders viele in Flandern, zu einer Zeit, als Radchampions »en masse« aufwuchsen. Als die jungen Radasse von ihren ersten Rennen aus dem Ausland erfolgreich heim kamen, erlebten die Volkscafés ihre Hochkonjunktur.

Infiziert vom Radsport-Virus

Viele große und kleine Radsportstars verdienten sich auf der Welle ihrer Popularität durch die Supportercafés nicht nur ein Zubrot als Kneipenwirt, sie schufen sich damit auch **eine Existenz für die Zeit nach der Sportkarriere**, denn viele von ihnen besaßen keine weitere Berufsausbildung. Sie gaben ihrem Biertempel gerne den Namen ihrer größten Erfolge wie »Paris-Roubaix«, »Tourmalet« oder ganz einfach »Sportwereld«. Für den braven Radsportfan waren diese Kneipen eine der wenigen Möglichkeiten, etwas über ihre Helden auf den Stahlrössern direkt zu erfahren.

Unterstützung für die Jungen

Im wörtlichen Sinne sind Supportercafés allerdings Vereinslokale, die heute noch talentierten Radsportlern ideelle und materielle Unterstützung garantieren. Denn ein Vereinsleben wie es zum Beispiel Deutschland kennt, spielt sich in Belgien hauptsächlich in den fidelen Kneipen ab. wo gelegentlich sogar vor der Tür das eine oder andere Rennen gestartet wird. Doch all die originellen Ereignisse, die in und vor den Traditionskneipen immer noch stattfinden, all die Geschichten, die sich um sie ranken, konnte eine deutliche Dezimierung der Supportercafés in den letzten Jahren nicht aufhalten. Die Gründe für den Niedergang dieser besonderen belgischen Kneipenkultur sind vielschichtig: Manche fielen städtebaulichen Veränderungen zum Opfer, andere mussten wegen Missmanagement und familiärer Probleme schließen, schließlich sorgte die wachsende Mobilität für ein Umdenken in der Freizeitplanung. Dazu kam, dass es mehrere Jahre lang keine Idole wie Rik Van Steenbergen oder Eddy Merckx gab, mit denen sich ein ganzes Land identifizieren konnte.

Blick zurück mit Wehmut

Allein schon die Liste der Lokale, in denen ehemalige Cracks das Zepter führten, liest sich wie das »Who is who« des belgischen Radsports. Ein kurzer Auszug: In **Antwerpen**, einst Belgiens Radsportmetropole, war das ultrapopuläre »Drie Koningen« unweit des Hauptbahnhofs, geführt vom Weltmeister 1955 Stan Ockers, mehr Pilgerstätte als Café. Der wohl beliebteste Radsportler Belgiens starb jedoch an den Folgen eines schweren Sturzes, den er sich Ende September 1956 ausgerechnet im Antwerpener Sportpalast zugezogen hatte. Mit seinem Tod veränderte sich auch das Gesicht dieser Kultkneipe. Zwar übernahm sie Paul Depaepe, Steher-Weltmeister 1957, doch die Leere, die Ockers' Tod hinterlassen hatte, konnte nie mehr gefüllt werden. Das wohl berühmteste Café in **Brüssel**, »Le Maillot Jaune« des Tour de France-Siegers 1935 Romain Maes, wurde wie das gesamte Viertel am Nordbahnhof, das damals unter Freiern eine besondere Reputation genoss, von der Stadtkarte weggefegt. In **Mechelen**, wo nach wie vor einmal im Jahr ein Kirmesrennen für Profis stattfindet, wurde am Bahnhofsplatz das »Bij Rik Van Steenbergen« des Bruder des dreifachen Weltmeisters vor wenigen Jahren rigoros für deutlich jugendlicheres Klientel umfunktioniert. **Gent** hat Ähnliches erlebt. Walter Godefroot, zweifacher Sieger der Flandern-Rundfahrt und erfolgreicher Manager des Teams Deutsche Telekom und T-Mobile, führte in der ostflandrischen Hauptstadt mit seiner Frau eine Zeitlang ein edles Gourmet-Restaurant. In **Kortrijk** war das »Briek Schotte« am Marktplatz, inzwischen »Café Leffe«, ein beliebter Treff für alle Bewunderer des Doppel-Weltmeisters von 1948 und 1950 und späteren Sportdirektors der erfolgreichen Flandria-Equipe mit dem unwiderstehlichen Sprinter Freddy Maertens. Der Olympiasieger von 1952 in Helsinki, André Noyelle, war in **Ieper**, zusammen mit seiner charmanten Frau Noella, bis 1978 stolzer Besitzer des »Helsinki«. Die neuen Pächter tauften – völlig unverständlich – den auch im Ausland bekannten Biertempel um in »Fair Play« und auch von der einst anziehenden Rad-

Radsporthoffnung Nico Mattan (ganz links in Rot-Gelb) und seine Freunde vor ihrem Café in Koksijde

sport-Atmosphäre blieb außer mächtigen Nikotinwolken nichts mehr übrig. Wenig Gespür zeigten die neuen Eigentümer der berühmten Herberge mit der überdimensionalen Karikatur »Van Impe« in **Erpe-Mere**. Im Sommer 2000 wurde das kleine aber feine Lokal der Mutter des Tour-de-France-Siegers 1976 Lucien Van Impe vor laufenden Fernsehkameras abgerissen.

Neue Euphorie

Ganz aussterben werden die Supportercafés aber nie. Zumindest nicht, solange belgische Radsportfans weiterhin ein oder mehrere Pintjes in geselliger Runde und zu besonderen Anlässen trinken. Und letzteres ist bei derzeit 400 belgischen Biersorten wohl nicht in Gefahr – siehe die Begeisterung für den neuen belgischen Superstar **Tom Boonen**. Nach dem Gewinn von zwei der famosesten Eintagesklassiker – Flandern-Rundfahrt und Paris-Roubaix –, dazu Etappensiege bei der Tour de France und ein sensationeller WM-Sieg in Madrid 2005, erleben die Supportercafés derzeit eine wahre Renaissance. Ein Besuch etwa im Frühjahr während der Flandern-Rundfahrt ist sicherlich die beste Möglichkeit, um außer Fritten und Pralinen eine weitere besondere Art der belgischen Lebenslust näher kennen zu lernen.

Die Top-10

»Weezer« in Balen (Provinz Antwerpen): Supportercafé von Weltmeister Tom Boonen

»'t Jagerhoekje« in Nederbrakel (Brabant): Treffpunkt der Peter Van Petegem-Fans

»Mie Katoen« in Affligem (Brabant): ein wahrer Hotspot der belgischen Radsportszene

»Koppenberg« in Melden-Oudenaarde (Ostflandern): Kultkneipe der Flandern-Rundfahrt

»Elysee« in Vlezenbeek (Brabant): viele Erinnerungen an die Tour de France 1992

»Tourmalet« in Gistel (Westflandern): Ex-Supporterlokal von Sylvére Maes und Johan Museeuw mit kleinem Museum

»Astoria« in Lauwe (Westflandern): fröhliches Vereinslokal der Paolo-Bettini-Anhänger

»Hand in Hand« in Baal (Brabant): allererstes Supportercafé von Querfeldein-Popstar Sven Nys.

»Chalet des Bains« in Koksijde (Westflandern): Heimat der Nico-Mattan-Supporter

»Vifana« in Waregem (Westflandern): die schlagfertigste Radsportwirtin des Landes.

ist damit die Auffahrt zum nur 110 m hohen Oudenberg, aber die hat es in sich: mörderische 23 % Steigung auf Pflastersteinen – der Schrecken einer jeden Flandern-Rundfahrt. Der Oudenberg sieht aber auch alljährlich den eigentümlichen **»Krakelingenworp«** , mit dem die Wallfahrt zur Onze-Lieve-Vrouwkapel traditionell endet.

◄ Grote Markt

Man ist hier stolz darauf, **das älteste Manneken Pis Belgiens** zu besitzen. Es pinkelt seit 1455 in den Brunnen an der Treppe am Stadhuis (Rathaus) und wie sein Brüsseler Pendant besitzt es auch viele Kostüme, von denen ein Teil in der Lakenhal ausgestellt ist. Der achteckige Marbol (1495) auf dem Marktplatz ist der einzige gotische Brunnen in Ostflandern, allerdings in Kopie. Das Original steht im Hof des 1100 gestifteten Onze-Lieve-Vrouwhospitaals. Vom 1081 gegründeten Benediktinerkloster Sint-Adriaan sind noch einige Gebäude aus dem 18. Jh. erhalten. Neben dem Abteimuseum findet man hier vier weitere Museen, die die Industriegeschichte Geraardsbergens spiegeln: Streichholzmuseum, Zigarrenmuseum, Tabaksmuseum mit Pfeifenkabinett und Chantillyspitzenmuseum (Öffnungszeiten: April – Anfang Okt. Di. – Fr. 14.00 – 17.00, Sa. und So. bis 18.00 Uhr).

◄ Sint-Adriaansabdij

★★ Ourthetal (Vallée de l'Ourthe)

H – L 19 – 21

Provinzen: Luxembourg, Namur, Liège

Das Durchbruchstal der Ourthe gehört zu den reizvollsten und malerischsten Landschaften Belgiens. An den Ufern des fischreichen Flusses reihen sich die Fremdenverkehrsorte, die Wanderungen in den Wäldern und Kajakfahrten auf der Ourthe und ihren Nebenflüssen anbieten.

Verlauf

Die 130 km lange Ourthe entsteht aus zwei in den Ardennen entspringenden Quellflüssen, der Ourthe orientale und der Ourthe occidentale, die sich in der Nähe von Engreux vereinen. In einem tief eingeschnittenen, windungsreichen Tal fließt der Fluss nun in nordwestlicher und später nördlicher Richtung durch das Hochplateau der Ardennen und die als Vorardennen bezeichneten Landschaften Famenne und Condroz, um bei Lüttich in die Maas zu münden.

Oberes Ourthetal: von La Roche nach Houffalize

Im oberen Tal der Ourthe südlich von La Roche-en-Ardenne beschreibt der Fluss enge Windungen durch schroffe Felsformationen, was diesem Abschnitt ein wildromantisches Gepräge gibt. Diese Region bis südlich nach ►Bastogne war während der Ardennenoffensive heftig umkämpft.

La Roche-en-Ardenne ✶

Dass die »Perle der Ardennen« vom Tourismus lebt, sieht man sofort: Die Hauptstraße ist gespickt mit Cafés, Restaurants, Souvenirshops und nicht wenig Metzgereien, die bevorzugt Wildprodukte im Angebot haben. Historisches sieht man kaum, denn das sehr malerisch in waldreicher Umgebung an der Mündung mehrerer tiefer Seitentäler gelegene Städtchen wurde während der Ardennenoffensive fast vollständig zerstört und im Januar 1945 von britischen Truppen befreit. Darüber berichtet das **Musée de la bataille des Ardennes** (Öffnungszeiten: April – Dez. Mi. – So. 10.00 – 18.00 Uhr, Jan. – März nur an Wochenenden).

Burgruine ►

Verschont geblieben ist die Burgruine hoch über dem Ort. Die Feste wurde im 10. Jh. begonnen und im 18. Jh. von den Bürgern von La Roche geschleift, um Baumaterial für ihre Häuser zu bekommen. Vom Marktplatz führt eine Treppe hinauf. Per unterirdischem Gang mit der Burg verbunden ist die **Chapelle Ste-Marguerite** aus dem 16. Jh., die weiter oberhalb an der Rue Ste-Marguerite liegt. Von hier hat man einen sehr schönen Blick auf die Stadt und die Täler.

Von der Kapelle wandert man auf das Deister-Plateau, vorbei am **Belvédère du Deister**, zum Waldpark und zum Wildpark gegenüber.

Seit 1872 produziert man in La Roche aus dem ringsum anstehenden Sandstein graues Steinzeug mit kobaltblauer Salzglasur. Im Zentrum **»Les Grès de La Roche«** kann man die Herstellung verfolgen, erfährt anhand nachgebauter Werkstätten viel über das Leben der Menschen in den Ardennen, einschließlich einer interaktiven Präsentation des Ardenner Schinkens (Öffnungszeiten: April – Okt. Di. – So. 10.00 bis 12.00 und 13.30 – 17.00 Uhr, Nov. – März nur Wochenenden).

! *Baedeker* TIPP

Berthe spukt

Im Juli und August tgl., Ostern bis September nur samstags, wandelt der (vom Fremdenverkehrsamt engagierte) Geist der vom Teufel unschuldig zu Tode gebrachten Jungfer Berthe durch die Burgruine. Den besten Blick auf sie hat man vom Pont du Faubourg und von der Place du Bronze – allerdings nicht, wenn es regnet, denn dann bleibt Berthe lieber in der Gruft.

Barrage de l'Ourthe ✶

Bei Ortho verlässt man die N 384 Richtung Nisramont. Hier ist die Ourthe zu einem 2,5 Mrd. m^3 fassenden See aufgestaut. Vom Parkplatz nördlich von Nisramont genießt man einen wunderbaren Blick über den See und hinüber zum Felsen »Le Hérou«.

Belvédère des Six Ourthes ✶

Die Straße windet sich hinter Nisramont hinab ins Tal, überquert die Ourthe und mündet schließlich in die N 860. Von dort wandert man auf einem 2,2 km langen Weg zum zerklüfteten Felsen »Le Hérou«, der auf 1400 m Länge auf zwei Seiten schroff in die Ourthe abfällt; vom Aussichtspunkt Belvédère des Six Ourthes hat man einen weiten Blick auf sechs enge Schleifen, die der Fluss um den Felsen ausführt, den Stausee und den Zusammenfluss der Quellflüsse. Diesen erreicht man vom Aussichtspunkt auf einem Fußweg.

La Roche-en-Ardenne ist der Hauptort des Ourthetals.

Ein Abstecher führt von Nadrin 12 km östlich nach Houffalize an der Ourthe orientale, ins »Herz der Ardennen«. Das Städtchen wurde 1944 von US-Bombern, die hier einen deutschen Panzervormarsch stoppten, vollständig zerstört. Auf der Place Albert erinnert ein deutscher »Panther«-Panzer an diese Ereignisse. Schon vor dem Ort hat man den Autobahnviadukt über die Ourthe unterquert, der mit 65 m Höhe und 369 m Länge der größte Belgiens ist. Ein Freizeitpark der etwas anderen Art ist **Houtopia**, der Natur- und Umweltbewusstsein spielerisch und mit pädagogischem Einschlag vermitteln will. **Houffalize**

Unteres Ourthetal: von La Roche nach Lüttich

Der Unterlauf der Ourthe gibt sich gemäßigter. Der Fluss fließt ruhig in weiten Bögen dahin, kaum gestört durch Engstellen. Mancherorts haben die unterirdischen Wasserläufe Höhlen geschaffen; oft trifft man auf Burgruinen, Wehrhöfe und alte Wassermühlen.

Von La Roche folgt die Strecke dem Fluss. Nach 7,5 km erkennt man links auf einer Bergkuppe die kleine Wallfahrtskapelle Saint-Thibaut, die 1639 erbaut wurde. An der Grenze zwischen den Ardennen und der Famenne folgt Hotton. Südlich vom Ort liegt der Eingang zur 1958 entdeckten Tropfsteinhöhle »Grotte des Mille et une Nuits« (»Grotte aus Tausendundeiner Nacht«); sie besticht durch die bizarren Gestalten und das Farbenspiel ihrer Kristalle (Öffnungszeiten: April – Okt. tgl. 10.00 – 17.00, Juli und Aug. bis 18.00 Uhr). ✶ **Grottes de Hotton**

✶ Durbuy Der nächste Ort, Durbuy, ist eine zweischneidige Angelegenheit. Kommt man von Süden, stößt man auf einen Riesenparkplatz, den ein Restaurant nach dem anderen umgibt. Hat man das verdaut, wird man feststellen, dass es noch ein zweites Durbuy gibt: den sehr hübschen, kleinen und verwinkelten Stadtkern der »kleinsten Stadt der Welt«, denn obwohl Durbuy kaum mehr als 350 Einwohner hat, darf es seit 1331 den Titel einer Stadt führen. Es ist im Sommer sehr überlaufen, bietet aber eine anspruchsvolle Gastronomie, im Sommer **das größte Maislabyrinth Belgiens** und eine sehr schöne Uferpartie an der Ourthe.

Barvaux Die Straße verlässt hinter Durbuy die Ourthe und trifft sie wieder bei Barvaux, einem Kajakzentrum am Fuß der Rochers de Glawans. Ausflugsziele von hier sind Tohogne mit einer schönen romanischen Kirche sowie Wéris mit der Kirche Ste-Walburge (11. Jh.).

✶ Château de Logne Über Bomal, wo die Aisne aus ihrem hübschen Tal in die Ourthe mündet, erreicht man Château de Logne. Es entstand im 11. Jh. und kam im 15. Jh. in den Besitz der streitsüchtigen Familie de la Marck, die den Beinamen »Sangliers des Ardennes« (»Die Wildsäue der Ar-

DAS OURTHETAL ERLEBEN

AUSKUNFT

Pl. du Marché, 15,
B-6980 La Roche-en-Ardenne
Tel. 084 36 77 36, Fax 084 36 78 36
www.la-roche-tourisme.com

ESSEN / ÜBERNACHTEN

► Erschwinglich / Komfortabel

Hostellerie Claire Fontaine
Route de Hotton, 64,
B-6980 La Roche-en-Ardenne
Tel. 084 41 24 70, Fax 084 41 21 11
25 Z. Dank der Lage etwas außerhalb am Ufer der Ourthe sehr ruhig. Küche der Ardennen.

► Erschwinglich / Günstig

Les Genets
Corniche de Deister, 2,
B-6980 La Roche-en-Ardenne
Tel. 084 41 18 77, Fax 084 41 18 93
8 Z. Sehr ruhig in schöner Aussichtslage, mit sehr gutem Restaurant.

ESSEN

► Erschwinglich

La Canette
Rue A. Eloy, 1, Durbuy
Tel. 086 21 26 68
Ruhetag: Mi., Do.
Fast winziges Restaurant im alten Ortskern, weg vom Trubel in Durbuy. Französische Küche in sympathischer Bistro-Atmosphäre.

URLAUB AKTIV

Der Fernwanderweg GR 57 begleitet das Tal der Ourthe von Angleur in der Nähe von Lüttich bis nach Houffalize. Der GR 14 führt von La Roche nach ►Bouillon. Wanderkarten erhält man bei den örtlichen Touristeninformationen.
Kajaks und Kanadier werden an vielen Orten verliehen. Eines der Zentren ist La Roche-en-Ardenne.

dennen«) führten. Die Ruinen der auf Befehl Karls V. zerstörten Festung können besichtigt werden. Funde aus der Burg werden in Vieuxville in der Ferme de la Bouverie gezeigt (Öffnungszeiten: Juli und Aug. tgl. 13.00 – 18.00, Mai – Okt. Wochenenden ab 14.00 Uhr).

Comblain-au-Pont

Über **Hamoir**, wo der Bildhauer Jean Delcour (1627 – 1707) und dessen Bruder und Maler Jean-Gilles (1632 – 1695) geboren wurden und das Flüsschen Néblon in die Ourthe mündet, kommt man nach Comblain-au-Pont am Zusammenfluss von Ourthe und Amblève. Comblain, umgeben von eindrucksvollen Felsen wie dem Rocher des Tartines und stolz auf seinen großzügigen, mit moderner Kunst verzierten Hauptplatz, bietet vier Attraktionen: die Musées du Pays Ourthe-Amblève, die Grotte de l'Abîme mit 20 Sälen und einem tiefen Abgrund, einen begehbaren unterirdischen Steinbruch und einen zum Fledermauszentrum umfunktionierten Bunker.

Tilff

Tilff ist der letzte ländliche Ort vor Lüttich. Hier behandelt das Musée de l'Abeille (Bienenmuseum) die Geschichte und die Kunst von Bienenzucht und Imkerei. Einige der Körbe sind bewohnt, sodass man den Bienen bei ihrer Arbeit zusehen kann (Öffnungszeiten: Juli und Aug. tgl. 10.00 – 12.00 und 14.00 – 18.00, April – Juni und Sept. an Wochenenden ab 14.00 Uhr).

* Saint-Hubert

L 19

Provinz: Luxembourg
Höhe: 435 m ü.d.M.
Einwohnerzahl: 5700

Tief in den Ardennen liegt der Wallfahrtsort Saint-Hubert, benannt nach Hubertus, dem Schutzheiligen der Ardennen und der Jäger.

Die Legende vom hl. Hubertus

Der aquitanische Prinz Hubertus soll 683 in den hiesigen Wäldern bei der Jagd auf einen Hirsch zwischen dem Geweih des Tieres ein leuchtendes Kreuz erblickt und eine Stimme ihn aufgefordert haben, das Gewand des Priesters zu nehmen. Hubertus wurde erster Bischof von Lüttich, nachdem er den Bischofssitz von Tongeren in die Maasstadt verlegt hatte. Er starb 727 in Tervuren; seine Gebeine wurden 825 nach Andage gebracht, das fortan Saint-Hubert hieß.

Sehenswertes in Saint-Hubert

**** Basilique Saint-Hubert**

An der Grand-Place erheben sich 60 m hoch die Türme der Basilique Saint-Hubert. Sie geht zurück auf eine im 7. Jh. gegründete Abteikirche der Benediktiner. Die heutige Basilika wurde 1526 bis 1564 neu aufgebaut, ihre Fassade allerdings im 18. Jh. erneuert als Mischung aus Renaissance und Barock. Sie zeigt die Legende des hl. Hubertus.

Basilique Saint-Hubert

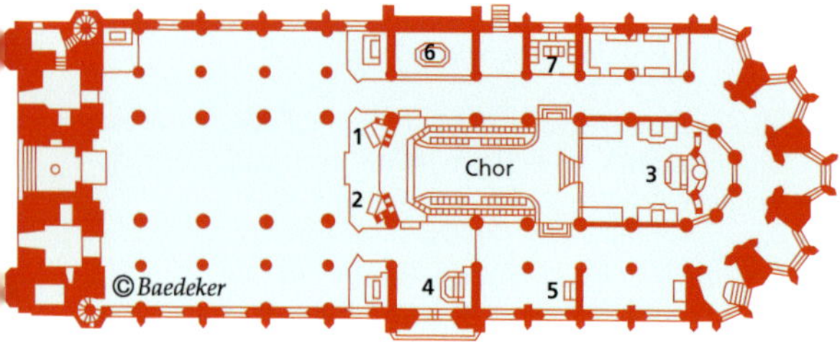

1 Rosenkranzaltar
2 Altar des Martyriums der hl. Agathe
3 Hauptaltar
4 St.-Hubertus-Altar
5 St.-Laurentius-Altar
6 St.-Hubertus-Mausoleum
7 Kirchenschatz

Innenraum ►

Der fast 25 m hohe Kirchenraum ist prachtvoll mit Kunstwerken überwiegend aus dem 17. und 18. Jh. ausgestattet: schöne Marmoraltäre aus Humain (Rochefort) zu beiden Seiten des Choraufgangs, das Chorgestühl mit Bildern aus dem Leben der heiligen Benedictus und Hubertus (1733), am Hauptaltar die Marienstatue von Delcour und in der Chapelle Saint-Laurent im Chorumgang 24 von M. Didier um 1560 im Stil Dürers hergestellte Emailmalereien. Im rechten Seitenschiff stehen die aufwändigen Altäre der hll. Hubertus und Lambertus und im linken Seitenschiff das Mausoleum des hl. Hubertus, dessen Gebeine allerdings seit der Französischen Revolution verschwunden sind. Daneben befindet sich der Kirchenschatz, der u. a. die Stola des Heiligen und sein Jagdhorn enthält.

Weiterhin Sehenswertes

Beim Verlassen der Kirche sieht man rechts die **ehemalige Benediktinerabtei**, 1729 neu errichtet. Dem Leben und Werk des 1759 in Saint-Hubert geborenen Malers und Botanikers Pierre-Joseph Redouté widmet sich das **Centre Redouté** in der nach ihm benannten, vom Marktplatz abgehenden Straße.

Umgebung von Saint-Hubert

Parc à gibier

2 km nördlich kommt man auf der Straße nach Fourneau-Saint-Michel zum Wildpark: Mufflons, Rot- und Damwild, Rehe und Wildschweine, dazu Spielplatz und Streichelzoo – genau richtig für einen Ausflug mit dem Nachwuchs.

✶ **Fourneau Saint-Michel**

In einer lichten Senke inmitten des Walds, 5 km hinter dem Wildpark, ließ Nicolas Spirlet, letzter Abt von Saint-Hubert, 1771 einen Hochofen mit Schmiede bauen. Die vollständig erhaltene Anlage ist heute das Herzstück eines Freilichtmuseums (Öffnungszeiten: März, April, Sept. – Nov. tgl. 9.00 – 17.00, Mai – Aug. 9.30 – 18.00 Uhr).

Musée du Fer ►

Hier sind, verteilt auf mehrere Gebäude, Werkzeuge, Werkstücke, die Schmiede und der Hochofen mit Gießerei zu sehen. In der Schmiede begegnen wiederum Werke von Pierre-Joseph Redouté.

SAINT-HUBERT ERLEBEN

AUSKUNFT

Rue St-Gilles, 12,
B-6870 Saint-Hubert
Tel. 061 61 30 10, Fax 061 61 54 44
www.saint-hubert-tourisme.be

PROZESSIONEN

Saint-Hubert sieht um Ostern mehrere *Prozessionen*. Am Montag vor Ostern kommt eine Prozession an, die in Lendersdorf in der Eifel beginnt. Am Ostersonntag findet in allen geraden Jahren eine Ardennenwallfahrt statt, während jeden Ostermontag die Hubertusprozession abgehalten wird. Der erste Sonntag im September ist der internationale *Tag der Jagd* und am letzten Sonntag des Jahres schließlich wallfahrtet die Bruderschaft der Metzger von Saint-Hubert zu ihrem Schutzheiligen, denn Hubertus ist auch für sie zuständig.

ÜBERNACHTEN / ESSEN

► Komfortabel / Erschwinglich

L'Auberge du Sabotier
Grand Rue, 21, B-6870 Awenne
Tel. 084 36 65 23, Fax 084 36 63 68
www.laubergedusabotier.be
20 Z. Sehr hübscher Dorfgasthof 9 km nordwestlich mit rustikal eingerichteten Zimmern und sehr gutem Restaurant, das verfeinerte Regionalküche bietet.

◄ Musée de la Vie Rurale en Wallonie

Im Freilichtmuseum sind Bauernhäuser und -höfe, ein Waschplatz, Tabakschuppen, eine ländliche Kapelle und auch eine Sägemühle aus verschiedenen Regionen Walloniens aufgebaut. Im Maison du Cheval du Trait Ardennais dreht sich alles um das Ardenner Kaltblutpferd.

Redu

Rund 18 km westlich von Saint-Hubert finden Bücherfreunde mit dem Dorf Redu ihr Eldorado. In dem riefen 1984 ein Sammler und ein Journalist nach dem Vorbild von Hay-on-Wye in Wales das Bücherdorf aus, in dem heute Antiquare, Buchbinder, Büttner und Kunsthandwerker ihre Dienste anbieten (allerdings überwiegend französischsprachige Literatur). An Ostern wird ein großer Büchermarkt abgehalten.

★ Euro Space Center Transinne

Europas Beteiligung an der Raumfahrt führt das Euro Space Center der europäischen Raumfahrtbehörde ESA in Transinne wenig östlich von Redu vor, wobei hautnahes »Erleben« im Vordergrund steht. Dazu gehören eine Show über die Entstehung des Weltalls, begehbare Modelle der europäischen Raumstation Columbus und des Space Shuttles und zum Abschluss die »Space Show« im interaktiven Kino (Öffnungszeiten unter www.eurospacecenter.be).

Libramont-Chevigny

Libramont-Chevigny, 13 km südlich von Saint-Hubert, besitzt **Belgiens einziges Keltenmuseum**. Gezeigt werden sowohl echte Funde wie ein Glasperlencollier aus Le Sart oder ein Schwert aus Warmifontaine als auch Nachbauten wie ein Streitwagen in Originalgröße (Öffnungszeiten: Di. – Fr. 9.30 – 17.00, So. 14.00 – 18.00 Uhr).

Sint-Niklaas

D/E 11/12

Provinz: Oost-Vlaanderen
Einwohnerzahl: 68 700
Höhe: 5 – 30 m ü.d.M.

In Sint-Niklaas, dem Zentrum des Waaslands, ist man stolz auf den größten Marktplatz Belgiens und auf viele Wohn- und Geschäftshäuser im Art Déco.

Geschichte

Diesen Platz verdankt die Stadt Margarete von Konstantinopel, Gräfin von Flandern, die 1248 der 1217 zur Pfarrei erhobenen Siedlung das Gelände vermachte unter der Bedingung, es für alle Zeiten unbebaut zu lassen. Im 17. Jh. wuchs Sint-Niklaas zu einem Zentrum der Textilverarbeitung; erst 1804 erhob es Napoléon. zur Stadt. Heute ist Sint-Niklaas eine der bedeutendsten Industriestädte Belgiens.

Sehenswertes in Sint-Niklaas

✶ Grote Markt

Tatsächlich beeindruckt der Grote Markt mit seiner schieren Größe von 3,2 ha. Ihn dominiert das neugotische Stadhuis von 1878 am Nordwestende, dessen Turm ein Glockenspiel mit 35 Glocken trägt. Dahinter ragt der Turm der Onze-Lieve-Vrouwkerk von 1841 mit 6 m hoher Marienstatue in die Höhe. Am südöstlichen Ende gegenüber sieht man das Parochiehuis (Pfarrhaus von 1663, jetzt Handelsgericht), die Cipierage (Gefängnis von 1662, jetzt Bibliothek) und das Landhuis (Gerichtsgebäude von 1637).

Art Déco ►

Mehr oder weniger in unmittelbarer Umgebung findet man einige Straßenzüge mit Art-Déco-Bauten: Houtbriel, Kalkstraat, Collegestraat und Nieuwstraat.

Sint-Niklaaskerk

Hinter diesen drei Häusern erhebt sich die 1238 geweihte und im 16. Jh. erweiterte Sint-Niklaaskerk. Ihre barocken Seitenaltäre stammen von Hubert und Norbert van den Eynden, dazu kommen Skulpturen von Luc Fayd'herbe und ein Christus von Duquesnoy.

Museum Land van Waas

✶ Museum Mercator ►

An der Kirche vorbei kommt man links zur Zamanstraat, wo das Museum des Waaslandes die Region zwischen den Schelde und Durme vorstellt. Dem großen Geografen und Kartografen Gerhard Mercator, der im unweit südlich gelegenen Rupelmonde geboren wurde, ist hier ein eigenes Museum gewidmet. Highlights: sein originaler Erd- und Himmelsglobus und originale Karten der Welt und Europas (Öffnungszeiten: tgl. Do. – Sa. 14.00 – 17.00, So. ab 10.00 Uhr).

Zwijgershoek ►

Noch weitere Sammlungen gehören zum Museum, allesamt im Zwijgershoek (Regentiestraat 65): das Internationale **Exlibriszentrum** mit 160 000 Exemplaren, die »Barbierama« (Toilettenartikel und Friseurbedarf), das Strickwarenmuseum (Breimuseum) und eine Ausstellung über die Ausgrabungen in der Boudelokathedrale.

Im Waasland

Kanäle mit den typischen Pappelreihen durchziehen das stille, leicht hügelige Waasland entlang der alten Schelde. Hier wird u. a. Spargel angebaut. Einer der Hauptorte, Beveren, liegt rund 10 km östlich von Sint-Niklaas und hat auf seinem Grote Markt die um 1200 begonnene Sint-Martinuskerk zu bieten, von der noch der spät-romanische Vierungsturm aus der ursprünglichen Bauphase erhalten ist. Ihren Hochaltar schuf Fayd'herbe im Jahr 1622. Das **Wasserschloss Cortewalle** entstand um 1600 im Stil der flämischen Renaissance und dient heute als Beverens Kulturzentrum. Einige der historischen Räume können besichtigt werden (Führungen: Mai – Sept. jew. 1. und 3. So. 15.00 Uhr). Beveren

SINT-NIKLAAS

AUSKUNFT

Grote Markt 45,
B-9100 Sint-Niklaas
Tel. 037 60 92 60, Fax 037 60 92 61
www.sint-niklaas.be

FEST

An jedem ersten Septembersamstag treffen sich Ballonfahrer aus ganz Europa zum *Ballonfest*. Startplatz: Grote Markt!

Im 5 km südlich von Sint-Niklaas an der Schelde gelegenen **Temse** wurden bis 1993 auf der Boelwerf Schiffe gebaut; früher war der Ort bekannt für seine Segeltuchfertigung. Auf dem Markt steht die Onze-Lieve-Vrouwkerk, eine gotische Hallenkirche aus dem 16. Jh., die auf eine Vorgängerin aus dem Jahr 770 zurückgeht. In ihr sind die Wohltäter der Stadt, Roeland Lefebure und Hadewigis van Heemstede, in einem Grabmal aus dem 16. Jh. begraben. Im Stadhuis ist das Heimatmuseum untergebracht.

★ Sint-Truiden

G 18

Provinz: Limburg
Einwohnerzahl: 37 600
Höhe: 34 – 106 m ü.d.M.

Um Sint-Truiden, den Hauptort des Haspengaus, blühen im Frühjahr Kirsch- und andere Obstbäume, denn vom Obst lebt die Region.

Sint-Truiden entstand um eine Abtei, die der hl. Trudo im Jahr 657 gegründet hatte. Im 11. Jh. erhielt der Ort Stadtrecht. Die Benediktinerabtei unterstand zunächst dem Abt und Bischof von Metz und kam im 13. Jh. zum Fürstbistum Lüttich. Auch Sint-Truiden lebte lange Zeit gut von der Tuchherstellung. Nachdem es 1795 an Frankreich gefallen war, wurde das Kloster aufgelöst. Von 1814 an gehörte Sint-Truiden bis zur Gründung Belgiens zu den Niederlanden. Geschichte

SINT-TRUIDEN ERLEBEN

AUSKUNFT

Stadhuis, Grote Markt,
B-3800 Sint-Truiden
Tel. 011 70 18 18, Fax 011 70 18 20
www.sint-truiden.be

FEST

Die *Kirschblüte* im April wird im ganzen Haspengau gefeiert. U. a. werden im nördlich gelegenen Guvelingen die Obstgärten gesegnet.

ESSEN

► **Preiswert**

Brouwerij Kerkom
Naamsesteenweg 469
Tel. 011 68 20 87
Die seit 1878 bestehende Brauerei 5 km außerhalb Richtung Namur (ndl. Namen) braut heute fünf verschiedene Biere. Dazu gibt es deftige Brotzeiten.

Sehenswertes in Sint-Truiden

✶ **Grote Markt**

Stadhuis ►

Onze-Lieve-Vrouwkerk ►

Der Grote Markt von Sint-Truiden ist nach dem von ►Sint-Niklaas der größte in Belgien, aber deutlich lebendiger. Hier steht das Stadhuis, klassizistisch und rot-orange leuchtend, in der Mitte. Es wurde an den 1606 errichteten Belfried (unterer Teil 12. Jh.) angebaut, dessen wohl klingendes Glockenspiel aus 41 Glocken besteht. Die gotische Onze-Lieve-Vrouwkerk, Nachbarin des Rathauses, wurde im 14. Jh. begonnen. Kostbarste Ausstattungsstücke sind ein »Jüngstes Gericht« von van den Eenheu und, in der reich bestückten **Schatzkammer**, der Reliquienschrein des hl. Trudo.

✶ **Abdij**

Am Nordende des Markts ragt an der Diesterstraat der mächtige Kirchturm der im 7. Jh. vom hl. Trudo gegründeten Abtei auf, eine der größten Klosteranlagen in den Niederlanden – allein die Kirche war über 100 m lang und 24 m breit –, doch wurde während der französischen Besatzung fast alles abgebrochen. Die heutigen Gebäude stammen überwiegend aus dem 18. Jh.; man kann nun den Turm besteigen, den im 19. Jh. gebauten Academieisaal und im Abtsflügel den Keizersaal mit seinem Freskenschmuck besichtigen. In einem Nebengebäude zeigt das **Städtische Museum** seine Schätze (Turm: April – Sept. tgl. 10.00 – 17.00; Okt. – März Mo. – Fr. 10.00 – 16.00, Sa. und So. 11.00 – 15.00; Academie-, Keizersaal und Museum April – Sept. Sa. und So. 14.00 – 17.00 Uhr).

Sint-Maartenkerk

Der 1550 errichtete Turm der Sint-Maartenkerk westlich des Marktplatzes gehört zu den Kleinodien der Baukunst der Frührenaissance. Die Kirche selbst stammt dem 19. Jahrhundert.

Minderbroederkerk

An die Südseite des Markts schließen das einstige Kloster der Ursulinen und die 1731 erbaute Minderbroederkerk an, die durch ihre gewaltigen Abmessungen (100 m lang, 16 m breit und 26 m hoch) und ihre Rokoko-Ausstattung imponiert. Das Leben der »Minderbroeders« zeigt deren Museum (Capucienessenstr. 3).

Am Nordrand der Innenstadt liegt der 1258 gegründete Beginenhof, dessen spätromanisch-frühgotische Kirche mit 38 Wandmalereien vom 13. bis 17. Jh. ausgestattet ist (Öffnungszeiten: April – Okt. Sa. und So. 14.00 – 18.00, Nov. – März So. 14.00 – 17.00 Uhr).

Begijnhof

Gegenüber sollte man das Festraetsstudio besuchen, um die von Kamiel Festraets (1904 – 1974) aus über 20 000 Einzelteilen zusammengesetzte, 6 m hohe **größte astronomische Uhr weltweit** sowie weitere ausgefallene feinmechanische Apparate zu bewundern (Öffnungszeiten: April – Okt. Di. – Fr. 10.45, 11.45, 12.45, 14.45 und 15.45, Sa. und So. 14.45 und 15.45 Uhr).

Festraets-studio

Umgebung von Sint-Truiden

Tienen, 18 km westlich von Sint-Truiden unmittelbar an der Sprachgrenze, ist **Belgiens Zuckerstadt**, denn im Hageland rundum werden vor allem Zuckerrüben angebaut und in Tienen verarbeitet.

Tienen

Deshalb gibt es hier natürlich ein recht neues, interaktives und sehr anschauliches Zuckermuseum, untergebracht am Grote Markt. Um die Geschichte des Hagelands geht es im Museum Het Toreke im alten Stadtgefängnis (Öffnungszeiten für beide Museen: tgl. außer Mo. 10.00 – 17.00 Uhr).

◄ Suikermuseum

Die gotische Liebfrauenkirche wurde bis auf den 1345 vollendeten Chor, ein Querschiff und den Turm von 1660 nie fertig gestellt. Jean d'Oisy schuf den feinen Figurenschmuck der drei Portale. Innen fallen das barocke Chorgestühl, die reiche Vertäfelung und vor allem die Madonnenfigur (1362) von Wouter Paus auf.

◄ Onze-Lieve-Vrouw-ten-Poelkerk

Die im 9. Jh. gegründete Sint-Germanuskerk zeichnet sich durch ihren imponierenden Westbau aus der ersten Hälfte des 13. Jh.s aus, der als das jüngste romanische Bauelement des Maaslandes gilt. Die beiden Taufbecken sind Kopien der 1149 geschaffenen Originale, die in ►Brüssel in den Musées Royaux d'Art et d'Histoire zu sehen sind.

* ◄ Sint-Germanuskerk

* * Zoutleeuw

Wenn auch klein, so war Zoutleeuw (frz. Léau), 10 km westlich von Sint-Truiden, im 12. Jh. einer der sieben Hauptorte Brabants, wichtige Grenzfestung und darüber hinaus religiöses Zentrum, in dem nicht weniger als acht Orden Klöster unterhielten. Großartiges Zeugnis dieser Zeit ist die Sint-Leonarduskerk, in der namhafte Künstler überwältigende Belege ihrer Fertigkeit hinterließen.

Kleine Stadt mit großer Vergangenheit

Ihre überregionale Bedeutung verdankt Sint-Leonardus dem Umstand, dass sie als eine der ganz wenigen Kirchen in Belgien **sowohl vom Bildersturm im 16. Jh. als auch von den französischen Revolu-**

*** * Sint-Leonarduskerk**

tionstruppen verschont wurde. Ihre einzigartige Innenausstattung lässt daher erahnen, wie wertvoll die Kirchen der spanischen Niederlande vor dem Bildersturm ausgestattet gewesen sein mögen.
Die Kirche wurde um 1230 mit der von zwei asymmetrischen Türmen flankierten Westfassade begonnen; es folgten kurz darauf Chor, nördliches Querschiff und im 14. Jh. südliches Querschiff und Hauptschiff. Nach Plänen von Matthaeus de Layens fügte man im 15. Jh. die Sakristei an; mit den Seitenkapellen und dem Glockenturm über der Vierung war der Bau abgeschlossen.

Marianum ► Vom Gewölbe des Hauptschiffs herab schwebt eine von Engeln getragene »Maria im Rosenkranz«, eine vielfarbig bemalte, um 1530 geschaffene Holzschnitzarbeit (►Abb. S. 46).
Im rechten Seitenschiff ist zunächst die zweite Kapelle, der hl. Anna geweiht, von Interesse: links ein **Annen-Altar von 1565** im Stil der Antwerpener Schule mit Gemäldeflügeln aus dem 17. Jh., daneben ein sehr schönes kleines Triptychon mit der Kreuzigungsszene auf Glas (1535) und an der Wand gegenüber ein Triptychon (1525) mit der Darstellung der »Verherrlichung des Kreuzes« von Spiecken. Die anschließende **Kapelle des hl. Hubertus** enthält ein 1575 von Pieter Aertsen geschaffenes Triptychon mit der Schmerzensmadonna. Es folgt die im Flamboyant-Stil erbaute Sakristei mit einem romanischen Christusbild über dem Eingang.
Im rechten Querschiff sieht man in der Sint-Leonardus-Kapelle zunächst den außerordentlichen **Sint-Leonardus-Altar**, den der Brüsseler Arnold de Maeler 1478 schuf. Die bemalte und vergoldete Statue des Heiligen entstand um das Jahr 1300. Im Raum dahinter, im herrlichen Flamboyantstil, ist der **Kirchenschatz** ausgestellt, dessen schönstes Stück der golddurchwirkte Chormantel von 1555 ist.

Eine Rarität: der Stuhl der Weisheit in Sint-Gummarus in Zoutleeuw

Zahlreiche Skulpturen stehen im Chorumgang, darunter 12 Heilige aus dem 12. bis 16. Jh., ein Pult in Gestalt eines Adlers (Antwerpen 1468) und ein sehr seltener **»Stuhl der Weisheit«** aus Lindenholz, im 12. Jh. im Stil der maasländischen Romanik entstanden. Von der großen Meisterschaft seines Erschaffers Reiner von Tienen zeugt der sechsarmige **Osterleuchter**. Das 950 kg schwere und 6 m hohe Stück wurde 1483 aus Messing gegossen.

Im linken Querschiff sieht man **das großartigste Kunstwerk der Kirche**, das 1550 bis 1552 von Cornelis Floris de Vriendt geschaffene 18 m hohe **Sakramentshaus**. Über 200 bestechend lebendig wirkende Figuren stellen auf zehn Etagen u. a. alttestamentarische Szenen, das Paradies und das Abendmahl sowie Heilige, Kirchenväter und die Jungfrau Maria dar. Neben dem Sakramentshaus sind dessen Stifter, Marten van Wilre und seine Frau Maria Pijlepeerts, begraben. Das gegenüber aufgestellte Triptychon mit der Taufe Christi stammt von Cornelis' Bruder Frans.

◄ Linkes Querschiff

Im linken Seitenschiff ist in der Erasmuskapelle das Triptychon »Die Sieben Freuden der Jungfrau« (1554) interessant, das Pieter Aertsen zugeschrieben wird.

◄ Linkes Seitenschiff

Stadhuis

Gegenüber der Kirche liegt das kleine, aber stolze Rathaus (1530 bis 1539), mit Stufengiebel, Seitenturm und Balustrade, an der die Wappen von Karl V., Brabant und von Leeuw angebracht sind. Rombout Keldermans hat es entworfen. Direkt an das Rathaus schließt rechts die ehemalige Lakenhalle an, ein sehr schöner Bau aus Backsteinen und weißen Natursteinen von 1314.

★ Spa

H 22

Provinz: Liège
Höhe: 260 m ü.d.M.
Einwohnerzahl: 10 500

Neun heilsame Quellen sprudeln in und um Spa, der »Stadt der Wässer« (»Ville d'Eaux«). Sie lockten vor allem vor dem Ersten Weltkrieg vermögende Gäste aus aller Welt an und ließen Spa zum Inbegriff des mondänen Kur- und Badeorts werden – im Englischen ist »Spa« immer noch Synonym für »Kurort«.

Der Glanz ist verblichen

Von diesem Glanz sind nur die alten Bade- und Trinkanlagen geblieben. Spas Namen trägt heute die große Mineralwasser-Abfüllanlage hinaus in die Welt; ansonsten lebt die Stadt vom Familien- und Bustourismus, bietet es doch gute Wandermöglichkeiten in der waldreichen Umgebung. Dazu kommen die Formel-I-Fans, die einmal im Jahr zum Großen Preis von Belgien auf dem Kurs von Spa-Francorchamps (► S. 400) pilgern. Mit der neuen Therme setzt man auf Wellness-Tourismus.

Geschichte

Zwar waren die Quellen schon den Römern bekannt, doch erst im 16. Jh. setzte eine Art Kurtourismus ein, der so illustre Gäste wie Christine von Schweden, Karl II. von England, Peter den Großen, Joseph II., Giacomo Meyerbeer und Victor Hugo ins Städtchen brachte. Im Ersten Weltkrieg war Spa deutsch besetzter Erholungsort in der Etappe. Von März bis November 1918 richtete sich im nahen

Neubois **Kaiser Wilhelm II. mit seinem Generalstab** ein. Dort erfuhr er am 9. November 1918 telefonisch von seiner von Kanzler Max von Baden verfügten Abdankung. Ohne jemals wieder Deutschland betreten zu haben, fuhr er vom Bahnhof von Spa ins Exil.

Sehenswertes in Spa

Kurhaus und Casino

Das mondäne Kurleben konzentrierte sich auf das an der Place Royale liegende Kurhaus, 1862 bis 1868 von Léon Suys erbaut, in das die Quelle »Marie-Henriette« geleitet wird. Kuren kann man hier nicht mehr; das Haus wird für Ausstellungen genutzt. Das unmittelbar benachbarte, von 1903 bis 1908 erbaute Casino wurde bereits 1762 vom Fürstbischof von Lüttich gegründet und ist damit **das erste Spielkasino der Welt.** Heute allerdings haben einarmige Banditen Einzug gehalten.

Hier sprudelt die Quelle des Zaren.

Wenig östlich vom Casino entspringt in einer Trinkhalle inmitten der Straße **die nach Peter dem Großen benannte heilkräftigste Quelle** von Spa. Der Zar ließ eine Erinnerungsplakette anbringen.

Die Galérie Léopold II, eine 1878 erbaute Wandelhalle, musste dem neuen Radisson-Hotel weichen. Vom **Parc de Sept Heures** dahinter fährt die Standseilbahn zur neuen Therme los.

Musées de la Ville d'Eaux et Spadois du Cheval

In einer Ende des 19. Jh.s von Königin Marie-Henriette bewohnten Villa an der Av. Reine Astrid sind zwei Museen zu sehr unterschiedlichen Themen untergebracht. Das Musée de la Ville d'Eaux beschäftigt sich mit der Geschichte der Stadt und stellt u. a. **»jolités«** aus, die für Spa typischen verzierten Holzschächtelchen. Das zweite Museum widmet sich der Reitkunst und den Pferden (Öffnungszeiten: Juli – Sept. tgl. außer Di. 14.00 – 18.00 Uhr, Mitte März – Nov. nur an Wochenenden).

Spa monopole

Hinter dem Bahnhof wird das berühmte Wasser von Spa abgefüllt und in alle Welt verschickt. Dabei kann man bei einem Rundgang zusehen; dazu ein Museum (Rue Auguste Laporte; Öffnungszeiten: Mo. – Fr. 9.00 – 17.00 Uhr).

Dieses Museum in der Rue de la Géronstère 10 stellt alles rund ums Wäschewaschen vor, von alten Waschmaschinen über Bügelmethoden bis hin zur Geschichte der Seife (Öffnungszeiten: Juli – Aug. tgl. 14.00 – 18.00 Uhr; April – Juni u. Sept. / Okt. nur an Wochenenden, restliches Jahr nur So.).

Musée de la Lessive

Umgebung von Spa

Bemerkenswert in Theux, 7 km nordöstlich, sind zunächst der Perron von 1768, Sinnbild der Stadtfreiheiten, und das barocke, in die Straßenkreuzung hineinragende Rathaus. Von dort leicht bergauf geht man zur Kirche Saints-Hermès-et-Alexandre, die am Ort einer merowingischen und karolingischen Kirche steht. In ihrer heutigen Form mit ungewöhnlichem Turm geht sie auf das Jahr 1091 zurück und ist mit ihren drei Schiffen gleicher Höhe **die einzige romanische Hallenkirche zwischen Loire und Rhein**.

Theux

✶ ◄ Saints-Hermès-et-Alexandre

Die Ruinen des Schlosses von Franchimont bewachen oberhalb von Theux das Tal der Hoëgne. Es gehörte den Fürstbischöfen von Lüttich und erlebte im Oktober 1468 ein Massaker, bei dem 600 Einwohner von Franchimont, die sich hier verschanzt hatten, von Solda-

✶ ◄ Château de Franchimont

SPA ERLEBEN

AUSKUNFT

Place Royale, 41, B-4900 Spa
Tel. 087 79 53 53,
Fax 087 79 53 54
www.spa-info.be

NEUE THERME

Hoch über der Stadt im Kurpark bietet die neue Therme drei große Wellnessbereiche: eine 800 m² große, von der 32 °C warmen Quelle »Clémentine« gespeiste Badelandschaft, einen »Wohlfühl-, Schönheits- und Gesundheitsbereich« (Massage, Balneotherapie, Kosmetik ...) und das »Institut Maman-Bébé«, wo junge Mütter und ihr Nachwuchs ein fünftägiges Kurprogramm absolvieren können. Öffnungszeiten: Bad tgl. 9.00 – 20.00, Fr. und Sa. bis 22.00 Uhr; für die beiden anderen Bereiche ist Reservierung erforderlich (auch kurzfristig) unter Tel. 087 77 25 60, Fax 087 77 50 66 und reservation@thermesdespa.com. Weitere Informationen unter www.thermesdespa.com.

ESSEN

► **Erschwinglich / Preiswert**

La Tonnellerie
Parc de Sept Heures, 1
Tel. 087 77 22 48
Ruhetag: Di., Mi., Jan., Feb.
Restaurant mit italienisch-französischer Küche bei der Seilbahn zur neuen Therme, als Treffpunkt angesagt. Auch sieben Fremdenzimmer.

ÜBERNACHTEN

► **Komfortabel**

La Heid des Pairs
Ave. Prof. Henri Jean, 143,
B-4900 Spa
Tel. 087 77 43 46, Fax 087 77 06 44
www.laheid.be
8 Z. Diese Villa mit Garten, 1,5 km südwestlich außerhalb, ist ideal für einen ruhigen Aufenthalt.

Der Eindruck täuscht: Von Schloss Franchimont ist noch einiges erhalten.

ten Karls des Kühnen niedergemacht wurden. Während der Französischen Revolution wurde das Schloss zerstört. Seine Überreste und ein sehr modernes kleines Museum können besichtigt werden. Unbedingt in die Kasematten hinabsteigen – abenteuerlich! (Öffnungszeiten: Mai – Sept. tgl. 10.00 – 18.00; Okt. – April Sa. und So. 11.00 bis 17.00 Uhr).

Parc animalier de La Reid ▶

Auf einer Fläche von 40 ha leben im Wildpark von La Reid bei Theux u. a. Hirsche, Wildschweine und Wölfe (ganzjährig geöffnet).

Chapelle de Tancrémont

Die kleine Wallfahrtskapelle von Tancrémont wenig nordwestlich von Theux besitzt eines der wenigen, besterhaltenen Zeugnisse frühromanischer Holzplastik: Der »Christus am Kreuz« wurde wahrscheinlich im 10., sicher jedoch im 11. Jh. geschaffen.

★ Stavelot · ★ Amblèvetal

J 22

Provinz: Liège
Einwohnerzahl: 6600
Höhe: 320 – 430 m ü.d.M.

Ausgesprochen hübsch gelegen und ausgesprochen hübsch anzusehen: Stavelot lädt zum Spaziergang durch Fachwerkgässchen, zu Wanderungen in der Stille der Wälder am südlichen Rand des Hohen Venns und zu Ausflügen ins Tal der Amblève ein.

Fachwerkidyll in Stavelot

Stavelot kann auf eine große Vergangenheit als selbstständige Fürstabtei zurückblicken. 648 bzw. 650 gründete der hl. Remaklus in Stavelot und in Malmédy zwei Abteien, aus denen die Fürstabtei von Stavelot-Malmédy hervorging. Als reichsunmittelbare Herrschaft erlebte sie, namentlich unter den Fürstäbten Poppo und Wibald, zwischen dem im 10. und 13. Jh. ihren geistigen und kulturellen Höhepunkt und brachte einzigartige Stücke maasländischer Metall- und Goldschmiedekunst hervor, die heute in vielen Museen der Welt zu bewundern sind. Die Soldaten Ludwigs XIV. und 1794 die französischen Revolutionäre zerstörten die Abtei. Auch während der Ardennenoffensive 1944 erlebte Stavelot verbissene Kämpfe.

Einst ein selbstständiger Staat

Sehenswertes in Stavelot

✶✶ Ancienne Abbaye

Mitten im Ort und doch von ihm deutlich abgesetzt liegt die Abtei von Stavelot. Ihre immensen Ausmaße veranschaulichen die Säulen- und Mauerreste überwiegend aus dem 11. Jh. sowie das gewaltige Portal vor den rot leuchtenden und mit einem großen gläsernen Gang verbundenen Klostergebäuden aus dem 18. Jh., in denen drei Museen untergebracht sind (Öffnungszeiten für alle Museen: tgl. außer Mo. 10.00 – 18.00 Uhr).

◄ Musée du Principauté de Stavelot-Malmédy

Multimedial aufbereitet wird hier die Geschichte des Fürstbistums, wobei die Anschaulichkeit durch viele Originalgegenstände garantiert ist, darunter natürlich auch Beispiele für den berühmten Metallguss. Der französische Dichter Guillaume Apollinaire (1880 – 1918)

STAVELOT UND DAS AMBLÈVETAL ERLEBEN

AUSKUNFT

Ancienne Abbaye, B-4970 Stavelot
Tel. 080 86 27 06, Fax 080 68 56 09
www.stavelot.be

FEST

Stavelots *Karneval* findet an Mittfasten (Mittwoch oder Donnerstag vor dem Sonntag Laetare) in Form eines Umzugs mit über 1000 Teilnehmern statt. Mehrere hundert »Blanc Moussis« in weißen Kapuzengewändern und Masken mit langer roter Nase begleiten den Zug und traktieren die Zuschauer mit aufgepumpten Schweinsblasen.

ESSEN / ÜBERNACHTEN

► Erschwinglich / Komfortabel

Relais du Crouly
Rue du Clozin, 21,
B-4970 Ster-Francorchamps
Tel. 087 27 53 29, Fax 087 27 55 39
www.croulyhotel.be.
18 Z. Ruhiger Landgasthof in einem großen ehemaligen Bauernhof aus dem Jahr 1780 nicht weit von der Rennstrecke Spa-Francorchamps. Das Restaurant hat nur auf Voranmeldung geöffnet.

► Erschwinglich / Günstig

Hostellerie La Maison
Place St-Remacle, 19, B-4970 Stavelot
Tel. 080 88 08 91, Fax 080 88 02 75
www.hostellerielamaison.info
Am höchsten Punkt der stimmungsvollen Place St-Remacle, mitten in Stavelot, wartet dieses im 19. Jh. gebaute Herrenhaus mit 12 komfortablen Zimmern und Küche der Ardennen auf.

Bonhomme
Rue de la Reffe, 26,
B-4920 Remouchamps
Tel. 04 384 40 06, Fax 04 384 37 19
www.hotelbonhomme.be
10 Z. Sehr schönes, stilvoll eingerichtetes Haus in unmittelbarer Nähe der Grotten von Remouchamps, seit 1768 in Familienbesitz. Günstig gelegen für Ausflüge ins Amblèvetal, ins Ourthetal und nach Liège. Ardenner Küche.

Musée Guillaume Apollinaire ►

verbrachte 1899 drei Monate in Stavelot, verliebte sich in Marie Dubois, widmete ihr einige Gedichte und suchte bei Nacht das Weite, ohne seine Hotelrechnung zu bezahlen. Den Stadtvätern ist dies heute ein Museum wert.

Musée du circuit national de Spa-Francorchamps ►

Ein doch merkwürdiger Ort für ein Automuseum sind die romanischen Gewölbekeller der Abtei, wo über 80 Oldtimer und Rennwagen neueren Datums, Motorräder und Plakate ausgestellt sind, die die Geschichte der Rennstrecke von Francorchamps illustrieren. Diese befindet sich nur wenige Kilometer nördlich Richtung Spa.

Saint-Sébastien

★★

◄ Remaklusschrein

Vom Abteiplatz sieht man schon den Turm der im 18. Jh. gebauten Kirche Saint-Sébastien. Sie besitzt mit dem Schrein des hl. Remaklus ein einzigartiges Zeugnis maasländischer Metallkunst. Der 2,70 m lange und fast einen Meter hohe Schrein besteht aus vergoldetem Metall mit Emaileinlassungen und enthält seit 1268 die Gebeine des hl. Remaklus. An den Stirnseiten sieht man den segnenden Jesus bzw. Maria mit dem Kind; an der Längsseite, links der Jesusdarstellung, den hl. Remaklus, umgeben von sechs Aposteln, rechts den hl. Lambertus mit den sechs anderen Aposteln.

★ Fachwerk

Unbedingt unternehmen muss man einen Spaziergang durch den »Rest« von Stavelot über die Place Saint-Remacle, wo ein für das Fürstbistum typischer Perron (1769) steht, und von dort durch die von hübschen Fachwerkhäusern gesäumten Gässchen.

Durch das Tal der Amblève (Vallée de l'Amblève)

Lieblich und still

Die Amblève entspringt im Hohen Venn und fließt, in ihrem Unterlauf in weiten Bögen ein liebliches und stilles Tal formend, der Ourthe (► Ourthetal) zu. Auf ihrem Weg dorthin nimmt sie die Flüsschen Warche, Salm, Baleur, Lienne und Ninglinspo auf. Schöne Wanderwege erschließen das Tal und seine Höhen; vielerorts kann man Kajaks mieten. Wer mit dem Rad oder dem Auto unterwegs ist, folgt von Stavelot aus der N-633 nach Westen.

! *Baedeker* TIPP

Puzzle Planet

Durch ein Labyrinth laufen macht Kindern Spaß. In diesem Fall ist es 2,5 km lang, aus Holzwänden gebaut und heißt Puzzle Planet. Zu finden in Wanne, Teilort von Trois-Ponts, ca. 3 km östlich (tgl. 10.00 – 18.00 Uhr).

Trois-Ponts, wo die Salm in die Amblève mündet, eignet sich gut als Standort für Wanderungen und Kajakfahrten im Sommer und bietet im Winter Ski- und Rodelmöglichkeiten (in der Umgebung bei Wanne und Saint-Jacques). Auch zwei schöne Panoramastrecken – per Rad oder mit dem Auto – beginnen hier: nach Osten die »Boucle de Wanne« durch das alte Fürstentum Salm, nach Westen die »Boucle de Basse-Bodeux« zwischen den Tälern von Salm und Baleur.

★ Cascade de Coo

Bei Coo beschrieb die Amblève bis zum 18. Jh. einen großen Bogen, dessen Arme sich beinahe berührten. Die Mönche von Stavelot durchstachen kurzerhand die Engstelle und es entstanden zwei tosende Wasserfälle, um die herum sich ein rechter Rummel entwickelt hat: Restaurants, Kajakverleih im großen Stil und der Erlebnispark »Télécoo«, dessen größte Attraktionen eine superlange Sommerrutschbahn am Abhang und eine Sesselbahn zum Aussichtspunkt Montagne de Lancre auf der Höhe gegenüber sind – im Sommer geht es hier hoch her.

Erinnerung an eine schreckliche Zeit: Dieser deutsche Panzer wurde von seiner Besatzung in La Gleize aufgegeben.

WINTERKRIEG

Am 16. Dezember 1944 um 5.30 Uhr morgens startete die deutsche Wehrmacht im Osten Belgiens ihre letzte Großoffensive mit dem Ziel, Antwerpen einzunehmen.

Drei deutsche Armeen – 250 000 Soldaten und 600 Panzer – drangen zwischen dem luxemburgischen Echternach und Monschau in der Eifel in die Ardennen vor und überraschten die ca. 83 000 Mann starken Alliierten völlig. Am 23. Dezember waren die deutschen Panzerspitzen bei Dinant noch 5 km von der Maas entfernt. Doch aus den Niederlanden und Frankreich herangeführte britische und US-Truppen leisteten erbitterte Gegenwehr und stoppten schließlich den Vormarsch. Am 3. Januar 1945 begann die alliierte Gegenoffensive, die die deutschen Armeen schließlich wieder auf ihre Ausgangspositionen zurückwarf. Am 28. Januar 1945 wurden die letzten Kämpfe der in den USA auch **»Battle of the Bulge«** (»Ausbuchtung« bzw. »Beule«) genannten Schlacht verzeichnet. Ca. 140 000 Soldaten verloren auf beiden Seiten ihr Leben. Die Spuren dieser Schlacht begegnen heute noch überall in den Ardennen – seien es Denkmäler, seien es Museen, unter denen allerdings manche sich nach Anspruch und Zielrichtung fragen lassen müssen.

Ein sinnloses Unterfangen

Die Ardennenoffensive war der letzte Versuch Hitlerdeutschlands, im Krieg noch einmal die Oberhand zu gewinnen. Man hatte gehofft, dass sich Briten und Amerikaner nach einem deutschen Erfolg aus Westeuropa zurückziehen würden. Doch das Unternehmen hatte von Anfang an keine Aussicht auf Erfolg, fehlte es doch an Ausrüstung, kampferprobten Soldaten und Treibstoff – so war u. a. eingeplant, dass sich die vorstoßenden Panzer mit Treibstoff aus eroberten alliierten Depots versorgen sollten – und war die Luftüberlegenheit der Alliierten zu eklatant. Was an Material fehlte, sollten Hitler zufolge »rücksichtsloser Einsatz jedes Einzelnen, todesmutige Einsatzbereitschaft der Truppen, standhaftes Ausharren aller Dienstgrade und unbeugsame überlegene Führung« wettmachen. Wie »rücksichtslos« vorgegangen wurde, zeigt vor allem der Einsatz der SS-»Kampfgruppe Peiper«, die im Tal der Amblève Angst und Schrecken verbreitete und Massaker sowohl an Kriegsgefangenen als auch an der Zivilbevölkerung verübte.

Nun geht es hinauf nach La Gleize. Hier blieb im Dezember 1944 die berüchtigte SS-Kampfgruppe Peiper wegen Treibstoffmangels liegen und zog die Zivilbevölkerung in die Kämpfe hinein. Im alten Schulhaus, das Peiper zu seinem Hauptquartier machte, erinnert das **Museum December 1944** daran. Davor steht ein zurückgelassener »Königstiger«-Kampfpanzer.

La Gleize

Auf La Gleize folgt Stoumont. Rundum liegen mehrere Aussichtspunkte. Der schönste ist »Le Congo«, so genannt, weil die Wälder den Einheimischen Ende des 19. Jh.s, als Stanley den Kongofluss entdeckte, wie der populär gewordene afrikanische Urwald vorkamen. Über dem rechten Flußufer thront das Schloss Froidecœur.

*** Le Congo**

Bei Targnon mündet die Lienne, in deren malerischem Tal viele Mineralquellen sprudeln, so bei Chevron, und an dessen Ende bei Lierneux sich ein weiter Blick auf die Ardennen auftut.

*** Vallée de la Lienne**

Bei Remouchamps beginnt der Oberlauf der Amblève. Hier entdeckte man 1828 Grotten, die schon von steinzeitlichen Jägern bewohnt waren. Im oberen Teil der Höhle sieht man fantastische Tropfstein- und Kristallformationen; im unteren Teil fließt der Amblève-Nebenfluss Rubicon. Auf ihm verlässt man per Kahn die Höhle – **die längste unterirdische Flussfahrt der Welt** (Öffnungszeiten: Feb. – Nov. tgl. 9.00 – 18.00, Sept. – April 10.00 bis 17.00 Uhr).

*** Grottes de Remouchamps**

Zwischen Remouchamps und Aywaille liegt **Monde Sauvage**, die »Wilde Welt«. Dahinter verbergen sich ein Safaripark, den man per Auto durchfahren kann, ein Zoo, ein Seelöwenbecken und ein Kinderbauernhof (Öffnungszeiten: Mitte März bis Mitte Nov. tgl. 10.00 – 18.30 Uhr).

Die Amblève fließt nun über Aywaille der Mündung in die Ourthe bei Comblain-au-Pont zu (► S. 387). 5 km südlich von Aywaille liegt **Harzé**, das ein Schloss aus dem 17. Jh. mit einer sehr feinen Renaissancefassade und einem eindrucksvollen Treppenhaus besitzt. In der alten Mühle im Schlosspark ist ein Müllerei-Museum eingerichtet.

Der Eingang zur Grotte von Remouchamps

★ Tongeren

G 19/20

Provinz: Limburg
Einwohnerzahl: 29 600
Höhe: 75 – 108 m ü.d.M.

Tongeren nimmt stolz für sich in Anspruch, die älteste Stadt Belgiens zu sein. Sie ist aus dem schon im »Gallischen Krieg« erwähnten römischen Feldlager Atuatuca hervorgegangen, dessen Besatzung von Ambiorix, Fürst der Eburonen, 54 v. Chr. besiegt wurde. Das Gallo-Römische Museum, das diese Epoche darstellt, ist das beste seiner Art in Belgien.

Die älteste Stadt Belgiens

Unter Kaiser Augustus siedelten sich hier die keltisch-germanischen Tongrer an und es entstand die römische Civitas Atuatuca Tungrorum. Im zweiten nachchristlichen Jahrhundert soll hier schon der hl. Maternus missioniert haben; um 315 wurde Tongeren zum Bischofssitz erhoben, der jedoch bald nach Maastricht und im 8. Jh. nach Lüttich verlegt wurde. Schon gegen Ende des 4. Jh.s hatten die salischen Franken Tongeren zerstört; die Verlegung des Bischofssitzes brachte einen weiteren Rückschlag, sodass die Stadt im Mittelalter

Tongeren Orientierung

ein bescheideneres Dasein führte als zu römischer Zeit. Tongeren teilte das Schicksal der fürstbischöflichen Ländereien und wurde 1677 von den Truppen Ludwigs XIV. noch einmal heftig beschossen. Um 1830 setzte die Industrialisierung ein und verhalf Tongeren neben der Markt- und Verwaltungsfunktion zu seiner heutigen Bedeutung als Zentrum des ländlichen Haspengaus.

Sehenswertes in Tongeren

Grote Markt

Sieht man vom alles überragenden Turm der Basilika ab, fällt am Grote Markt das **Denkmal des Eburonenfürsten Ambiorix** (► Berühmte Persönlichkeiten) auf, 1866 von Jules Bertin geschaffen.

★ Onze-Lieve-Vrouwbasiliek

◄ Grabungen in der Kirche

Die Onze-Lieve-Vrouwbasiliek gehört zu den eindrucksvollsten gotischen Kirchenbauten Belgiens. Die heutige Kirche entstand zwischen 1240 und 1541 auf den Resten mehrerer Vorgängerbauten an Stelle der ersten Steinkirche nördlich der Alpen, die Mitte des 4. Jh.s gebaut worden war. Für Archäologen ist der Untergrund der Kirche ein Eldorado, weshalb Querschiff und Chorraum derzeit gesperrt sind und ergraben werden. Der romanische **Kreuzgang** liegt eigentümlicherweise an der Ostseite und nicht wie üblich südlich, da hier die römische Stadtmauer im Wege stand. Er ist der Rest eines Klosters aus dem 12. und 13. Jh. und zeichnet sich durch seine Schlichtheit und seine Säulenkapitelle aus.

TONGEREN ERLEBEN

AUSKUNFT

Stadhuisplein 9, B-3700 Tongeren
Tel. 012 39 02 55, Fax 012 39 11 43
www.tongeren.be

ESSEN

► Fein & teuer / Erschwinglich

① ***Biessenhuys***
Hemelingenstraat 23, Tel. 012 23 47 09
Ruhetag: Dienstagabend, Mi.
Schon der Ort – das ehemalige Refugium der Deutschordensritter – lohnt den Besuch, den die Küche – Limburgisches und französisch Inspiriertes auf hohem Niveau – zum Erlebnis machen wird.

► Erschwinglich

② ***Belouga***
Grote Markt 10 / 1
Tel. / Fax 012 21 00 93
Typisches »Eetcafé« mit leckerer Küche.

ÜBERNACHTEN

► Komfortabel

① ***Ambiotel***
Veemarkt 2, B-3700 Tongeren
Tel. 012 26 29 50,
Fax 012 26 15 42
www.ambiotel.be
22 Z. Angenehmes Stadthotel im Zentrum, gut ausgestattete Zimmer.

SHOPPING

Der sonntägliche Antiquitäten- und Flohmarkt gehört zu den größten Belgiens. Darüber hinaus gibt es über 40 Antiquitätenläden in der Stadt.

★★ Schatzkammer ▸

Die Schatzkammer im einstigen Kapitelsaal ist eine der reichsten Belgiens. Heraus ragt der berühmte **Christuskopf aus dem 11. Jh.**, eine Holzskulptur von frappierender Ausdruckskraft, die den Moment des Übergangs vom Leben in den Tod erfasst. Weiterhin einzigartig sind die maasländischen Metallarbeiten, darunter das Reliquiar der hl. Ursula aus vergoldetem Silber mit Emaileinlassungen (um 1350). Zu den ältesten Stücken zählen eine merowingische Goldspange aus dem 6. Jh. und ein elfenbeinernes Paulus-Diptychon, das um 500 entstanden ist; unter den Handschriften bestechen ein Exemplar aus dem 10./11. Jh. mit Elfenbeinschnitzerein auf dem Deckel und ein im 14. Jh. neu gebundenes Manuskript aus dem 9. Jahrhundert (Öffnungszeiten: April – Sept. tgl. außer Mo. 10.00 – 12.00 und 13.30 bis 17.00 Uhr).

★★ **Gallo-Romeins Museum**

Rechts hinter der Basilika liegt das Gallo-Römische Museum. Auf den Besuch stimmen die ausgegrabenen Fundamente eines Turms der zweiten römischen Mauer aus dem 4. Jh. ein, die man auf dem Weg dorthin passiert. Das Museum ist nicht nur das beste zu diesem Thema in Belgien und großartig inszeniert, es ist auch ein architektonisches Meisterstück. Es behandelt Archäologie und Geschichte Tongerens von der Steinzeit bis zum frühen Mittelalter, wobei das römische Atuatuca und das Geheimnis eines 1939 gefundenen Bronze-Dodekaeders im Mittelpunkt stehen (Öffnungszeiten: Mo. 12.00 bis 17.00, Di. – Fr. 9.00 – 17.00, Sa. u. So. 10.00 – 18.00 Uhr).

Belgiens bestes Museum zum Thema »Römer in Gallien« findet sich in Tongeren.

Von der Basilika bergab kommt man zum Beginenhof. Dessen Kirche aus dem 13. Jh. besitzt eine Kreuzigungsszene von Gaspar de Crayer. Etwas außerhalb des Hofs soll die hl. Luitgard, die Schutzheilige Flanderns, geboren worden sein.

Begijnhof

Weiter bergab liegt die 1379 erbaute Moerenpoort, das einzige erhaltene der einst sechs Stadttore. Von hier umzieht die 1257 bis 1264 erbaute mittelalterliche Stadtmauer noch fast vollständig den Stadtkern. Von der 4500 m langen römischen Stadtmauer aus dem 2. Jh. ist ein großes Stück nordwestlich des Zentrums erhalten geblieben.

Reste der Stadtmauer

Umgebung von Tongeren

Der Deutsche Orden gründete 1220 seine Großkomturei Alden Biesen 11 km nordöstlich von Tongeren. Der größte Teil der Gebäude stammt aus dem 16. bis 18. Jh. und wird von ausgedehnten Gärten umgeben. Besichtigen kann man die Räume des Landkomturs und eine Ausstellung über die Geschichte der Komturei (Öffnungszeiten: Ostern – Okt. tgl. 10.00 – 18.00, übrige Zeit bis 17.00 Uhr).

★ Kasteel van Alden Biesen

★★ Tournai

H 7

Provinz: Hainaut
Einwohnerzahl: 67 400
Höhe: 29 – 147 m ü.d.M.

Tournai (fläm. Doornik), von der Schelde (frz. Escaut) durchflossen, liegt nahe der französischen Grenze. Vom Glanz der alten Fürstenresidenz und Bischofsstadt zeugt vor allem die Kathedrale.

Tournai ist nach ►Tongeren die älteste Stadt des Landes. Ihre Keimzelle war die römische Siedlung Turnacum, die der hl. Piat im 3. Jh. christianisierte. Mitte des 5. Jh.s zogen die fränkischen Salier ein und machten Tournai zur Hauptstadt ihres Reichs. Hier starb 482 König Childerich, hier war 465 sein Sohn Chlodwig geboren worden, der Gründer des Frankenreichs. Dieser verlegte die Königspfalz nach Soissons, erhob jedoch Tournai unter dem hl. Eleutherius zum Bischofssitz, das bald zur Grafschaft Flandern fiel und seit 1188 französisch war. Als im 12. und 13. Jh. die Kathedrale und viele Kirchen gebaut wurden, begann der Aufstieg der Stadt zu einem Zentrum der Steinmetzkunst. Im Hundertjährigen Krieg blieb Tournai als einzige große flandrische Stadt an der Seite Frankreichs und widerstand 1340 der Belagerung durch den englischen König Eduard III. Im 15. Jh. erlebte die Stadt dank ihrer berühmten Teppichherstellung eine Blütezeit, während derer auch die Malerschule (Robert Campin, Rogier van der Weyden) Weltruf erlangte. Danach wechselten die Herrscher: Karl V. verleibte Tournai den Spanischen Niederlanden

Hauptstadt des Frankenreichs

ein, Ludwig XIV. eroberte es 1667 und ließ es anschließend von Vauban befestigen; 1714 wurde die Stadt österreichisch, 1794 wieder französisch, 1814 fiel sie an die Vereinigten Niederlande, bis sie schließlich 1830 belgisch wurde. Während der Erste Weltkrieg fast spurlos vorüberging, brachte der Zweite Weltkrieg am 16. Mai 1940 einen verheerenden Bombenangriff, der große Teile der historischen Bebauung – nicht jedoch die Kathedrale – vernichtete.

Links der Schelde

Grand'Place

Die dreieckige Grand'Place umstehen größtenteils restaurierte Giebelhäuser. Das Bronzestandbild in der Mitte stellt Christine de Lalaing (Prinzessin d'Espinoy) dar, unter deren Führung die Stadt bei der Belagerung von 1581 verteidigt wurde. Die Nordwestseite schließt die Église Saint-Quentin ab, ursprünglich romanisch, im Zweiten Weltkrieg ausgebrannt und restauriert. An der Südseite steht die **Halle aux Draps** (Tuchhalle) an Stelle ihres 1601 von einem Sturm hinweggefegten hölzernen Vorgängerbaus. Die neue Halle wurde 1610 begonnen.

✶ ✶ Beffroi ▶

Der 72 m hohe Belfried ist **der älteste Glockenturm Belgiens**. Seine untersten vier Stockwerke wurden um 1200 erbaut und 1294 um das oberste Geschoss mit der Turmspitze ergänzt. Von den 1392 montierten 43 Glocken des ersten Glockenspiels sind noch zwei im heutigen Spiel erhalten. Im Turm wird ein Film über die Geschichte der Stadt gezeigt.

✶ ✶ **Cathédrale Notre-Dame**

Teile der Kathedrale sind wegen Einsturzgefahr eines Turms gesperrt ▶

Die Liebfrauenkathedrale lässt sich nur mit Superlativen beschreiben: **bedeutendstes kirchliches Bauwerk Belgiens**, eines der schönsten Beispiele der romanischen Architektur in Westeuropa, Beginn und Höhepunkt der Kirchenbaukunst im Scheldegebiet – und einzige fünftürmige Kirche im Land.

Die kreuzförmige Pfeilerbasilika mit annähernd gleich großem Langhaus und Chorraum steht am Ort merowingischer und karolingischer Vorgängerbauten und wurde 1171 geweiht. Zu dieser Zeit waren das romanische Langhaus, das Querschiff sowie der 83 m hohe Mittelturm fertig gestellt; die Gesamtarbeiten waren 1325 beendet, wobei am riesigen Chorraum von 1243 bis 1255 gebaut wurde.

Außenansicht ▶

Vor die Hauptfassade ist im 16. Jh., noch im gotischen Stil, eine Vorhalle gebaut worden. Von deren Reliefs entstanden die Propheten, Kirchenlehrer, Adam und Eva (untere Reihe) im 14., die Prozessionsszene und der Kampf Chilperichs gegen seinen Bruder Sigbert (oben) im 16./17. Jh.; der Mittelpfeiler trägt die Figur der »Notre-Dame des Malades« (14. Jh.). Wesentlich älter ist der Figurenschmuck der Seitenportale: nördlich die Porte Manile mit der Heilung des blinden Mantilius durch den hl. Eleutherius (12. Jh.), südlich die Porte du Capitole, deren Skulpturen jedoch beschädigt sind.

Langhaus und Querschiff ▶

Der dreischiffige Innenraum der Kathedrale (134 m lang, 66 m breit und 22 – 33 m hoch) zeigt aufs Anschaulichste die Entwicklung von

Die einstige Hauptstadt des Frankenreichs besticht heute durch ihre Kathedrale.

der Romanik zur Gotik. Das dunkle, rein romanische Langhaus erhebt sich, geteilt in Arkadenreihe, Emporengeschoss, Blindtriforium und Fensterreihe, auf hohen, von Kapitellen mit menschlichen und floralen Motiven abgeschlossenen Säulen und ist – bis auf die Kreuzigungsszene von Jordaens in der Chapelle Saint-Louis – relativ spärlich ausgestattet. Das Querschiff (1140 – 1160) erreicht in der Vierung 48 m Höhe und zeigt in den feineren Details und in der schlankeren Linienführung der Säulen den Übergang zur Gotik. Ungewöhnlich sind die halbrunden Abschlüsse des Querhauses in der Art zweier zusätzlicher Chorumgänge unter den Galerien. Freskenreste aus dem 12. Jh. stellen rechts das himmlische Jerusalem, links das Martyrium der hl. Margarete dar. Die Glasgemälde (15. / 16. Jh.), in der Mehrzahl von Arnold von Nijmegen, beziehen ihre Motive auf die Geschichte des Bistums Tournai.

Ein prächtiger marmorner Renaissance-Lettner trennt Querschiff und Langhaus vom Chor. Er ist eines der bedeutendsten Werke von Cornelis Floris de Vriendt und entstand 1570 bis 1573. Skulpturen der Jungfrau und der hll. Eleutherius und Piat krönen die biblischen Szenen. Rein gotisch ist der dreischiffige Chor. Die Kapellen im Chorumgang bergen wertvolle Gemälde, darunter eine **Fegefeuerszene von Rubens** in der Chapelle du Saint-Sacrement, in der Kapelle vor dem Eingang zum Domschatz die »Erweckung des Lazarus« von Pourbus d. Ä. und in der Mittelkapelle die »Hl. Jungfrau« von Maarten de Vos.

★ ★

◄ Lettner

◄ Chor

★ ★ Domschatz ► Der Domschatz enthält Stücke ersten Ranges, allen voran zwei spätromanische Reliquienschreine: die Châsse de Notre-Dame, 1205 von Nikolaus von Verdun aus Silber und Kupfer gearbeitet, sowie den Schrein des hl. Eleutherius von 1247, ein Werk von Hugo von Oignies, der aufs Feinste die Figuren der Apostel, des Heiligen mit dem Modell der Kathedrale in der Hand und das Bildnis Christi aus dem Metall herausarbeitete. Sehr kostbar auch ein byzantinisches Reliquienkreuz (6./7. Jh.) und das Manuskript der Messe de Tournai (1247), der ältesten vielstimmigen Messe des Abendlandes. Die anschließende Chapelle de Saint-Esprit schließlich ist mit einem prächtigen Bildteppich aus Arras geschmückt (1402), der auf vierzehn Tableaus die Legende der hll. Piat und Eleutherius erzählt (Öffnungszeiten Domschatz: April – Okt. Mo. – Sa. 10.00 – 12.00 und 14.00 bis 17.45, So. ab 11.15 Uhr).

Musée de Folkore Nicht weit von der Tuchhalle widmet sich in einem Doppelgiebelhaus von 1673 (Maison Tournaisienne) das Musée de Folklore dem

Tournai Orientierung

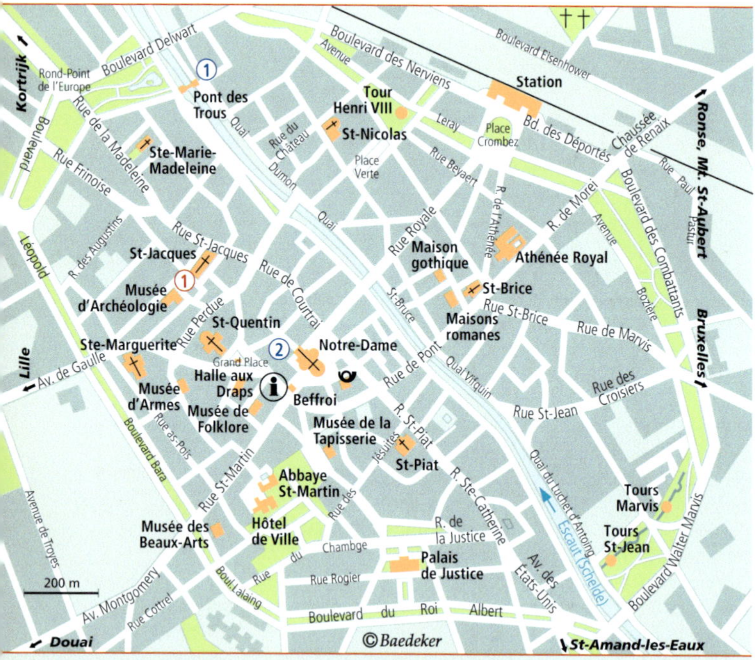

Essen
① Le Pont des Trous
② En Cas de Faim

Übernachten
① d'Alcantara

TOURNAI ERLEBEN

AUSKUNFT

Vieux Marché aux Poteries, 14,
B-7500 Tournai
Tel. 069 22 20 45,
Fax 069 21 62 21
www.tournai.be

ESSEN

► **Erschwinglich**

① ***Le Pont des Trous***
Quai A. Sakharov, 1
Tel. 069 77 73 11
Ruhetag: Samstagmittag, Mo.
Speisen an historischem Ort: Das Restaurant in der mittelalterlichen Festungsbrücke ist bekannt für seine sehr guten Fleischgerichte.

► **Preiswert**

② ***En Cas de Faim***
Rue des Chapeliers, 50
Tel. 069 56 04 84
Snacks, Sandwiches, kleine Karte und sehr gute italienische Weine in entspannter Atmosphäre bietet dieses kleine Bar-Restaurant.

ÜBERNACHTEN

► **Komfortabel**

① ***d'Alcantara***
Rue Bouchers St-Jacques, 2,
B-7500 Tournai
Tel. 069 21 26 48, Fax 069 21 28 24
hotelalcantara@hotmail.com
17 Z. Gutes Hotel in zentraler Lage in einem Patrizierhaus aus dem 18. Jh.

Brauchtum und Handwerk der Stadt und ihrer Umgebung. Zu sehen sind Holzschuhmacher- und Wollwirkerwerkstatt (»balotil«), Apotheke, Bauernküche, Druckerei und ein Modell von Tournai, wie es im Jahr 1701 ausgesehen hat (Öffnungszeiten: April – Okt. tgl. außer Di. 9.30 – 12.30 und 14.00 – 17.30, Nov. – März ab 10.00 bzw. bis 17.00 Uhr).

Musée d'Armes

Waffen und Uniformen von den Napoleonischen Kriegen bis zum Zweiten Weltkrieg, dazu Dioramen, stellt dieses Museum in der Rue Roc Saint-Nicaise aus (Öffnungszeiten s. zuvor).

Abbaye Saint-Martin

In der im 11. Jh. gegründeten Abtei von Saint-Martin (1642 – 1701), der größten Benediktinerabtei Belgiens vor der Französischen Revolution, sind drei Museen untergebracht. Das **Musée d'Histoire naturelle et Vivarium** zeichnet sich durch eine große Vogelsammlung aus. Das **Musée des Arts décoratifs** zeigt u. a. eine Sammlung von Porzellan aus der Manufaktur von Tournai und großartige Stücke der lokalen Teppichwebereien; schließlich das **Marionettenzentrum** der französischsprachigen Gemeinschaft, das Marionetten aus allen Teilen der Erde besitzt (Öffnungszeiten s. zuvor).

Musée de la Tapisserie

Dieses Museum an der Place Reine Astrid befasst sich mit der seit dem 15. Jh. in Tournai heimischen Teppichweberei. Es werden nicht nur deren Geschichte und alte Stücke gezeigt, man kann auch bei der Entstehung eines Teppichs zusehen (Öffnungszeiten s. zuvor).

★ Musée des Beaux Arts Dem Rathaus gegenüber steht das 1928 nach Plänen von Victor Horta fertig gestellte Museum der Schönen Künste. Von den alten Meistern sind zu nennen Rogier van der Weyden (»Jungfrau mit Kind«), Jan Gossaert (»Hl. Donatius«), die Brueghels mit mehreren Werken, Jordaens und Rubens. Dem belgischen Romantiker Louis Gallait ist ein ganzer Saal gewidmet ebenso wie den Impressionisten, darunter Monet, Seurat, Ensor und **zwei Meisterwerke von Manet**: »Chez le Père Lathuille« und »Argenteuil« (Öffnungszeiten s. zuvor).

Saint-Jacques Nördlich des Markts erkennt man den schlanken Turm von Saint-Jacques. Die Kirche entstand seit dem 12. Jh. mit romanischem Turm, frühgotischem Langhaus und Querschiff sowie dem 1368 angefügten Chor und zeigt alle typischen Merkmale der Scheldegotik: Außengalerie, Drillingsfenster, Seitentürmchen und Triforium mit Säulen und Pfeilern.

Musée d'Archéologie Das 1622 erbaute Leihhaus (Mont de Pitié) beherbergt heute das archäologische Museum, das die Vor- und Frühgeschichte von Tournai bis zur merowingischen Epoche erzählt (Öffnungszeiten s. zuvor).

Rechts der Schelde

Saint-Brice Von der Grand'Place geht es hinab und über die Schelde geradewegs auf die Kirche Saint-Brice an der Place Clovis zu, die 1940 ausbrannte. Im 12. Jh. begonnen, war sie eine der ersten dreischiffigen Hallenkirchen im Westen des heutigen Belgien. In der Sakramentskapelle hängt ein Gemälde von de Crayer, die Krypta stammt noch aus den Anfängen. Als man 1653 die Grube für die Häuser Nr. 7 und 8 an der Kirche aushob, entdeckte man das **Grab des Frankenkönigs Childerich**; die Grabbeigaben brachte man nach Paris.

★ Maisons romanes Schräg gegenüber von Saint-Brice stehen zwei dreistöckige Häuser, deren Fenster von kleinen Mittelsäulen unterbrochen werden. Sie wurden um 1175 erbaut und sind die ältesten in Westeuropa erhaltenen Bürgerhäuser im Stil der Romanik. Ein Stückchen die Straße hinauf sieht man ein weiteres, diesmal gotisches Bürgerhaus (14. Jh.).

Tour Henri VIII Im nordwestlichen Stadtteil ließ Heinrich VIII. 1513 bis 1518 während der englischen Besatzung eine Zitadelle erbauen. Von ihr ist nur noch die Tour Henri VIII übrig, ein mächtiger Zwinger mit zwei gewölbten Hallen.

★ Pont des Trous Ganz am Nordende des Stadtkerns überspannt die Pont des Trous die Schelde, ein eindrucksvolles Beispiel mittelalterlicher Festungsarchitektur. Die beiden Türme (am linken Ufer von 1250 / 1281, am rechten von 1304) sind seit 1329 durch eine dreibogige Brücke miteinander verbunden. Bei der Restaurierung hob man beide Türme um 2,40 m an, um Schiffe durchfahren lassen zu können.

Umgebung von Tournai

Antoing Auf der Burg des Städtchens Antoing, 7 km südlich, trafen sich 1340 Philipp IV. von Frankreich und Eduard III. von England zu Friedensgesprächen. Im 19. Jh. wurde sie zum Schloss umgebaut, doch Teile der Ringmauer aus dem 12. Jh. und der Befestigungen aus dem 15. Jh. sind erhalten.

Mont Saint-Aubert Der 6 km nördlich liegende, 147 m hohe Mont Saint-Aubert ist die weithin einzige Anhöhe. Von oben hat man eine sehr schöne Fernsicht auf die Ebenen Flanderns im Norden, auf das französische Roubaix im Westen und zurück nach Tournai im Süden.

Turnhout

D 16

Provinz: Antwerpen
Höhe: 25 m ü.d.M.
Einwohnerzahl: 39 400

Viele Menschen auf der ganzen Welt haben schon ein Produkt aus Turnhout in der Hand gehabt: Die Hauptstadt des Kempenlands nahe der Grenze zu den Niederlanden produziert und exportiert Spielkarten in großem Stil.

Geschichte Die burgundischen Herzöge liebten Turnhout sehr, denn in den Wäldern rundum fanden sie reiche Beute für ihre Jagdlust. Karl V. vermachte die Stadt seiner Schwester Maria von Ungarn; nach dem Dreißigjährigen Krieg erschienen die Prinzen von Oranien-Nassau als neue Herren, denen 1753 der preußische König folgte. 1789 wurde bei Turnhout Geschichte geschrieben, als die revolutionären Brabanter hier die Österreicher schlugen und sie zumindest bis 1790 vertreiben konnten. Im frühen 19. Jh. begann man mit der Produktion von Spielkarten, was in die heute herausragende Stellung Turnhouts in der grafischen Industrie Europas mündete.

TURNHOUT ERLEBEN

AUSKUNFT

Grote Markt 44, B-2300 Turnhout
Tel. 014 44 33 55, Fax 014 44 33 54
www.turnhout.be

ÜBERNACHTEN

▸ Komfortabel

Priorij Corsendonk
Corsendonk 5, B-2360 Oud-Turnhout
Tel. 014 46 28 00,
Fax 014 46 28 99
www.corsendonk.be/Priorij
Neue Nutzung für alte Gemäuer: In der Abtei von Corsendonk kann man zwischen 47 Standardzimmern und 31 ehemaligen Mönchszellen wählen. Das Restaurant öffnet nur auf Voranmeldung.

Turnhout ist Europas Hauptstadt der Spielkarten.

Sehenswertes in Turnhout

Sint-Pieterskerk Die Sint-Pieterskerk am Grote Markt geht auf das 13. Jh. zurück und fällt besonders durch den 1484 vollendeten Kapellenkranz um den Chor sowie ein »Ecce Homo« (Anfang 15. Jh.) und den Hochaltar (1740) von Walter Pompe auf.

Kasteel Das von einem Wassergraben umgebene einstige Jagdschloss der Herzöge von Brabant ist heute Gerichtsgebäude. Maria von Ungarn ließ den ersten, im 12. Jh. begonnenen Bau von Rombout Keldermans und Dominikus de Waghemakere in der ersten Hälfte des 16. Jh.s zu dieser ansehnlichen Residenz umbauen.

★ **Begijnhof** Der Beginenhof, wenig nördlich vom Schloss, wurde 1372 von Herzogin Maria von Brabant gestiftet. Die meisten Häuser der sehr anmutigen Anlage und die hübsche barocke Heilige-Kruiskerk entstanden nach einem Brand im 17. Jh. neu. In Nr. 56 illustriert das Begijnhofmuseum das Leben der Beginen (Öffnungszeiten: Di. – Sa. 14.00 – 17.00, So. ab 11.00 Uhr).

Museum Taxandria Die Römer nannten das Kempenland »Taxandria«. Unter diesem Namen zeigt das Museum im »Huis metten Toren« (Begijnenstr. 28) Funde wie merowingische Schilde und auch Stücke der kempischen Volkskultur (Öffnungszeiten: s. zuvor).

Südlich vom Markt hat in der Druivenstraat das Nationale Spielkartenmuseum ein neues Domizil bezogen und dabei seine Präsentation auch gleich interaktiv aufbereitet. Die ersten Turnhouter Spielkarten wurden 1826 gedruckt; um 1900 gab es in der Stadt sechs Fabriken, die 1971 zur Spielkartenfabrik Carta Mundi fusionierten, heute ein weltweit agierender Spielkartenproduzent. Das Museum widmet sich der Geschichte der Spielkarte in aller Welt in Dokumenten, die bis 1100 v. Chr. zurückreichen, stellt natürlich viele originale Spielkarten aus, deren älteste aus dem frühen 16. Jh. stammen, und zeigt dazu anhand alter Maschinen und Druckstöcke die Entwicklung der Drucktechnik für Spielkarten (Öffnungszeiten: s. zuvor).

✶✶ Nationaal Museum van de Speelkaart

> **! *Baedeker* TIPP**
>
> **Wanderführer**
>
> 272 km Wanderwege stehen rund um Kasterlee, Herentals und Retie zur Verfügung. Für 5 € bekommt man in den Tourismusbüros der drei Gemeinden einen nützlichen Wanderführer.

Ins Kempenland

Im Turnhouter Kempenland kann man Rad fahren und sehr schön wandern, etwa in der Provinzialdomäne »Prinsenpark« bei Retie, in der Heide- und Moorlandschaft der Provinzialdomäne »Hoge Mouw« bei Kasterlee oder in der Gegend von Mol.

Oud Turnhout

Im 3 km östlich liegenden Oud Turnhout hatte einst die Priorei von Corsendonk ihren Sitz, deren reiche Bibliothek auch Erasmus von Rotterdam benutzte.

Baarle-Hertog / Baarle-Nassau

Kurios: die von niederländischem Territorium umgebene belgische Enklave Baarle-Hertog 14 km nördlich von Turnhout. Der Ort wurde im 12. Jh. zwischen den Herzögen von Brabant und den Herren von Breda aufgeteilt – mit einschneideneden Folgen So liegt der Markt im niederländischen Baarle-Nassau, doch das Wirtshaus am Markt ist belgisch. Manchmal verläuft die Grenze sogar durch Häuser; über die Staatszugehörigkeit, die an den Hausnummern in den Nationalfarben abzulesen ist, entscheidet die Lage der Haustür.

Deutscher Soldatenfriedhof bei Lommel

Auf dem Soldatenfriedhof bei Lommel 37 km südöstlich von Turnhout sind alle im Zweiten Weltkrieg in Belgien gefallenen deutschen Soldaten beerdigt: 20 000 Kreuze stehen für 40 000 Gräber.

Geel

Die Stadt Geel, 20 km südlich von Turnhout, ist in der ganzen Welt bekannt für eine beispielhafte Methode des Umgangs mit psychisch Kranken und geistig Behinderten, die hier zwar in einer großen Klinik behandelt werden, aber in Familien aufgenommen sind und am täglichen Leben teilhaben. Diese Tradition entspringt der im 7. oder 8. Jh. spielenden **Legende der hl. Dymphna** (ndl. Dimpna), der Schutzpatronin der psychisch Kranken. Die irische Königstochter floh vor ihrem Vater, der sie nach dem Tod seiner Frau heiraten wollte, zusammen mit ihrem Beichtvater Gerebernus bis nach Geel, wo ihr Vater sie aufspürte und in einem Anfall von Wahnsinn enthauptet haben soll. Der Ort entwickelte sich bald zu einem Wallfahrtsort für Geisteskranke.

✶ Sint-Dimpnakerk ► Die Legende begegnet an vielen Stellen der im 14. bis 15. Jh. errichteten Sint-Dimpnakerk, insbesondere im Sint-Dimpnaretabel von 1515 auf dem Hauptaltar – eine wunderschöne Schnitzarbeit von Jan van Wave – und im Reliquienkasten mit den Überresten der Heiligen und ihres Beichtvaters im Chorumgang. Von großer Qualität sind auch der Brüsseler Passionsretabel im rechten Querschiff (1490/1500) sowie das Renaissanceprunkgrab von Jan III. de Merode und seiner Frau, um 1554 von Cornelis Floris de Vriendt geschaffen. In der an den Kirchturm angebauten »Krankenkammer« waren die Kranken während der neuntägigen Wallfahrt untergebracht; dreimal am Tag trug man sie zum Gebet in die Kirche.

✶ Veurne

E 3

Provinz: West-Vlaanderen
Einwohnerzahl: 11 900
Höhe: 0 – 30 m ü.d.M.

Veurne ist berühmt für seine an spanische Gebräuche erinnernde Bußprozession. Ihretwegen und wegen des prächtigen Marktplatzes fährt man in dieses Städtchen kurz vor der Küste.

Geschichte Veurne (frz. Furnes) entstand um eine im 9. Jh. errichtete Burg der Grafen von Flandern und stieg zum Hauptort der Kastellanei Veurne-Ambacht auf. Seine Blüte erlebte es unter den Erzherzögen Albert und Isabella im 17. Jh., als die meisten der prächtigen Gebäude am Grote Markt entstanden. Im Ersten Weltkrieg war Veurne die wichtigste Stadt des kleinen, von deutschen Truppen nicht besetzten Teils Belgiens und konnte trotz Artilleriebeschuss nicht eingenommen werden. König Albert I. wählte während der IJzer-Schlacht das Rathaus als sein Hauptquartier, im 10 km südwestlich liegenden Houtem war von Anfang 1915 bis in den Spätsommer 1918 das Hauptquartier der belgischen Armee. Im Zweiten Weltkrieg nahm die Stadt größeren Schaden als zwischen 1914 und 1918.

Sehenswertes in Veurne

✶ **Grote Markt** Der beeindruckende Mittelpunkt der Stadt ist der Grote Markt, einer der schönsten Marktplätze Belgiens, umstanden von historischen Bauten aus dem gelben, für Westflandern charakteristischen Backstein. Das Zusammenspiel der baulichen Schmuckelemente der flämischen Renaissance und des nüchternen spanischen Einflusses verrät, weshalb Veurne oft auch als »spanische Stadt« bezeichnet wird.

Ein anschauliches Beispiel für die flämische Renaissance gibt das Stadhuis mit seiner zweigiebeligen Fassade und der eleganten Loggia aus Blaustein in der Nordwestecke ab, 1596 bis 1621 von Liévin Lucas erbaut. Über das Dach hinaus ragt der 1599 errichtete schmale Treppenturm. Die Räume haben weit gehend ihre Gestalt und ihr Mobiliar aus dem 17. und 18. Jh. bewahrt; besonders schön und eindrucksvoll der Ratssaal mit Ledertapeten aus Mechelen sowie der mit blauem Samt aus Utrecht ausgekleidete Schöffensaal, der Empfangssaal mit Ledertapeten aus Córdoba, in dem König Albert I. 1914 sein Büro hatte, dann der Gerichtssaal mit einem Gemälde von de Vriendt sowie der Trausaal mit Mechelener Ledertapeten und einem Stillleben von de Vos ◄ Stadhuis

Im rechten Winkel stößt an das Rathaus das ehemalige Landhuis an (1613 – 1616). Es wird überragt vom gotischen Belfried, der eine barocke Turmspitze trägt. Nur von einer Gasse getrennt, schließen sich an das Landhuis fünf sehr schöne Treppengiebelhäuser vom Beginn des 17. Jh.s an, in denen Restaurants und Cafés auf Gäste warten. ◄ Landhuis

Der Grote Markt von Veurne: Stadhuis, Landhuis, Belfried und Sint-Walburga

VEURNE ERLEBEN

AUSKUNFT

Grote Markt 29, B-8630 Veurne
Tel. 058 33 55 31, Fax 058 33 55 96
www.veurne.be

ESSEN

► **Erschwinglich**

De Oogappel
Appelmarkt 3
Tel. 058 28 86 46
Ruhetag: Sonntagabend, Mo.
Französisch-belgische Bistroküche, nette Atmosphäre, flinker Service.

Petit Cabaret
Appelmarkt 1, Beauvoorde
Tel. 058 62 04 02, Ruhetag: Mi.
Fast schon eine Seltenheit: gesellig-familiäre Atmosphäre und eine hervorragende französisch-belgische Küche mit italienischen Anleihen.

ÜBERNACHTEN

► **Komfortabel**

't Kasteel
Lindendreef 5-7 , B-8630 Veurne
Tel. 058 31 53 75
www.kasteelenkoetshuys.com
Nur sechs Zimmer, aber was für welche: in einer schlossartigen Bürgervilla von 1906 im Park von Veurne. Dazu gehört das Restaurant 't Koetshuys mit französischer Küche.

FESTE

Die berühmte ***Bußprozession*** geht auf das 12. Jh. zurück und findet seit 1656 am letzten Sonntag im Juli statt. Die Mitglieder der Bruderschaft »Sodaliteit« stellen Szenen aus der Leidensgeschichte Christi dar, gefolgt von schwere Kreuze schleppenden Büßern in Kapuzengewändern (Abb. S. 75).

Spaans Paviljoen ►

Die Nordostseite des Markts nimmt der Spaans Paviljoen ein. Das Haus wurde 1448 bis 1452 erbaut, 1530 erweitert und diente bis 1586 als Rathaus. 1697 wurde es Quartier für spanische Offiziere. Das an der Straßenseite gegenüber liegende **Vleeshuis** (Fleischhalle) von 1615 ist ein schönes Beispiel für einen Spätrenaissancebau.

Hoge Wacht ►

An der Südostseite steht zum Appelmarkt hin die Hoge Wacht, ein 1636 von der Stadt für die Wache erworbener Arkadenbau.

★ **Sint-Walburgakerk**

Zwischen Landhuis und den Giebelhäusern kommt man zur 1250 in großartigen Ausmaßen begonnenen frühgotischen Sint-Walburgakerk, von der jedoch nur der 27 m hohe sandsteinerne Chor (14. Jh.), der untere Teil des Turms und ein Kreuzarm noch im Mittelalter vollendet wurden. Im Park davor soll die Burg der Grafen von Flandern gestanden haben. Die Kirche wurde erst 1901 bis 1904 vollendet. Im Chor steht ein schönes Gestühl von 1596; weiterhin sehenswert ist das Kreuzreliquiar, das Graf Robert II. von Flandern im Jahr 1100 aus Jerusalem mitgebracht haben soll.

Noordstraat

Die Noordstraat säumen schöne Renaissancehäuser, darunter das Haus »Die Nobele Roze« von 1572, eines der ältesten Hotels in Belgien, heute eine Bank.

Am Appelmarkt erhebt sich die Sint-Niklaaskerk, deren großer Turm aus dem 12. / 13. Jh. unvollendet blieb. Zum Glockenspiel gehört die Glocke »Bomtje« von 1379, eine der ältesten flämischen Glocken. Die Urheberschaft des Triptychons am Hauptaltar ist unklar; man schwankt zwischen Jan van Aemstel und Bernard van Orley.

Sint-Niklaaskerk

In einem Pachthof aus dem 17. Jh. südlich außerhalb des Stadtkerns führt das internationale Bäckereimuseum erlebnisreich das Bäckerhandwerk vor, wozu ein alter Laden, eine Backstube und eine Mühle gehören. Natürlich kann man auch die örtlichen Leckereien wie »Kletskoppen«, »Haantjes« und Mandelbrot kaufen (Öffnungszeiten: April – Sept. tgl. außer Fr. 10.00 – 12.00 und 14.00 – 18.00, Juli u. Aug. auch Fr. geöffnet; Okt. – März So. – Do. 14.00 – 17.00 Uhr).

✶ Internationaal Bakkerijmuseum

Umgebung von Veurne

7 km südlich von Veurne liegt Kasteel van Beauvoorde, ein hübsches, von Wassergräben umzogenes Renaissanceschloss. Es wurde von 1591 bis 1617 vom Baumeister der Erzherzöge Albrecht und Isabella erbaut und 1875 von dem Privatmann Arthur Merghelynck gekauft und restauriert. Ihm ist die heutige Inneneinrichtung (Renaissancemöbel, Gemälde, Kunstgegenstände) zu verdanken (Öffnungszeiten: April, Mai, Okt. Sa. und So. 14.00 – 17.00 Uhr; Juni und Sept. Do., Sa. und So., Juli / Aug. tgl. außer Mo. jeweils zu denselben Zeiten).

Kasteel van Beauvoorde

In Izenberge, 10 km südlich, widmet sich das Museum »Bachten de Kupe« der lokalen Kultur, unterteilt in Wohnhaus, Volkskunstmuseum und Freiluftmuseum, darunter eine Schmiede und ein Bauernhof (Öffnungszeiten: tgl. 10.00 – 18.00 Uhr).

Freilichtmuseum »Bachten de Kupe«

►Koksijde

Koksijde, De Panne

✶ Waterloo

G 13

Provinz: Brabant wallon
Einwohnerzahl: 28 900
Höhe: 90 – 130 m ü.d.M.

Südlich von Brüssel ist am 18. Juni 1815 Weltgeschichte geschrieben worden: In der berühmten Schlacht beim Dorf Waterloo entschied sich nicht nur das Schicksal Frankreichs und seines Kaisers Napoléon I., sondern auch die Zukunft Europas. Was für den britischen Feldherrn Herzog von Wellington die »Schlacht bei Waterloo« war, nannte Preußens Feldmarschall Blücher die »Schlacht bei Belle-Alliance«, denn beide trafen sich nach errungenem Sieg beim Wirtshaus dieses Namens.

DIE SCHLACHT BEI WATERLOO

Am Sonntag, den 18. Juni 1815 standen sich auf den vom Regen aufgeweichten Feldern Brabants zwei gewaltige Armeen gegenüber.

Gesamtstärken
Nicht alle hier angeführten Truppen waren direkt an der Schlacht beteiligt.

Französische Armee
Die Franzosen waren mit 124 000 Mann und 384 Geschützen aufmarschiert. Vergeblich warteten sie auf die 35 000 Mann des Marschalls Grouchy. 33 000 Franzosen fielen.

Briten und Verbündete
Die von Wellington geführten Briten, Holländer, Belgier, Hannoveraner, Braunschweiger und Nassauer waren 97 000 Mann stark und verfügten über 186 Geschütze. Die Verluste betrugen 15 000 Mann.

Preußen
Die Preußen boten 117 000 Soldaten und 312 Geschütze auf. Ein Teil davon griff am Nachmittag ein. Die Franzosen hielten die Preußen nach der Schlacht von Ligny am 16. Juni bereits für geschlagen. 7000 Tote waren auf ihrer Seite zu verzeichnen.

1 Straße Brüssel – Charleroi
Wo die schwersten Kämpfe tobten, braust heute der Verkehr vierspurig auf der N 5.

2 Braine l'Alleud

3 Dorf und Gehöft Mont St-Jean
Wellingtons Befehlsstand war das Gehöft.

4 Heutiger Butte du Lion
Hier wurde der Prinz von Oranien verwundet.

5 Ferme de Hougoumont
Mit dem Angriff auf dieses Gehöft, das die Briten besetzt hielten, begann die Schlacht. Die Franzosen konnten es nicht erobern.

6 Ferme de la Haye-Sainte
Um dieses Gehöft wurde erbittert gekämpft. Mehrmals wechselte es den Besitzer, bis es die Franzosen schließlich am Abend nahmen.

7 Hohlweg von Ohain
Die Kämpfe am Hohlweg von Ohain waren die verlustreichsten der ganzen Schlacht.

8 Wirtshaus von Belle-Alliance
Hier trafen sich Wellington und Blücher.

9 Ferme du Caillou
Hier hatte Napoléon Quartier genommen; sein Gefechtsstand lag nicht weit davon.

10 Ferme de la Papelotte
An dieser Stelle griffen die Preußen ein.

11.30 Uhr
Beginn der Schlacht: Angriff auf Hougoumont.

13.00 Uhr
Die Franzosen eröffnen mit 80 Kanonen das Feuer auf das Zentrum der Briten. Die ersten Preußen unter Bülow treffen ein.

13.30 Uhr
Die Franzosen beginnen den Hauptangriff am Hohlweg von Ohain. Ihr Durchbruch kann nur durch einen Gegenangriff der britischen Kavallerie verhindert werden.

15.00 Uhr
Der Hauptangriff kommt nicht voran. Marschall Ney erhält den Befehl zum Angriff auf La Haye-Sainte. Der Artilleriebeschuss lässt die britischen Linien zurückweichen. Napoléon ordnet sofortige Kavallerieangriffe an.

16.00 Uhr
Die von Wellington sehnlichst erwarteten Preußen (»Ich wollte, es wäre Nacht oder die Preußen kämen…«) unter Zieten greifen den rechten Flügel der Franzosen an.

17.00 Uhr
Der Fehlschlag der französischen Kavalleriattacke zeichnet sich ab.

19.00 Uhr
Napoléon schickt seine letzte Reserve in die Schlacht – die Kaiserliche Garde. Drei Bataillone der Garde bilden ein Karree um den Kaiser: »Die Garde stirbt, aber sie ergibt sich nicht.« – ein Mythos, denn die meisten können entkommen.

21.00 Uhr
Die Franzosen geraten in Panik. Wellington und Blücher treffen sich. Napoléon flieht.

Entscheidung bei Waterloo

Nach Napoléons Rückkehr von Elba und seinem triumphalen Einzug in Paris waren die europäischen Mächte entschlossen, dem Spuk ein für allemal ein Ende zu bereiten. Ihre Armeen sollten Frankreich in einer Bogenbewegung besetzen: die Engländer und Preußen über das zu den Niederlanden gehörende Belgien, die Österreicher über den Oberrhein, die Russen über den Mittelrhein und die österreichisch-sardinischen Verbände über die Alpen. Napoléon sah seine einzige Chance, die Vereinigung dieser Armeen zu verhindern, in einem raschen Sieg gegen eine davon. Wie kaum eine Schlacht in der Geschichte ist Waterloo zur Legende geworden. Hier ging der Stern Napoléons unter und mit ihm sein Kaiserreich; erst hier hatten die europäischen Mächte die Französische Revolution endgültig besiegt. Nach Waterloo aber hat sich auch der Mythos des Schlachtfelds und der heldenmütigen Schlachtenlenker mehr und mehr aus dem Bewusstsein der Völker verabschiedet, wie es Friedrich Sieburg formulierte: **»Die Frage: ›Warum, wozu und für wen?‹ wird von nun ab nicht mehr verstummen.«**

Ehemaliges Schlachtfeld

Besucherzentrum

Öffnungszeiten: April – Okt. tgl. 9.30 – 18.30, Nov. – März tgl. 10.00 – 17.00

Das Schlachtfeld liegt südlich des Städtchens Waterloo hauptsächlich auf der Gemarkung von Braine-l'Alleud und zeigt sich heute als friedliche Weide- und Ackerlandschaft. Im Besucherzentrum am Fuß des Löwenhügels informieren Schautafeln, Computerbildschirme und ein Film über die Ereignisse, dazu gibt es Bücher und Souvenirs. Bis 2008 soll ein neues »Mémorial de Waterloo« fertig gestellt sein. Der Rundbau daneben enthält das 1912 enthüllte, 12 m hohe und 110 m messende **Rundpanorama**, das der französische Militärmaler Louis Dumoulin geschaffen hat. Es zeigt den Stand der Schlacht gegen 17.00 Uhr; zu erkennen sind u. a. die polnischen Lanzenreiter der Franzosen, Napoléon und sein Stab sowie Wellington. Für die rechte Atmosphäre sorgt die Untermalung mit Schlachtenlärm.

Butte du Lion ►

Weithin sichtbar erhebt sich der Butte du Lion, der Löwenhügel. Er wurde von 1823 bis 1826 an der Stelle errichtet, an der der **Prinz von Oranien, der Führer des niederländischen Kontingents**, tödlich verwundet wurde. Der an der Basis 520 m ummessende Hügel wurde aus 32 000 m³ Erde des Schlachtfelds über einer stützenden Backsteinkonstruktion 40 m hoch aufgeschüttet. Von der Spitze blickt eine 28 t schwere und über 4 m lange Löwenskulptur von Arthur-Louis van Geel nach Süden, von wo die Franzosen kamen.

»La garde meurt et ne se rend pas« (Lithografie von Bellanger)

Aus der Erde des Schlachtfelds wurde der Butte du Lion aufgeschüttet.

Das Treffen von Wellington und Blücher bei Belle-Alliance war bis zum Ende des 19. Jh.s ein beliebtes Motiv der Militärmalerei.

1914 wurde an der Kreuzung des Hohlwegs von Ohain mit der Nationalstraße das Denkmal für die gefallenen Belgier enthüllt.

Nach einem kurzen Aufenthalt im Gehöft von Caillou flieht Napoléon nach Frankreich.

An der gegenüberliegenden Straßenseite stellt in einem 1818 gegründeten ehemaligen Hotel das Wachsfigurenmuseum die wichtigsten Akteure und einfache Soldaten der Schlacht in ihren Uniformen vor. Zuvor muss man durch den »Napoleon-Shop« (Öffnungszeiten: April – Sept. tgl. 9.30 – 18.30, Okt. tgl. 10.00 – 18.00, Nov. – März nur Sa. und So. 10.00 – 16.45 Uhr).

Musée des Cires

Auf der weiten Fläche des einstigen Schlachtfelds erinnern viele Denkmäler an die Kämpfe. Allein drei umstehen die Kreuzung der Zugangsstraße zum Löwenhügel mit der Durchgangsstraße: zunächst die 1914 errichtete **Säule für die gefallenen Belgier**, dann das von einem Gitter umgebene **Denkmal für die Hannoveraner** und schließlich das **Denkmal für Oberstleutnant Gordon**, den Adjutanten Wellingtons, der an dieser Stelle den Tod fand. Die beiden letztgenannten stehen auf dem einstigen Niveau des Schlachtfelds; das umliegende Gelände wurde für die Aufschüttung des Löwenhügels abgetragen. Der Weg zum Löwenhügel an diesen Denkmälern vorbei entspricht dem einstigen **Hohlweg von Ohain**, an dem allein mehrere tausend Soldaten beider Seiten starben. Weitere Denkmäler stehen weiter südlich: in Plancenoit das **Denkmal für die gefallenen Preußen** von Karl Friedrich Schinkel (1819) und noch weiter südlich rechts der Durchgangsstraße **der gestürzte kaiserliche französische Adler** am Ort des letzten Widerstands der Alten Garde.

Denkmäler

! *Baedeker* TIPP

Waterloo live

Alljährlich um den 18. Juni herum treffen sich verschiedene Traditionsvereine und »spielen« Waterloo. Alle fünf Jahre wird dann mit großem Aufwand die ganze Schlacht nachgestellt (nächstes Mal: 2010).

Weiter südlich Richtung Charleroi liegt links die Ferme du Caillou, in der Napoléon sein Hauptquartier aufschlug. Es zeigt in vier Räumen Dokumente, Waffen und Gegenstände, die der flüchtende Kaiser zurücklassen musste, darunter sein Feldbett (Öffnungszeiten: April – Okt. tgl. 10.00 – 18.30, Nov. – März tgl. 10.30 – 17.00 Uhr).

Musée du Caillou

Im Ort Waterloo

In Waterloo selbst sollte man das **Hauptquartier des Herzogs von Wellington** (Musée Wellington) besuchen, das er in einer Poststation aufschgeschlagen hatte. Dort werden u. a. viele persönliche Gegenstände des britischen Feldherrn ausgestellt, darunter auch sein Regenschirm-Säbel (Öffnungszeiten: April – Sept. tgl. 9.30 – 18.30, Okt. bis März tgl. 10.30 – 17.00 Uhr). Ebenfalls am Platz steht die **Chapelle Royale**, 1690 erbaut und ursprünglich dem spanischen König Karl II. gewidmet. 1817 erklärte man sie zur Gedenkstätte und stattete sie mit Grabtafeln alliierter Gefallener aus. Diese sind heute in der angrenzenden Kirche Saint-Joseph zu sehen.

✶ Musée Wellington

Zeebrugge

D 6

Provinz: West-Vlaanderen
Einwohnerzahl: 4500

Meereshöhe

Zeebrugge, mit ►Brügge nicht nur durch den Boudewijnkanaal verbunden, sondern auch administrativ zu ihm gehörig, ist der einzige direkt an der Küste liegende Seehafen Belgiens.

Hafenstadt Allerdings hat der Fährverkehr nach Großbritannien unter der Eröffnung des Kanaltunnels gelitten, der Güterverkehr dagegen zeigt ansteigende Tendenz. Auch als Seebad wird Zeebrugge beliebt, auch wenn der Strand eher klein und keine historische Promenade vorhanden ist. Während des Ersten Weltkriegs war Zeebrugge wichtigster deutscher U-Boot-Stützpunkt, der in einer spektakulären Aktion am St.-Georgstag 1918 von den Briten verschlossen wurde. Am 6 März 1987 kenterte die britische Fähre »Herald of Free Enterprise« knapp 800 m vor dem Hafen kenterte, 209 Menschen ertranken.

Sehenswertes in Zeebrugge und Umgebung

Hafen Der Hafen von Zeebrugge wird von einer 2,5 km langen Mole geschützt. An deren Beginn erinnert das St. George Memorial an den britischen Angriff von 1918.Im Jahr 2004 wurden 15,7 Mio t Fracht umgeschlagen, wovon über ein Drittel auf den Containerverkehr entfiel und ein weiteres Drittel auf den »Ro Ro«-Verkehr, die Verschiffung von unbegleiteten Lkw, womit Zeebrugge an der europäischen Spitze liegt. Am Fährhafen legen nur noch Fähren ins englische Hull und ins schottische Rosyth ab. Zeebrugge ist zudem der größte Fischereihafen Belgiens – das Auslaufen und die Heimkehr der Boote ist immer wieder ein schönes Schauspiel.

ZEEBRUGGE ERLEBEN

AUSKUNFT

s. Brügge S. 193

ESSEN

► **Preiswert**

Mon Manège à Toi
Vismijnstraat 44
Tel. 050 55 05 60
Hier sind Fisch und Meeresfrüchte angesagt mit einem Hauch provenzalischer Würze.

FEST

Sandskulpturenfestival von Mitte August bis Mitte September

HAFENRUNDFAHRT

Ostern – Juni und Sept.: Sa. und So. 14.00 und 16.00, Juli – August tgl. 11.00, 14.00 und 16.00 Uhr vom alten Fischerhafen aus

KUSTTRAM

Vier Haltestellen im Stadtbereich

Ein Drittel des Güterumschlags im Hafen von Zeebrugge entfällt auf den Containerverkehr.

◀ Seafront

Mit »Seafront« bietet der Hafen auch eine touristische Attraktion: Hier geht es um die Geschichte des Hafens vom Mittelalter an, dazu kann man ein ehemals sowjetisches U-Boot der Foxtrott-Klasse von 1960 und das 1950 gebaute Feuerschiff »West-Hinder II« besichtigen (Öffnungszeiten: tgl. 10.00 – 18.00, Juli und Aug. bis 19.00 Uhr, im Jan. geschlossen).

★ **Lissewege**

Lissewege, 6 km südlich von Zeebrügge, ist mit seinen flachen, weiß getünchten Backsteinhäuschen ein typischer und außerordentlich romantischer westflandrischer Ort. Besuchen sollte man die frühgotische Onze-Lieve-Vrouwekerk (13. / 17. Jh.), von deren mächtigem Backsteinturm man eine prachtvolle Aussicht hat. Außerhalb ist ein außergewöhnliches Beispiel mittelalterlicher Profanarchitektur erhalten geblieben: die große Scheune aus dem 13. Jh., das Haupttor und der Taubenschlag (17. Jh.) der **Zisterzienserabtei Ter Doest**.

REGISTER

VERZEICHNIS DER KARTEN & GRAFISCHEN DARSTELLUNGEN

BILDNACHWEIS

akg-images: S. 82, 83, 86, 87, 226, 227 (links), 421 (links unten)
Baedeker-Archiv: S. 1, 25 (2 x), 53, 69, 70, 98, 99, 139 (unten links), 148, 265 (alle), 299 (unten), 318, 422 (rechts)
Belgien Tourismus: S. 49, 139 (oben rechts), 315
Bruxelles International: S. 222
Centre Belge de la Bande Dessinée: S. 217 (oben)
Eisenschmid S. 137 (unten), 139 (oben links, unten rechts), 141 (links), 162, 212, 220, 227 (rechts oben), 228, 279, 309, 372, 421 (oben 2 x), 422 (links)
Haafke: S. 6, 15, 32, 74, 177, 193, 297, 337 Umschlagklappe hinten
Hackenberg: S. 5 (unten), 14 (unten), 59, 75, 219, 329, 357, 406
Hahn / laif: S. 84, 96, 104, 113, 126, 215, 217 (unten)
HB Verlag / Kluyver: S. 3, 4, 5 (oben), 16, 65, 72, 90, 94, 115, 129, 132 / 133, 133, 137 (oben links), 139 (Mitte), 144 / 145, 145 147, 158, 184, 188, 191, 197, 198, 200, 242, 260, 267, 272, 301, 306, 313, 333, 346, 361, 375, 414, 417
Henseler / laif: S. 13 (oben u. unten), 143 (rechts), 159, 164, 285
interfoto: S. 421 (rechts unten)
Knigge: S. 8, 11, 28, 71, 108
Bildagentur Lade: S. 145
Maier: S. 46, 89, 103, 117, 273 (unten), 286, 292, 324, 327, 385, 394, 398, 400, 402, 403,
Musées Royaux d'Arts et d'Histoire: S. 61, 62, 210
Musées Royaux des Beaux-Arts de Belgique: S. 57
picture alliance / dpa: S. 24, 36, 42, 45, 54, 78, 80, 224, 298, 380
reporters laif: S. 7, 12, 14 (Mitte), 141 (rechts), 153, 173, 179, 249, 236, 257, 262, 281, 290, 311, 339, 365, 366, 399, 409, 425
Rottiers: S. 382
Sackermann: S. 9, 10 / 11, 14 (oben), 19, 21, 27, 76, 137 (oben rechts), 150, 205, 227 (rechts unten), 240, 252, 269, 274, 321, 342, 396,
Taschner: S. 143 (links), 167, 232
Thomas: S. 64, 100, 232, U 4,
Tourismus Flandern-Brüssel: S. 180, 181 (2 x), 182, 273 (unten), 276, 299 (oben)
VG Bild-Kunst, Bonn 2005: S. 67
Westtoerisme: S. 246
Zanettini / laif: U 2, S. 13 (Mitte), 18, 88 / 89, 101
Titelbild: Mauritius / AGE

IMPRESSUM

Ausstattung:
206 Abbildungen, 51 Karten und grafische Darstellungen, eine große Reisekarte
Text:
Rainer Eisenschmid, Walter Rottiers (Special Radsportkneipen), Reinhard Strüber (Kunstgeschichte, Special Tapisserien), Reinhard Zakrzewski (Klima und Reisezeit)
Mitarbeit:
Wolfgang Taschner
Bearbeitung:
Baedeker Redaktion
(Rainer Eisenschmid)
Kartografie:
Christoph Gallus, Hohberg; Franz Huber, München; MAIRDUMONT/Falk Verlag, Ostfildern (Reisekarte)
3D-Illustrationen:
jangled nerves, Stuttgart
Gestalterisches Konzept:
independent Medien-Design, München
(Kathrin Schemel)

Sprachführer in Zusammenarbeit mit Ernst Klett Sprachen GmbH, Stuttgart,Redaktion PONS Wörterbücher

Chefredaktion:
Rainer Eisenschmid, Baedeker Ostfildern

7. Auflage 2006
Völlig überarbeitet und neu gestaltet

Urheberschaft:
Karl Baedeker Verlag, Ostfildern

Nutzungsrecht:
MAIRDUMONT GmbH & Co KG; Ostfildern

Anzeigenvermarktung:
MAIRDUMONT MEDIA
Tel. 0049 711 4502 333
Fax 0049 711 4502 1012
media@mairdumont.com
http://media.mairdumont.com

Printed in Germany
Gedruckt auf 100% chlorfrei gebleichtem Papier

BAEDEKER VERLAGSPROGRAMM

- Ägypten
- Algarve
- Amsterdam
- Andalusien
- Athen
- Australien
- Bali
- Baltikum
- Barcelona
- Belgien
- Berlin
- Bodensee
- Brasilien
- Bretagne
- Brüssel
- Budapest
- Bulgarien
- Burgund
- Chicago • Große Seen
- China
- Costa Blanca
- Costa Brava
- Dänemark
- Deutsche Nordseeküste
- Deutschland
- Djerba • Südtunesien
- Dominikanische Republik
- Dresden
- Elba
- Elsass • Vogesen
- Finnland
- Florenz
- Florida
- Franken
- Frankfurt am Main
- Frankreich
- Französische Atlantikküste
- Fuerteventura
- Gardasee
- Germany (engl.)
- Gomera
- Gran Canaria
- Griechenland
- Griechische Inseln
- Großbritannien
- Hamburg
- Harz
- Hongkong
- Indien
- Irland
- Island
- Israel
- Istanbul
- Italien
- Italien • Norden
- Italien • Süden
- Italienische Adria
- Italienische Riviera
- Japan
- Jordanien
- Kalifornien
- Kanada
- Kanada • Osten
- Kanada • Westen
- Kanalinseln
- Kenia
- Köln
- Kopenhagen
- Korfu
- Ionische Inseln
- Korsika
- Kos
- Kreta
- Kroatische Adriaküste • Dalmatien
- Kuba
- Kykladen
- La Palma
- Lanzarote
- Lissabon
- Loire
- Lombardei • Mailand • Oberitalienische Seen
- London

- Madeira
- Madrid
- Malaysia
- Malediven
- Mallorca
- Malta • Gozo • Comino
- Marokko
- Mecklenburg-Vorpommern
- Menorca
- Mexiko
- Moskau
- München
- Namibia
- Nepal
- Neuseeland
- New York
- Niederlande
- Norwegen
- Oberbayern
- Österreich
- Paris
- Peking
- Polen
- Portugal
- Prag
- Provence • Côte d'Azur
- Rhodos
- Rom
- Rügen • Hiddensee
- Sachsen
- Salzburger Land
- San Francisco
- St. Petersburg
- Sardinien
- Schottland
- Schwäbische Alb
- Schwarzwald
- Schweden
- Schweiz
- Seychellen
- Sizilien
- Skandinavien
- Slowenien
- Spanien
- Sri Lanka
- Stuttgart
- Südafrika
- Südengland
- Südtirol • Dolomiten
- Sylt
- Syrien
- Teneriffa
- Tessin
- Thailand
- Toskana
- Tschechien
- Tunesien
- Türkei
- Türkische Mittelmeerküste
- Umbrien
- Ungarn
- Usedom
- USA
- USA • Nordosten
- USA • Südstaaten
- USA • Südwesten
- Venedig
- Vietnam
- Washington DC • Capital Region
- Weimar
- Wien
- Zypern

LIEBE LESERINNEN, LIEBE LESER,

ein herzliches Dankeschön, dass Sie sich für einen Baedeker Allianz Reiseführer entschieden haben. Er wird Sie zuverlässig auf Ihrer Reise begleiten und Sie nicht im Stich lassen.
Natürlich beschreibt er die wichtigen Sehenswürdigkeiten, aber er empfiehlt auch interessante Veranstaltungen, nennt Hotels für den großen und kleinen Geldbeutel, gibt Tipps für Restaurants, Shopping und für vieles mehr, was eine Reise zum Erlebnis macht. Dafür haben die Autoren und die Redaktion Sorge getragen. Sie sind für Sie regelmäßig nach Belgien gereist und haben all ihre Erfahrungen und Kenntnisse in diesen Reiseführer gepackt.

Trotzdem: Die Erfahrung zeigt, dass Fehler und Änderungen nach Drucklegung, für die der Verlag keine Haftung übernehmen kann, nicht ausgeschlossen werden können. Für Kritik, Berichtigungen und Verbesserungsvorschläge sind wir Ihnen außerordentlich dankbar. Schreiben Sie uns, mailen Sie uns oder rufen Sie an:

▶ **Verlag Karl Baedeker GmbH**
Redaktion
Postfach 3162
D-73751 Ostfildern
Tel. (0711) 4502-262, Fax -343
E-Mail: info@baedeker.com

Besuchen Sie uns auch im Internet unter www. baedeker.com. Hier finden Sie jeden Monat den aktuellen Reisetipp der Redaktion und das gesamte Verlagsprogramm. Hier können Sie auch lesen, wer Karl Baedeker war und wie er seinen ersten Reiseführer geschrieben hat. Mit seinen über 175 Jahren ist der Karl Baedeker Verlag der älteste Reiseführer-Verlag der Welt.

www.baedeker.com

ZU GEWINNEN: STADTREISE NACH LONDON

Unter allen Einsendungen verlost der Verlag am Jahresende – unter Ausschluss des Rechtswegs – eine Städtekurzreise für zwei Personen nach London.
Freuen Sie sich auf ein spannendes Wochenende in London. Natürlich ist ein Baedeker Allianz Reiseführer London auch dabei!